"Mitten im Tod - vom Leben umfangen"

STUDIEN ZUR INTERKULTURELLEN GESCHICHTE DES CHRISTENTUMS
ETUDES D'HISTOIRE INTERCULTURELLE DU CHRISTIANISME
STUDIES IN THE INTERCULTURAL HISTORY OF CHRISTIANITY

begründet von / fondé par / founded by
Hans Jochen Margull †, Hamburg

herausgegeben von / édité par / edited by

Richard Friedli   Walter J. Hollenweger   Theo Sundermeier
Université de Fribourg   University of Birmingham   Universität Heidelberg

Band 48

Verlag Peter Lang
Frankfurt am Main · Bern · New York · Paris

Jochanan Hesse

»MITTEN IM TOD – VOM LEBEN UMFANGEN«

Gedenkschrift für Werner Kohler

Verlag Peter Lang

Frankfurt am Main · Bern · New York · Paris

CIP-Titelaufnahme der Deutschen Bibliothek

"Mitten im Tod - vom Leben umfangen" :
Gedenkschr. für Werner Kohler / Jochanan Hesse
(Hrsg.). - Frankfurt am Main ; Bern ; New
York ; Paris : Lang, 1988.
(Studien zur interkulturellen Geschichte
des Christentums ; Bd. 48)
ISBN 3-8204-1109-7

NE: Hesse, Jochanan (Hrsg.) ; Kohler, Werner:
Festschrift; GT

ISBN 3-8204-1109-7
© Verlag Peter Lang GmbH, Frankfurt am Main 1988
Alle Rechte vorbehalten.

Druck und Bindung: Weihert-Druck GmbH, Darmstadt

Printed in Germany

ZUM GELEIT

Mitten im Tod - vom Leben umfangen

Eine Festschrift hatten wir geplant zu Werner Kohlers 65. Geburtstag - und nun ist eine Gedenkschrift daraus geworden. Die Beiträge, die hier zum lebendigen Umfeld von Werner Kohlers Arbeit
gesammelt sind, sind nicht nur Zeugnis für die Vielfalt seiner
menschlichen Verbindungen, sondern vor allem für den Ruf zum
Leben. Von diesem Ruf ist Werner Kohlers Arbeiten und Ruhen,
sein Denken und Spielen, sein Kämpfen und Loslassen geprägt. Im
Hören und Weitergeben dieses Rufes zum Leben liegt die Kraft
seiner strahlenden Lebendigkeit, mit der immer wieder alle Fronten
durchquert werden. Dieser Ruf schafft eine fröhliche und festliche
Gemeinschaft, schafft eine Weggemeinschaft auf das uns allen er-
öffnete Leben hin.
   Da wird die Andersartigkeit des anderen getragen wie die eigene Identität, der Ruf zum Leben macht Elend und Heimat
fruchtbar in der Auseinandersetzung, die faule Kompromisse und
falsche Toleranzen nicht verträgt. So gehen wir auch mit den Bei-
trägen dieser Gedenkschrift gemeinsam vorwärts bis an unsere
Grenzen. Es sind gemeinsame Grenzen, die wir erreichen und in
solcher "Kon-Frontation" miteinander erweitern. So hat Werner
Kohler in den Stadien seines Lebens Freiheit und Fremdheit erfahren, Frieden und Begegnung gesucht, den Ruf zur Mission in den
Religionen gehört, entschlossene Schritte zur Identität unternommen und endlich die Große Barmherzigkeit gefunden.
   Werner Kohlers Denken und Handeln ist ganz wesentlich von der
Philosophie und Ästhetik, von der Ruhe der chinesisch-japanischen
Schriftzeichen her geprägt. Daher danken wir seinen Freunden für
ihre Kalligraphien und persönlichen Handzeichnungen, die den festlichen Charakter dieses Buches unterstreichen.
   Der große Dank für das endliche Zustandekommen dieses Buches
gehört Herrn Prof. Dr. Theo Sundermeier und seinen Mitarbeitern
Volker Küster und Thomas Weiß in Heidelberg: Seiner Initiative und
seinem Einsatz in allen Belangen ist es zu danken, daß die Druck-
legung ermöglicht wurde. Den Herren Professoren Hahn und Salaquarda möchte ich für ihre treue Beratung und Hilfe ebenfalls
herzlich danken! Auch die Donatoren seien in den Dank einge-
schlossen: Die Deutsche Gesellschaft für Missionswissenschaft sowie
der deutsche und der schweizerische "Zweig" der Ostasien-Mission
haben durch ihre freundliche Unterstützung geholfen, dieser unserer
"Kon-Frontation" ihren festlichen Charakter, unserem "Ruf zum
Leben" das Lachen zu erhalten.
   So möge denn der Ruf zum Leben, wie wir ihn alle von Werner
Kohler her vernommen haben, auch den Lesern dieses Bandes hel-

fen, daß Theologie und erst recht Missionstheologie eine fröhliche Wissenschaft bleibe!

Jenaz, am Sonntag Kantate 1987   Jochanan Hesse

Lebenslauf Werner Kohler 9

I

II

III

LEBENSLAUF VON WERNER KOHLER

Am 21. August 1984 wurde Werner Kohler im Krankenhaus in Chur aus diesem Leben abberufen. "Mitten wir im Tod sind / vom Leben umfangen" - diese Umkehr des alten Liedes hatte er mit allen Gaben, die ihm verliehen waren, gelehrt und gelebt. So steht es nun auf seinem Grabstein in Saas im Prättigau.

Werner Kohler wurde am 15.3.1920 als Sohn einer Heilsarmeefamilie in Solothurn geboren. Beide Eltern waren Offiziere. Ständiger Wohnungswechsel auf dem Weg zu den Menschen der Straße zu den Unfrommen und Unfeinen, das prägte Werner Kohlers missionarische Existenz: Steter Aufbruch wurde ihm zur Lebensart und seine Heimat fand er immer neu in Begegnung und Gespräch, wo er eine tiefe, beglückende und mitreißende Lebensfreude ausstrahlte.

Von 1940 bis 1945 studierte Werner Kohler vor allem bei Karl Barth und Emil Brunner Theologie. Neben diesen beiden Lehrern wurde für sein Leben die Erfahrung des gemeinsamen Lebens im Alumneum in Basel und im Züricher Reformierten Studentenhaus bestimmend. Er war ein aktiver Pfadfinder vom Wolfsführer bis hinauf zu den internationalen Gilwellkursen. Auch der Aktivdienst während seiner Studienjahre bereicherte ihn um manche Erfahrung auf der Suche nach echtem Frieden.

Zum Vikariat ging Werner Kohler dann nach Nesslau zu Eduard Schweizer, mit dem ihn eine bleibende Freundschaft verband. Nach einer Lehrtätigkeit in Greifensee trat er 1948 seine erste Pfarrstelle an, wo er auch Nelly Scherrer heiratete. Bereits 1950 rief ihn die Gemeinde Waldstatt ins Appenzellerland. Dort erhielt er von seinem Vorgänger August Bänziger die Regionalkasse der Schweizerischen Ostasienmission (SOAM) zur Weiterführung. Soeben hatte die SOAM ihr Hauptarbeitsgebiet in China verloren. So reiste die fünfköpfige Familie Kohler in ihrem Auftrag als Missionare nach Kyoto in Japan aus.

Dort festigte sich in Werner Kohler bald die Einsicht, daß auf "seine Stelle" eines Pfarrers der Kinrin-Gemeinde in Kyoto und in die Leitung des dazugehörenden Kindergartens unbedingt ein Japaner gehöre. Im Internationalen Quäkerseminar und durch die Gründung eines kleinen Studentenhauses gelangte Werner Kohler zu einer grundlegenden Kritik an der gängigen Missionspraxis und -theorie. So begab er sich auf die Suche nach einem Neuansatz. Dazu fand er viele Freunde, besonders auch an der christlichen Doshisha und der staatlichen Kyoto Universität und mit einem Kreis deutschlernender Studenten. Seiner Arbeit erbrachte ihm dann 1958 einen Ruf als Professor an die Internationale christliche Universität in Tokyo, an der Emil Brunner von 1953-55 wirkte. Die Auseinandersetzung mit dem Fremden war hochaktuell im Japan der ersten

Nachkriegszeit. Dazu gehörte dann auch die Begegnung mit den sog. "Neuen Religionen" Japans, die in ihren hohen Wachstumsziffern das Verlangen der Japaner nach Frieden dokumentierten. Sie fanden in Werner Kohler einen äußerst einfühlsamen, Verständnis suchenden Partner.

Aus diesen Begegnungen entstand im Heimaturlaub 1959 in der Schweiz sein bis heute maßgebliches Buch über die Neuen Religionen Japans, die "Lotuslehre" als Grundlage verschiedener neueren Bewegungen in Japan. In die gleiche Zeit fiel auch seine Lehrstuhlvertretung in Heidelberg für Religions- und Missionswissenschaft. Dies bedeutete für Werner Kohler neben einer Fülle von neuen Kontakten auch ein Eintauchen in die in der europäischen Theologie eben aufgekommene "Hermeneutikdebatte". In dieser Zwischenzeit führte die Familie Kohler das "Internationale Studentenhaus" in Zürich.

Unterdessen wurde in Kyoto das "Haus der Begegnung" als "Brot für Brüder Projekt" unter Mithilfe des "Hilfswerks der Evangelischen Kirchen der Schweiz" als Internationales Studentenhaus gebaut. Für die Leitung des Hauses waren nebeneinander ein japanisches und ein schweizerisches Hauselternpaar vorgesehen. Im Herbst 1965 begannen Kohlers zusammen mit Prof. Inagakis zu wirken. Mitten in den wachsenden Spannungen der japanischen Studentenrevolte wurde die Basis einer friedlichen internationalen Hausgemeinschaft erarbeitet. Sie findet sich in den Präambeln der Haussatzung mit den Worten "We agree to disagree". In diesem zweiten Japanaufenthalt lehrte Werner Kohler als ordentlicher Professor an der theologischen Fakultät der Doshisha Universität.

Im Jahre 1969 folgten die Kohlers einem Ruf an den neuen Lehrstuhl für Religions- und Missionswissenschaft an die Kirchliche Hochschule nach Berlin. Unter dem Eindruck der dortigen Studentenbewegung kam Werner Kohler zu einer Vertiefung seiner Auseinandersetzung mit der Philosophie von Marx bis hin zu Mao und mit Sigmund Freud.

Im Jahre 1971 starb Kohlers Sohn. Dies war ein tiefer Einschnitt in seinem Leben. 1975 folgte Werner Kohler einem Ruf an die Universität Mainz. Dies bot ihm bald auch wieder die Möglichkeit, seine Lehrtätigkeit mit der praktischen Lebensgemeinschaft in einem Studentenwohnheim der ESG zu verbinden: gemeinsam mit seinem Assistenten J. Hesse und seiner Frau (später mit Ass. Dr. Salaquarda) übernahm er die Leitung des Wohnheims. Es war ein Brennpunkt der Not ausländischer Studenten in Europa. Mitten in den Konflikten des Alltags und Festen wurde etwas vom Geist Jesu von Nazareth gespürt.

In der von Werner Kohler mitbegründeten interdisziplinären "Arbeitsgruppe Dritte Welt" ging es ihm um den Einsatz der Wissenschaftler um die Benachteiligten weltweit. Darin fand Werner

Kohler ein stets wachsendes Echo seiner Arbeit. So entstand auch
ein intensiver Kontakt zur Deutschen Ostasienmission (DOAM).
Werner Kohler löste nicht nur bei einer wachsenden Zahl von
Studenten, sondern auch beim Deutschen Missionsrat ein anhalten-
des Nachdenken über Missionstheologie aus.
1980 erkrankte Werner Kohler an Prostatakrebs. Trotzdem intensi-
vierte er seine Arbeit. Den krönenden Abschluß seiner Universitäts-
lehrtätigkeit bildete ein Lehrauftrag an der Doshisha Universität in
Kyoto im Winter 1983/84. Schon in Kyoto wurde die 1980 ausge-
brochene Krankheit zu einer großen Behinderung und verursachte
gegen Ende seines Aufenthalts große Schmerzen. Ende März 1984
kehrte er nach zwei Intensivbehandlungen im Krankenhaus Mainz in
sein geliebtes Ferienhaus in Saas in der Schweiz zurück. Auf dem
Sterbebett in Chur stellte er noch das Diktat seines Buches der
Missionstheologie fertig. Bis zuletzt setzte er sich mit wachem
Geist mit der Erfahrung des Leidens auseinander. So gelangte er
zu einem fast fröhlichen Loslassen - die Große Barmherzigkeit
Gottes.

"IN THE MIDST OF DEATH WE ARE SURROUNDED BY LIFE!"

Ragai Wanis

I had been living in Kyoto for a year when the word went around that a new international student house was being built in the city, and that they were looking for residents. The house was called "Haus der Begegnung". It was there, in 1965, that I met Prof. Werner Kohler for the first time.

He looked at me with his eyes wide open and his eyebrows arching high above the top of his glasses. "From Egypt eh ... Wanis San?" he asked, busying himself with his pipe. "I hope you will enjoy our company ..." He continued to look at me with an expression that was a mixture of curiosity and humour. "And Wanis San ... I hope we enjoy your company too."

I lived for three years at "Haus der Begegnung" in Kyoto, and during those most formative years of my adulthood I came to know something of Prof. Kohler the man, and his message.

In Japan I was young and curious, and looking for answers to what were usually the wrong questions.

One day we were in the lounge room when I heard Prof. Kohler say, "We know that in the midst of life we are surrounded by death ..." He paused and looked at the semi-circle of human figures around him. He clasped his teeth and clenched his fists with the left one slightly positioned in front of the right one. "But ..." he continued after a while. "We have to turn this up side down, or the other way round, and say that in the midst of death we are surrounded by life." As he was speaking his arms started to rotate slowly until the right fist came in front, with the left one now behind.

Hold on professor! I said in my mind. In life we are surrounded by death ... easy enough. We see death. We are aware of death. We even die a little every day. But how can we, in death be surrounded by anything. Death can not be surrounded by life, can not be surrounded by anything because it is the negation of everything. It is the complete negative. The absolute silence. The definitive full stop.

The problem nagged at me, and like a "Koan" it begged for an answer. But the answer was not forthcoming. For in Japan, in youth, life was surrounded by life and philosophy had to wait ... I left Japan to go to Europe at the end of 1967. I corresponded with Werner from Europe and our correspondence continued when I went to Australia and Werner was back in Europe. Then came Georg's illness. And it was after Georg's death that Werner mentioned his "Koan" again, "... For in the midst of death we are surrounded by life." I hadn't forgotten it. It only lay dormant. Despite the pain and sorrow, I could see in Werner's letters the tremendous attempts to break through the web of pain and despair. Could we, in the midst of death be surrounded by life ... really?

Our correspondence continued on and off for another thirteen years before I could meet the Kohlers again in Switzerland in March 1983. I knew that Werner was ill. He wrote to me about his illness and the operation. Up in the Alps, in the beautiful house in Saas we talked for hours. It was a magical occasion in the magical mileu. Time collapsed upon itself and we felt that the gap between 1967 and 1983 was but a few weeks or maybe months. We drank good wine and smoked cigars. We talked about Japan, God, Australia, Art, Zen, Europe and Egypt. We skied and walked and took some photos and visited Georg's grave under the shadow of the little Japanese tree.

The sun was shining, the Alps looked majestic, and there was life all around. There was life "manifest", in all its forms, under the vibrant rays of the sun. But there was also life "concealed", lying under the snow, unknown to the icy mind of winter but patiently awaiting the warm heart of spring. Could it be the dawn of an answer to the "Koan"? I am glad I went to Sitzerland to visit Werner.

Maybe the "Koan" will reveal its secret to me when I am ready. Maybe it will happen in a flash ... or maybe I have to earn it. Could the answer be found only when the icy winter of the mind gives way to the warm spring of the heart?

When I left Japan in 1967 Werner gave me his little camera to keep. I used it for fifteen years. Now it belongs to my eleven year old son, David.

Did I remember to say thanks?

Prof. W. Kohler

By R. Wanis.
Haus Der Begegnung
Kyoto 1965-1967

STIMMEN AUS JAPAN. ZUM TODE EINES LEHRERS UND
FREUNDES(1)

Werner Kohler war Pfarrer, Missionar und Professor für Missionswissenschaft. Er studierte bei Karl Barth in Basel und bei Emil
Brunner in Zürich und arbeitete als Assistent bei Oskar Cullmann.
Nachdem er an verschiedenen Orten in der Schweiz als Pfarrer tätig gewesen war, kam er als Missionar nach Kyoto und wurde
Pfarrer der Kinrinkirche. Bald wurde er als Professor an die Doshisha Universität eingeladen, um dort an der Theologischen Fakultät zu lesen. Nach vier Jahren wurde er an die Internationale
Christliche Universität in Tokyo gerufen, um eine Vorlesung zur
Einführung ins Christentum zu halten. Danach lehrte er in Heidelberg, Berlin und Mainz. In dieser Zeit leitete er eines der Reformierten Studentenhäuser in Zürich als Internationales Studentenhaus
und gründete auch in Kyoto ein solches, das "Haus der Begegnung".
Er war in der Fachwelt der Missions- und Religionswissenschaft
sowie der Religionsphilosophie in Europa ein leuchtender Stern, ein
einflußreicher Führer in der christlichen Kirche und ein Pionier in
der "Studentenhausbewegung" (wie in Japan) und die Stütze der
Kinrinkirche. Er hat durch seine starke und warme Ausstrahlung
die jungen Theologen beeindruckt und gefördert. Sein Hauptanliegen
war die "Theologie der Mission", ein Buch, an dem er zehn Jahre
arbeitete und das demnächst veröffentlicht wird. Der Grundgedanke
seiner Überlegungen ist die Forderung nach der Umkehr des Menschen zu seiner wahren Identität. Die grundlegende Wirklichkeit
bedeutet, daß dem entfremdeten Menschen die Augen geöffnet
werden. Im Mittelpunkt stand die Missio Jesu, das heißt, Jesu wird
arm und schwach und durstig und stirbt dann am Kreuz. So wird
der Tod relativiert und entkräftet. Er vertrat die Ansicht, daß
durch die Nachfolge Jesu, durch die Umkehr aus der Entfremdung,
Freiheit erlangt wird.
   In Johannes 11 steht die Geschichte von der Auferweckung des
Lazarus von den Toten. Der junge Lazarus starb. Jesus kam in sein
Dorf. Maria ging Jesu nicht entgegen, anders aber Martha, die
über die Auferstehung am Jüngsten Tag Bescheid wußte. Diese
Wahrheit konnte sie jedoch nicht auf die Tatsache von Lazarus'
Tod beziehen. Jesus sagt: "Ich bin die Auferstehung und das Leben.
Wer an mich glaubt, wird leben, wenn er auch stirbt." Martha sagt
zu Jesus: "Herr, ich glaube." Alle Menschen leben und sterben. Die
leiblichen und seelischen Schmerzen des Sterbenden kennt allein
dieser. Ich werde auch durch dieses Leiden gehen müssen. Eigentlich ist aber der Tod eine Gnade. Aber nicht alle Krankheit führt

---

(1) Anläßlich einer Gedenkfeier für Werner Kohler in der Kinrinkir-
    che in Kyoto am 11. November 1984.

zum Tode. Wenn auch der Körper vier Tage begraben ist, bedeutet dies nicht, daß er tot ist. Wenn man an Jesus glaubt, der die Auferstehung und das Leben ist, lebt man, auch wenn man stirbt, da der Tod keine Macht hat.

Als ich Ende Juni Werner Kohler in Saas besuchte, sagte dieser, wenn die gefürchteten Schmerzen kamen: "Was ist dies eigentlich für ein Leben? Was macht eigentlich unser Himmlischer Vater?" Jedoch gleich darauf: "Ich vertraue Gott. Ich liebe diese Welt, aber ebenso liebe ich die kommende." Werner zeigte uns, daß die Macht und Zerstörung des Todes zunichte werden. Vor Werner Kohler geht Jesus. Werner folgt Jesus nach. Mit tiefem Gefühl sehen wir die Gestalt Werners vor uns gehen, der die Todesschmerzen überwunden hat, und wir wollen ihm nachfolgen. So wie Lazarus aufgefordert wurde aufzustehen und zu gehen mit den noch eingebundenen Gliedern, so hört auch Werner die Stimme und überwindet die Macht des Todes und macht sich auf den Weg und verbindet uns, die wir noch hier sind, mit der Welt des Ewigen Lebens. Ich bitte um den Segen des Herrn für Frau Kohler und die Töchter.

Akira Endo

Ich kam im Jahre 1955 nach Kyoto und wurde als Theologiestudent der Kinrinkirche zugeteilt. Im selben Jahr trat Professor Endo sein Amt als Pfarrer dieser Kirche an. Als ich später als Pfarrer zu arbeiten anfing, kamen mir Herr Kohler und die Kinringemeinde in den Sinn. In meiner eigenen Kirche mußte ich mich oft fragen, was ich nun eigentlich tun solle. Die meisten Pfarrer in Japan nahmen die europäische Theologie und Kirchengeschichte zum Vorbild und versuchten, ihre Kirche danach zu gestalten. Die Freundschaft und das Kirchenleben der Kinrinkirche ermutigten mich, wenn ich nicht mehr aus noch ein wußte. Ich will nicht vergessen, daß ich einige Jahre in dieser Kirche lebte und mir dabei Kohler begegnete.

Mit einigen Worten will ich etwas über meine Freundschaft mit Werner Kohler berichten. In jedem Sommer machte die Kirchgemeinde einen Ausflug nach Omimaiko am Biwasee, um dort die Bibel zu lesen, still zu werden und zu baden. Einmal schwammen wir alle. Herr Kohler schwamm und war vergnügt. Plötzlich tauchte er und kam gerade vor Herrn Endo hervor: "What is this animal?" Ich hatte mein ganzes Englisch von der Schule vergessen. Aber diese Worte blieben mir.

An einem Sonntag hatte er zu predigen. Obwohl das Orgelspiel schon begann, war er noch nicht da. Der Dolmetscher Tanida war sehr nervös. Kaum hatte Kohler den Kirchraum erreicht, war das Orgelspiel zu Ende. Er sagte leise: "I am a bad boy." Ich vergesse seinen Humor nicht.

In der Hitze des Sommers erklärte Kohler beim Abendmahl: "Das Abendmahl ist keine Beerdigung, sondern bedeutet Freundschaft. Wir wollen uns darüber freuen." Mit diesen Worten brach er das Brot und verteilte es. Dabei schwitzte er, ich erinnere mich noch gut.

Als sein Sohn im Jahre 1971 starb, erhielt ich einen Brief, worin stand: "Sein Tod ist nicht das letzte Wort." Dieses Wort hat mich immer wieder ermutigt. Als ich die Nachricht von seinem Tode las, daß er mit 64 Jahren auf dem Weg nach Kyoto zur Heimat starb, wollte ich hierher kommen. Ja, er ist auf dem Weg zur Heimat gestorben, und auch wir sind "unterwegs" bei dieser Gedächtnisfeier.

Ich möchte Nelly Kohler dieses Wort zurückgeben: "Sein Tod ist nicht das letzte Wort."

Hajime Gomi

Ich habe Herrn Kohler kennengelernt, als er das erste Mal nach Japan kam. Heute möchte ich einiges über sein Denken sagen. Er studierte in Basel bei Karl Barth und in Zürich bei Emil Brunner.

Kohler hatte drei theologische Themen: Das "Unser Vater", die Metanoia und die neuen Religionsbewegungen Japans. In der Tradition der Kirche versteht man Metanoia (Buße) so, daß begangene Sünden ans Licht gebracht werden und man dafür büßt. Kohler versteht Metanoia so, daß das alte Denken in eine neue Richtung umgekehrt wird. Buße ist die Zuwendung zur kommenden Herrschaft.

Als er nach Japan kam, interessierte er sich für die neuen religiösen Bewegungen Japans. Sein Denken, aus diesen Religionen positiv etwas aufnehmen zu wollen, änderte sich allmählich, und neuerdings studierte er sie nur, um den japanischen Kirchen Anregungen zu geben. Er erkannte die Entfremdungsphänomene in den Religionen und versuchte, wie man diese überwinden könnte, um ein wahrer Mensch zu werden. Die wahre Kraft wird in Jesus gezeigt, der hilflos ans Kreuz geschlagen wurde. Dadurch wird derjenige, der die Macht hat, machtlos. In der Todesanzeige war von seiner Tochter in japanischen Silbenzeichen (Hiragana) "Ushinau ga kachi" (wer verloren hat, der gewinnt) geschrieben worden. Das heißt, wer sein Leben verloren hat, der gewinnt es.

Am 1. November 1983 hielt er einen Vortrag über "Freie Autorität", der in der Zeitschrift "Kirisuto kyo kenkyu" abgedruckt ist. Das war sowohl eine Selbstprüfung als auch sein Wunsch. Er war wirklich ein autoritärer Vater. Aber er sagte, Autorität gebe es eigentlich nur in der Freiheit Gott des Vaters. Dann muß man die freie Lebensweise dieses Vaters kennenlernen.

Er veränderte den berühmten Vers des Kirchenliedes: "Mitten wir im Leben sind vom Tod umfangen" in "Mitten im Tod sind wir

18

vom Leben umfangen". Heute steht dieser Vers auf dem Grabstein des gemeinsamen Grabes mit seinem Sohn. Ich möchte diese Worte bis zum Tod im Gedächtnis behalten.

Mineharu Ii

Ich darf nicht vergessen, daß ich im Studentenhaus in Kyoto mit Herrn Kohler lebte und daß er durch die Mission für meine Reisekosten und das Stipendium an der Universität in der Schweiz sorgte, als ich im Ausland studieren wollte. Ich habe wie Ihr alle viele Erinnerungen an Herrn Kohler. Von einigen möchte ich heute erzählen. Als ganz junger Student sprach ich immer laut und eifrig auf ihn ein. Er aber sprach noch lauter. Dabei hörte er mir zu. Ich war 18 Jahre alt und er 36. Jetzt bin ich schon 46 Jahre alt, kann aber bedauerlicherweise nicht so leben, wie er es tat. Ich habe viel bei ihm gelernt, kann aber seine Art zu denken nicht in Tat umsetzen.

Kohler sprach immer von Konfrontation und Solidarität. Jedermann kennt heute das Wort Solidarität. Aber zu der Zeit kannte man den Ausdruck fast nicht. Er hörte mir immer zu, auch wenn ich nur so dahersagte, was mir gerade einfiel. Jetzt verstehe ich sein Verhalten und danke ihm dafür. Ich lebe täglich so vor mich hin, ohne jemandem zu zeigen, wie er leben soll. Ich denke nur an mein eigenes Forschungsthema. Sähe mich Kohler jetzt, wäre er bestimmt ganz traurig. Seitdem er seine schwere Krankheit hatte, kam er dreimal nach Japan. Als er Leiter einer schweizerischen Reisegruppe war, wohnte er in unserem Hause. Eine Nacht vor seiner Abreise übernachtete ich im selben Hotel wie er. Dabei erkältete er sich. Während der Fahrt im Bus von Kyoto zum Flughafen wollte er den Touristen über Kyoto berichten, konnte aber der Schmerzen wegen eine Weile nichts sagen. Schließlich sprach er ins Mikrophon: "Entschuldigen Sie, daß ich bisher nicht über Kyoto gesprochen habe. Ich werde Ihnen jetzt über Kyoto erzählen und über die Entwicklung des Buddhismus." Er unterdrückte seine Schmerzen.

Als er zum zweiten Mal nach Japan kam, wohnten Kohler und ich bei Professor Inagaki. Diese Nacht schliefen wir Kopf an Kopf. Ich fragte ihn, was das wichtigste Problem des Christentums sei. Heftige Schmerzen ergriffen ihn. Aber er verbiß sie und antwortete mir. Ich wollte ihm sagen, daß ich an ihm hinge und ihn verehren würde. Ich bin sehr dankbar, daß ich Herrn Kohler begegnet bin und auch den Menschen begegnete, die an ihm hängen, und daß sich dabei mein Leben veränderte.

Kiyoshi Imai

Bevor ich im Jahr 1957 in Deutschland studierte, hatte ich bei Kohler Deutsch gelernt. Als ich 1959 zurückkam, war er schon in

19

die Schweiz zurückgekehrt, um die Gründung des Internationalen Hauses der Begegnung vorzubereiten. Damals erfuhr ich von Oskar Pfenninger über diesen Plan. Ich wollte dabei helfen und ausländische Studenten betreuen, damit sie unbesorgt ihrem Studium nachgehen können. Auch ich hatte ja erlebt, wie sehr ich meinen Aufenthalt vielen hilfsbereiten Menschen verdankte. Als ich 1963 als Gastprofessor an die Universität Mainz eingeladen wurde, war Kohler in Heidelberg als Professor tätig. In der Zwischenzeit waren die Pläne für das Haus in Japan beendet und eine rechtskräftige Stiftung war gegründet worden. Unter dem Vorwand, den Text ins Deutsche zu übertragen, trafen wir uns jeweils an den Wochenenden. In Wirklichkeit dauerte das Übersetzen jeweils nur eine Stunde. Wir freuten uns an diesen Zusammenkünften, da wir nach der Arbeit immer noch zusammen Wein trinken und uns unterhalten konnten.

Kohler kam im Jahr 1965 als zweiter Hausvater mit seiner Familie nach Japan und wir, d.h. unsere Familie lebte mit ihnen zusammen. Zu den Studenten sprach er von der Begegnung von Menschen verschiedener Herkunft und unterschiedlichen Überzeugungen. Er befaßte sich mit der Identität und der Diskriminierung des Menschen. Damit wollte er Begegnung in Praxis umsetzen.

Ich kam am 19.6.1984 in Zürich an zur Einhundertjahrfeier der Ostasienmission. Ich sollte wohnen bei Herrn Pfarrer Emge wohnen. Kaum daß ich dort angekommen war, rief Kohler an und lud mich nach Saas ein in sein Ferienhaus. Gegen Abend kam Herr Professor Hahn aus München und wir stießen auf sein Wohl an. Am 2. Juli telefonierte ich nach Saas. Es kam aber keine Antwort. Er hatte wieder ins Spital gehen müssen. Am 5. Juli besuchte ich ihn im Krankenhaus in Chur und wir unterhielten uns ungefähr eine Stunde. Oft mußte er das Gespräch unterbrechen der großen Schmerzen wegen. Beim Abschied sagte er: "Ganbatte kure!" (Halte durch!) Auch ich erwiderte ihm: "Ganbatte kure!" Wir ahnten, daß wir uns vielleicht nicht mehr sehen würden. Aber ganbatte kure!

Ich habe einen Freund verloren, wie ich keinen mehr finden kann in meinem Leben. Als er nach Europa ging, hoffte ich, ihn dort noch oft zu sehen. Es ist nun seit dem 21. August so, als ob Europa für mich weit weggerückt wäre.

Hiroshi Inagaki

Daß ich Herrn Kohler begegnet bin, ist ein großes, glückliches Erlebnis in meinem Leben. Als ich noch Theologie studierte, wurde ich von ihm als Praktikant in eine Missionarsgemeinschaft für Arbeiter im Kansai-Bezirk gerufen, um in einem Slumbezirk von Osaka zu arbeiten. Seit dieser Zeit waren ich und meine Frau für Arbeiter verantwortlich, bis wir drei Kinder bekommen hatten. In

all diesen Jahren habe ich andauernd die Freundschaft mit ihm gepflegt. Ich kann mich daran erinnern, daß er Aufsehen erregte, als
er in einer christlichen Versammlung einen Vortrag hielt. Dabei
sagte er: "Weil die Christen in Japan weder rauchen noch trinken
wollen, faßt das Christentum keine Wurzeln." Ich glaube, daß er
damit die Haltung der Kirche Japans verbessern wollte. Er sagte
uns Theologiestudenten immer, wir sollte das vorherrschende Denken abwerfen.

Ich finde es besser, daß wir ihm in Japan begegnet sind, als daß
er in der realistischen Schweiz gelebt hätte. In Japan konnten sich
seine Gedanken ganz anders entwickeln und aufblühen.

Jetzt bin ich in Kamagazaki (Nishinari von Osaka) tätig. Als er
1983 wieder Japan besuchte, lag ich krank im Spital. Er besuchte
mich im Krankenhaus und ließ viel Geld für mich da. Ich darf
nicht vergessen, daß er mich immer unterstützt hat. Ich habe ein
Haus der Gemeinschaft (Ikoi no ie = Haus der Ruhe) gegründet und
verwalte es. Ich erfahre jetzt, daß es sehr schwierig ist, Gemeinschaft mit andern zu haben, zusammen zu leben. Weil er zu oft
mit uns und andern zusammenleben wollte, glaube ich, ist er krank
geworden.

Ich bin dankbar, daß ich ihm begegnet bin. Ich überlege mir,
wie ich verwirklichen kann, was Herr Kohler gesagt hat.

Aimei Kanai

Ich lebte von 1955 bis 1959 im alten Studentenhaus. Damals war
das Haus ziemlich verlottert. Nur die Küche war gut. Ich war 23
Jahre alt, ein armer, wenig diskutierfreudiger Student. Herr Uchida
vermittelte mich an Herrn Kohler und arrangierte, daß ich dort
wohnen durfte. Deshalb wurde ich von ihm geistlich und finanziell
unterstützt. Wir prallten manchmal aufeinander. Erst später erfuhr
ich, daß er ein bedeutender Gelehrter war. Nachdem wir uns wieder einmal gestritten hatten, sagte er: "Das geht nicht, daß Du so
stur bist. Du willst doch über die Probleme im Leben, wie auch
über die Probleme der Bibel nachdenken. Es ist nicht gut, wenn Du
so tust, als ob Du die Lösungen schon gefunden hättest." Als ich
im Magisterkurs war, bat er mich darum, ein Haus für die Pfadfinder zu bauen. Nach einem Streit darüber sagte er: "Lassen wir
es sein. Du mußt die Diplomarbeit machen, und melde den Entwurf
des Hauses der Feuerwache. Ich machte nichts, bis er aus den
Sommerferien zurückkam. Er ärgerte sich sehr, daß ich nichts gemacht hatte, und kurz darauf rief er mich zu sich und sagte:
"Entschuldige, daß ich mich geärgert habe. Unser Herr vergibt
auch. Aber kannst Du denn wirklich nichts machen?" Er betete oft
mit uns das Unser Vater. Ich erfuhr aber erst, als ich Pfarrer
wurde, von der Bedeutung dieses Wortes "Unser Vater". Ich finde,

wenn wir nicht unseren Herrn zwischen uns gehabt hätten, hätte das eine Trenung für immer gegeben. Aber er verzieh mir meinen Hochmut mit dem Wort "Unser Vater".

Kohler sagte oft, daß der Sonntag ein Tag des Herrn sei. Darum gehe man zur Kirche. An einem Sonntag nachmittag kam Kohler zu mir, als ich nach dem Kirchgang ein Bücherbrett baute. Er sagte zu mir: "Heute ist der Tag des Herrn; darum sollst Du nicht arbeiten." Ich entgegnete ihm: "Paßt es dann, wenn man spielt?" Darauf erwiderte er: "Nein, heute ist ein Tag, an dem man Freundschaft schließen darf." Ich sehe heute, daß ich viel bei ihm gelernt habe, auch wenn wir uns zuweilen gestritten haben.

Hiroshi Nakamura

Ich war vier Jahre lang (1956 bis 1960) in der Kinrinkirchengemeinde tätig, drei Jahre als Vikar und ein Jahr als Pfarrer. In dieser Zeit kam ich der Familie Kohler sehr nahe. Schon während meines Magisterkurses war ich Kohlers Dolmetscher. Dabei lernte ich bei ihm, wie wichtig die Predigt ist. Damals waren Profssor Endo, Professor Kohler und ich in dieser Kirchengemeinde tätig. Jeden Sonntag hielten wir der Reihe nach die Predigt. Einmal pro Woche versammelten wir uns im Seminarzimmer von Professor Endo, um die für die nächste Predigt bestimmte Bibelstelle im Urtext zu lesen. Derjenige, der am kommenden Sonntag zu predigen hatte, stellte Aufbau und Inhalt der Predigt dar und danach besprachen wir den Vorschlag gemeinsam. Was ich damals lernte, gab mir eine gute Grundlage für mein späteres Pfarr- und Predigeramt. Am Ende von Kohlers Predigten kam meisten das Wort "freedom" vor. Er schloß mit den Worten: "Die Befreiung von Heuchelei, die Freiheit sich selbst zu geben, die Freiheit zum Dienst." Ich war mit Kohler nicht nur in schwierigen Situationen zusammen, sondern wir spielten auch zusammen Tennis. Ich spielte nicht gern, wurde aber doch ein guter Partner.

Zum Schluß möchte ich noch von einem privaten Erlebnis erzählen. Eines Tages trat ein Glied der Kinringemeinde an Kohler heran, mit der Bitte: "Wir möchten einen Schuppen haben, um Möbel darin aufzubewahren. Die Pfarrwohnung ist zu klein." Kohler gab die Einwilligung und sagte zu mir: "Die Baukosten übernimmt die Mission; aber du mußt den Schuppen selbst bauen." Und ich darauf: "Ich kann das nicht, habe ich doch nicht Architektur studiert." Und er darauf: "Ein Student, der Uchida heißt, hat den Geräteschuppen in unserem Garten zu einem Teehaus umgebaut. Auch du kannst bauen." Ich antwortete ihm deprimiert, daß ich nun keinen Schuppen mehr wolle. Bald danach sandte Kohler Uchida, um den Schuppen zu bauen, und dieser baute zu aller Zufriedenheit.

Dabei lernte ich, daß ein Pfarrer sich für sich und andere auch praktisch betätigen muß.

Teizo Tanida

Im Juni 1984 reiste ich in die Schweiz und besuchte Werner Kohler im Spital. Er hatte zeitweise starke Schmerzen und rief dann aus: "O Gott, ich weiß nicht, was ich tun soll!" Sein Krankheitszustand hatte sich sehr verschlechtert. Es war der 18. August, drei Tage vor seinem Tode. Ich konnte fast nicht mit ihm sprechen; aber ich war in diesen letzten Stunden mit ihm. Bei dem freundschaftlichen Gespräch sprach ich ihn auf englisch oder japanisch an: "Mr. Kohler" oder "Kora-san". Da ich ihn auf deutsch nicht duzen konnte, nannte ich ihn mit dem Pfadfindernamen "Weck" und er mich "Natu". Als ich ins Zimmer trat, schien er das Bewußtsein verloren zu haben, sagte aber sogleich: "Natu ist da. Ich fürchte mich nicht mehr vor dem Tod. Ich weiß, daß das Ziel meines Menschseins erfüllt ist." Ich setzte mich neben sein Bett und hörte ihm zu. Er fuhr fort: "Es gibt noch ein Problem. Ich ringe mit der Missionstheologie und möchte ein Buch darüber veröffentlichen. Ich mache mir Sorgen, ob das Buch der Kritik standhalten kann. Er disputierte auf dem Totenbett darüber: "Ich weiß nicht, wie ich in dieser Wirklichkeit das nächste Thema anpacke." Ich antwortete ihm: "In der Bibel steht: Wenn das Weizenkorn nicht in die Erde fällt und erstirbt, bleibt es allein. Wenn es aber erstirbt, trägt es viel Frucht (Joh 12,24). Du hast viel Samen gesät. Jetzt keimt es allmählich. Ich sehe schon ein Blatt. Du bist in der Fachwelt der Mission anerkannt, ich weiß es." Dann riß er die Augen auf und er lag lange so da, ohne mit der Wimper zu zucken. Ich machte mir Sorgen um ihn und fragte: "Kannst Du noch sehen, Weck?" "Ja, aber ich kann nicht darüber urteilen, ob ich wirklich sehe oder nicht." Und ich zu ihm: "Ich finde, daß Du nicht entscheiden sollst. Nur Gott kann es beurteilen. Aber ich glaube, daß Du jetzt wirklich siehst." Dann sprach ich ihm meinen Dank aus dafür, ihm in Japan begegnet zu sein und dreißig Jahre lang von ihm viel Freundlichkeiten empfangen zu haben. Ich zeigte ihm zwei silberne Becher, weil ich Wein mit ihm trinken wollte. Aber er sagte, daß das nicht ginge, er könne auch kein Wasser mehr trinken. ich sagte ihm, daß Herr Pfarrer Hesse eine Aufsatzsammlung zu seinem 65. Geburtstag herausgeben wolle. Dann machte er eine Geste, daß dies ihm gleichgültig sei. Zum Schluß sagte ich ihm: "Bald muß ich nach Japan zurückkehren", und er klar auf japanisch: "Chotto matte kudasai" (Bitte warte einen Moment). Er wollte mitgehen. Ich war sehr erstaunt und bestürzt, weil er diese Worte in der wichtigsten Zeit in Japan gesagt hatte. Er fügte noch bei: "Ich gehe nach Hause." Warum sagte er dies? Ich glaube, daß in diesem

Augenblick er seine Gedanken gleichzeitig auf Japan richtete und auch auf die Heimat im Himmel. "Es wäre besser, wenn Du Dich nun eine Weile ausruhen würdest und Kräfte sammeltest, weil die Reise sehr lange dauert", sagte ich, und er: "Der Bart wächst schon, steht er mir gut?" Darauf ich: "Ja, Du bist schon sehr schön." Als ich seine grauen Haare gesehen hatte, fiel mir ein Vers Hiobs ein (42,17): Und Hiob starb alt und lebenssatt. Beim Abschied sagten wir uns nicht "Auf Wiedersehen", sondern einfach: "Tschau". Drei Tage nach diesem Abschied schlief er friedlich ein. Bei der Trauerfeier sagte mir eine seiner Verwandten: "Er ist heimlich im Friedhof in Saas beigesetzt worden. Das paßt zu ihm. Bitte gehen Sie einmal und sehen sich das Grab an."

Isao Uchida

WAS IST ÜBERHAUPT MISSION?(1)

Marie-Claire Barth

Lieber Werner,

weißer Dunst füllt die Täler, dunkel ragen die Berge in den hellen Himmel, wie mit einem dicken Pinsel aufgetragen liegt eine schiefergraue Wolke über dem Val d'Annivier; Grillen zirpen im feuchten Gras und Vögel zwitschern in den niedrigen Eichen. Es ist Ferienzeit und ich habe Deinen Artikel endlich aufmerksam gelesen.

Über die christologische Begründung der Mission hinaus geht es Dir darum, Grundlinien des Evangeliums aufzuzeichnen, die in der Kirchen- und Dogmengeschichte oft verschüttet wurden. Du schreibst: "Sich zu Jesus bekennen, heißt sich dieser anderen Herrschaft, diesem wirklichen Leben zuwenden und damit das wahre Menschsein entdecken" (202 unten). Diese Einstellung ist weitgehend die der Kreise, die sich auf die Seite der Armen stellen und mit ihnen für Menschenrechte und Menschlichkeit einstehen. Du sagst "diese kleine Herde trägt am Leiden der Welt, ist für die anderen da und schenkt ihr Gemeindeleben für die anderen weg" (203 oben). Ich möchte mehr über diese Gemeinde wissen; wie strukturiert sich ihr Leben, damit ihre Ordnung ihren Dienst nicht hindert? Wie bringen sie es fertig, daß die Befreiung, welche die Väter erlebt haben, den Söhnen nicht als Gesetz auferlegt wird (so z.B. die Befreiung vom allumfassenden lähmenden Ahnenkult, die zum Verbot führt, auch nur nach den Ahnen zu fragen, oder die Befreiung vom Alkoholismus, die zum Verbot wird, an einem Festchen teilzunehmen, weil etwas Wein getrunken wird). Wie integrieren solche Gemeinden ihre unreifen und schwachen Mitglieder und beteiligen sie an der Mission? Es wären vermutlich Erfahrungsberichte notwendig, damit wir davon lernen ...

Der zweite Teil Deines Artikels heißt "Zukehr statt richten" und scheint mir sehr fruchtbar. Du sagst auf neue Weise, was oft in Missionskreisen so beschrieben wird: nicht wir haben die Wahrheit, Christus allein ist die Wahrheit, er aber hat uns ergriffen und befähigt, uns die Wahrheit zu tun, sofern wir seiner Liebe Raum geben.Dein Gedankengang aber hat andere Implikationen. "Kein Mensch soll und darf schlecht gemacht werden" (204 Mitte). Ich pflichte Dir ganz bei und füge gut asiatisch hinzu "kein Mensch darf beschämt werden". Nur echte Zuwendung schafft Beziehungen, die tragen.

---

(1) Einige Gedanken zu einem Artikel von W. Kohler erscheinen in der ZMiss 4, 1983, 199-213. Arbaz ob Sitten im Wallis am 5. Juli 1984.

Aber ich bin nicht sicher, ob Du dem prophetischen Element genug Raum gibst, wenn Du schreibst "die Freiheit vom Richten ist - geradezu die Ermöglichung zum kritischen Urteilen" (206 oben). Wie steht es mit dem Einsatz gegen Korruption und Machtmißbrauch? Gibt es nicht um der Unterdrückten willen eine Gerichtspredigt im Sinne eines Amos und Hosea? Sicher zielt eine solche Botschaft auf die Umkehr der von Geld und Macht Geblendeten ...

An dieser Stelle fehlt mir aber auch ein Nachdenken über die Macht. Diese Frage spielt zur Zeit in der Leitung der Basler Mission eien gewisse Rolle. D. von Allmen betont, daß Hilfe Macht ist. Ich habe manchmal den Eindruck, er würde am liebsten darauf verzichten, daß wir als Missionsgesellschaft uns in das Leben der Partnerkirchen durch unsere Hilfe einmischen und dadurch Macht ausüben. Verstehst Du Zuwendung auch als Hilfe? Wo sind Sicherungen gegen falsche Machtausübung einzubauen? Wir haben durch Besserwisserei und größere Mittel manches falsch gemacht - durch echte Zuwendung und Hilfe, die wirklich am Evangelium und an den Menschen ausgerichtet war, auch manch Fruchtbares in Gang gesetzt. Ich habe in Asien erlebt, wie stark in den Kirchen nach dem Modell der Großfamilie gehandelt wird: der Stärkere hat mehr Verantwortung, damit der Schwächere wachsen kann. Niemand ist vor Schwäche gefeit und so dürfen wir getrost helfen im Wissen, daß - wenn nötig - auch uns geholfen wird. Wie wirkt sich "die tragende Barmherzigkeit", von der Du sprichst (S. 205 unten) so aus, daß die materiell Schwächeren frei sind, denen, die sie unterstützen, auch zu helfen, wenn auch auf anderem Gebiet? Solche Impulse aufzunehmen und in unseren Kirchen weiterzugeben ist eine wichtige Funktion der Missionsgesellschaften und Missionsbeauftragten ... Da möchte ich mit Dir über meine Arbeit reden (ich war damals Referentin für die Schweiz bei der Basler Mission).

Im dritten Teil Deines Aufsatzes sprichst Du von "der Verkündigung als Ruf zur Identität". Du unterscheidest zu Recht zwischen der Grundidentität aller Menschen und einer sekundären kulturellen Identität (208-209). Ich würde gern noch eine tertiäre Identität dazufügen, die jedem Menschen aufgrund seines Geschlechtes, seiner Geschichte, seiner Beziehungen eigen ist.

Du sagst, die zentrale Mission Jesu sei, "mitten in der menschheitlichen Entfremdung den Weg zur Menschwerdung des Menschen zu finden" (206 unten). Verstehe ich Dich richtig, daß du damit sagst: indem wir dem Jesus folgen, der die Bergpredigt bis ans Ende verwirklicht hat, finden wir uns selbst? Dabei wird jede Erleuchtung, jede Erfahrung, jedes Engagement relativiert und findet seinen Sinn bei "der Offenbarung der Söhne - und Töchter - Gottes". Der Weg aus der Entfremdung ist erst dort am Ziel angelangt, "wo Christus alles in allen ist". Wie weit deckt sich diese eschatologische Dimension des Glaubens mit unserer täglichen Erfahrung, nie "fertige" Männer oder Frauen zu sein und ständig unterwegs zu bleiben? Wie weit geht aber diese Dimension darüber hinaus und verlangt sie die Bereitschaft, um Christi willen zu sterben?

Ich habe zu diesem Teil noch eine zweite Frage: Du schreibst, "Mission ist Einübung im Verständnis und im Lebensstil der Bergpredigt" (208). Welche Rolle spielt die christliche Gemeinde dabei? Ich glaube nicht, daß es Menschwerdung außerhalb einer tragenden Gemeinschaft gibt, das gilt für jedes Kind, aber auch für die tiefere Menschwerdung, von der Du sprichst. Du rechnest sehr streng mit der alten Kirche ab, die sich in Entsprechung der damaligen Gesellschaft verstanden hat. Wie könnte heute eine Kirche aussehen, in der wir uns - und unsere Kinder sich - die Botschaft der Bergpredigt aneignen können?

Gerade auf diesem Gebiet glaube ich, daß die Kirchen aus der sog. Dritten Welt uns helfen können. Wir Europäer haben einen langen Emanzipationsprozeß hinter uns, sind Individualisten geworden, wir können - zumindest als Erwachsene - Beziehungen selbst aufnehmen und auch abbrechen. Deswegen tun wir uns so schwer, in Gemeinschaft zu leben. Unsere Kirchen sind funktionell ausgerichtet, gut ausgebildete Fachkräfte führen bestimmte Aufgaben durch - aber unsere Gemeinden sind nur selten ein Ort des gemeinsamen Feierns, der gegenseitigen Stärkung, der gemeinsamen Hingabe an Außenstehende. Asiaten - und Afrikaner - haben den europäischen Absonderungsprozeß nicht durchgemacht, sie sind viel stärker als wir von der Großfamilie, ethnischer und sozialer Zugehörigkeit - und der entsprechenden Sitte bestimmt. Sie kennen eine Gruppenidentität mit Verpflichtungen und Geborgenheit. Um Jesu willen sind ihre christlichen Gemeinden - mindestens teilweise - offen gegenüber anderen Menschen; durch die vielen Zusammenkünfte, durch gegenseitige Hilfe, durch Mitarbeit am Aufbau des Landes gibt es viel mehr Möglichkeiten, die Botschaft Jesu gemeinsam einzuüben - und Du weißt so gut wie ich, daß außenstehende Menschen viel eher um der Gemeinschaft willen kommen und in der Gemeinde erst die Botschaft hören und langsam auch annehmen.

Im letzten Teil sprichst Du von der Mission als dem Hinweis auf den Pfad der Identität in einer Zeit der Weglosigkeit (211 Mitte). Ich verstehe, was Du - mit Freud und Jung - von der notwendigen Loslösung von Vater und Mutter sagst - mit vier Kindern zwischen 18 und 25 Jahren ist das tägliche Erfahrung. Ich erlebe auch ständig, wie sich junge Frauen vom traditionellen Rollenverständnis befreien und sehe, wie es vielen schwer fällt, eine neue Beziehung zu Gott "dem Vater" zu finden. Wo es ihnen gelingt, geht der Weg über Jesus, der die Frau annimmt, der die "weiblichen" Tätigkeiten des Dienens, der Sorge um Wachsen, der Phantasie pflegt ... Was meinst Du aber mit "umgekehrten Familienverhältnissen" mit dem neuen Verständnis von Heim und Heimat (auch in der christlichen Gemeinde)? Heißt es, daß wir als Erwachsene unserer Vergänglichkeit und Verletzlichkeit bewußt sein dürfen und daher das Wachsen der Jungen - und auch der Älteren - mehr fördern, daß wir aufmerksam, phantasievoll und auch zärtlich ein Zuhause gestalten, in das Menschen kommen können, das sie aber auch wieder verlassen dürfen? Ist das die "patria", die ihr Wesen vom Vater Jesu Christi erhält?

Dein Schluß "die Seligpreisungen sind so etwas wie eine Skizze des Menschen, der in der Zukehr Heimat gefunden hat" ist wie ein Stern am Himmel, der leuchtet, aber unfaßbar ist.

Ich freue mich auf Dein Buch, in dem manches ausführlicher stehen wird. Ob es dann noch zu einem Gespräch kommen darf? Grüße Nelly von mir. Christoph und ich denken viel an Dich, sind wir doch durch ähnliche - wenn auch viel kleinere - Sorgen sehr nahe.

Deine

Marie-Claire Barth

28

DAS HÄSSLICHE KLEINE BARTHIANERLEIN ODER DER WEISSE RABE

Ulrich Schoen

Beginnen möchte ich meine Ausführungen mit einem persönlichen Zeugnis über die Wirkung Katsumi Takizawas, der - von Werner Kohler eingeladen - Mitte der siebziger Jahre an der Evangelisch-Theologischen Fakultät in Mainz etwa ein Jahr lang Vorlesungen hielt. Dazu frage ich mich: Was für einer warst du, als du jenem alten japanischen Philosophen begegnet bist?" Zwei Kennzeichen: das erste eine Unkenntnis der "östlichen Religionen". Ich war einer, der im Hochmut der christlich-westlichen Offenbarungsreligionen lebt. Einer, der dem Trend der Zeit(1) folgend zwar auch das Judentum mit einschließt in die Gruppe der Offenbarungsträger. Und in meinem Falle - dies weniger der allgemeinen Tendenz folgend, sondern einfach aufgrund von Umständen meines Lebens - einer, der sogar den Islam zu den, wie die Muslimen sagen, "himmlischen", das heißt offenbarten, Religionen rechnet. Ich war aber einer, für den die "nicht-offenbarten" Religionen eigentlich keine Religion sind, sondern Heidentum. Und den Hinduismus und den Buddhismus rechnete ich auch dazu. Das zweite Kennzeichen war eine Art Historizismus oder Horizontalismus oder Neo-Positivismus, der allergisch ist gegen jegliche "Hypostatisierung", das heißt gegen die Projizierung von Geschichtlichem hinein ins Jenseitige oder hinab in die Tiefe. Ich wollte nicht aus der Zeit eine metaphysisch erfaßbare Ewigkeit machen. Im konkreten Fall des christlichen Theologen hieß dies: das Nicht-Glauben an den prä-existenten Christus. Das Christliche und seine Ausbreitung war so nur eine Art von Ausweitung des historischen Jesus und seiner Jünger und Jüngersjünger. Hierzu eine kleine Erinnerung: Von einem ehemaligen Schulkameraden, der inzwischen ein katholischer Theologieprofessor geworden war, er heißt Ratzinger(2) - mit meiner Frau zu einem Mittagessen in den Regensburger Rathaus-Keller eingeladen, fragte ich ihn (vielleicht ahnte ich dabei, daß er später einmal die Funktion der Kontrolle des rechten Glaubens übernehmen sollte), ob es schlimm sei, wenn man nicht an den prä-existenten Christus glaube. Worauf er lächelnd antwortete: "Nein, denn man kann sagen, daß die Hoffnung der Welt darin besteht, daß wir alle einmal in die Subjektivität Jesu eingehen." In das so gekennzeichnete Le-

---

(1) Das große Erschrecken nach Auschwitz führte die westlichen Christen dazu, das Judentum einzuschließen. Dafür erhält der Sündenbock, der früher "Judentum" hieß, jetzt oft den Namen "Islam".

(2) J. Ratzinger, Einführung in das Christentum, 1968.

ben eines westlichen Theologen brach Takizawa ein wie ein Komet. Wie einer, "der mit Vollmacht redet, und nicht so wie die anderen"(3). Der Grund der Dinge kam zum Vorschein, ohne daß dabei der Lauf der Dinge vernachlässigt wurde. Ohne daß dabei dieser Lauf der Dinge mit geringerer Strenge untersucht wurde als den bei Horizontalisten. Die Aussage von der Urtatsache, die Nishida die "Selbstidentität der sich absolut Widersprechenden" nennt, zeigte sich als etwas Evidentes, Kohärentes und der Wirklichkeit Adäquates. Der gern zitierte und Freunden zum Abschied zen-meditativ geschriebene Spruch Daitos: "für ewig geschieden und doch keinen Augenblick getrennt ..." wurde zu einer privilegierten Formel, um "das Undenkbare zu denken und das Unsagbare zu sagen"(4). Und nie entstand dabei das Gefühl, daß ich nun vom "lebendigen Gott Abrahams, Isaaks und Jakobs" zum trockenen "Gott der Philosophen" übergewechselt sei!(5) Das erste Ergebnis war, daß ein Funke aus einem angeblich ganz anderen Feuer die kalte christliche Glut mit ihrem christlichen Holz darüber bei mir wieder zu hellem Feuer entfachte. Die Religionsgeschichte wurde so für den bisher zwischen Scheuklappen lebenden Theologen zu einem - wie Henry Corbin(6) sagt - wirklich "theologischen Problem". Das zweite Ergebnis war ein neuer Zugang zu alten christlichen Aussagen, insbesondere den Aussagen über die Zweiheit-und-doch-nicht-Zweiheit des Menschlichen und des Göttlichen in Christus, wie es zum Beispiel das Konzil von Chalzedon(7) formuliert. Ein neuer Zugang auch zu Karl Barth, den ich zwar schätzen gelernt hatte wegen seiner "komplementären Denkweise" (bei Günter Howe(8) hatte ich das gelernt), der mir aber wegen seiner kirchlichen Orthodoxie und seines verächtlichen Redens über den Islam unsympathisch geworden war. Wie kam das im einzelnen? Wie konnte gerade Karl Barth, unter dessen angeblichem Einfluß seine Schüler "die nicht-christlichen Religionen in Rauch aufgehen ließen"(9) zum

---

(3) Anspielung auf Mk 1,22.

(4) Von Takizawa mitgeteilte zen-buddhistische Maxime.

(5) Anspielung auf einen Ausspruch von Blaise Pascal.

(6) H. Corbin, de l'histoire des religions comme problème théologique. Le Monde non-chrétien 51-52, 1959, 135ff.

(7) Das Konzil von Chalzedon lehrt, daß in Christus das Göttliche und das Menschliche ganz da ist, und zwar weder getrennt noch vermischt. Die sog. "monophysitischen" und "nestorianischen" Kirchen bekennen von sich, daß sie dasselbe lehren.

(8) G. Howe, Parallelen zwischen der Theologie Karl Barths und der heutigen Physik. Antwort - K.B. zum 70. Geburtstag, 1956, 409ff.

(9) K. Nürnberger, Glaube und Religion bei Karl Barth, theol. Diss. 1967.

Schlüssel werden für eine Theologie, die - ohne die christliche Mission zu verraten - in den nicht-christlichen Religionen nicht nur ein paar "Bausteine der christlichen Kathedrale" wiederfindet, sondern in ihnen unter Umständen die ganze Wahrheit erblicken kann? Takizawa berichtete uns von den erstaunten Reaktionen der Barth-Schüler, wenn er auf den Barth-Tagungen seine Barth-Interpretation vortrug. Erstaunt und vielleicht auch etwas verächtlich. So wie im Märchen von Andersen die kleinen Entlein das häßliche kleine Entlein verachten, das anders ist als sie, grau und unansehnlich - östlich und vielleicht nicht ganz wissenschaftlich - und nicht so schön gelb wie sie - in den Quellen der wahren Wissenschaftlichkeit schwimmend. Und er zeigte uns, daß er doch nicht so ganz allein war mit seiner Sicht. Zuerst war da natürlich Werner Kohler(10), der auf seine Weise den Funken vom Meister Barth zum Buddhismus (und von diesem wieder zurück zum Christentum) überspringen ließ. Dann war da Jean Faure und meine Arbeit über ihn, mit der ich bei den theologischen Kollegen, die sie lesen und begutachten mußten, einige Schwierigkeiten hatte. Ich gab sie Takizawa, den niemand um ein Gutachten gebeten hatten. Er las sie in einem Zug (welche Disziplin des früh-aufstehenden Lesens!) und er bestärkte mich in meiner Arbeit. Und er ließ mich bei Jean Faure(11) den Einfluß Karl Barths entdecken, der mir entgangen war, weil Jean Faure die Barthianer nicht leiden konnte. Gerade auch wegen ihres Ikonoklasmus, der unter dem Heidentum aufzuräumen meinte. Jean Faure sah den Monotheismus in den afrikanischen traditionellen Religionen und beliebte zu sagen: Wenn wir Missionare in Afrika nichts anderes nach Afrika bringen als den Monotheismus, dann können wir genauso gut zu Hause bleiben. Wir zählten so drei weiße Raben unter den vielen schwarzen Raben der Barthschüler: Takizawa, Kohler, Faure. Schließlich entdeckte ich noch zwei weitere solche weiße Raben und Katsumi freute sich, von ihnen zu hören. Leider lebt von ihnen heute keiner mehr. So können sie sich nicht mehr treffen.

Zuerst Henry Corbin. Beide, voneinander hörend, hätten sich gerne getroffen. Aber Corbin starb am 7. Oktober 1978. Henry Corbin, der große Spezialist der islamischen und insbesondere persischen Mystik, schrieb in einem im Barth-Archiv in Basel aufbewahrten Brief an Barth etwa folgendes: "Meister, was ich bei Ihnen gehört und gelernt habe, ich finde es auch bei den Söhnen Ismaels, nur wissen die christlichen Theologen leider nichts davon, infolge

---

(10)W. Kohler, Japanische christologische Versuche, in: H. Bettscheider, Das asiatische Gesicht Christi, 1976, 49ff.
(11)U. Schoen, Jean Faure. Missionar und Theologe in Afrika und im Islam, 1984.

mangelnder inter-disziplinärer Zusammenarbeit."(12) Später kehrte
sich Corbin von Barth ab, denn er fand, wie seine Frau Stella, die
Tochter des großen Missionars, der zum großen Ethnologen wurde,
Maurice Leenhardt(13) berichtet, daß "der zweite Barth" - das heißt
der "kirchliche" - die strenge Diskontinuität der dialektischen
Theologie des "ersten Barth" verraten habe. Leider hat Corbin nie
den "dritten Barth" kennengelernt, den des Bandes IV/3 der "Kirchlichen Dogmatik", der sagt, daß unter den Lichtern "draußen" sehr
wohl das ganze Licht leuchten kann, von der selben Qualität wie
das Licht "drinnen". Diesen "dritten Barth", an dessen Entstehung
vielleicht Katsumi Takizawa nicht ganz unbeteiligt war! Für Corbin, der protestantischer Christ war und bis zu seinem Tod darauf
bestand, es zu bleiben, war die Grundtatsache der Wirklichkeit, ge-
faßt in die Sprache der islamischen Mystik, der präexistentielle
"Pakt" (mitháq) im Himmel, den Gott mit seiner Kreatur geschlossen hat. Es ist nicht ausgeschlossen, daß das "Gleiche", das
Corbin im Islam und im Christentum findet und von dem er Barth
schreibt, gerade dieser Pakt ist, der dem "Immanuel im ersten
Sinne" bei Karl Barth entspricht, in dem Gott vor aller Schöpfung
die ganze Menschheit erwählt hat.

Und schließlich der fünfte weiße Rabe (lieber Leser, suche weiter, vielleicht findest du einen sechsten!): Denis de Rougement.(14)
Nur wenige wissen, daß dieser bekannte Literaturkritiker ein Schüler Barths war (er hat zum Beispiel den ersten Band der Kirchlichen Dogmatik ins Französische übersetzt!). Er sagt von sich: ich
habe mein ganzes Leben nichts anderes getan, als "die Zwei-Takt-
Dialektik der dialektischen Theologie angewendet". Das Geheimnis
der menschlichen Person besteht für ihn in der dialektischen Spannung zwischen Himmel und Erde, die zutiefst im Inneren des Menschen vorgegeben ist (und sich auch in der Beziehung zwischen
zwei Menschen manifestieren kann). Denis leistet dabei Großes, indem er diese Grundspannung auch im buddhistischen Menschen und
im buddhistischen Denken aufspürt und so gegen das hochmütige
westliche Vorurteil angeht, das "östliche" Denken und der Einfluß
der östlichen Religionen im Westen zerstöre das Personale, die Du-
Ich-Beziehung, die das Proprium des westlichen Genies sei.

Drei von den fünf weißen Raben haben die Funken aus der gleichen Glut erlebt, die zwischen Christentum und Buddhismus hin
und her springen: Katsumi, Werner, Denis. Henry sah sie zwischen
dem Islam und dem Christentum. Jean spürte, wie die gleiche Glut
brannte zwischen dem Christlichen und dem "Heidnischen" der

---

(12)Brief H. Corbins an Karl Barth vom 23.10.1936.
(13)M. Leenhardt, Do Kamo, 1976.
(14)D. de Rougemont, Les mythes de l'amour, 1978, und mündliche
    Mitteilung Juli 1981.

afrikanischen traditionellen Religionen. Denn er hatte bei Karl Barth gelernt, daß die strenge Diskontinuität, die Gott und den Menschen trennt, im Diesseits ein solidarisches Paar entstehen läßt, nämlich den Missionar der in Jesus Christus geschehenen Offenbarung und seinen heidnischen Mitmenschen: "die Kontinuität besteht zwischen diesen beiden, die Diskontinuität aber zwischen Gott auf der einen und dem Christen und dem Heiden auf der anderen Seite." Wenn wir nach weiteren weißen Raben suchen, können wir vielleicht auch andere Vögel finden, die zwischen dem Christentum und solchen Religionen hin und her fliegen, die von den fünf Raben nicht bewohnt waren. Vielleicht finden wir keine, die nachweislich von Karl Barth beeinflußt waren. Denn wenn dieser etwas von dem Logos gespürt hat, der im Inneren eines jeden Menschen wohnt - wie Daito sagt - kann auch jemand anderes, unabhängig und in einer anderen Religion, denselben Logos spüren.

Ich denke dabei an meinen Freund Joseph Tarrab, der - von seinem Urgroßvater initiiert (der Rabbiner in einer großen arabischen Stadt war, in der Joseph heute noch lebt) - mich ein Stück weit auf seinem Weg der jüdischen Mystik mitgenommen hat. Ich stieß dabei auf Simeon bar Jochai, der einmal vor Angst erschrak, weil er spürte, daß er an das ganz Andere gestoßen war: Er war dem "Mi" (Wer?) begegnet, dem Heiligen, Unaussprechlichen und sah dann neben ihm "Elläh" (diese da, das heißt die Dinge der Welt); beide vermengten sich und es wurde daraus, durch eine Verkehrung des "Mi", "Elohim" (Gott).(15) Er ahnte so, daß das Geschöpfliche, in einer Art Urfaktum, schon im Göttlichen vorgegeben ist.

Oder ich denke an Bithika Mukherji, die hinduistische Philosophin, die uns einmal in Mainz besuchte und bei mir dabei gründlich mit einem Mißverständnis aufräumte: ich hatte bei Shankara gelernt, daß "Moksha", das heißt die Erlösung oder Erleuchtung, eine Art Auflösung der Zweiheit in der Nicht-Zweiheit sei. Bithika stellte uns ganz klar Ramanuja(16) neben Shankara, der diesem vorwarf, er spüre nicht die wahre Wirklichkeit. Denn selbst nach der Erleuchtung bleibt die Zweiheit (Dvaita) bestehen, auch wenn sie in die Nichtzweiheit (Advaita) eingeht. Im Gegensatz zu "Advaita", der Formel Shankaras, prägt also Ramanuja, der bessere Realist, die Formel "Dvaita-Advaita"! Wer hört da nicht den Klang der "Selbstidentität der sich absolut Widersprechenden" Nishidas?

Wenn es in Augenblicken der großen Abrechnung um das Letzte geht, dann erscheint nicht nur das eigene Leben von Anfang bis Ende in Zeitraffung vor dem geistigen Auge, sondern auch, in Raumraffung, die ganze Welt. Unser Gang durch die Religionen -

---

(15)G. Casaril, Rabbi Simeon bar Yochai. 1961, 80ff.
(16)A.-M. Esnoul, Ramanuja, 1964.

mit den Siebenmeilenstiefeln der großen Eile angesichts des Letzten - brachte einige feinfühlige Menschen zusammen, die, ein jeder auf seine Weise und in seiner Religion, den Kern der Wirklichkeit spüren, so wie Nishida ihn beschreibt: Katsumi, Werner, Denis, Henry, Jean, Joseph und Bithika. Sie spüren, daß die Einheit - die Selbstidentität - und die Zweiheit - die sich absolut Widersprechenden - unabdingbar vorgegeben sind. Die Zweiheit aber ist in der Einheit. Denn die Einheit der Wirklichkeit ist ein apriorisches Postulat, das der Mensch braucht, um der Forderung Folge leisten zu können, die in jeder echten Beziehung steckt. Die Forderung, daß das All eingeht in die Beziehung zum anderen. Einsam nämlich herrschen die Liebenden über die Welt.(17) Einen Raum jedoch umging der sammelnde Gang durch die Religionen der Welt: das Persien Zarathustras. Dort war für mich der Sitz des großen Häretikers, der den Kern der Wirklichkeit falsch sieht. Dort wurde die Sünde par excellence gezeugt, die das Ziel der Wahrheit verfehlt: der Dualismus. Ich tat dabei nichts anderes, als beim großen Geschrei der jüdischen und islamischen Polemiker Mesopotamiens mitzumachen, die auf dem persischen Hochplateau die Heimat des großen Übels sahen, das den "Tawhid" - das heißt die Vereinigung der Welt wegen der Einheit Gottes - untergräbt. Von diesem Mißverständis heilte mich Paul de Breuil.(18) Er zeigte mir, daß auch Zarathustra zu jenen Feinfühligen gehörte, die den Kern der Wirklichkeit spüren. Sein Dualismus ist kein ontologischer, sondern ein ethischer. Angesichts der schrecklichen Möglichkeit des autonomen Menschen, sich vom wahren Grund abzuschneiden und ein All aus Nichts aufzubauen, gilt es - um der Rettung willen - allen Ernstes die rechte Entscheidung zu treffen.

Das "Unumkehrbar", mit dem Katsumi die Grundformel seines Meisters kennzeichnet, erscheint so in einem besonderen Licht. Daitos trockene Beschreibung des Logos, der in eines jeden Herzen wohnt, erhält so den Saft, den ein jeder zum Leben und zum Sterben braucht. Und zeigt die Richtung an, aus der der Saft fließt. Wenn, angesichts des Letzten, aus dem einzigen Gegenüber das ganze All auf mich zukommt, dann brauche ich diesen Trost, den auch Abraham spürte, als er auf den Berg Moria zuging, um dort seinen Sohn zu opfern. Den Trost, daß alles aus einer Richtung kommt, und auf mich zu: Das Dunkel, das zur Verzweiflung treibt. Und schließlich auch das Licht, das mich sagen läßt: "es ist gut!" Das häßliche kleine Entlein wird dann zum Schwan, dessen weite Flügel das All umspannen.

(17)"notre rareté commençait un règne" in "Evadné" de René Char (Seuls demeurent, 1945).
(18)P. du Breuil, Zarathoustra, 1978.

Takashi Hirata "Mu" ("Nichts")

DAS "ICH" BEI JESUS

Yagi Seiichi

1. Die Frage, ob Jesus ein "Messiasbewußtsein gehabt habe, ist heute im allgemeinen negativ beantwortet, vor allem seit die Formgeschichte in der synoptischen Tradition unter den Forschern weitgehend Beifall fand. In der Diskussion der "Frage nach dem historischen Jesus" aber wurde nach dem Selbstbewußtsein Jesu von einem neuen Gesichtspunkt her gefragt; und viele Neutestamentler waren sich darin einig, daß Jesus, der sich wohl nicht als "Messias" oder den "Menschensohn" verstand, doch mit unerhörtem Autoritätsbewußtsein sprach und handelte, das sogar über die Autorität des Moses hinausging, so daß die Forscher hier eine "implizite Christologie" sahen. Aber, wenn ich mich nicht irre, hat man dabei nie genau gefragt, was das "Selbst" eigentlich im Begriff des "Selbst"bewußtseins Jesu sei, bzw. was das "Ich" bedeute, z.B. in der Formel: "Ich aber sage euch". Das Ich hat viele Schichten. Was ist das Ich bei Jesus?

Um auf die Frage zu antworten, betrachten wir zuerst eine Analogie bzw. die Parallele bei Paulus. Paulus sagt: "Denn ich bin durch das Gesetz dem Gesetz gestorben, damit ich Gott lebe. Mit Christus bin ich gekreuzigt worden. Nun lebe nicht mehr ich, sondern Christus lebt in mir. Was ich aber jetzt im Fleische lebe, das lebe ich im Glauben an den Sohn Gottes, der mich geliebt und sich für mich dahingegeben hat" (Gal 2,19f).

Das Ich bei Paulus hat eine Doppelstruktur. Als Paulus mit Jesus "gekreuzigt wurde", fand ein Subjektwechsel statt, so daß Christus von dem Moment an das letzte Subjekt des Paulus war. Aber das bedeutet nicht, daß sein Ego verschwunden ist. Das Ego des Paulus ist es, das an den Sohn Gottes glaubt, der also der Gegenstand seines Glaubens ist. In dem zitierten Wort des Paulus ist Christus sowohl das Subjekt des Paulus als auch der Gegenstand seines Glaubens, somit sein Gegenüber. Hier stellen wir fest: Christus als das Gegenüber, d.h. Christus als Gegenstand des Glaubens, und Christus als das letzte Subjekt des Glaubenden sind bei Paulus paradox identisch. Diesem Sachverhalt entspricht die Struktur des Selbst des Paulus, das aus dem letzten Subjekt und dem Ego besteht. Wie wir im folgenden sehen werden, sind das letzte Subjekt und das Ego bei ihm eins, aber sie sind zugleich zwei Größen. Sie sind eins: Denn Paulus sagt: "Ich werde nicht wagen, von etwas zu reden, was nicht Christus durch mich gewirkt hat, um die Heiden zum Gehorsam zu bringen durch Wort und Tat" (Röm 15,18). Die Mission des Paulus ist seine eigene Tat, nichts anderes als das, was er selber durchgeführt hat. Trotzdem ist sie das, was Christus durch ihn gewirkt hat. In dem Sinne ist das letzte Subjekt und das

Ego des Paulus eins. Dasselbe sieht man auch in Worten wie:
"Wenn jemand meint, ein Prophet oder ein vom Geist Erfaßter zu
sein, so erkenne er, daß das, was ich euch schreibe, des Herrn Gebot ist" (1Kor 14,37) und "Ihr verlangt ja eine Selbstbezeugung
Christi, daß er in mir redet" (2Kor 13,3). Interessant ist, wie das
Subjekt in folgenden Worten wechselt: "Den Verheirateten aber gebiete ich - nicht ich, sondern der Herr -, daß eine Frau sich von
ihrem Manne nicht trennen soll. Den übrigen aber sage ich, nicht
der Herr: Wenn ein Bruder eine ungläubige Frau hat, und diese läßt
es sich gefallen, mit ihm zusammenzuleben, so soll er sie nicht
entlassen" (1Kor 7,10-12). Im Vers 12 ist das Ich des Paulus vom
Herrn klar unterschieden. Kompliziert ist das Verhältnis zwischen
dem Ich und dem Herrn im Vers 10: "Ich gebiete - nicht ich, sondern der Herr." Natürlich kann man annehmen, daß Paulus hier ein
Wort der synoptischen Tradition bearbeitet (vgl. Mk 10,9). Aber
wenn man sieht, wie wenig Paulus im allgemeinen von der synoptischen Tradition abhängt, sondern vielmehr direkt vom himmlischen
Herrn (vgl. Gal 1,1), zumal wenn man auf die eigenartige Wendung
aufmerksam wird: "ich gebiete - nicht ich, sondern der Herr", kann
man sagen, daß auch hier die Einheit des Herrn und des Paulus impliziert ist: "Ich gebiete" heißt, daß Christus "durch mich" gebietet.
Wenn wir uns daran erinnern - und wir bedürfen hier keines Zita-
tes, um das festzustellen - daß Jesus Christus der Herr und Paulus
sein "Sklave" ist, so gibt es eine Doppelstruktur im Personsein des
Paulus. Christus ist auf der einen Seite das letzte Subjekt des
Paulus in seinem Ichsein. Auf der anderen Seite ist das Ego des
Paulus von ihm klar unterschieden. Beide Größen sind sowohl eins
als auch zwei. Paulus konnte sagen: "Ich sage euch" bzw. "ich
handle", und zwar in dem Sinne, daß Christus in ihm spricht bzw.
handelt. Daß die Wendung "Christus in mir" für Paulus so wichtig
ist, sehen wir daran, daß sie an entscheidenden Stellen erscheint:
Einmal steht sie beim Bericht seiner Bekehrung, Gal 1,16: "(Es hat
Gott gefallen,) seinen Sohn in mir zu offenbaren, damit ich ihn
unter den Heiden verkündigen sollte." Das originale en emoi muß
man mit "in mir" übersetzen. Theologen, die die Offenbarung nur
für ein interpersonales Ereignis zwischen Christus und Paulus
halten, die also das Moment der "Erleuchtung" (vgl. 2Kor 4,6) nicht
sehen wollen, sind geneigt, en emoi mit "mir" zu interpretieren.
Das stimmt wohl nicht. Die Wendung "in mir" erscheint sodann da,
wo Paulus mitteilt, was seine ganze Existenz trägt, d.h. Gal 2,20
in dem oben zitierten Wort. Den dritten Fall finden wir Röm 7,17,
da, wo Paulus darstellt, wie das Selbst überhaupt, somit auch er,
vor dem Glauben unter dem Gesetz durch die Macht der Sünde
gefangen genommen worden war: "Nun aber vollbringe es nicht
mehr ich, sondern die Sünde, die in mir wohnt." Interessant ist,
wie dieses Wort Gal 2,20 negativ entspricht: "Es lebt aber nicht

mehr ich, sondern es lebt Christus in mir." So müssen wir die Wendung "in mir" bei Paulus ganz ernst nehmen, obgleich die Forschung auf die andere, "mystische" Wendung "in Christus" aufmerksamer zu sein scheint.

In diesem Zusammenhang ist es aber nicht sinnlos, einen Blick auf die Wendung "in Christus" zu werfen. "In Christus" bedeutet bekanntlich die Gnade Christi: die Gnadengabe wird "in Christus" dem Glaubenden geschenkt (1Kor 1,4). Wenn jemand "in Christus" ist, so ist er ein neues Geschöpf (2Kor 5,17). Ein Christ wird sozusagen von Christus umgriffen; er befindet sich im Wirkungsfeld Christi, so daß ihm die Gnadengaben beschert werden. Wenn Paulus sagt: "Durch Gottes Gnade aber bin ich, was ich bin" (1Kor 15,10), so sehen wir, daß die Wendung "in Christus" Gott, den Grund des Daseins bzw. Soseins, kurz, den Grund des Seins bezeichnet. Dann ist Christus als das letzte Subjekt und Christus als der Grund des Ichseins wieder paradox identisch. In diesem Kontext wird gesagt: "Ich bin ich", wobei mit "ich" das Ego gemeint wird, das mit der ersten Person Singular bezeichnet wird. In dem Sinne also bin ich ein Seiendes, das sich im Wirkungsbereich Christi befindet, daß es von ihm Gnadengaben bekommt, aber zugleich ein Seiendes, dessen letztes Subjekt Christus ist, der "durch mich" wirkt. Christus und das Ich sind eins, aber so, daß das Ich zugleich Sklave Christi ist, an den ich glaube. So sieht das Ichsein bei Paulus aus.

Dasselbe Verhältnis sieht man auch im vierten Evangelium im Verhältnis zwischen Vater und Sohn. "Du, Vater, bist in mir und ich bin in Dir" (Joh 17,21 und passim). Da jedoch das Verhältnis zwischen Vater und Sohn analog ist zum Verhältnis zwischen Christus und den Seinen, können wir sagen, daß das Verhältnis zwischen Christus und dem Glaubenden das Verhältnis zwischen Vater und Sohn reflektiert (so z.B. Joh 10,14f; 19,21-23). "Glaubst du nicht, daß ich im Vater bin und der Vater in mir ist? Die Worte, die ich euch sage, rede ich nicht von mir aus; der Vater aber tut seine Werke, indem er bleibend in mir ist" (Joh 14,10). Im Vers 10b sehen wir, daß Jesus sein Wort sagt, indem es der Vater durch ihn sagt. Daß er es sagt, bedeutet, daß es der Vater in ihm sagt. "In mir" bezeichnet also auch hier das letzte Subjekt des Sohnes. Während hier Vater und Sohn eins sind, ist an anderen Stellen der Sohn vom Vater unterschieden: Der Sohn gehorcht dem Vater, etwa wenn gesagt wird: "Denn ich habe nicht von mir aus geredet, sondern der Vater, der mich gesandt hat, er hat mir Auftrag gegeben, was ich sagen und was ich reden soll." (Joh 12,49). Im ersten Wort sind Vater und Sohn sozusagen zwei konzentrische Kreise, deren Zentren eins sind. Im zweiten Wort sind Vater und Sohn sozusagen zwei Zentren in einer Ellipse, wobei der Sohn dem Vater gehorcht. Es ist zwar nicht so, daß das eine Verhältnis das andere begründet; dann wären die Verhältnisse zu rasch vereinfacht.. Wenn man z.B.

annimmt, daß Christus und Gott zwei verschiedene Größen sind, so daß die Tat Christi nur insofern die Tat Gottes ist, als Christus Gott gehorcht, wird die Einheit von Gott und Christus verloren, wie sie im Worte bezeugt ist: "Wer mich gesehen hat, der hat den Vater gesehen" (Joh 14,9). Christus ist die Offenbarung Gottes, und zwar so, daß das Subjekt Christi Gott selbst ist, aber auch so, daß Vater und Sohn voneinander unterschieden werden. Sie sind paradox eins. Wer also Christus begegnet und gesehen hat, wer durch ihn spricht, der hat Gott gesehen, wie der folgende Vers zeigt. So kann man schwerlich sagen, daß das eine Verhältnis primär und das andere sekundär ist. Dies gilt auch sachlich vom Wort des Paulus: "Ich tue, was Christus durch mich wirkt." Die beiden Verhältnisse zwischen Gott und Sohn, das konzentrische und das elliptische, er-innern uns an die zwei Typen der Christologie der alten Kirche, die antiochenische und die alexandrinische: Die antiochenische Christologie behauptete, in der Person Jesu seien zwei Zentren, das göttliche und das menschliche, und dieses gehorche jenem, während nach der alexandrinischen Christologie sich das menschli-che Zentrum mit dem göttlichen deckt. Die alte Kirche hat aber beiden Typen recht gegeben, als das Konzil von Chalcedon die Gottheit und die Menschheit Christi für unterscheidbar, aber un-trennbar erklärte.

Diese beiden Verhältnisse, das konzentrische und das elliptische, sehen wir also auch bei Paulus, aber zwischen Christus und dem Glaubenden. Das zeigt, wie Christologie sachlich mit Anthropologie zusammenhängt. Wenn nämlich Paulus sagt, daß er gestorben ist, und daß Christus in ihm lebt, so ist das Verhältnis zwischen Chri-stus und ihm in diesem Falle konzentrisch. Andererseits kann er sagen, daß er redet, nicht Christus: Wir dürfen nicht meinen, daß Paulus hier von Christus völlig getrennt sei, ja von ihm abgefallen sei. Hier sehen wir aber, daß sich Paulus von Christus unterschei-den konnte. Wir wissen, daß er sich als Sklave Christi verstand, Christi, seines letzten Subjektes und seines Gegenübers. Dann dürfte wenigstens impliziert sein, daß das Ego des Paulus dem Christus in ihm auch dort untergeordnet war, so daß das Verhältnis zwischen ihm und Christus in ihm "elliptisch" und nicht bloß "kon-zentrisch" war. Diese Implikation finden wir tatsächlich in einer Formel wie: nach dem Geiste wandeln (Röm 8,4ff und passim), nach dem Geiste, in dem Christus gegenwärtig ist (Röm 8,9f).

Wenn dem so ist, dann zeigen die beiden christologischen Typen (der "antiochenisch-elliptische" und der "alexandrinisch-konzentri-sche") auch die Struktur des Ichseins des Menschen. Dann sind Christus und der Glaubende weder eins noch zwei, oder sowohl eins als auch zwei. Dann kann das Ich des Glaubenden nicht nur sein Ego bezeichnen, sondern auch Christus, der in ihm lebt. Das ent-spricht der johanneischen Christologie, bei der der Sohn, indem er der Sohn bleibt, zugleich mit Gott eins ist, mit Gott, der im Sohn als dessen letztes Subjekt gegenwärtig ist. Christus im vierten Evangelium kann von seinem letzten Subjekt her zu Worte kommen, wenn er sagt: "Ich rede", so daß sein Wort zugleich Gottes Wort ist. In dem Sinne kann gesagt werden, daß der, der den Sohn gesehen hat, den Vater gesehen hat.

Kehren wir nach diesen Vorbemerkungen zurück zu Jesus. Wir fragten zu Beginn, was das Ich bedeutet, das in der Formel "Ich sage euch" zu Worte kommt. Jesus kann auch von seinem letzten Subjekt her zur Sprache gekommen sein, als er sagte: "Ich aber sage euch". Es ist gut möglich, daß das "Ich" dabei das göttliche Zentrum in ihm war, das durch sein empirisches Ego zur Sprache kam. Das widerstreitet nicht dagegen, daß Jesus ein bloßer Mensch war. Denn der Mensch ist vom Anfang an so beschaffen, daß in ihm zwei Zentren, das göttliche und das menschliche, zugleich eins und zwei sind.

2. Wir führen ein anderes Beispiel an, und zwar aus dem Zen-Buddhismus. Hisamatsu Sin-ichi (1889-1980), ein großer Zen-Meister, der auch als Professor für Religionsphilosophie an der Universität Kyoto tätig war, war ein bekannter "Atheist". Wir dürfen aber seinen Atheismus nicht dahin verstehen, daß er das Dasein Gottes verneinte, während er die Existenz des Menschen und der Welt bejahte. Sein Atheismus war gegen den Theismus gerichtet: Für ihn war Gott kein bloßes Gegenüber. Er verneinte Gott als das ganz Andere. In seinem Aufsatz "Atheismus" (1949) führte er aus: Das Formlose (die letzte, alles tragende Realität) ist kein bloßes Gegenüber, noch das ganz Andere.(1) Wenn es auch das Ganz-Andere ist, so muß man gleich sagen, daß es zugleich das Selbst ist als das letzte Subjekt des Menschen. Das ganz Andere ist paradox zugleich das ganz Selbst, so daß Heteronomie und Autonomie paradox identisch sind. "Ich tue" heißt also im Grunde "das Formlose tut". Hisamatsu konnte sogar sagen: "Ich sterbe nicht."(2) Ist das nicht die Apotheose des Menschen? Tatsächlich hat man ihm oft diesen Vorwurf gemacht. Jedoch muß man, um ihn richtig zu verstehen, ein bißchen genauer fragen, was damit gemeint war. In einem Gespräch sagte er mir einmal: "Da ich schon so alt bin, kann ich jederzeit sterben. Wenn ich gestorben bin, führen Sie Gespräche mit mir, der in Ihnen ist." Er wollte wohl mit dem Wort zeigen, mit wem ich eigentlich die Gespräche führte, als ich mit ihm

---

(1) "Mushinron", in: Zettai-Shutai-Do (der Weg des absoluten Subjektes), Hisamatsu Shin-ichi Chosakushu (Hisamatsu Shin-ichi's Gesammelte Schriften) II, 66-67.
(2) Shinnin Hisamatsu Shin-ich (Hisamatsu Shin-ich, der wahre Mensch - eine Gedenkschrift für H.), 1985, 168.

sprach.(3) Andererseits ist es auch klar, daß er sich über seine Sterblichkeit völlig im klaren war. Das Ichsein hatte auch für ihn eine Doppelstruktur: das Formlose und das Ego. Sie sind bei ihm konzentrisch. Das ersehen wir tatsächlich aus einer Zeichnung, die er oft machte. Nur daß das Formlose und das Ego bei ihm kubisch dargestellt wurden, so daß das Formlose den Menschen in dem Maße weniger bestimmt, als sich das Ego vergrößert, bis das Formlose letzten Endes das Ego nur tangiert(4).

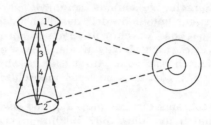

1. das unendliche Subjekt; 2. das Erwachen zum Unendlichen 3. Das Wirken des unendlichen Subjektes; 4. das endliche Subjekt

Das Formlose ist auch im Kunstwerk am Werk , in dem es sich sichtbar ausdrückt Hisamatsu war ein berühmter Kaligraph). Ich fragte ihn einmal: "Wie erkennt man, daß sich das Formlose in einem Kunstwerk ausdrückt?"(5) Er antwortete: "Das sieht das Formlose in dem Künstler." - "Wie steht es mit dem Zuschauer?" - "Wenn das Formlose im Zuschauer sich selbst erwacht, d.h. wenn der Zuschauer dem Formlosen in ihm erwacht, kann er in einem Kunstwerk den Ausdruck des Formlosen sehen." So ist es das Formlose, das durch den Künstler das Kunstwerk hervorbringt und im Zuschauer dieses versteht, jedoch so, daß "das Formlose das empirische Ego unendlich transzendiert". Sicherlich hat Hisamatsu gesagt, das Formlose sei das Selbst und das Selbst sei das Formlose. Jedoch war das Ichsein bei ihm strukturiert und gegliedert. Es ist aber merkwürdig, wie er direkt von Formlosen her zur Sprache kommen konnte. Wenn er sagte: "Ich tue", hieß das, daß das

---

(3) Die Gespräche zwischen Hisamatsu und Yagi wurden veröffentlicht: Kakuno Shukyo (Die Religion des Erwachens), 1980.
(4) "Ningenno Bukkyoteki Kozo" (die buddhistische Struktur des Menschen), in: Zettai-Shutai-do, 253. Die Skizze zeigt, wie jeweils das unendliche Subjekt das endliche Subjekt bestimmt (der Schnitt ist vom Verfasser dieses Aufsatzes dem Text gemäß gezeichnet).
(5) Kakuno Shukyo, 129f.

Formlose durch sein empirisches Ego, aber auch als sein empirisches Ego handelt, da sich außer dem empirischen Ego, das dem Formlosen erwacht, das Formlose nirgends betätigt. So konnte er sagen: "Ich sterbe nicht", da das Formlose unsterblich ist. Das wurde auch klar bei einem Gespräch zwischen ihm und mir: Als er sagte, das Formlose sei das Selbst und das Selbst sei das Formlose, fragte ich ihn, ob das Formlose "Bonnos" habe.(6) Kein menschliches Selbst ist frei von Bonnos, während das Formlose unmöglich Bonnos im Menschen hervorrufen kann. Wie ist es mit den Bonnos des Selbst, wenn das Selbst und das Formlose identisch sind? Auf diese Frage antwortete er: "Ich habe keine Bonnos." - "Als Mensch haben Sie doch Bonnos." - "Das stimmt. Das Leiden ist aber bei mir das Leiden dessen, das vom Leiden frei ist." Wie man sein Wort auch verstehen oder nicht verstehen mag, klar ist, was bei seinem Wort zur Sprache kommt. Hisamatsu war ein Mensch, der direkt das Formlose in ihm zur Sprache brachte. Wir müssen aber gleich hinzufügen, daß das beim Zen-Buddhisten oft der Fall ist.

3. Wenn man nach dem "Selbstbewußtsein" Jesu fragt, untersucht man gewöhnlich die Menschensohnworte. Der synoptische Jesus sprach von dem "Sohn des Menschen", der bekanntlich die eschatologische Gestalt ist, der am Ende dieses Äons vom Himmel her erscheint, die Mächte zunichte macht und das Volk Gottes erlöst. Wenn also Jesus sich selbst "Menschensohn" nannte, war er sich dessen bewußt, daß er ein übermenschliches Wesen war. Seit Jackson-Lake sind die Menschensohnworte in drei Gruppen klassifiziert:(7) Sie reden 1. vom kommenden, 2. vom leidenden und auferstehenden, 3. vom gegenwärtig wirkenden Menschensohn. R. Bultmann faßt zusammen: "Die dritte Gruppe verdankt ihre Entstehung nur einem Mißverständnis der Übersetzung ins Griechische. Im Aramäischen war in diesen Worten 'der Sohn des Menschen' überhaupt nicht messianischer Titel, sondern hatte den Sinn von 'Mensch' oder von 'ich'. Die zweite Gruppe enthält die in Q noch fehlenden vaticinia ex eventu; allein die erste Gruppe enthält älteste Überlieferung. Die zu ihr gehörigen Worte reden vom 'Menschensohn' in dritter Person."(8) Nachdem Vielhauer die Echtheit der Menschensohnworte insgesamt verneint hatte, da es dem Menschensohn in der synoptischen Überlieferung an der wesentlichen Verbindung mit

---

(6) Kakuno Shukyo, 5-7. Bonno ist die eigenmächtige Sorge des Ego nur für sich selbst, um sich selbst zu garantieren, also die unmögliche Suche nach der eigenen, letzten Sicherheit. Es ist aber auch der Durst nach der Lust, da das Ego es ist, das empfindet. Der Buddhismus hält die Bonnos für die Ursache der Leiden.

(7) The Beginnings of Christianity I, 1920, 368ff.

(8) Theologie des N.T., 2. Aufl., 1954, 31.

der Herrschaft Gottes fehle(9), haben andere Neutestamentler die Echtheit einiger Menschensohnworte der ersten Gruppe wieder bejaht (Tödt, Hahn, Tagawa in Japan u.a.).(10)

Wir haben bei Paulus gesehen, daß bei ihm Christus sowohl in der ersten als auch in der dritten Person erscheinen konnte. Bei Hisamatsu haben wir gesehen, wie das ganz Andere zugleich das ganz Selbst ist, so daß er, obwohl er das Formlose in der dritten Person nannte, es auch in der ersten Person Singular zur Sprache bringen konnte. Wir können also fragen, ob das nicht auch bei Jesus der Fall gewesen sei. Tatsächlich lautet Mk 8,38: "Denn wer sich meiner und meiner Worte schämt unter diesem abtrünnigen und sündhaften Geschlecht, dessen wird sich auch der Sohn des Menschen schämen, wenn er kommen wird in der Herrlichkeit seines Vaters mit den heiligen Engeln." Obgleich bei diesem Wort der Menschensohn in der dritten Person genannt wird, ist Jesus zugleich der, der den Menschensohn auf Erden repräsentiert. Insofern ist Jesus mit dem Menschensohn bei aller Unterscheidung trotzdem eins. Dann brauchen wir auch bei der dritten Gruppe die Theorie eines Übersetzungsfehlers nicht anzunehmen. Wir können die Worte dieser Gruppe dahin verstehen, daß Jesus, indem er etwas tut und sagt, erklärte, daß der letzte Urheber seiner Tat und Worte der Menschensohn in ihm ist, daß der Menschensohn durch ihn handelt, obwohl es von außen her gesehen so erscheinen mag, als ob Jesus als ein empirischer Mensch das täte. Wie nur der, der zum Formlosen in ihm erwacht, sehen kann, daß das Formlose sich in einem Kunstwerk ausdrückt, so sieht nur der ein, daß in Jesus der Menschensohn am Werk ist, der zur Herrschaft Gottes in ihm erwacht und in dem sich die Herrschaft Gottes geoffenbart hat, etwa wie "der Blitz aufblitzt und von einer Gegend unter dem Himmel zur anderen unter dem Himmel leuchtet" (Lk 17,24).(11) Mir scheint, die Bindung zwischen dem Menschensohn und der Herrschaft Gottes sei am besten verständlich, wenn wir annehmen, daß die Gestalt des Menschensohns bei Jesus die Personifikation der Herrschaft Gottes sei, oder daß die personifizierte Vorstellung der Herrschaft Gottes wie Amida Buddha bei dem Buddhismus des Reinen Landes die Personifikation der erlösenden Tätigkeit der Transzendenz sei, die vom letzten Formlosen herkommt und dieses

---

(9) Gottesreich und Menschensohn in der Verkündigung Jesu, in: FS für G. Dehn, 1957, 51ff.

(10)H.E. Tödt, Der Menschensohn in der synoptischen Überlieferung, 1959; F. Hahn, Christologische Hoheitstitel, 3. Aufl., 1966, 32f; K. Tagawa, Marko Fukuinsho (Kommentar zum Mk-Ev.), 1972, zu Mk 2,27f.

(11)Die kosmologische Realität ist zugleich die inner-weltliche, vgl. Lk 17,21b.

offenbart. Somit können wir z.B. das Wort Mk 2,27f wie folgt interpretieren: "Der Sabbat ist um des Menschen willen geschaffen worden und nicht der Mensch um des Sabbats willen. Somit ist der Sohn des Menschen Herr auch über den Sabbat" bedeutet, daß das Gesetz überhaupt die Form ist, die die Herrschaft Gottes auf Erden annimmt, um sich selbst dem Menschen kundzutun. In dem Sinne ist das Gesetz für den Menschen da. Das Gesetz ist aber als solches kein letztes Wesen, sondern die sichtbare Form der unsichtbaren Herrschaft, des Willens Gottes auf Erden. Das Gesetz gründet sich auf die Herrschaft Gottes. Deshalb ist der "Menschensohn" der Herr über das Gesetz. Somit kann der, durch den "der Menschensohn" handelt, wie das bei Jesus der Fall war, das Gesetz brechen, sofern das Gesetz von der Herrschaft Gottes gelöst worden ist und sofern das Gesetz, indem es ein isoliertes Wesen geworden ist, den Menschen heteronom zwingt. Denn bei jedem Menschen ist es so, daß der "Menschensohn" das eigentliche Subjekt des Selbst ist, dem sein Ego zustimmt, so daß er das Gesetz so versteht, daß in ihm der Menschensohn (die Herrschaft Gottes, der Wille Gottes) am Werk ist. Wenn dagegen das Gesetz aufhört, das Medium der Herrschaft Gottes zu sein, kann der Mensch es brechen. Jesus kann z.B. sagen, indem er das ganze System de antiken Reinheitsriten trifft: "Nichts kommt von außen in den Menschen hinein, das ihn verunreinigen kann." (Mt 7,15)

Der Menschensohn ist somit keine bloße Selbstbezeichnung Jesu. Nichts steht dann im Wege, um die Menschensohnworte der dritten Gruppe grundsätzlich für echt zu halten, abgesehen von den Worten, in denen der Menschensohn tatsächlich eine bloße Selbstbezeichnung Jesu ist bzw. die die Christologie der Urgemeinde klar widerspiegeln (so Mk 8,31; 10,45 et al). Mit den Menschensohnworten der dritten Gruppe erklärte Jesus seine Taten und Worte für die Taten und Worte des Menschensohns durch ihn. Der Menschensohn ist für Jesus, vielmehr bei Jesus, das ganz Andere und das ganz Selbst zugleich. Für fleischliche Augen schien es aber so, als ob Jesus als ein empirischer Mensch sich selbst zum Göttlichen erhob und Sünden zu vergeben (Mk 2,10) und das Gesetz zu brechen wagte. Deshalb haben die Schriftgelehrten in ihm einen Gotteslästerer gesehen und sich an ihm geärgert, während das Volk ihn einfach mit dem Göttlichen identifizierte. Für Jesus aber war es der Menschensohn, der auf Erden die Sünden zu vergeben und das Gesetz zu brechen vermochte, nicht Jesus als ein empirisches Ego. Wir wiederholen: Für ihn war der Menschensohn sowohl das ganz Andere als auch das ganz Selbst. Das war das Selbstverständnis Jesu. Er hat sich nicht vergöttlicht, sondern er hat seine Tat für die Tat des Menschensohns in ihm erklärt. Das war keine Apotheose des Selbst, sondern das konnte nur der Mensch, der völlig "gestorben" ist, so daß in ihm "der Menschensohn" lebte (vgl. Gal 2,20).

Dann können wir auch die Antithesen der Bergpredigt (Mt 5,21-48) in unseren Kontext setzen und fragen: Wer kommt hier eigentlich zur Sprache? "Ihr habt gehört, daß zu den Alten gesagt ist: Du sollst nicht töten; wer aber tötet, soll dem Gericht verfallen sein. Ich aber sage euch: Jeder, der seinem Bruder zürnt, soll dem Gericht verfallen sein ... Ihr habt gehört, daß gesagt ist: Du sollst nicht ehebrechen. Ich aber sage euch: Jeder, der eine Frau ansieht, um sie zu begehren, hat ihr gegenüber in seinem Herzen schon Ehebruch begangen ... Wiederum habt ihr gehört, daß zu den Alten gesagt ist: Du sollst nicht falsch schwören, du sollst aber dem Herrn deine Eide halten. Ich aber sage euch, daß ihr überhaupt nicht schwören sollt ... Ihr habt gehört, daß gesagt ist: Auge um Auge und Zahn um Zahn. Ich aber sage euch, daß ihr dem Bösen nicht widerstehen sollt: sondern wer dich auf den rechten Backen schlägt, dem biete auch den andern dar ... Ihr habt gehört, daß gesagt ist: Du sollst deinen Nächsten lieben und deinen Feind hassen. Ich aber sage euch: Liebet eure Feinde ...''

Mit diesen Worten überbietet Jesus bekanntlich die Autorität Moses, der dem Volk das Gesetz vermittelte. Wer über Moses steht, kann nur göttlich sein. Jesus, der so sprach, muß sich für göttlich gehalten haben: Tatsächlich gab es Menschen, die Jesus für göttlich gehalten haben. Nach dem Bekenntnis der Urgemeinde ist Jesus göttliches Wesen von himmlischer Herkunft, himmlischer Herr, Sohn Gottes, der Gott gleich ist usw. So hat man auch bei der Frage nach dem historischen Jesus diskutiert und viele Forscher vertreten diese Meinung. Dabei ist aber nicht genügend beachtet, daß das Ichsein überhaupt zwei Zentren hat, das göttliche und das menschliche, die sich zueinander bald konzentrisch, bald elliptisch verhalten. Wir fragen, was das Ich bei den Antithesen sei. Wenn es das empirische Ego ist, so liegt der Verdacht der Selbstapotheose nahe. Die Feinde Jesu haben so in ihm einen Gotteslästerer gesehen, während seine Verehrer den empirischen Menschen Jesus für göttlich gehalten haben.

Wir sind aber anderer Meinung. Bei den Antithesen, oder besser bei den Worten Jesu überhaupt, kommt etwas Göttliches (die Herrschaft Gottes, der Menschensohn als ihre Personifikation) durch sein empirisches Ego zur Sprache. Das war möglich, da das Göttliche für ihn sowohl das ganz Andere als auch das ganz Selbst war. Wenn wir auf diese Weise vom Göttlichen sprechen wollen, müssen wir eigentlich im Göttlichen eine Unterscheidung machen, um den Worten Jesu gerecht zu werden, nämlich zwischen Gott, Herrschaft Gottes (Menschensohn) und dem Geist Gottes (vgl. Mt 12,28). Das ist aber hier nicht mehr möglich. Wir beschränken uns hier auf die Frage des Ichs bei Jesus. Jesus konnte direkt vom "Göttlichen" her sprechen und das Göttliche zur Sprache bringen, indem er sprach: "Ich aber sage euch". Auf der anderen Seite redete er Gott mit "Abba" (Vater) an. Jesus als ein empirischer Mensch wußte sich Gott untergeordnet (Mk 10,18) und gleichzeitig mit ihm intim verbunden.

Wenn unsere Interpretation stimmt, dann können wir die Antithesen dementsprechend interpretieren: Sie sind nicht die höchste Ethik, die die Menschheit je kannte. Nein: Sie sind keine Ethik. Denn die Ethik gilt vom Ego. Ethik ist die soziale Norm für das Ego oder die Norm für die Gemeinschaftlichkeit des Egos. Aber die Antithesen sind nicht Sache des Egos und keine soziale Norm für das Ego. Sie erschließen, wie es sich bei der Herrschaft Gottes verhält, da sie deren Worte sind. Wie es für Hisamatsu beim Formlosen keine "Bonnos" gibt, so gibt es bei der Herrschaft Gottes, sofern sie den Menschen bestimmt, keine "Bonnos" im Menschen, keinen Zorn, keine Begierde, keine Rache, auch keinen Haß, anders als bei den empirischen Egos. Sofern sich aber die Herrschaft Gottes im empirischen Ego spiegelt, wird sie zum Willen des Egos: "Ich will", nicht bloß "Du sollst".

Vielleicht wird es auch unter denjenigen, die diese Interpretation akzeptieren, einige geben, die glauben, daß solche Rede mit "Ich aber sage euch" nur einem einzigen Menschen, nämlich Jesus, möglich war. Dann werden sie in ihm die einzige Inkarnation des göttlichen Logos sehen. Vielleicht werden andere doch zu sagen wagen: "Das ist im Grunde die Möglichkeit für alle Menschen. Aber da wir gewöhnlich Gott für das ganz Andere, nicht auch für das ganz Selbst halten, wird Gott zu einer imaginären, mythologischen Größe, zur alles transzendierenden Hoheit, zum Jenseits schlechthin." Sie werden weiter behaupten: "Wenn jemand heute sagt, Gott handle durch ihn, wird er gleich der Selbstapotheose angeklagt. Aber das verdankt man einem Mißverständnis von Gott und Menschen. In Wirklichkeit ist solche Rede der tiefste Ausdruck des Gehorsams gegen Gott."

Hier treffe ich keine Entscheidung, obwohl ich eher zur zweiten Möglichkeit neige. Dennoch wage ich zum Schluß eine systematische, zusammenfassende Bemerkung: Wenn der Mensch dem lebendigen Gott begegnet, wie wird das zum Ausdruck gebracht? Geschieht das nicht so, daß gesagt wird, daß Gott zugleich das ganz Andere und das ganz Selbst ist? Wenn Gott bloß das ganz Andere, das Jenseits schlechthin wäre, das bloß mit der dritten Person genannt werden kann, so würde er zu einem Objekt, dem Gegenüber. Ist das nicht Mythologie? Wenn andererseits Gott bloß das ganz Selbst wäre, das mit der ersten Person genannt wird, entstünde die Gefahr der Selbstapotheose. Das Verständnis Gottes als der paradoxen Identität des ganz Anderen und des ganz Selbst, oder die Rede über Gott, bei der Gott sowohl in der dritten als auch in der ersten Person genannt wird, diese Paradoxie ist m.E. grundlegend wichtig, nicht nur für das Verständnis Jesu, sondern auch für unsere Theologie heute.

DAS ICH BEI JESUS
GESPRÄCH MIT YAGI SEIICHI

Ulrich Luz

Werner Kohler hat unentwegt Brücken zwischen Japan und dem Westen geschlagen. Von ihm habe ich gelernt, wie man scheinbar längst Vertrautes mit anderen, z.B. japanischen Augen ganz neu sehen kann. Er hat mich auch vor vielen Jahren eine ganze Nacht lang mit kräftigen Worten ermutigt, nach Japan zu fahren. Die Begegnungen mit Yagi Seiichi dort und später auch hier sind so eine der vielen Nebenfrüchte seines Wirkens.

1. In Gesprächen zwischen westlichen Christen und christlichen oder buddhistischen Japanern geschieht es immer wieder, daß japanische Gesprächspartner auf die gemeinsamen Grundstrukturen zwischen christlichem Glauben und buddhistischer Leerheit hinweisen, während westliche Christen auf die Besonderheit des christlichen Glaubens aufmerksam machen. Japanische Gesprächspartner verstehen oft Christus primär als Grundmodell einer allgemein menschlichen Existenzmöglichkeit, während westliche Christen auf die Einzigartigkeit von Christus als Grund des Glaubens, d.h. die Christologie aufmerksam machen. Karl Barth hatte in seiner berühmten Auseinandersetzung mit dem Amida-Buddhismus einst formuliert, daß nur und gerade "der Name Jesus Christus" zwischen Wahrheit und Lüge entscheide(1), während japanische Gesprächspartner darauf hinwiesen, daß hinter dem Namen Jesus Christus sich derselbe Grund des Glaubens verberge wie z.B. hinter Hozo-Bosatsu und Amida-Buddha.(2) Ich selber bin einerseits - aufgrund vieler persönlicher Gespräche mit Buddhisten - davon überzeugt, daß wesentliche Grunderfahrungen in beiden Gestalten des Glaubens identisch sind. Auf der anderen Seite meine ich, daß solche Identität gerade zerstört wird, wenn sie begrifflich postuliert wird, sondern nur dann erscheint, wenn jeder aus dem Grund seines Glaubens lebt.(3) Das heißt: Weil der Grund des Glaubens weder dem Christen noch dem Buddhisten verfügbar ist, sind auch Identitätserfahrungen ein Geschenk, das durch keine intellektuelle Konstruktion, etwa eine übergreifende Religionsphilosophie begründet werden kann. Wenn ich mich an diesem Punkt vielleicht (?) von der

---

(1) K. Barth, Die kirchliche Dogmatik I/2, 4. Aufl., 1948, 376.
(2) Vgl. S. Bando, Jesus Christus und Amida, in: S. Yagi und U. Luz (Hg.), Gott in Japan, 1973, 72-93.
(3) So sieht es auch Bando aaO. 90: Ein "philosophischer Standpunkt" ist der Standpunkt eines Zuschauers und nicht der Standpunkt eines Wanderers, der selber auf seinem Wege unterwegs ist zum Berggipfel.

Grundintention Yagi unterscheide(4), so möchte ich auf der anderen Seite doch klar sagen, daß es mir im folgenden gerade nicht darum geht, durch erneutes Nachdenken über die Einzigartigkeit des Ichs Jesu ein Bausteinchen zur Absolutheit des Christentums zu liefern. Diese interessiert mich als theoretisches Problem überhaupt nicht. Wohl aber meine ich, daß nur dann, wenn jeder von uns in das Besondere seiner eigenen Glaubensweise tief eindringt, das Gemeinsame im Besonderen hinterher vielleicht - überraschend - aufleuchten kann.

Die Grundfrage hat Yagi am Schluß seines Aufsatzes gestellt: Vielleicht wird es "einige geben, die glauben, daß solche Rede (sc. Jesu) mit 'Ich aber sage euch' nur einem einzigen Menschen, nämlich Jesus, möglich war".(5) Ich meine in der Tat, daß Jesus mit seinem "ich aber sage euch" seine ganz besondere Autorität meint, ohne diese These ontologisch durch eine Logos- oder Gottessohnchristologie absichern zu wollen. Die Besonderheit des Paulus und des Johannes besteht m.E. darin, daß sie Gott exklusiv an einen Gesandten, nämlich Jesus banden, bzw. darin, daß Paulus m.E. zwar eine besondere Christusmystik, aber keine allgemeine Gottesmystik kennt.(6) Paulus hätte m.E. nie formulieren können: "Nun lebe nicht mehr ich, sondern Gott lebt in mir", denn das Leben Christi in ihm kommt gerade so zustande, daß der einmalige Kreuzestod und die einmalige Auferstehung Christi in ihm Kraft gewinnt: "Mit Christus bin ich gekreuzigt" (Gal 2,19). Wohl ist bei Paulus "Christus und der Glaubende weder eins noch zwei"(7), aber das letzte Subjekt des Paulus ist nicht Gott, sondern Christus, der das Leben des "aufgehobenen" Subjektes Paulus durch seine konkrete geschichtliche Existenz als Gekreuzigter und Auferstandener bestimmt. Die Struktur des Ichs bei Paulus weist also nicht direkt auf eine allgemeine Struktur des erleuchteten Ichs, sondern

---

(4) Ob es Yagi, dem Religionsphilosophen, letztlich darum geht, Konvergenzerfahrungen in ein konkrete Religionen übergreifendes System zu integrieren und so verstehbar zu machen? Jedenfalls sehe ich hier die Schwierigkeit von K. Takizawas Versuch, ein vor jeder positiven Religion liegendes Urfaktum ("Immanuel") von seiner geschichtlichen Konkretion Jesus zu unterscheiden. Eine Immanuel-Erfahrung kann man nur in einer geschichtlichen Situation aufgrund konkreter, geschichtlich vermittelter religiöser Erfahrungen machen. Kann man diesen geschichtlichen Standort als beschenkter und "wandernder" Mensch je transzendieren?

(5) Vgl. oben bei Yagi, 47.

(6) Vgl. schon A. Schweitzer, Die Mystik des Apostels Paulus, 1930, 4f.

(7) Vgl. oben bei Yagi, 40.

zunächst auf das konkrete, geschichtlich einmalige Subjekt Christus, das dem Glaubenden zugleich als Vorgegebenes gegenübersteht und sein eigenes neues Subjekt ist. Bei Johannes liegen die Dinge etwas komplexer, und die Interpretation des analogen Verhältnisses zwischen Christus und den Seinen und dem Vater und dem Sohn ist strittig; aber m.E. gibt es auch im Johannesevangelium keine Gottesmystik, die nicht an der einzigartigen Gestalt des Logos Jesus ihre Mitte und zugleich Grenze hätte. Die entscheidenden Fragen konzentrieren sich also auf Jesus. Ihnen wollen wir uns jetzt zuwenden.

2. Yagi setzt bei den Menschensohnworten ein. Ich bin mit ihm darin einverstanden, daß es keine zureichenden Gründe gibt, weswegen nicht auch einige der Worte vom gegenwärtigen Wirken des Menschensohns auf Jesus zurückgehen sollten. Wirklich auffällig ist die formale Parallele zu den Aussagen Hisamatsus und anderer buddhistischer Meister, daß Jesus zugleich von seinem Ego in der ersten Person, und vom Transzendenten, in seinem Fall dem Menschensohn, in der dritten Person sprechen kann, ohne daß beides eindeutig unterscheidbar wäre. Formal ist also Jesus zugleich mit dem Transzendenten identisch und von ihm unterschieden.

Probleme tauchen für mich bei der Parallelisierung zwischen dem "Menschensohn" und dem "Formlosen" auf. Der "Menschensohn" ist vermutlich zur Zeit Jesu durchaus nicht das "Formlose", sondern eine durch biblische und andere Texte relativ deutlich bestimmte personale Gestalt. Ich gehe dabei von der Annahme aus, daß hinter Jesu Menschensohnworten die Erwartung einer konkreten himmlischen Richtergestalt steht, daß also "Menschensohn" nicht einfach, wie vermutlich Dan 7,27, himmlische Personifikation Israels ist. M.E. hat sich durch "messianische" Exegese von Dan 7 in gewissen jüdischen Kreisen in der Zeit zwischen Daniel und Jesus die Gestalt des himmlischen Menschensohn-Weltrichters entwickelt, auf die die synoptischen Menschensohnworte durch den Gebrauch des bestimmten Artikels ("der" Menschensohn) sich beziehen. Jedenfalls ist ein "Menschensohn" semantisch ein Concretum und nicht ein Allgemeinbegriff. Das aber hat Konsequenzen: Wenn die Gemeinde von Jesu Wirken als demjenigen des "Menschensohns" spricht, also z.B. von der Heimatlosigkeit des Menschensohns (Lk 9,58), vom verspotteten Menschensohn (Lk 7,34) oder gar vom leidenden Menschensohn (Mk 9,31), dann meint sie nicht, daß der himmlische Menschensohn unter anderen jetzt durch Jesus wirke und spreche, sondern eine exklusive Identifikation mit einer konkreten Gestalt: Jesus - und kein anderer - ist derjenige, der als erwarteter und kommender Menschensohn einst die Welt richten wird. In genau analoger Weise hatten apokalyptische Gruppen Henoch mit dem kommenden Menschensohn identifiziert, indem sie sagten: Dieser, und kein anderer, ist erhöht und als Menschensohn inthronisiert (äth Hen 70f). Und in genau gleicher Weise fragt der Täufer wahrscheinlich nach dem kommenden Menschensohn: "Bist du es, der kommen soll, oder sollen wir auf einen anderen warten?" (Lk 7,20). Daß Jesus der Kommende ist, bedeutet eo ipso eine besondere Hoheitsstellung Jesu. Die Gemeinde machte so eine besondere Aussage über Jesus, ähnlich wie Juden, die die Wiederkunft Elias, Hiskias oder einer anderen geschichtlichen Gestalt erwarteten, diese dadurch besonders hervorhoben. Der Unterschied besteht darin, daß das Urchristentum nur über Jesu Wiederkunft sprach. Gegenüber Paulus ist signifikant, daß über Jesus nicht mystische Aussagen ("im Menschensohn") gemacht werden, sondern identifizierende. Gegenüber Hisamatsu ist signifikant, daß die Identifikation mit einer konkreten Einzelgestalt, nicht mit einem unbestimmten Transzendenzbegriff (dem "Formlosen") erfolgt.

Nun kann man natürlich darüber streiten, ob erst die Gemeinde oder bereits Jesus selbst sich mit dem Menschensohn identifiziert haben. Diese Frage ist schon so oft diskutiert worden, daß ich sie hier nicht aufrollen will, sondern nur sagen: Wenn, wie ich meine, mindestens einige Worte vom gegenwärtigen Menschensohn auf Jesus selbst zurückgehen, dann müssen sie entweder generischen oder titularen Sinn gehabt haben. Entweder bezeichnete sich dann Jesus einfach als einen Vertreter der Gattung Mensch - aber dann geht es hier nicht um das Anwesen der Transzendenz in ihm. Oder er identifizierte sich in irgendeiner Weise mit dem kommenden Menschensohn-Weltrichter - aber dann bleibt für eine gleichartige Identifikation des Menschensohns mit anderen Menschen kein Platz. M.E. sind Worte wie Lk 7,34; 9,58 oder Mk 9,31, die vom besonderen Geschick Jesu sprechen, so zu deuten. So verstanden entsprechen diese Menschensohnworte auch anderen Jesusworten, die von seinem besonderen Auftrag und seinem besonderen Geschick sprechen, z.B. Lk 12,49f. In dieser Weise ergibt sich auch eine verständliche Entwicklung hin zum Urchristentum: Wenn Jesus mit Hilfe der Menschensohnerwartung nur die Struktur seines erleuchteten Ichs, das zugleich er selbst und das Wirken des Gottesreichs durch ihn ist, angedeutet hätte, wenn er also nur hätte sagen wollen, daß durch ihn, ebenso wie dann auch durch andere, der "Menschensohn" als Personifikation des Gottesreichs wirkt, dann hätte das gesamte Urchristentum Jesus grundlegend mißverstanden, indem es mit dem Ausdruck "Menschensohn" gerade die besondere Rolle und Würde Jesu bezeichnete. Erst die Gnostiker hätten dann Jesus wirklich verstanden, als sie den Erlöser zum Urbild des Pneumatikers überhaupt machten. Die exklusiv-christologische Deutung Jesu durch das Urchristentum aber wäre ein Irrweg. Unsere Gegenthese zu Yagi lautet also: Wenn die Menschensohnworte für das Verständnis des Ichs Jesu in seinem Verhältnis zur Transzendenz ausgewertet werden dürfen, so beleuchten sie das Besondere und Analogielose seines Selbstverständnisses und gerade nicht die Grundstruktur des Ich-Seins, die jeder erleuchteten menschlichen Eixstenz zugrundeliegt.

3. Nun gibt es bei den Menschensohnworten ja nur mehr oder weniger plausible Hypothesen und keine Gewißheiten. Es ist deshalb gut, die Frage nach dem "Ich" bei Jesus anhand der Antithesen der Bergpredigt weiter zu diskutieren. In einem weiteren Sinn müßte man hier alle "Ich sage euch" bzw. "Amen, ich sage euch"-Worte hinzunehmen. Die Antithesen sind aber ein besonders prägnantes Beispiel. Hier kann ich Yagi zunächst einmal weithin zustimmen: In der Tat ist bei Jesus auffällig, daß er auf der einen Seite souverän sein "Ich aber sage euch" formuliert, das sich um andere Autoritäten überhaupt nicht zu kümmern scheint und fernab jeder Unterordnung unter eine fremde Autorität aus eigener Identifikation mit seiner Sache heraus spricht. Auf der anderen Seite aber sagt Jesus "Vater" und spricht und lebt aus einem Gehaltensein von Gott heraus, der größer ist als er selbst. Auch mir scheint, daß die Verbindung zwischen Vollmacht und Gehaltensein in die Tiefe des Geheimnisses der Freiheit und der Autorität Jesu führt. An diesem Punkt gibt es wahrscheinlich Analogien zwischen Jesus und zenbuddhistischen Meistern, die in ähnlicher Weise wie Jesus sich selbst der Tradition gegenüberstellen, gerade weil sie ihr eigenes Ego nicht verabsolutieren. (8)

Die Frage lautet aber wieder, ob nicht das "Ich aber sage euch" Jesu in spezifischer Weise über sein Selbstverständnis und nicht allgemein über die Grundstruktur des erleuchteten Ichs Aufschluß gibt. Dafür spricht die Rezeption durch die Gemeinde: Sie hat zwar die Abba-Anrede Jesu und sein Vatergebet nachgesprochen, sein "Ich aber sage euch" nur als Ich-Aussage Jesu übernommen. Entweder war, wie etwa der Vorspruch Mt 5,17-19 zeigt, das "Ich aber sage euch" in ganz besonderer Weise der Ausdruck der einmaligen Autorität des einzigen Lehrers Jesus (so die matthäische Interpretation der Antithesen,(9) oder Christen, die sich derselben Redeweise bedienten, verstanden diese ganz bewußt als Meistersprache und sich selber als Propheten, durch die der erhöhte Herr Jesus sprach.(10) Dafür spricht auch die Vorgeschichte dieser Formulierung: Sie hat ihre Wurzeln im Alten Testament als Ausdruck besonderer Autorität und findet sich dann in zwischentestamentlicher Zeit als Ausdruck der besonderen (weisheitlichen) Autorität des Patriarchen (Test XII) und in den Mahnreden des äthiopischen Henochbuchs erstmals auch in Verbindung mit prophetischen

---

(8) "'Keine Buchstaben aufstellen' gehört zum Motto des Zen".

(9) U. Luz, Das Evangelium nach Matthäus, EKK I/1, 1985, 242.

(10) M. Sato, Q und Prophetie, Diss. Bern 1985, Kap. 3, Abschnitt 8.2.3.3.

Unheilsankündigungen, also wieder als Ausdruck besonderer Autorität. In dieser Weise sind auch die echten Antithesen zu verstehen, wo Jesus seine besondere Autorität nicht derjenigen anderer Rabbinen, sondern derjenigen des biblischen Gotteswortes selbst gegenüberstellt.(11) Man kann also etwas vereinfacht sagen: Was im Zen-Buddhismus die Möglichkeit jedes Erleuchteten zu sein scheint, nämlich die "konzentrische" Identifikation des eigenen Ichs mit dem Transzendenten, das scheint im urchristlichen Bereich eine besondere Möglichkeit Jesu zu sein, die von seinen Nachfahren nur unter Berufung auf Jesus, d.h. christologisch fundiert in Anspruch genommen werden konnte.

Wenn Yagi paulinische Frömmigkeit mit dem Amida-Buddhismus, Jesus aber mit Zen zusammenstellt(12), so sieht er damit etwas Richtiges. Entscheidend ist aber, daß man offenbar nur Jesus mit Zen vergleichen kann, während das gesamte Urchristentum in je verschiedener Weise "elliptische" Struktur hat, d.h. dem Amida-Buddhismus nahe steht. Dieser Besonderheit des Selbstverständnisses Jesu entspricht es, daß das Urchristentum durchweg sein Gottesverständnis christologisch ausgelegt hat: Gott hat sich durch sein Handeln in Jesus definiert, und der Mensch bleibt an diese Definition dauernd gebunden. Eben darum ist das konzentrische Moment der Gottesbeziehung bei Jesus und bei Paulus gerade nicht analog ausgedrückt: Während Jesus in der Autorität des Gottesreichs sagt: "ich aber sage euch", formuliert Paulus gerade anders: "nicht mehr ich, sondern Christus in mir" (Gal 2,20). Das Ich Jesu und das Ich des Christen, z.B. des Paulus haben also an einem entscheidenden Punkt eine verschiedene Struktur; die christliche Gottesbeziehung bleibt eine dauernd vermittelte. Während Jesus sein eigenes Ich aus seiner Beziehung zum Vater heraustreten läßt, beobachteten wir bei Paulus einen Subjektwechsel: Sein bisheriges Ich wird gleichsam durch Christus ersetzt. Es muß zunächst sterben (Gal 2,19; vgl. Röm 7,9.14-25) und durch einen anderen ersetzt werden. Durch Christus, der neues Subjekt des Paulus wird, ist gleichsam das Gegenüber und damit eine elliptische Grundstruktur des Subjekts in Paulus selbst fixiert. Erst so können die "Söhne Gottes" Abba sagen (vgl. Röm 8,15f). Dem entspricht die indirekte, durch den Sohn geschaffene Gottesbeziehung der Gläubigen bei Johannes. Während also der Zen-Buddhist das Transzendente sowohl in der dritten als

---

(11) G. Dalman, Die Worte Jesu I, 1930, 2. Aufl., 253, behält grundsätzlich recht: Jesu Antithesenformel ist "für jüdisches Empfinden ein Eingriff in göttliche Prärogative", der verfremden mußte, auch wenn inhaltlich die Antithesen nicht jüdischer Ethik widersprechen, sondern sie radikalisieren.

(12) Dies ist der Versuch seines wichtigen Buches Paulo-Shinran, Iesu-Zen, 1983.

auch in der ersten Person ausdrücken kann, gibt es im Christentum nicht die paradoxe Identität jedes Ego, sondern die paradoxe Identität eines Einzigen, nämlich Christi mit Gott. Für Gott stehen also nicht die erste und die dritte, sondern gleichsam zwei dritte Personen zur Verfügung. Dadurch erhält im Christentum das Moment des Gegenübers Gottes, seines Anders-Seins, bzw. mit Yagi gesprochen: die Struktur des Elliptischen ein ganz anderes, fundamentales Gewicht.

4. Zum Schluß seien zwei Vermutungen erlaubt:

4.1 Seiichi Yagi fürchtet, daß die Benennung Gottes nur in der dritten Person, nur als des Ganz-Anderen und nicht als des Ganz-Selbst eine Religion zu einer mythologischen und damit auch heteronomen Größe werden lasse. Nun ist unbestreitbar, daß die Tendenzen dahin im Christentum - ebenso wie im Amida-Buddhismus - größer sind als im Zen. Obwohl im Christentum Gott nicht in der ersten Person genannt werden kann, scheint mir der Gefahr seiner Mythologisierung von Anfang an ein Gegengewicht entgegenzustehen: Sich ein neues Subjekt, ein neues "Ich" schenken zu lassen bedeutet ja nicht einfach die Unterordnung unter eine fremde, theistische Mythologie. Vielmehr ist das "Er" immer der Mensch Jesus. Sich ein neues Subjekt schenken zu lassen ist dann kein abstrakter Vorgang und keine bloße Entfremdung des Ichs, sondern heißt: in Beziehung zu einem Menschen treten, sein Lebensmodell versuchen, sein Leiden übernehmen und sich seine Liebe schenken lassen. Der Subjektwechsel geschieht nicht in der spekulativen Entdeckung eines transzendenten Gegenübers, aber auch nicht in der Erfahrung eines neuen Ichs in einem Innenraum der Meditation, sondern in der Begegnung mit einem anderen Menschen, die zugleich eine Begegnung mit Gott und eine neue Begegnung mit Mitmenschen ermöglicht. Der Subjektwechsel geschieht als Erfahrung und neuer Versuch von Liebe - und das ist keine Mythologie.(13) Ich meine also, daß im Christentum letztlich nicht dadurch, daß das Transzendente auch Ich ist, sondern dadurch, daß Gott ein Mensch geworden ist, der Glaube davor bewahrt wird, abstrakte Mythologie zu werden.(14).

---

(13) Umgekehrt wird man auch nicht sagen können, daß im Zen die von Yagi aaO. als anderes Extrem gesehene Gefahr der Selbstapotheose wirklich real ist, denn Gott ist ja dort nicht ein vom Menschen losgelöstes, ihm gegenüber höherwertiges anderes Subjekt.

(14) Vgl. meinen früheren Versuch, die Christologie, insbesondere das Kreuz als Ausgangspunkt der Entmythologisierung zu verstehen: Entmythologisierung als Aufgabe der Christologie, EvTh 86, 1966, 349-368, bes. 367f.

4.2 Nun ist ja auch im Zen-Buddhismus das Ich, das zugleich das Transzendente ist wie von diesem getragen wird, nicht einfach ein vorhandenes Ich, sondern es muß durch Erleuchtung und meist auf einem langen Weg der Übung erst gewonnen werden. Der Unterschied zum christlichen Glauben scheint darin zu bestehen, daß hier das neue Ich nur in einem dauernden Bezug auf denjenigen, der von Gott getragen "Ich aber sage euch" gesprochen hat, bestehen kann. Die Frage, wie fundamental dieser Unterschied ist, läßt sich m.E. nicht von außen entscheiden. Ich möchte aber hier fragen, ob nicht diesem Unterschied eine andere, fundamentalere Erfahrung der Entfremdung und der Sünde im westlichen, jüdisch-christlichen Bereich korrespondiert. Zum Subjektwechsel im Christentum kommt es, weil "ich weiß, daß in mir, d.h. in meinem Fleisch, nichts Gutes wohnt" (Röm 7,18) und daß der Mensch unter dem Zorn Gottes steht. Zum Subjektwechsel gehört die Erfahrung des Sündenfalls als die gesamte Welt bestimmender grundlegender Realität. Zum Subjektwechsel gehört die fundamentale Erfahrung der Erlösung und der Neuschöpfung des Menschen. Das Gottesreich ist nicht einfach das, was dem Menschsein zu allen Zeiten zugrundeliegt und zu dem er erwachen muß und darf, sondern das Gottesreich ist das Neue, das dieser durch das Böse bestimmten Welt ein Ende setzt und sie neu werden läßt. Das Kommen Jesu bedeutet den Anbruch von etwas Neuem, das dem Menschen nicht erschlossen ist, sondern das nur Gott selbst durch sein Handeln im Gegenzug zu den Herrschaftsverhältnissen dieser Welt schaffen kann. Jesus verstand sich als sein Bote und seinen Anfang. Hier also, im tiefen Widerspruch zwischen dem Reich Gottes und der jetzigen Welt, liegt der letzte Grund, warum im christlichen Glauben die Menschen nicht einfach wie Jesus "ich" sagen können, sondern nur unter Berufung auf ihn und im Vertrauen auf ihn, im Widerspruch zu den Realitäten dieser Welt. Mir scheint, daß in der fundamentalen Erfahrung der Entfremdung und der Gottferne ein wesentliches Moment liegt, weswegen der christliche Glaube immer wieder vom Gegenüber Gottes, vom Reich Gott als Widerspruch zur Welt und vom Glauben an einen Anderen, der für mich und in mir das Handeln Gottes verbürgt, zum Grundmodell meines Lebens wird und vor Gott für mich eintritt, sprechen muß.(15) Darum ist Jesu Weise, "ich" zu sagen, nicht einfach ein Beispiel für die Grundstruktur jedes erleuchteten Ichs, sondern etwas ganz Besonderes, das anderen eine neue Existenz überhaupt erst ermöglicht.

---

(15)Vgl. die Anfragen an Yagi bei U. Luz, Zwischen Buddhismus und Christentum: Seiichi Yagi, Japan, in: H. Waldenfels (Hg.), Theologen der Dritten Welt, 1982, 177f.

Gemäß dem himmlichen Wil-
len, weg vom eigenen Ego
leben.

Daß man die Lehre Buddhas
zu hören bekommt, hängt
sowohl von den persönli-
chen Chancen als auch von
der jeweiligen Bestimmung
dazu ab. Es ist ein gro-
ßes Erbarmen Buddhas.

Katsumi Takizawa

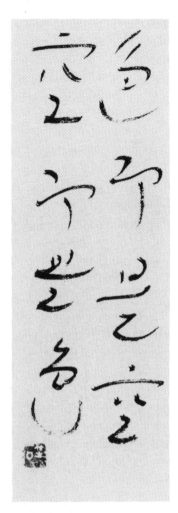

Alles Farbige ist leer,
Leere ist alles,
was farbig ist.

Blumen des Feldes,
Vögel des Himmels.

Katsumi Takizawa

THEOLOGIE UND ANTHROPOLOGIE - EIN WIDERSPRUCH?

ENTWURF EINER REINEN THE-ANTHROPOLOGIE

Takizawa Katsumi

1. Warum nicht "Anthropologie"?

Ludwig Feuerbach hat Theologie auf Anthropologie reduziert. Er hat das Heilige des Menschen weder religiös noch philosophisch in dessen besonders hoher Gestalt, sondern einfach in dessen faktischem Sein, das allem menschlichen Gut und Böse vorausgeht, gesehen. Soweit hat er recht. Er steht sogar - im Gegensatz zur vulgär-theologischen Meinung über ihn - Jesus nahe, der alle Menschen jenseits von Gut und Böse einfach in deren faktischen, mit seinem himmlischen Vater untrennbar verbundenen Sein selbst sah und als Brüder liebte.

Leider hat Feuerbach eben diese einzig heilige Verbindung zwischen Gott und Mensch übersehen, die allen menschlichen Tätigkeiten absolut vorausgeht, von der aus und zu der hin allein jeder seiende Mensch als Mensch wahrhaft gesund und schöpferisch mit allen anderen Dingen und Menschen zusammen leben kann. Insofern war der Glaube Feuerbachs an die Heiligkeit des Menschen grundlos. Folglich konnte er auch die Tiefe der Sünde und die Härte des Todes nicht klar genug erfassen.

Diesen fatalen Mangel der Feuerbachschen Anthropologie aufzudecken habe ich bei meinem theologischen Lehrer Karl Barth gelernt. So werden Sie, meine Damen und Herren, mich fragen: Warum nicht einfach "Theologie"?

2. Warum nicht einfach "Theologie"?

Diese unbedingt faktische, im strengen Sinne heilige Verbindung von Gott und Mensch wird bei Karl Barth einmal "Urfaktum Immanuel" genannt. Nach ihm ist es das "Urereignis (Urgeschichte), ohne das sich nichts in dieser Welt ereignet. Für den Menschen ist es die eine große Grenze, außerhalb derselben kann keiner, ob sündig oder nicht, faktisch existieren. Sachlich ist es nichts anderes als "der Logos im Anfang" von Joh. 1,1. So weit er dieses Urfaktum Immanuel "entdeckt", daran glaubt und festhält, ist Karl Barth kraft des Lichtes und der Liebe desselben Urfaktums Immanuel in seinem Denken und Leben von aller Fesselung der innergeschichtlich-historischen Gestalt - einschließlich der Bibel und Jesu von Nazareth - völlig frei. Wie er mir bei seinem letzten Besuch entschlossen sagte: "Ich weiß nichts vom historischen Jesus." Und eben dadurch ist er ein treuer Jünger des Menschen Jesus.

Zum anderen ist aber bei Barth "geglaubt", daß dieses eine Urereignis erst durch das Entstehen einer besonderen Gestalt namens Jesus von Nazareth, also kraft eines innergeschichtlich-historischen Ereignisses, faktisch geworden sei, als ob es zuvor kein wirkliches Faktum, sondern nur eine ideale Möglichkeit gewesen wäre. Insofern bleibt bei Barth noch ein Stück des illusorisch-religiösen bzw. philosophischen Gedankens, einerseits existiere der sündige Mensch für sich alleine abgetrennt von Gott in der bodenlosen Tiefe, und andererseits wohne Gott der Herr irgendwo im hohen Himmel, ebenso für sich alleine, abgetrennt vom Menschen auf der Erde. Solange dieser scheinbar tiefe und bescheidene, aber im Grunde illusorische Gedanke in einem Christen übrig bleibt, ist für ihn unvermeidlich, daß der Name "Jesus Christus" zu einem nur für seine eigene Ruhe notwendigen Lückenbüßer verwandelt wird. Er wird von der Bibel, von Jesus von Nazareth nicht nur geführt und unterstützt, sondern er hat sich davon erstickend fesseln lassen. Er kann nicht mehr Tatsachen als Tatsachen, genau so wie sie wirklich sind, sehen und auffassen. Der wahre Dialog mit den anderen Religionen, Menschen und Dingen wird von Anfang an ausgeschlossen. Kein Wunder, daß aus den Schülern Karl Barths mehrere für das Urfaktum Immanuel blinde, im schlechten Sinne "orthodoxe" Barthianer geworden sind, die Karl Barth selbst am strengsten von sich zurückstößt.

Aber nicht nur bei den Barthianern, sondern auch bei den anderen Theologen, ja in der westlichen Welt überhaupt, ist der Name "Theologie" mit der historischen Feststellung und Erforschung einer besonderen Geschichte des Menschen, nämlich mit der Geschichte Israels bis zum Tode Jesu, nicht nur verbunden, sondern davon völlig gefesselt. Das ist der Grund, um dessentwillen ich hier nicht einfach Theologie" sagen möchte.

3. Was bedeutet hier "reine"?

Karl Barth selbst blieb fest im Urfaktum, Urverhältnis Immanuel, den er einst durch die Hilfe von Paulus bei sich selbst "entdeckte". Von diesem Urfaktum gefördert, gegen den Strom der westlichen Theologie, ja, über sein eigenes Bewußtsein hinaus, das der westlichen Tradition, in der er geboren und aufgewachsen war und der er durchaus treu bleiben möchte, befreite er sich Schritt für Schritt von der Fesselung der historisch erschienenen Gestalt, bis er endlich klar merkte und öffentlich aussprach, daß nicht erst durch das Auftreten des Menschen Jesus auf dieser Erde das Urfaktum Immanuel Ereignis geworden, sondern umgekehrt aufgrund des Urfaktum Immanuel, das von Anfang an bis zum Ende immer neu gegenwärtig ist und lebt, der Mensch Jesus auf dieser Erde erschienen ist. Was mit dem Erscheinen Jesu von Nazareth ein für

allemal geschehen ist, ist nicht die Stiftung des Urfaktum (Urverhältnis) Immanuel als solches, sondern eine zwar vollkommene,
doch durchaus menschliche Antwort auf den Anruf des einen Urfaktum Immanuel, das im Anfang und für ewig vom wahren, absolut gestaltlosen Gott selbst fest gestiftet worden ist.

Hier hat man immer Angst: Stürzen wir nicht in eine leere, bo-
denlose Kluft, wenn wir von der irdischen Gestalt Jesu bzw. der
Bibel gänzlich die Hände lassen? Verfiele dann nicht unsere Theologie sofort in die bloß philosophische, abstrakt-allgemeine Spekula-
tion? Aber nein! Gerade diese Angst ist völlig grundlos. Denn es
handelt sich hier direkt und allein um die eine reale Grundsituation
des menschlichen Daseins, welche vor allem Tun und Denken von
uns Menschen durch Gott selbst für uns alle und jeden festgesetzt
ist, von welcher abgetrennt also keine wirklich existierende,
menschliche Gestalt entstehen noch vergehen (gestaltet noch zerstört werden) kann. Jene Angst ist nur ein klares Zeichen dessen,
daß eben der Betreffende die innergeschichtlich-historischen
Gestalten unbewußterweise von deren einzig realer Grundlage ab-
strahiert, - daß er an den Namen Jesus Christus zwar fest
"glaubt", aber nur um die sich bei ihm selbst eröffnende Leere zu
verdecken.

Die reine The-anthropologie dagegen läßt sich zwar von der
kontingent-einmalig gegebenen Gestalt Jesu von Nazareth bzw. der
Bibel helfen und führen, aber nie fesseln, sondern eben von ihr als
dem lebendigen Wegweiser geführt, wendet sie sich ausschließlich
dem Weg, der Wahrheit, dem Logos im Anfang, um mit Barth zu
sprechen, dem Urfaktum Immanuel, dem ewig neuen, absolut
untrennbaren - unvermischbaren - unumkehrbaren Verhältnis von
Gott und Mensch zu. Deshalb kann, darf und will sie keine spezi-
fisch-historische Gestalt als ihren eigentlichen Inhalt in sich enthalten, nicht weil sie im üblichen Sinne "abstrakt allgemein" spe-
kuliert, sondern ganz im Gegenteil, weil sie an dasjenige absolut
kontingente, allein vom lebendigen Gott selbst zu seinem eigenen
freien Ausdruckspunkt bestimmte Sein des Menschen fest gebunden
ist, von dem abgetrennt keine spezifische, konkret-historische Gestalt in dieser Welt wirklich existieren kann.

Der Mensch, der rein the-anthropologisch denkt, weiß sich also
als ein Seiendes, das einerseits absolut kontingent und von allen
historisch-gestalthaften Bestimmungen völlig frei ist, das aber
andererseits und vor allem unter der einen, mit allen jenen unver-
gleichbar strengen Bestimmung Gottes steht, daß er eben und
durchaus als ein solches kontingentes Seiendes den lebendigen Gott
selbst in seinem eigenen Leben ausdrücken soll. Als solches ist er
auch in der schwersten historischen Situation immer voll Hoffnung,
aber er fühlt am schärfsten, wie unermeßlich schwer es ist, als
Mensch recht zu leben, - daß er sogar von Geburt an an seinem

eigenen, wahren Seinsgrund blind ist, kurz, daß er durch und durch
ein Sünder ist, der sich in seinem Leben und Denken immer wieder
verirrt. So werden für ihn, auch nachdem er dank der Führung der
Bibel, der Worte und Taten Jesu, deren verborgenen, realen Grund
und Ursprung entdeckt hat, diese historischen Gestalten nicht unnö-
tig, sondern ganz im Gegenteil, erst dann lernt er gründlich, was
er ihnen Entscheidendes verdankt, und wie unentbehrlich sie für ihn
auch in der Zukunft sein werden. Nur kann er nicht mehr jene,
wenn auch heiligsten Gestalten mit dem Urfaktum Immanuel, dem
einen Wort im Anfang, vermischen (unterschiedslos identifizieren),
um so jene Heiligkeiten einerseits, menschliche "Ursünde" andererseits illusorisch-religiös zu verabsolutieren. Im Urfaktum Immanuel
ganz einfach festgesetzt, wird er selbst so tief erniedrigt, daß er
über die darin geschenkte heilige Grenze hinaus nicht noch weiter
hinausgehen kann oder will. Und eben als ein solches, über allen
Vergleich hinaus absolut erniedrigtes Wesen, ist er sich mit unsag-
barem Dank und Scham dessen klar bewußt, daß er völlig umsonst
so hoch gewürdigt wird, daß es gar nicht mehr nötig ist, irgendwo
anders den hochheiligen Ort um seiner eigenen Ruhe und Tätigkeit
willen zu suchen. Ihm wird nun der neue Weg eröffnet, um die gegebenen Gestalten ohne Angst genau so zu sehen und zu beurteilen
wie sie tatsächlich sind.

Auf diesem Weg wird er in den Evangelien selbst manche Stellen finden, die zwar für das Verständnis des Ganzen unentbehrlich
sind, die aber dennoch um der absoluten "Autorität der Kirche
Jesu Christi" willen früher völlig außer acht gelassen oder allzu
leicht genommen wurden. Andererseits wird er zugleich außerhalb
der Mauern der Kirche nicht die bloß bodenlos-finstere Kluft, sondern vor allem den einzig realen, absolut strengen, vorbehaltlos offenen, unerschöpflich fruchbaren Raum Gottes des Immanuel sehen.
Wie kann er sich dann enthalten, auch in den anderen Religionen
und Philosphien solche Worte selbstlos zu erwarten, die mit den
echt christlichen trotz aller Entfernungen in dieser Welt, dank der
Kraft des einzigen, universalen Gottes des Immanuel, direkt und
schön zusammenklingen, - wie Karl Barth selbst nicht nur in seiner
Spätzeit, sondern im Grunde schon seiner Frühzeit, als ich ihm
begegnete, annahm. Erst wenn wir diesen Weg bis zum Ende gehen,
werden wir klar verstehen, was das " ist" des Bekenntnisses "Jesus
ist Christus" eigentlich bedeutet, welche große sachliche Wahrheit
darin liegt, aber auch, welche gefährliche Versuchung des Nichtigen
für uns darin steckt.

4. Ontologie des Dinges und Reine The-anthropologie

Die reine The-anthropologie, die ich meine, ist ein reines Echo des
Wortes im Anfang Gottes des Immanuel. Darum kann und darf sie

keine historisch-spezifische Gestalten in sich enthalten. Aber gerade darum enthält sie in sich einen unverkennbar deutlichen Hinweis auf die eine, universale Grundbestimmung des menschlichen Seins, die ihm vor aller menschlichen Geschichte vom einen, wahren Gott selbst völlig umsonst gegeben ist, der also kein wirklich existierender Mensch, ob gut oder böse, gläubig oder nicht, einen Augenblick entgehen kann.

Weiter, die reine The-anthropologie - indem sie sich in dieser einzigartigen Weise auf das Sein des Menschen bezieht - bezieht sich schon darüber hinaus auf das Sein des Dinges überhaupt. Denn sie sieht klar ein, daß der Mensch zwar ein freies Subjekt, aber gar kein eigentliches, wahrhaft an und für sich seiendes Subjekt, sondern ganz im Gegenteil nur ein einfaches Objekt des wahren Subjekts, Gottes des Immanuel ist. Der Mensch hat nämlich nichts aus sich selbst, weder seine faktische Existenz noch seine ursprünglich-wesentliche Bestimmung. Im Anfang und in jedem Augenblick ist der Mensch einfach so bestimmt, bevor er dazu ja oder nein sagt, oder sich entscheidend etwas wählen will. Hierin ist er gar nicht höher als andere Lebenwesen, nicht einmal als andere leblose Dinge. Er ist einfach da, ehe er etwas wählt und schafft, genau sowie ein Stein auf einem Pfad. Und wenn er einmal ist, kann er nicht anders als wie ein Mensch verfahren, genau wie das Gras, wenn es einmal ausgesät wurde, von selbst Wurzel schlägt und Keime sprießt. Der Unterschied liegt nur in der ursprünglich-wesentlich bestimmten Art und Weise, wie er wirkt, sich zu sich selbst bzw. zu anderen Dingen und Menschen verhält, m.a.W. im Grad und in der Stufe der Subjektivierung eines einfach-endlosen, an sich durchaus leblosen Objektes, kurz, des Dinges im ursprünglichsten Sinne, das der Mensch selber auch ist und bleibt. Der Mensch macht nur die höchste Stufe dieser "Entwicklung" (der sog. "schöpferischen Evolution") der Subjektivierung des kontingenten Dinges aus, das im Anfang als Ausdruckspunkt des wahren Subjekts bestimmt ist. Ihm allein ist erlaubt und es wird zugleich auch von ihm gefordert, seiner Selbst bewußt zu wirken, d.h. aber streng gesagt, in bezug auf faktische Existenzen der einzelnen Dinge (einschließlich seines eigenen Selbst) und deren wesentlichen Zusammenhänge, die sich von seinem jeweiligen Bewußtsein völlig unabhängig ereignen, erkennend zu handeln, bzw. handelnd zu erkennen. Dazu gehört vor allem, ein klares Echo des Wortes im Anfang, des einen wahren Gottes Immanuel zu werden, wie es einst Jesus von Nazareth uns allen nicht nur lehrte, sondern uns mit seiner ganzen Person (Leib und Seele) aufzeigte.

In der reinen The-anthropologie handelt es sich also nicht nur um den Menschen, sondern vor allem um den wahren Gott, und damit auch um das Ding im ursprünglichsten Sinne, als dessen kontingent-notwendige Erscheinungsweise allein sich die sogenannte schöpferische Evolution von der leblosen Materie über verschiedene Lebewesen bis hin zum Menschen ereignen konnte und kann.

Die reine The-anthropologie ist, ohne eine radikale Ontologie des Dinges unmöglich. Umgekehrt ist es für uns Menschen unmöglich, zur wahren Ontologie des Dinges zu gelangen, ohne daß wir uns zu uns selbst, zu unserem eigenen, im Urfaktum Immanuel festgesetzten, menschlichen Sein, kraft und dank desselben Urfaktums erwachen. Nur von hier aus wird man der Versuchung des Nichtigen (Teufel) zum Trotz von der Geschichte der Natur, von Gut und Böse, Glauben und Unglaube usw. echt und wissenschaftlich reden können.

5. Reine The-anthropologie als Grundwegweiser des alltäglichen Lebens - Gesetze des Dinges als Verheißung des Lebens

Karl Barth soll einmal gesagt haben: "Wenn ich auf dieser Erde wieder geboren werden könnte, aber kein Theologe mehr sein sollte, möchte ich sehr gerne zum Verkehrsschutzmann werden." Dies sei auf alle Fälle eine der Mühe werte Arbeit. Ja, die reine The-anthropologie ist sozusagen ein richtiger Grundwegweiser des alltäglichen Lebens. Denn sie weist uns direkt und rein auf den einen Weg hin, der für uns alle im Anfang fest bestimmt und bis zum Ende in jedem Augenblick gegenwärtig und neu zubereitet ist. Dieser eine Weg ist aber mit unseren Augen nicht zu sehen, mit unseren Händen nicht zu fassen, und zwar nicht etwa, weil er zu weit von uns entfernt irgendwo im hohen Himmel läge, oder weil er nichts Reales, sondern nur etwas Ideales wäre; nein, ganz im Gegenteil, er ist uns allen ganz nahe, absolut unabtrennbar von uns selbst. Wir können nie von ihm weg irgendwohin zurücktreten, um ihn vor uns zu stellen. Darum können wir ihn weder sehen noch ertasten. Auf diesem einen Weg gestalten sich geschichtlich verschiedene gesellschaftliche Wege, die sich miteinander ergänzend entwickeln, und in deren Mitte der im engeren Sinne geistige, d.h. religiös-moralische Weg steht. Hinter, oder besser gesagt, unter dieser geschichtlich-gesellschaftlichen Entwicklung des menschlichen Lebens liegt und herrscht immer jener eine Grundweg, dessen Herrschaft sich sogar weiter über alle menschliche Geschichte hinaus auf die Geschichte aller Lebewesen, ja aller faktisch existierenden Dinge erstreckt. Denn der eine Grundweg des menschlichen Lebens ist nichts anderes als das Wort im Anfang, die Grundbestimmung des Dinges in und durch Gott den Immanuel zu seinem Ausdruckspunkt. Der Weg der Naturgeschichte, von den leblosen Gestalten zur menschlichen, verläuft nicht in der Luft, sondern fest begründet im einen Logos (Weg) Gottes des Immanuel. Die Geschichte der ganzen Natur einschließlich des Menschen entwickelt sich nicht kontinuierlich in der Zeit, sondern allein dank und kraft der Tatsache, daß der Prozeß der Entwicklung in jedem Schritt gänzlich abgeschnitten ist. Die geschichtliche Gestalt, wie hoch entwickelt sie auch sein mag, ist jeweils - und bleibt stets - ein objektiv-kontingentes, ein für allemal bestimmtes Faktum, das im Urfaktum Immanuel fest eingesetzt ist, das eben und allein darum sich von neuem in seiner je spezifischen Art und Weise bestimmen kann, wie es bei der menschlich-geschichtlichen Gestalt am deutlichsten zu sehen ist (Liegt nicht hierin auch der Grund der Möglichkeit der sog. biologischen "Mutation"?)

Der wahre, hoffnungsvolle Weg des menschlichen Lebens ist nicht vom Menschen selber geschaffen, sondern gründet tief im "Logos im Anfang", d.h. in der wunderbaren Grundbestimmung des faktischen Dinges in und durch Gott den Immanuel zu seinem Ausdruckspunkt. Darum sage ich: Das Grundgesetz des faktischen Dinges ist die wahre Verheißung des kreatürlichen Lebens, und umgekehrt.

Wir Menschen aber vergessen immer völlig grundlos (der Versuchung des Nichtigen unterliegend) dieses Grundgesetz des faktisch seienden Dinges, welches auch wir selber sind. Vom Nichtigen bedroht, halten wir zu sehr an den schönen Gestalten hier und da fest. So brechen unvermeidlich Verbiegungen, Verzerrungen und endlose Konflikte in die menschliche Welt ein. Solange ist es uns unentbehrlich, die reine The-anthropologie zu treiben, die sich über alle geschichtliche Gestalten und Bewegungen hinaus direkt und ausschließlich auf das Urfaktum Immanuel bezieht, in und von dem das Ding fest dazu bestimmt ist, diesen einen wahren Gott, soweit und in der Weise es ihm als einem endlich-kontingenten creatum erlaubt und gefordert ist, in dieser Welt auszudrücken.

Freilich, es ist nicht nur die reine The-anthropologie, die auf den wahren Grund unseres Lebens hinweist. Wie der Mensch direkt auf den Anruf des Wortes im Anfang antwortet, zeigt sich je und je in jedem menschlichen Reden und Handeln. Jesus von Nazareth war ein solcher Mensch, in dessen Worten und Taten das Licht, die Kraft und die Liebe Gottes des Immanuel von selbst so wunderbar ausstrahlte, daß seine Jünger, wenn sie seine geschichtliche (historische) Gestalt in ihrer Wahrheit, genau so wie sie war, darstellen wollten, nicht anders konnten als zu bekennen: Jesus ist Christus, der Sohn Gottes, der in dieser Welt erschienen ist, um alle Menschen, die sich verirren und leiden, zu retten und ins Haus des himmlischen Vaters, von dem aus er selber auf diese Erde hinabkam, zurückzuführen.

Das heißt aber nicht, daß in Jesus von Nazareth der unvermischbare Unterschied und die unumkehrbare Ordnung zwischen Gott und Mensch im Urfaktum (Urverhältnis) Immanuel verwischt worden wäre. Nein, ganz im Gegenteil, gerade bei ihm ist uns allen Menschen aufs offenbarste gezeigt, daß die im Anfang von

Gott selbst festgesetzte, intimste Verbindung zwischen Gott und Mensch zugleich die absolut unübertretbare, strengste Grenze zwischen den beiden ausmacht, in der doch wiederum die unerschöpfliche Quelle und Antriebskraft des in Wahrheit gesunden menschlichen Lebens liegt. Wenn wir Christen dieses Urfaktum, die Urgeschichte Immanuel, das bei jeden von uns gegenwärtig ist, außer acht lassen und an der geschichtlichen Gestalt Jesu so festhalten, als ob jene von dieser begründet worden wäre, und nicht umgekehrt, dann wird das Christentum, in die bloß religiöse Erregtheit und ausgerechnet im Namen Jesus Christus in den schlimmsten Pharisäismus verfallen, gegen den Jesus selber bis zum Kreuzestod kämpfte. Um dieser gefährlichen Versuchung des Nichtigen zu trotzen, nach und mit Jesus zu gehen und zu denken, wird die reine The-anthropologie, die in sich keine geschichtliche Gestalt einschließlich der Jesu enthält, für uns, die wir ihm wie Petrus damals immer wieder bei uns behalten wollen, nicht unnütz sein.

6. Reine The-anthropologie als Herz der Methode aller Erfahrungswissenschaften

Wie gesagt, die reine The-anthropologie will in sich keine geschichtlich-menschliche Gestalt enthalten; das aber nicht etwa, weil sie diese vernachlässigt, sondern weil sie genau weiß, daß die faktische Existenz der geschichtlich-menschlichen Gestalt von keiner Lehre oder Theorie abgeleitet werden kann, m.a.W. eine von dieser völlig unabhängige Angelegenheit ist. Denn es gibt zwar keinen Menschen, der im Grunde seines faktischen Entstehens und Bestehens nicht als Mensch bestimmt ist, aber diese seine ursprünglich bestimmte Essenz ist nicht ohne weiters identisch mit seiner faktischen Existenz. Von dieser abgetrennt, kann jene gar keinen Sinn (keine reale Wirkungskraft) haben. Ursprüngliche Essenz und faktische Existenz beim Menschen sind seine beiden einander komplementierenden Grundmomente, die direkt im einen Gott selbst begründet sind. Wenn der Mensch einmal entsteht, bestimmt er sich schon - der doppelt ursprünglichen Bestimmung Gottes selbst recht oder unrecht antwortend - je in einer bestimmten Weise. Es gibt keinen wirklichen Menschen, der selbst je eine gute oder böse Gestalt ist, die sich weiter irgendwie gestaltet. Wir Menschen sehen zuerst nur diese Art Gestalten, und übersehen völlig die ursprüngliche, von Gott selber gegebene Bestimmung des menschlichen Seins. An den erschienen Gestalten festhaltend, leben und denken wir in der Luft. Das ist der verborgene Grund dessen, daß wir Menschen nicht umhin können, immer wieder aus irgendeiner guten Gestalt nicht nur "Gott" zu schaffen, sondern auch dieses nichtige, "religöse" Schaffen mit allerlei Denken und Ideen (mythologisch, metaphysisch-historisch oder mystisch usw.) zu rechtfertigen. Ist unsere "Christologie" bis heute von dieser "religiösen" Tendenz frei genug gewesen? War diese Tendenz nicht der Hauptgrund dafür, daß die modernen Menschen nicht mehr ruhig und gerne in der christlichen Kirche bleiben konnten?

Die reine The-anthropologie dagegen, vom Urfaktum Immanuel felsenfest gestützt, sieht historische Gestalten einschließlich der Jesu von Nazareth völlig frei, vorbehalt- und angstlos, genau so, wie sie tatsächlich gegeben sind. Sie will sie nicht einmal als "notwendige Ergebnisse der geschichtlich-gesellschaftlichen Entwicklung" ansehen, wie es die modernen Menschen gerne tun. Denn, wie oben gesagt, die reine The-anthropologie weiß genau, daß sich die geschichtliche Entwicklung nie ereignet, ohne daß sie Schritt für Schritt von der absolut objektiv ein für allemal gegebenen Faktizität restlos abgeschnitten wird, die jedem im Raum Gottes wirklich existierenden Ding vor allem zugehört. Substantiv-subjektive Identitäten und beständige Ordnungen in dieser Welt sind nur menschliche Reflexe des einen ewigen Gottes, die jeweils durch die heilige Grenze zwischen Gott und Mensch, Creator und Creatum, hindurch erschienen sind. Darum kann die reine The-anthropologie Gut und Böse, den Werten der historischen Gestalten gegenüber, nicht bloß neutral und indifferent bleiben. Sie verfährt in allem durchaus verantwortlich. Das Hauptinteresse des reinen The-anthropologen ist, als eine jeweils ein für allemal gegebene (im Raum Gottes von Ihm selbst geschenkte) Existenz Ihm, Gott dem Immanuel gegenüber möglichst treu zu leben und nachzudenken. Dafür wendet er sich den anderen Menschen und Dingen zu, um bei ihnen selbstlos zu forschen und zu lernen, ob und inwieweit sie gut oder böse, fein oder grob sind, und einander helfend und mahnend, einem dem Raum Gottes möglichst genau entsprechenden menschlichen Raum aufzubauen. Reine The-anthropologie fordert und fördert von selbst reine historische Forschung, und umgekehrt. Das alles kommt vom einen Urfaktrum, dem wahren Gott Immanuel aus notwendig für uns Menschen her.

In diesem Sinn ist die reine The-anthropologie als solche die echte wissenschaftliche Methode für historisch-gesellschaftliche Forschung. Das gilt vor allem für die Religionswissenschaft, zu der auch "die historische Theologie" im Unterschied zur dogmatischen gehören wird. Historische und dogmatisch-systematische Forschung in der christlichen Theologie gingen bisher, wie mir scheint, einerseits entweder indifferent auseinander, andererseits aber mischten sie sich allzu unbescheiden miteinander, um der Sache selbst treu und echt wissenschaftlich frei vorzugehen. Die reine The-anthropologie allein, die gewiß von der Geschichte Israel bis zum Kreuzestode Jesu unterstützt, zum Urfaktum Immanuel erwacht ist und hierin - also nicht in sich selbst, sondern in Gott dem Immanuel - festbleibt, sieht ein, daß sich das absolut untrennbar-unvermischbar-unumkehrbare Verhältnis zwischen der reinen Theorie und der reinen historischen Forschung der Religion einschließlich des Christentums reflektiert.

Nun ist der Mensch die am meisten komplizierte und delikate Gestalt unter allen dinglichen Gestalten. Die Religion ist sogar die unfaßbarste Erscheinung unter allen menschlichen Erscheinungen. Wenn also die reine The-anthropologie die wahre Methode anbietet, um religiöse Erscheinungen durchaus objektiv wissenschaftlich zu erforschen, und zwar ohne dabei das Mysteriös-subjektive zu verkürzen, dann wird sie auch für die anderen Wissenschaften der menschlich-geschichtlichen Erscheinungen wie Ökonomie, Politik, Psychologie, Soziologie, Pädagogik, Medizin usw. eine große methodologische Hilfe leisten. Und das wird sicher auch für die Biologie und andere Naturwissenschaften gelten. Wie kann es dort anders sein, wo der Mensch, die wesentlich höchste Gestalt des Dinges, sich selbst, gründlich (the-anthropologisch) erkennt? Erst von dort und daraufhin wird die Erkenntis aller anderen dinglichen Gestalten ihren realen Grund und wahren Sinn erhalten können.

Freilich, zu jedem faktisch existierenden Ding gehört je nach der geschichtlichen Entwicklung ein bestimmtes, ursprüngliches Wesen (d.h. dynamische Grundstruktur). Dies erfordert für uns in der Forschung eine besondere, dementsprechende Methode. Aber auch in der Physik und Mathematik ist die wissenschaftliche Forschung in Wirklichkeit durchaus eine menschliche Angelegenheit. Folglich kann sich keine Wissenschaft gesund entwicklen, wo die reine The-anthropologie fehlt, die sich direkt auf den ersten Grund und das letzte Ziel des menschlichen Lebens bezieht, obwohl andererseits wohl beachtet werden muß, daß die strenge Übung in den transparenten, verhältnismäßig einfachen Wissenschaften wie Mathematik und Physik für uns, die wir immer zu eilig zur Weisheit und Seelenruhe gelangen möchten und in nichtigen "Glauben" verfallen, eine gute Vorbereitung zur wahren The-anthropologie ausmacht. Dies ist der Grund, um dessentwillen ich mir zu sagen erlaube: Reine The-anthropologie als Herz der Methode aller Erfahrungswissenschaften.

KATSUMI TAKIZAWA'S APPROACH TOWARD A WORLD THEOLOGY: A CRITICAL EXPOSITION FROM A PROCESS PERSPECTIVE(1)

Nobuhara Tokiyuki

1. The purpose of this paper is to render a critical exposition of Katsumi Takizawa's philosophical theology from a process perspective. His theological thought has been a strenuous attempt at conceiving as clearly as possible of the world, as it comes into being, by virtue of a creative synthesis of the Eastern and Western ways of thinking, as they are represented respectively by the Zen-inspired philosopher Kitaro Nishida and the Protestant theologian Karl Barth. That is, the method, as well as the object, of this theological thinking is global. This is important inasmuch as one of the most crucial criteria of the authenticity of any theological enterprise in the late twentieth century is whether it has a global scope. As shall be shown below, my critical exposition of his thought from a process perspective, too, centers around this issue.

The authenticity of a theological enterprise today hinges upon its global nature. This new knowledge of a criterion of theology is being acknowledged more and more widely not only by a non-Western thinker like Takizawa but also by Western theologians themselves because they have come to sense that their once universally predominant theological enterprise, which all those Christian intellectuals who wanted to study theology while living in non-Christian countries in the East, including my own, Japan, had simply to learn, would be a parochial event today, if it were left alone. To illustrate my point, I can refer to the fact that some of the most significant theological works in the contemporary West are those relating to the task of inter-religious dialogue with the East.

First, at his final stage as a systematic theologian, Paul Tillich produced a brilliant short book entitled: Christianity and the Encounter of the World Religions (1963), which was a result of his encounter with Buddhism on a visit to Japan in 1960. It is important that in it he was partially able to realize his hope of rewrit-

---

(1) This is a revised version for the Western, in particular English-speaking, reader of a lecture delivered at the "Convocation in Memory of the late Professor Dr. Katsumi Takizawa" held on July 8, 1984 in Kobe, Japan, under the auspices of Kobe Independent School.

ing his Systematic Theology by reference to non-Western sources of religious discourse.(2)

Second, Wilfred Cantwell Smith's Towards a World Theology: Faith and the Comparative History of Religion (1981) is, as is explicit in the title, an attempt at redefining theology in global terms. He senses that although he is Presbyterian, the only community there is ultimately, the one to which he knows that he truly belongs, is the religious community, worldwide and history-long, of mankind.(3) As an intriguing example of this, he demonstrates that the story of Saints Barlaam and Josaphat (which, incidentally, gave much spiritual impact upon the minds of Leo Tolstoy and M.K. Gandhi, and, through Ghandi, upon the mind of Martin Luther King, Jr.) was Buddhist in its origin.(4)

Third, in his recent works, including: God and the Universe of Faith (1973) and the article "Whatever Path Men Choose is Mine" (The Modern Churchman, 1974), John Hick has articulated that because of the actual necessity for dialogical encounter with other religions Christian theology is now undergoing a Copernican revolution from what he calls a Ptolemaic Theology which is a residue of the extra ecclesiam nulla salus (outside the Church no salvation) declaration of the Council of Florence in 1438-45.(5)

Fourth, the new trend in contemporary theology, illustrated by these three thinkers, led some creative minds into conceptual adventures. J.A.T. Robinson's Truth is Two-Eyed (1979) is unique in its thesis of the "elliptical" grasp of truth-claims, in his case, of Christianity and Hinduism.(6) And John B. Cobb, Jr.'s Beyond Dialogue: Toward a Mutual Transformation of Christianity and Buddhism (1982) promotes a mutual incorporation by Christianity and Mahayana Buddhism into the core of their own beliefs of the other's, one which involves a radical change as the most urgent mission of each of these religions.(7) In my critical reappraisal of Takizawa's thought from a process perspective, I shall resort to its comparison with Cobb's.

Takizawa himself has attempted to conceive of a global theology in this inter-religious sense by reference to the possibility of

---

(2) Cf. Paul Tillich and the History of Religions, in J.C. Brauer, The Future of Religions, 1966.
(3) Cf. W.C. Smith, Towards a World Theology: Faith and the Comparative History of Religion, 1981, 44.
(4) Ibid., 6-11.
(5) See J. Hick and B. Hebblethwaite, Christianity and Other Religions, 1980, 178-183.
(6) J.A.T. Robinson, Truth is Two-Eyed, 1979, 4.
(7) J.B. Cobb, Beyond Dialogue. Toward a Mutual Transformation of Christianity and Buddhism, 2. Aufl., 1982, 142f.

70

a synthesis of Nishida's concept of "unity of opposites" and Barth's idea of the Proto-factum Immanuel. As is widely known in Japan, Takizawa has dealt, from this perspective, with a wide variety of areas and issues such as follows: Nishida's philosophy, Barth's theology, Buddhism and Christianity, political theory, Marxist economics, the writings of Natsume Soseki, Ryunosuke Akmutagawa, and F.M. Dostoievsky, philosophy of sports and Japanese chess, comments on university struggles, education, medical science, new religions, and physics, etc. Thus, he has left a mark unequalled by any other thinker in modern Japanese history.

The problem now is whether his thought will really be, as I hope, taken into serious consideration by Western theologians as their collaborator toward a global theology. Hence, my task in the remainder of this paper is: first, to adumbrate for the Western reader some of the major biographical stages in Takizawa's career; second, to present a systematic statement of his creative synthesis of his two mentors, Nishida and Barth; third, to summarize the new position that was emerging in the final stage of his life; and fourth, to render my own critical evaluation of his thought from a process perspective.

2. Katsumi Takizawa was born in 1909 in Utsunomiya, Japan. As a gifted graduate of Dai Ichi High School, now Tokyo University Liberal Arts College, he entered Tokyo Imperial University in 1927 to study jurisprudence. However, because he was not satisfied with the lectures by prominent professors of law there, he changed his mind and decided in 1928 to study philosophy at Kyushu Imperial University. His B.A. thesis was a comparison of the philosophy of Hermann Cohen with the phenomenologies of Husserl and Heidegger.

Takizawa's encounter with the writings of Nishida, which occurred in the university library in 1932, gave a new turn to his thought. After studying Nishida's philosophy intensively from the summer of 1932 through the spring of the next year, he contributed an article "Ippan gainen to kobutsu" (Universals and Individuals) to the leading philosophy magazine then in Japan, Shiso, meaning "thought", in August 1933.(8)

The core of Takizawa's interpretation of Nishida's philosophy in the article was, in brief, the knowledge that the way in which ultimate individuals, which cannot, as was clearly discerned by Aristotle, become predicates of anything, is united with the ultimate universal, is utterly immediate, that it needs no intermediary, and that individuals are, in other words, situated in the topos of the ultimate universal.(9) This interpretation was highly appreciated by

(8) See K. Takizawa, Chosakushu (Col. Works) I, 1972, 197-214.
(9) Ibid., 203, 205-207.

Nishida himself and led him to write a letter to him who was an unknown student in Kyushu, saying, "I have for the first time found a friend who understands my philosophy."(10) It was unusual in those days - and it probably is even today - for a prominent professor, such as Nishida who was called the founder of the Kyoto school because he taught philosophy at Kyoto Imperial University, to write such a letter of appreciation to a student in another University. The joy and gratitude of Takizawa because of this unusual incident is illustrated by the fact that he hung the letter on the wall of his living room for the rest of his life.

One day in October, 1933 just before he departed from Japan for Germany because he was granted a Wilhelm von Humboldt Association scholarship to study philosophy there, Takizwa visited Nishida in his Kamkura residence. Nishida had already retired from his position at Kyoto in 1928 and was actively involved in Kamakura in writing philosophical essays for Shiso. In reply to Takizwa's question with what philosopher to study in Germany, Nishida strongly suggested the theologian Karl Barth. For Nishida perceived that it was by Barth rather than any philosopher, including Martin Heidegger, that the problem of God, as the crux of Western civilization, was most fully articulated.

Thus Takizawa's life-long mission of a synthesis of Nishida and Barth started. After attending philosophy classes in Berlin from November, 1933 to March, 1934, he went to Bonn in April to study theology under Barth. From April to July in 1935 he was in Marburg to study New Testament theology under Rudolf Bultmann. It was in his article, "Über die Möglichkeit des Glaubens: Anmerkungen zur Auseinandersetzung zwischen Bultmann und Kuhlmann," written in August, 1935, and soon published in EvTh 10/1935, at the recommendation of Barth, that Takizawa first showed himself as a promising philosophical theologian from Japan before the Western audience (although he would not have an official relationship to the Christian Church until his baptism in Kyodan (UCC, Japan) church in Kyushu in 1958).(11)

After returning to Japan in October, 1935, Takizawa taught philosophy and ethics at Yamaguchi College of Commerce from 1937 to 1947 and at Kyushu University from 1943 to 1971. He has written some forty books (many of which except those written after 1972 are contained in the ten-volume collected works published from 1972 to 1975 by Hozokan in Kyoto) and numerous articles.

---

(10)See K. Nishida's letter No. 872 (dated August 22, 1933), in: Zenshu (Complete works) XVIII, 1953, 473.

(11)Cf. K. Takizawa, Was hindert mich noch, getauft zu werden?, in: E. Wolf (Ed.), Antwort (FS Karl Barth), 1956, 911-925.

At the invitation of the Evangelische Kirche der Union, Takizawa had four opportunities to visit Germany again after World War II to deliver lectures on Buddhism and Christianity in German universities, including Heidelberg, Mainz, and Essen, first in 1965, then in 1974-1975, 1977 and 1979. In April, 1984, the University of Heidelberg, Theological Faculty decided to confer an honorary Doctor of Theology degree on Takizawa in July in appreciation for his life-long contribution to the three dialogues: between Japanese and European theologies, between Christianity and Buddhism, and between philosophy and theology. Takizawa died of acute leukemia on June 26, 1984. Accordingly, the degree was conferred on him posthumously by a representative of the university, at Kyushu, on September 10, 1984.

3. The keynote of Takizawa's thought was a synthesis of what he thought lies at the bottom of Barth's Christology with Nishida's philosophy of the topos of unity of opposites or of absolute Nothingness. First, I would like to concentrate on the Barthian side of his thought; and then I will explicate how it is internally related to his grasp of Nishida's philosophy.

The keynote of Takizawa's thought is well illustrated by his interpretation of Jesus's words in Mark 2,5.11.(12)

"My son, your sins are forgiven; I say to you, rise."

These words were among Takizawa's favorite quotations from ancient scriptures, East and West. He chose them for his calligraphy for which, too, he was famous. To Takizawa, the true subject of these words is what he calls "the primary contact/unity of God and the human being" or "the Proto-factum Immanuel." This subject he distinguishes from "the secondary contact/unity of God and the human being", e.g. Jesus of Nazareth, as the one who lived in full and perfect correspondence to the primary contact or the Proto-factum. For him it is totally wrong to assume that this primary contact is "up there in heaven over against us humans who live on earth." The contact is, on the contrary, at the foot of every one of us. Furthermore, it works at the same time in the depth-dimension of our human existence. To use his own phraseology, the Proto-factum Immanuel, qua the Word of God, "jumps and moves in us."(13) The figure of Jesus of Nazareth is a direct expression of this dynamics of the Proto-factum Immanuel.

---

(12)T. Takizawa, Chosakushu II, 1975, 435-441; Takizawa, Jiyu no genten: Immanueru (The Origin of Freedom: Immanuel), 1969, 79, 162; Takizawa, Gendai niokeru ningen no mondai (The Problem of Humanity today), 1984, 94-110.
(13)Takizawa, Chosakushu VII, 1973, 274.

Thus the core of Takizawa's thought, the Proto-factum Immanuel, is a voice of liberation to us all, as is implicit in the aforecited call of Jesus in the following sense:
"I say to you, rise." Here is given no reason to cause for rising. This voice is deeply unlike so-called ideology or standpoint or strategy of whatever kind. For it cannot become an intra-mundane "reason". Jesus' voice comes to us from a place transcendent of this world that yet constitutes the Archimedian point apart from which it is impossible for the world to be the world.

"I say to you, rise." The possibility of our rising does not depend upon any intra-mundane reason, whether it be a negative one (as when we are so desperate that we cling to the idea that there is absolutely no hope in the world) or a positive one (as when we boast of some faculty or might of our own). Nor does it depend upon any sort of philosophical doctrine, however grandiose it may be. There is no reason. You just rise.

Takizawa has learned, it is said, such an understanding of this passage from Karl Barth when he first went over to Germany to study theology under him in the early 1930s - a consequence of his decision, as mentioned earlier, to follow the suggestion of his mentor, the Zen-inspired philosopher Kitaro Nishida. To be sure, Barth himself bases the possiblity of our rising upon the forgiveness of our sins which was brought about by the redemptive death of Jesus Christ, the event the passage seems to be foretelling. But it is Takizawa's contention that the forgiveness of our sins is not an intra-mundane cause initiated by the appearance of Jesus of Nazareth, because it is already inherent in the Proto-factum Immanuel, the fact that God is eternally with all humans. That is, for him the forgiveness of sins is the functional significance of the Proto-factum. It follows that what is at stake in Jesus' life, especially his death on the cross, is not the initiation of the unity of God with humanity, entailing the forgiveness of sins, but a significantly perfect expression of God (who is already with all humans) in and by the man Jesus of Nazareth in the following two-fold sense: (1) in Jesus' life God who is eternally with us, i.e. the Logos, expresses himself as the Christ; and (2) Jesus, as a human being, perfectly cor-responds to this God; he responds to the Call or Will of God the Father as eternally realized in the Proto-factum or the Logos.(14)

It is in view of this that from the early 1930s until his last days, Takizawa criticized what he termed the last ambiguity in

(14)Ibid., 304; Takizawa, Zoku Bukkyo to Kirisutokyo (A Sequel to "Buddhism and Christianity"), 1979, 61f; and Takizawa, Anata wa dokoni iru noka: iitsu iinsei no kiban to shukyo (Where are You? The Basis of Our Life and Religion), 1982, 44.

the theology of Karl Barth, namely, Barth's failure to distinguish between these two aspects within the persona of Jesus Christ. Accordingly, let me partially correct what I said above: Takizawa has learned the understanding of the afore-mentioned passage from Barth, while at the same time critically transforming it into a purer one, one which is not entangled with the objectively absolutized view of Christ characteristic of Barthianism. In other words, he has freed the core of Barth's Christology, i.e., the Proto-factum Immanuel, which Barth found with joy, with St. Paul, while writing his celebrated commentary on Römerbrief (1919), from its bondage to Jesus' history and the so-called Schriftprinzip. This does not mean, however, that Takizawa underestimates the value of Jesus' history and the Judeo-Christian tradition; it means rather that he prizes these values in a proper manner in which one can compare them with the values of other equally important expressions of the Protofactum Immanuel, such as Buddhism.(15)

Therefore, it is with reason that in his final months Takizawa developed an interpretation of Jesus not only in relation to God the Father (as Abba) but also in relation to Buddhist Emptiness. Just as is written in Prajna Sutra, "Form is emptiness; and emptiness is form,", so Jesus, according to Takizawa, was a "decisively perfect human form of Emptiness".(16) Thus Takizawa understood Jesus as urging us to rise in obedience to the will of God the Father, that is, in unison with Emptiness. This was for him a mode of human existence springing directly from the Proto-factum Immanuel or the Logos because he identified the Proto-factum as the primordial embodiment of the will of the Father.

So far, I have clarified that Takizawa's understanding of Jesus' words, "I say to you, rise", is inclusive of two motifs: one in reference to the will of God the Father, and the other something like what D.T. Suzuki calls "living by Zen", a mode of living without "why". For Takizawa these two motifs were one. In his late years Takizawa used to designate that Zen-like understanding of Jesus' words the "ibuki" (spirit or, more literally, breath) of Barth's theology. He was always aware of the dividing line between him and so-called Barthians; and, indeed, he never got tired of emphasizing it both in writing and by word of mouth. In his critique of a newly published book, Barth, by the Tokyo Union Seminary professor Hideo Ohki (Tokyo: Kodansha, 1984), he expressed

(15)See Takizawa, Zolm Bukkyo to Kirisutokyo, 79-80. See also: Takizawa, Rechtfertigung im Buddhismus und im Christentum, in: EvTh 39/1979, 182-195.
(16)A personal communication. Cf. a similar motif coming to the fore in: K. Barth KD IV/4, Fragmente aus dem Nachlaß, 1976.

it in these terms: the problem is whether he or she is really acquainted with the ibuki of Karl Barth.

Takizawa heard in Barth's theology a harmonic overtone, as it were: the "ibuki of the primary unity/contact of God and humanity." This ibuki or Spirit is the one who speaks as Jesus in the afore-cited passage from the Gospel according to Mark.

May I call your attention - I used the term "overtone" to describe what Takizawa heard in Barth. A harmonic overtone is a clear tone one octave higher than that sung or played by the musician. If one is not capable of hearing harmonic overtones, one cannot claim to be a full-fledged musician. By the same token, Takizawa, in my own judgment, heard as something like an overtone the Spirit of the Proto-factum Immanuel in the message of Jesus of Nazareth - and this in and through the theology of Karl Barth.

One may wonder: Why was Katsumi Takizawa, as a twenty-six year old graduate student of philosophy who had no official Christian background, able to hear, without being entangled in the objectified image of Jesus Christ, this sort of christological "overtone" in Karl Barth. Although the overtone, i.e. the Proto-factum Immanuel, is revealed in Jesus because it speaks as Jesus, it does not derive from him.(17) Accordingly, the "is" in the Christian confession, "Jesus is the Christ", does not imply a fault identity between the man Jesus and the category of Christ as the Son of God.(18) Why was Takizawa able to be free from the deification of the man Jesus by those who cling to this human figure and apply the category of Christ only to his existence? Why was he, therefore, free from the absolutization of Christianity based upon this deification of Jesus? Why was he able, on the contrary, to see the "is" in the confession as signifying a dynamic relationship between God and humanity - a relationship that is to be designated, to use his own phraseology, "non-identical, inseparable, and irreversible"?(19)

In my opinion, we cannot answer these questions without taking into consideration the intellectual background he brought with him to Germany - namely, his immersion in the thought of the Nishida school of Buddhist philosophy and his personal reverence for Kitaro Nishida himself. There seems to be, in Takizawa's thought, what might be called a topological grasp of the "is" in the confession, "Jesus is the Christ". This was a theological application of his interpretation of Nishida's philosophy. The topological understanding of things in the world that he had learned from Nishida's philoso-

---

(17)See Takizawa, Jiyu no genten: Immanueru, 121.
(18)See Takizawa, Zoku Bukkyo to Kirisutokyo, 45-50.
(19)E.g., Jiyu no genten: Immanueru, 126.

phy led him to discover in Barth the overtone of the Proto-factum Immanuel.

For this connection to be clear, what Takizawa learned from Nishida must be explained. In "Universals and Individuals", mentioned above, Takizawa attended to the fact that the topological grasp of individuals penetrates Nishida's philosophy, especially his view of subsumptive judgment. For instance, implicit in the proposition, "red is a color", is a subsumptive judgment that is constituted by the fact that the logical subject, red, which is a particular, and the predicate, color, which is a universal, are combined by the copula "is". In other words, our judgment cannot come into being simply by means of universals; there has to be, on the other hand, something utterly concrete and intuitively discernible that we cannot deduce from universals; it is about that something that we judge to the effect, for instance, that "it is red", that "it is smooth", etc.

Now, as in the afore-mentioned proposition, the logical subject, red, insofar as it is a universal, can become a predicate of something else. On the contrary, an individual cannot become a predicate of anything else than itself; but it can only be, as was clearly discerned by Aristotle, a logical subject. Accordingly, if we predicated of an individual in terms of its eidetic extensiveness (such as the inclusion of this red in the class of color), we would necessarily be depriving it of its individuality or suchness. That is, our predication of it is abstractly general. How can we, then, predicate of an individual as it is, that is, in its intrinsic selfrelatedness? It is precisely in reply to this question that we should rather speak of the topos of absolute Nothingness as a transcendent phase of predication that has nothing to do with eidetic generality. That is, this red, as this red, is in essence "in" a absolute Nothingness. Since this red, as and individual, together with other individuals, is directly subsumed within the topos of absolute Nothingness, it needs no eidetic intermediary to exist. Yet it needs, on the other hand, to be immediated by abstract or eidetic generality, when it comes to speaking of our subsumptive judgment, such as "this red is a color".(20)

It was against this background of this topological grasp of things that Takizawa came to realize, in the Christian confession, "Jesus is the Christ", a Christological topology - the fact that Jesus is situated in, and brings to expression decisively, perfectly, the Proto-factum Immanuel.(21) What I wanted to indicate earlier by reference to the overtone he heard in the theology of Karl Barth, is this christological topology.

---

(20)See Takizawa, Chosakushu I, 206, 212f.
(21)See Takizawa, Gendai niokeru ningen no mondai, 17-24.

4. In all his writings prior to the latest essay written shortly before his death for the occasion of receiving the honorary degree, Takizawa's method was through-and-through critical; he did not first establish his own categories by reference to which to elucidate the meaning of various experiences and phenomena in the world. His first mentor, Kitaro Nishida, struggled to create a system of categories of his own as have many Western thinkers including, in the twentieth century, Alfred North Whitehead. Takizawa adopts many of Nishida's major categories, including his notion of "zettai-mujun no jiko-doitsu" ("unity of opposites" or, more literally, "the self-identity of absolute contradictions")(22) and Barth's idea of the Proto-factum Immanuel.(23) His method consists in a "critical deepening" of these categories and ideas, made possible by his own deep understanding. To put it otherwise, he heard a harmonious overtone no one else seemed to be hearing.

Under the two categories of "the primary and secondary unity/contact between God and humanity" and "the non-identical, inseparable, and irreversible relationship between God and humanity" Takizawa undertakes the integral arrangement and critical deepending of all other categories, including Nishida's unity of opposites and Barth's idea of the Proto-factum Immanuel. For instance, for him the concept of the primary unity/contact plays the role of a bridge across the seemingly wide gap between Nishida's unity of opposites and Barth's ideal of the Proto-factum Immanuel. By reference to this concept he identifies the unity of opposites with the Proto-factum Immanuel.(24) As shall be articulated later, this identification may cause a problem, because unity of opposites signifies the intrinsic ontology of God and humanity, whereas the Proto-factum Immanuel, if it is identified, as in Barth and Takizawa, as the Logos, is in reference to the christological point of departure ad extra.

Takizawa seems to be partly aware of this problem. Hence, he has created a triple category of "non-identical, inseparable, and irreversible" as to the divine-human relationship with the purpose of bringing to expression some of the major differences between Nishida and Barth within their basic unity. What Takizawa thinks

---

(22)See Kitaro Nishida, Zenshu IX, 1949, esp. Ch. III, 147-222. Cf. Yujiro Nakamura, Nishida Kitaro, 1983, Ch. VI, 185-232. Nakamura assumes, with Tokuryu Yamauchi, that Nishida's logic of unity of opposites is reminiscent of Nagarjuna's intuition called "lemma"; he calls it a meta-dialectic which is not in itself a dynamic, linguistic logos (226-229). Cf. n. 18 above.

(23)See Karl Barth, KD IV/1, 9, 19.

(24)E.g., Takizawa, Barth to Marx, 209f; and Gendai niokeru ningen no mondai, 23-24.

is unsatisfying in Nishida is his lack of interest in an element of "irreversibility".(25) What he misses in Barth is sufficient attention to the importance of "inseparableness"(26) in the divine-human relationship.

Takizawa does not elaborate on the metaphysical reasons for his mentor's differences. In my opinion, what he means by "irreversibility" may be designated the orientation ad extra (that is, toward creation) of the intra-trinitarian Godhead as God, whereas his "inseparableness" must be descriptive of the immediate self-manifestation of the Godhead in and as humans (or, more generally, things at large). At any rate, Takizawa's major concern is not with schematism; he dislikes it because it is "speculative-metaphysical." This opposition is a persistent residue of his Barthianism.

The final address prepared for Heidelberg is different. Here a new method is established. We need hereafter to read Takizawa from the perspective it provides. The manuscript is entitled "Theologie und Anthropologie - ein Widerspruch? Entwurf einer reinen The-anthropologie" (Theology and Anthropology - a Contradiction? Project of a Pure The-anthropology).(27)

This ist not the place to review this text in detail. But one point is important: that is the fact that Takizawa no longer resorts to the critical reconsideration of Nishida's and Barth's schemes of thought as his method of philosophizing/theologizing. He has launched into the establishment of a new science under the name of "pure the-anthropology" based upon his doctrine of the Proto-factum Immanuel.(28)

Takizawa's central contention in the address is as follows. Thought or learning is not unequivocally anthropological; nor is it

---

(25) E.g., Takizawa, Nihonjim no seishin kozo (The Structure of the Japanese Mind), Tokyo 1973, 100-103. Takizawa, Hikkyo, 118-123. Takizawa, Anata wa dokoni iru noka, 89.

(26) E.g., Takizawa, Chosakushu II, 457, 460f; Jiyu no genten: Immanueru, 209-215; and Zoku Bukkyo to Kirisutokyo, 51-55.

(27) See the Japanese translation of the address manuscript by Yoshiki Terazono in Fukuin to Sekai (Gospel and World), September 1984, 58-69.

(28) Takizawa's interest in the the-anthropology, however, occasionally appeared already in his previous writings, including the following places: Hikkyo: symposium - sei no konkyo o tou (In Short: A Symposium in Search of the Basis of Life), 1974, 34f; Zoku Bukkyo to Kirisutokyo, 53, where he refers to its origin in Karl Barth's Evangelical Theology. An Introduction, 1963; see also Takizawa, Barth to Marx (Barth and Marx), 1981, 159; and Gendai niokeru ningen no mondai, 108.

unequivocally theological. Rather, it must ambiguously be the-anthropological. Grounded in the Proto-factum or Proto-relation of God and humanity, the-anthropology constitutes itself a universal method of dealing scientifically with all entities in the universe because the Proto-factum is the Life/Logos of them, not just of humans. What is important in this method is that the Proto-factum Immanuel, in the sense that God is with all creatures, is to be considered not only the ratio essendi but also the ratio cognoscendi. That is, apart from the Proto-factum, our knowledge of reality would not be possible any more than would our existence itself.

This shatters all naive epistemological considerations that take it for granted that we can start with that which is phenomenally given in order to know reality. People might want to know reality simply by resorting to their own intuition. They would acknowledge the source of their knowledge of reality, because for them the source lies in their epistemological faculty of openness to reality.

I am not arguing that epistemological openness to reality or intuition is unimportant to Takizawa. I am arguing instead that it is only upon the basis of the Proto-factum Immanuel as the source of our knowledge of reality that we can properly evaluate, as does Takizawa, the importance of secondary epistemological grounds, such as cognizances of Jesus of Nazareth, Shakyamuni, Barth, Nishida, and other authentic modes of human existence. On this level, Takizawa's position is inclusive of the view that we cannot know things unless we become open to the immediate actuality of them.(29)

5. Takizawa has established a radically new method of science, pure the-anthropology. This is worthy of critical evaluation. First, let me raise a critical question; then I will reconsider his interpretation of Jesus' words mentioned in Section III in the light of this question and some other philosophical issues relating to it.

My question has to do with the relation of God and Emptiness. Takizawa has made an epoch-making contribution to global theology by cultivating a new avenue to dealing with the problem of actualization at its source (arche), God as the Proto-factum Immanuel, in terms of what he himself styles the-anthropology. But does this establish the identity of God and Emptiness as he appears to think? I don't think so. Emptiness is the Buddhist designation of potency per se, the metaphysical ultimate, which Whitehead calls creativity, Eckhart Godhead, and Aristotelians prime

---

(29)C.f. Takizawa and S. Yagi (Eds.), Kami wo dokode miidasareru ka (Where can God be Found?), 1977, esp. Ch. IV, written by Yagi on the difference of his epistemology from Takizawa's, 171.

matter.(30) In other words, it is that by virtue of which things come into being.(31) Accordingly, Buddhists can also term it the Buddha-nature, in the sense that the ontological possibility of Enlightenment or self-realization inheres in every sentient being. Hence, Emptiness, qua potency, does not imply a mere negation of being, that is, non-being or nothingness. Rather, it subsumes being and non-being within itself in such a manner that they together constitute the structure and dynamics of each and every entity. Thus there is no such thing as non-being as such; there simply is non-being as essentially synthesized with being; that is, non-being is yet to be negated, as such, thereby transformed into something identical with being the procedure which the buddhists call absolute Nothingness in distinction from nothingness. The ontological power, or potency, of Emptiness is revealed herein. It is for this reason that Emptiness is to be at the same time called Fulness.

Since Takizawa does not deal directly with this paradox of Emptiness qua potency, he includes it in his consideration of the Proto-factum Immanuel. But this is to confuse potency as such with its divine actualization. It is for this reason, as stated in Section III, that Takizawa could find in the Christian confession, "Jesus is the Christ", a christological topology. That is, he did not clearly distinguish between Nishida's topology proper and his own christological rendering of it. Herein lie both the dynamic nature(32) of Takizawa's the-anthropology and its lack of conceptual clarity.

But does this confusion of Emptiness and God vitiate his interpretation of Jesus' words summerized above? I do not think so for two reasons.

First, there is one sense in which we can regard God as identical with Emptiness despite all differences mentioned thus far.

---

(30)Cf. my critical review of Keiji Nishitani's Religion and Nothingness in: Japanese Religions 13/1984, 57-68.

(31)This view of potency is different from Thomas Aquinas' view of it as "eidetic indefiniteness". See F. van Steenberghen, Thomas Aquinas and Radical Aristotelianism, 1980, 16.

(32)Cf. K. Tamaki, Ku shiso wa Bukkyo no konpon tachiba ka (Is the Thought of Emptiness the Basic Standpoint of Buddhism?), Riso (Ideal), No. 610, March 1984, 242. As an internationally esteemed scholar in Buddhology, Tamaki is concerned here with such a realization of Emptiness as needs our thinking involving our total personality, not just our scholarly knowledge, as is presently the case in Japan, e.g., with those who study Nagarjuna's logic of sunyata. It should, for him, be inclusive and supportive of an objective knowledge, while energizing us to step forward to the future of humankind.

As is clear already, since what Takizawa refers to as the Proto-factum Immanuel is the primordial phase, or the source (arche), of the actualization of potency, we have to probe into the intrinsic ontology of potency. This I have learned from Whitehead's philosophy.(33) It is intriguing to know, however, that in recent months Takizawa and Cobb, a follower of Whitehead, came close to agreement on the relation of God and Emptiness. Takizawa wrote a critical review of my Japanese translation of Cobb's Beyond Dialogue: Toward a Mutual Transformation of Christianity and Buddhism. Cobb replied to this in his "Response to Professor Takizawa". Both of their contributions are contained in the Japanese edition of the book published by Kohro Sha in Kyoto in 1985.

After critically paraphrasing the contents of Beyond Dialogue in his own Barthian language, Takizawa raised five questions to Cobb, the last and fifth of which was this: "If all this became clear to us, would it not also become clear to us as a matter of course that we need not always avoid using the Christian term 'God' in reference to Buddhist 'Emptiness'? As the author himself recognizes at a place, God as 'ultimate actuality' and Emptiness as 'ultimate reality' are, if expressed in Christian terms, 'the eternal Son (the Word at the Beginning)' and 'the eternal Father', aren't they?" (trans. mine)(34) Cobb responded to this question affirmatively although his basic concern is with a Whiteheadian distinction between God and creativity as identifiable with Buddhist Emptiness. He wrote: "We might think of God the Father as Emptiness characterized by the Primordial Vow (i.e. Amida Buddha) which is the Word whose incarnation is Christ."(35)

Second, Takizawa attends, in his interpretation of Gen 1,2, to the fact that God and the creative chaos are identified in things (including humans). And this is, I think, the philosophical rationale

---

(33)See A.N. Whitehead, Process and Reality, 1978, 7: "In all philosophic theory there is an ultimate which is actual in virtue of its accidents. It is only then capable of characterization through its accidental embodiments, and apart from these accidents is devoid of actuality. In the philosophy of organism this ultimate is termed 'creativity'; and God is its primordial, non-temporal accident." Cf. also ibid., 20f, 344. Throughout this paper I am using "potency" as coterminous with Whitehead's creativity. For this identification of the two concepts, see Ivor Leclerc, The Nature of Physical Existence, 1972, 334-348.
(34)J.B. Cobb, Taiwa o koete. Krisutokyo to Bukkyo tono sogo-henkaku no tembo, trans. into Japanese by T. Nobuhara, 1985, 275.
(35)Ibid., 278.

in his scheme of thought for his Zen-like perception of Jesus'
words discussed in Section III.

Takizawa calls the creative chaos (which is referred to in Gen
1,2 as the formless and void earth, the dark deep, or the waters)
"'the primal stuff' whence the human being comes into existence
and whither he or she returns".(36) If this primal stuff is identifiable with the Aristotelian "prime matter", it necessarily follows
that the chaos is the metaphyiscal ultimate, just as are Emptiness,
Godhead, and creativity. But, strangely enough, Takizawa does not
pursue it up to this consequence; maybe he is blocked here by his
Barthian distrust of metaphysics as such.

In Takizawa's scheme of thought, on the other hand, there
comes to the fore another motif of the limitation or grounding by
God of primal stuff. For him primal stuff is to be called, as is in
the philosophy of Jean-Paul Sartre, l'étre en soi. Yet he claims
that his position differs from Sartre's atheistic position in that he
considers primal stuff, qua l'étre-en-soi, as situated in God als
l'étre-en-soi-pour-soi. Hence, primal stuff, in his view, is the gate
or screen through or on which the Light of Life coming from God
shines; it is thus, and only thus, commensurate with the coming
into existence of l'étre-pour-soi, consciousness (including, according
to him, Christian faith and Zen enlightenment).(37)

Takizawa's use of the term "God" here (i.e. "situated in God")
is reminiscent of Nishida's topology; it is rather to be replaced, in
my opinion, with the term "Godhead". I do not accept this motif
of grounding of primal stuff in God; but I prize the other side of
Takizawa's position, that is, the motif of limitation or, if you will,
of orientation by God of primal stuff. This is, I believe, the motif
that he assidously articulated almost alone in the midst of the
scholarship of the Nishida school under the Barthian category of
the Proto-factum Immanuel.(38)

In other words, Takizawa's major theological concern is with
the elucidation of what is traditionally referred to as the trinita-
rian God's work ad extra. To put it in my own langauge, he sees
the life of things (including humans) to emerge by virtue of the
limitation or orientation by God of the intrinsic ontology of things
in potency (dynamis). However, I would like to reverse Takizawa's
use of the phrase "to be situated in". In my opinion, it is God who
is "situated in" (or subsumed within) primal stuff qua Emptiness,

---

(36) Takizawa, Jiyu non genten: Immanueru, **124**, **126**. Cf. Chosa-
    kushu, I, 23; Nihonjin no seishin kozo, 128-129; and Barth to
    Marx, 260-261.
(37) Jiyu no genten: Immanueru, 124, 126; see also 133-135, n. 7.
(38) Cf. Nobuhara, Religion and Nothingness: A Review, in: Ja-
    panese Religions, 13, 1984, 66-67, n. 15.

not the reverse.(39) Otherwise, it would be inexplicable whence the facticity, as inherent in Takizawa's notion of the Proto-factum Immanuel, arises. Indeed, the facticity of God's fundamental togetherness with us creatures is a derivative, but not a first, principle.(40)

---

(39) In this regard, I am in line with Whitehead's grasp of the relation of God to the metaphysical ultimate. For Whitehead, "the Primordial nature of God is the acquirement by creativity of a primordial character" (PR, 344). Further, he declares: "Neither God, nor the World, reaches static completion. Both are in the grip of the ultimate metaphysical ground, the creative advance into novelty" (PR, 394; italics mine).

(40) This is another way of saying that God is not identical, as Takizawa claims, with Nishida's notion of "unity of opposites" (jpn., zettai-mujun no jiko-doitsu)." Cf. T. Nobuhara, Whitehead and Nishida on Time: Part I, Japanese Religions, 12, 1982, 53, n. 18. - By the adjective "derivative" I do not, however, mean, as might be expected, that the facticity of God's fundamental togetherness with us creatures is subordinate in the matter of ultimacy to Emptiness as the first principle. Now, the first principle has, as was attested by Avicenna and Thomas Aquinas, no quiddity or whatness or character (Primus igitur non habet quidditatem) (see E. Gilson, Elements of Christian Philosophy, 1978, 133). If this characterlessness of the first principle is considered far more thoroughly than it was by Avicenna and Aquinas who identified it with the essentia of God as esse, it can be taken to mean, in my opinion, Buddhist Emptiness as this empties itself so that paradoxically calls for actualities, including God and creatures. Thus, I hold that God - hence, the facticity in question - is ultimate on its own religiously, just as is Emptiness metaphysically. - This truth of God's co-ultimacy with Emptiness is brought to expression by Whitehead in his own way, if I am correct, in these words: "Viewed as primordial, he (God) is the unlimited conceptual realization of the absolute wealth of potentiality, are both said to be unlimited or absolute, that is, ultimate; and God's relation to Creativity is designated in terms of 'realization' in the supreme sense." - This is strongly reminiscent, as far as I am concerned, of the hongaku (original enlightenment) tradition in Mahayana Buddhism a creative Christian reinterpretation of which Takizawa has rendered in his philosophy/theology of the Proto-factum Immanuel throughout his career. In The Awakening of Faith (Jpn., Daijokishin ron; Chin., Ta-ch'eng chii-hsin lun), attributed to Asvaghosha and trans. With commentary by

This view may explain what lies at the core of Takizawa's thought more fully than he does. Let me state my case in the following manner.

(1) For the reasion mentioned above, God's "togetherness" with us involves and reflects in itself the reality of emptiness as this negates and falsifies any sort of mediation between God and

---

Yoshito S. Hakeda, 1967, there are some striking passages that are profoundly similar to Takizawa's argument:

<1> The Mind as phenomena (samsara) is grounded on the Tathagata-garbha (the Matrix of Tathagata). What is called the Storehouse-Consciousness is that in which "neither birth nor death (nirvana)" diffuses harmoniously with "birth and death (samsara)", and yet in which both are neither identical nor different. This Consciousness has two aspects which embrace all states of existence and create all states of existence. They are: (1) the aspect of enlightenment, and (2) the aspect of non-enlightenment. (36-37)

<2> The essence of Mind is free from thoughts. The characteristics of that which is free from thoughts is analogous to that of the sphere of empty space that pervades everywhere. The one <without any second, i.e., the absolute> aspect of the World of Reality (dharma-dhatu) is none other than the undifferentiated Dharmakaya, the "Essence-body" of the Tathagata. <Since the essence of Mind is> grounded on the Dharmakaya, it is to be called the original enlightenment. Why? Because "original enlightenment" indicates <the essence of Mind (a priori)> in contradistinction to <the essence of Mind in> the process of actualization of enlightenment; the process of actualization of enlightenment is none other than <the process of integrating> the identity with the original enlightenment. (37)

First, my assumption is this, that the Mind, in the sense of the Storehouse-Consciousness, is interchangeable with what Takizawa calls the Proto-factum Immanuel, while the Tathagata-garbha corresponding to Nishida's notion of the topos or place of absolute Nothingness or of unity of opposites. It, then, may be noted that the former category is "grounded" on the latter - the fact which affirms and vindicates my reasoning in the text. At any rate, it is important that this brings into existence the phase of "original enlightenment" as is clear under both <1> and <2> above. - Second, within the framework of the Mind, one can speak of the relationship between nirvana and samsara as neither identical nor different. This is comparable to Takizawa's understanding of the divine-human relationship as "non-identical" and "inseparable"; but it lacks Takizawa's third element, "irreversible."

us.(41) The primary import of God's togetherness with us is, accordingly, as Takizawa has emphatically argued over and over again, that God is "directly at one" with us before God exercises any causative influence on us.(42)

(2) Precisely because this is so, God can paradoxically play the role of the supreme director in the universe: God works for the evocation of value in and through things by God's actual power (energeia).(43)

(3) Here we can see an interchange of roles between primal stuff and God. First, the role of primal stuff is to be receptive of God. Second, the role of God is that of energizing primal stuff ad extra.(44) It is in this double way that primal stuff, qua Emptiness, identifies itself with God who is accordingly both en-soi and pour-soi, that is, both factual and evocative.(45)

Clarification of the first point, which Takizawa calls the "unio substantialis" in distinction from the second point, the "unio

---

(41)This sentence manifests my own rediscovery of the meaning of Emptiness in Takizawa's Christology at which I have arrived after one and a half years have elasped since his death on June 26, 1984.

(42)See Takizawa, Anata wa, 46f, 50. Takizawa sees right in the midst of this direct at-oneness of God and humanity (creature) the relations of "irreversibility" and "non-identifiability" between the two (ibid., 50). In my perception, however, the irreversibility-concept applies first to the fact that God and creatures are both in the grip of Emptiness and then, next, to the relation of God to creatures insofar as God is primordially exemplary, while creatures are subsequently exemplary, of Emptiness.

(43)Here Takizawa uses the expression "kampatsu o irezu" (in English, "without any delay" or, more literally, "without inserting even a hair") between God's Call and our response, qua human self-determination. See Takizawa, Anata wa, 50f. My own expression for this same occurence is "paradoxically" as mentioned in text. For an elaboration on my standpoint, see Principles for Interpreting Christ/Buddha, in: Buddhist-Christian Studies, 3/1983, 87-89.

(44)This interpretation is, of course, mine, not Takizawa's.

(45)My interpretation here fits in with Takizawa's own langauge of l'étre en-soi-et-pour-soi in reference to God marvelously well.

functionalis", is unique to him.(46) It may appear that it resembles what Cobb, with Whitehead, designates as the Logos as "the order of unrealized potentiality making possible by its immanence the realization of novel order"(47), in that it is transcendent of and yet relevant to our creaturely facticity. Nevertheless, it differs from the Cobbean Logos, in that it signifies something that is discernible as factually present to us all day and all night(48) despite the fact that it transcends us in the capacity of the "order of unrealized potentiality". It is from this perspective that Taki-

---

(46)In the 1982 book Anata wa, Takizawa began including these both concepts in his notion of the primary unity/contact between God and humanity or the Immanuel I. For he discerned that his distinction, in the 1950 book Bukkyo to Kirisutokyo, of the Immanuel I from a real correspondence to it in the persona of Jesus Christ, namely, the Immanuel II, was misleading inasmuch as he did not clarify that because there is already a distinction/relationship between the unio substantialis and the unio functionalis within the Immanuel I, therefore there can arise within the realm of the Immanuel II, the distinction of (1) God's operation on us and (2) our creaturely response. From this revised viewpoint, what he meant in 1950 by the Immanuel II is a rightful faith/enlightenment as this takes shape, within the bounds of what Takizawa designates now as the Immanuel II-(2), as a human self-determination in correspondence with the Immanuel II-(1). See Anata wa, 53-56. - This new standpoint of Takizawa's has already been provisionally depicted in the 1974 book: Tannisho to gendai (The Tannisho and Today), , 36f, 207f, n. 4.

(47)J.B. Cobb, Christ in a Pluralistic Age, 1975, 75.

(48)It is in this context that Takizawa uses Daito Kokushi's Zen dictum: "Buddha and I, separate through a billion kalpas, yet not separate for an instant; encountering each other the whole day through, yet not encountering each other for an instant." See: Waga shisaku to toso (My Thought and Struggle), 1975, 77, 238. See also K. Nishida, Tetsogaku rombunshu (Philosophical Essays), vol. 7, 1946, 121. Takizawa's use of this dictum, in my view, was different from Nishida's: it refers to Christology, not to the topology of Emptiness as in the case of Nishida. Takizawa himself was not consciously attentive to this difference between him and Nishida, though.

zawa urges us to be just "things as we actually are" (Jpn., ikko no mono).(49)

The second point is akin to Cobb's notion of the "realization of novel order". Both Takizawa and Cobb use the term "call" (Jpn., unagashi; yobikake) in reference to the Logos in this regard.(50)

The third point is specifically clear when Takizawa maintains that both the Proto-factum and the "fundamental essential destiny" (Jpn., kongenteki honshitsu-kitei) of humanity inhere in the bottom of human existence.(51)

At any rate, it has turned out that it is inherent in Takizawa's philosophical theology that God and the metaphyiscal ultimate (such as primal stuff or Emptiness) are identified in things, in the sense I have elaborated thus far. As mentioned earlier, this is the philosophical rationale in his scheme of thought for his perception of Jesus' words in Mark 2,5.11. In my explication of his thought, I urged transformation of his use of the "to be situated in" in reference to God into the one in reference to the metaphysical ultimate. From this new perspective, it may appear that God the Father is to be designated the one who is the subject of the Proto-factum Immanuel, while the Son is the Proto-factum himself. But neither of them is, as Takizawa claims, Emptiness or Godhead as such. Yet, as has been shown, there are at least two subtle, important senses in which we can identify God with Emptiness. Clarification of these senses has been contingent upon a dialogue between Takizawa's the-anthropology and process theology in North America represented by Cobb. I deeply regret, with Professor Cobb, that Professor Takizawa should have left us alone in the midst of the fascinating dialogue with him that had just begun.

In conclusion, I hope I have thus far been successful in making intelligible to my Western readers that Takizawa's philosophical theology, qua the-anthropology, is a serious and significant attempt in the contemporary theological scene at a dynamic inclusion of the Western motif of God and the Eastern wisdom of Emptiness into a unified global theology. In this capacity, it is comparable, on the side of the Nishida school of philosophy, to Whiteheadian process theology in North America as this is manifested by Cobb.

---

(49)See: Anata wa, 206; cf. Watashi no daigaku-toso (My University Struggle), 1972, 25. This perspective of Takizawa allows no difference in value between human existence and the existence of a stone. It dissociates itself from any types of axiological hierarchicalism, including one prevalent among process thinkers, at least wihtin the bounds of our first point.

(50)See Takizawa, Anata wa, 28, 30, 49f. See also J.B. Cobb, God and the World, 1969, Ch. III: The One Who Calls, 42-66.

(51)See Takizawa, Watashi no daigaku-toso, 176f.

DIE GNADE IM JODO-BUDDHISMUS VERGLICHEN MIT AUSGE-WÄHLTEN PARALLELEN AUS DER CHRISTLICHEN GNADEN-LEHRE

Klaus Otte

Werner Kohler war in verschiedener Hinsicht ein Mittler zwischen Ost und West. In unserer geschickhaft miteinander verbundenen Völkerwelt kommt auch die systematische Theologie nicht darum herum, bei der Reflexion ihrer christlichen Themen Entsprechungen in anderen Religionen zu berücksichtigen. Die gemeinsamen welt-weiten Lebensprobleme erfordern eine zunehmende Zusammenarbeit über die Grenzen auch der Religionen hinaus.

Die Frage nach der Notwendigkeit von Gnade stellt sich in ei-ner oft gnadenlosen technokratischen und manipulierbaren Welt in Ost und West gleichermaßen. Innerhalb der vielschichtigen buddhistischen Traditionen hat besonders der sogenannte Jodo-Buddhismus die Gnade zu einem heilsnotwendigen Thema erhoben. Im Gegensatz zum bekannteren Zen-Buddhismus, dem Weg der schweren Glaubensübung oder dem Weg der eigenen Kraft (Jiriki), vertritt der Jodo-Buddhismus den Weg der Leichten Übung, das heißt die Wirksamkeit der Anderen Kraft bei der Hingeburt ins Reine Land. Tariki ist das buddhistische Wort für die Wahrheit, welche wir die Andere Kraft oder Gnade nennen würden.

Nicht erst unsere Zeit hat die Ähnlichkeit zwischen jodo-buddhistischer Gnadenauffassung und christlicher, besonders reformatorischer Betonung der Gnade für das Heil entdeckt. Die damals im Jahrhundert der Reformation unbestreitbar rein buddhi-stische Lehrentwicklung von der Gnade hat den römisch-ka-tholischen Japan-Missionar Franz Xaver in dem Maße irritiert, daß er nach Rom einen Bericht sandte, die lutherische Ketzerei sei ihm in Japan schon zuvorgekommen. Zu ähnlich erschienen dem Je-suiten die beiden Glaubensformen. Um die letzte Jahrhundertwende hat der japanische Christ Kanzo Uchimura die Gnade als Grundlage des buddhistischen und christlichen Glaubens herauszustellen ver-sucht, indem er eine Kirche ohne autoritäre Strukturen anstrebte ähnlich den Gemeinden der Jodo-Buddhisten. Und auch Karl Barth meinte im Hinblick auf die Ähnlichkeit beider Gnadenauffassungen, daß zwischen ihnen eigentlich nur eines entscheide: "Dieses Eine ist der Name Jesus Christus" (KD I/2/376). Und schließlich äußerte 1975 der Basler Systematiker Fritz Buri: "Das gemeinsame Anlie-gen des Kampfes um Erlösung - buddhistisch gesprochen: tariki ge-gen jiriki - verbindet über Räume und Zeiten hinweg (Paulus, Shin-ran und Luther) miteinander." (Theol. Zeitschr. 1975, 280).

Um die besondere Ausprägung der buddhistischen Gnadenlehre, wie sie durch Shinran Shonin und seinen Schüler Yuien zum bedeutsamen Höhepunkt geführt worden ist, soll es uns in diesem Beitrag gehen. Dabei sollen uns die Analogien in der christlichen Entwicklung der Gnadenlehre interessieren. Inhaltlich soll diese jodobuddhistische Position vorweg kurz umschrieben werden: Das Dharma, welches im Buddhismus den Inbegriff des Absoluten und Unendlichen bedeutet und welches - vergleichbar mit dem christlichen Logos - alles durchwaltet, ereignet sich im Menschen durch die Andere Kraft, d.h. durch das Gelübde Amida-Buddhas oder mit unseren Worten allein aus Gnade.

Der Jodo-Buddhismus geht in die Zeit vor unserer Zeitrechnung zurück. Nach der Beschreibung einer um Christi Geburt herum entstandenen Literaturgruppe (Daimuryojukyo) soll in grauer Vorzeit Amida Buddha durch die Predigt des Sejizai bekehrt worden sein und dabei 48 Gelübde abgelegt haben. Das für die Gnadenlehre des Jodo-Buddhismus bedeutsame 18. Gelübde lautet: "Wenn ich Buddha geworden bin und trotzdem noch solche leben sollten, die nicht meinen Namen hören, nicht aufrichtigen Herzens und mit festem Glauben meinen Namen sagen und so nicht in mein Land hingeboren werden, werde ich nicht in die Buddhaheit eintreten."(1)

Mit diesem Gelöbnis war die Grundlage einer Erlösung durch Gnade gelegt, welche nicht rückgängig gemacht werden konnte. Denn die Erleuchtung Amidas ist ein unumkehrbares Heilsgeschehen. Sein Vorbehalt, nur im Falle der Errettung aller anderen Menschen in dieses Heilsgeschehen bedingungslos einzustimmen, erscheint wie eine Heilstat Amidas gegenüber allen anderen. So begründete dieses 18. Gelübde Amidas, welches Hon-Guan, d.h. Hauptgelübde genannt wird, die Grundlage für die Urgemeinde des Jodo-Buddhismus in Nordindien. Von dieser Urgemeinde leitet sich die jodo-buddhistische Entwicklung in Japan ab: über Genshin (942 bis 1017) bis zu Honen und Genku (1133 bis 1212) bildet sich die Reine Land Schule (Jodo-shu) aus.

Die Schüler Honens aus erster und zweiter Generation, Shinran Shonin und Yuien, radikalisieren den Jodo-Buddhismus in der Weise, daß man ihre Lehre auch die Religion des Hon-Guan genannt hat: nach ihnen ist das Urgelöbnis Amidas eben das A und O des Glaubens; alles andere ist von ihm abhängig. In diesem Gelübde ist das Sagen des Namens Amidas als heilszureichend vorgesehen. Ursprünglich ist dies Sagen als "über Buddha meditieren", "seiner gedenken" oder ähnlich verstanden. Die Rezitationsformel heißt "Nembutsu" oder japanisch "Namu-Amida-butsu", d.h. Laß mich dir ganz überlassen sein, Amida Buddha. In der Schrift Daimuryojukyo ist dies festgehalten: "Solange nicht alle Lebewesen in den zehn Himmelsrichtungen mit dem innigsten Wunsch, in mein Land hin-

---

(1) R. Okochi/K. Otte, Tannisho. Die Gunst des Reinen Landes. Begegnung zwischen Buddhismus und Christentum, 1979, 10.

geboren zu werden, ein bis zehn Mal meinen Namen rufen, werde ich nicht die Buddhaschaft annehmen." (Tannisho) Oder in der Schrift Kanmuryojukyo heißt es: "Sage innigst und ununterbrochen Nembutsu ... Durch das Sagen und Rufen des Namens von Amida-Buddha wirst du von den Sünden der endlosen Geburt-Tod-Einheit befreit, und am Ende des Lebens wird der goldene Lotus, wie die Sonne, dir aufblühen." (Tannisho)

Shinran wurde 1173 als Sohn einer armen höfischen Familie geboren. Als achtjähriger Knabe trat er in den Tempelorden auf dem Berg Hieisan unter dem Abt Jien ein. Shinran soll dort als Doso tätig gewesen sein, was soviel bedeuten kann wie "in ständiger Anrufung". Hier könnte Shinran also auf eine Gewohnheit gestoßen sein, die er und sein Schüler später in Nembutsu radikalisierten. Durch zwei Regierungserlasse gegen die zunehmende Nembutsu-Religiosität verlor Shinran seinen geistlichen Stand und wurde aus Kyoto verbannt. In der Verbannung lebte er mit den Ärmsten der Armen zusammen, welche keine religiösen Leistungen im Sinne des Zen-Buddhismus erbringen konnten, sondern zur Fristung ihres täglichen Lebens ständig die Schlacht- und Tötungsgebote des Buddhismus übertreten mußten. Aus dieser Erfahrung kam es zu der Zuspitzung der Heilserlangung "allein durch Gnade": "Beim Hon-Guan Amidas kommt es gar nicht darauf an, ob einer jung oder alt, gut oder böse ist, sondern einzig und allein auf den Glauben!" (Tannisho Kap. I). Denn "Nembutsu ist der gerade Weg ohne Hindernisse." (Tannisho Kap. XII) Und im Hinblick auf seinen Lehrer Honen stellt Shinran fest: "Was mich, Shinran, angeht, gibt es nichts anderes, als der erteilten Lehre des guten Lehrers zu gehorchen und zu glauben, daß man einzig und allein durch das Nembutsu-Sagen von Amida-Budda errettet wird." (Tannisho Kap. II).

Die Religionswissenschaftler haben diese individuelle Entwicklung Shinrans auch in den größeren Zusammenhang der gesellschaftlichen Umbruchszeit vom Kaisertum zum Rittertum und einer allgemeinen Weltuntergangsstimmung gestellt. Verarmung, Naturkatastrophen, Epidemien, Putschversuche u.a.m. verstärkten die Weltuntergangsstimmung. F. Buri erinnert in seinem Aufsatz an die vergleichbaren Situationen bei Paulus und Luther. Jedenfalls zwangen solche Verunsicherungen besonders das damalige Japan, sich den eigentlich importierten Buddhismus jetzt erneut und wirklich anzueignen. So ist die Entstehung der wichtigsten Richtungen verständlich: Eisai (1141-1215) und Dogen (1200-1235) begründen die Zen-Schulen Rinzai und Soto; Nichiren (1222-1282) begründet die Nichioren-shu; Honen (1133-1212) und sein Schüler Shinran (1173-1262) begründen die Jodo-shu bzw. die Jodo-shin-shu. Mit Modo-shin-shu war der Buddhismus aus der privilegierten Stellung der Klöster und Gelehrten befreit und zu einer Sache des Volkes geworden. Insofern sich Shinran mit den verstoßenen Menschen identifizieren konnte, hat er nicht nur allgemein Mildtätigkeit und Mitleid gezeigt, sondern die Gnade und Barmherzigkeit wesentlich religiös verankert. So hat er den Buddhismus für alle Menschen geöffnet, die keines guten Werkes fähig sind. Shinran starb 1262 90jährig in Gegenwart seiner Tochter. Yuien hat etwa 30 Jahre nach seinem Tod das "Tan-ni-sho" (die Klage um die Glaubensferne) aus dem Gedächtnis aufgezeichnet, welche Schrift die beste Grundlage für die Gnadenauffassung des Jodo-Buddhismus darstellt.

Die wichtigsten Aussagen über das Wesen der Gnade nach Tannisho sollen hier zusammengestellt werden. Der Gnade bewirkende Satz "Nembutsu" ist in seiner Verlautbarung selbst Kennzeichen wirksamer Gnade. "In dem Moment, in dem der Wunsch in dir erwacht, Nembutsu zu sagen, und du damit glaubst, daß du durch das Geheimnis der unbegreiflichen Kraft des Gelöbnisses Amida-Buddhas hingeboren wirst, gerade in dem Moment wirst du gleichursprünglich der all umfassenden und keinen zurückstoßenden Gunst teilhaftig." (Tannisho, Kap. I) Da das Aussprechen des Gnade herbeirufenden "Nembutsu" selbst von der Gnade bewirkt wird, erweist das Sprechen, daß die Gnade am Sprechenden wirksam ist. Das Gnadengeschehen verläuft im Zirkel.

Diese Gnade ist allem voran wirksam: sie bewirkt den Wunsch nach Gnade; sie verursacht das Sich-einlassen auf die Gnade; sie ist schließlich die alle und jeden suchende Gunst oder Gnade Buddhas; als solche Gunst ist sie vollkommene Gnade, denn das japanische Rijaku (= Gnade) meint das vollkommene Endergebnis alles Gnadengeschehens. Indessen hat der Eintritt in dieses Gnadengeschehen eine Bedingung: "wenn du glaubst, daß du durch das Geheimnis der unbegreiflichen Kraft des Gelöbnisses Amida-Buddhas hingeboren wirst." (Tannisho Kap. I) Oder noch genauer gesagt: "beim Gelöbnis Amida Buddhas kommt es gar nicht darauf an, ob einer jung oder alt, gut oder böse ist, sondern einzig und allein auf den Glauben." (Tannisho Kap. I) Aber auch dieser Glaube ereignet sich gleichsam in eins mit dem Gnadenwirken: Der Wunsch nach Nembutsu, das Teilhaftigwerden an der Gnade und der Glaube ereignen sich im gleichen Ursprung, d.h. gleichursprünglich. Das glaubende Ich tritt gegenüber dem Ereignis des Glaubens und der Gnade fast völlig zurück. Das Ich wird allererst aus dem Gnadengeschehen geboren.

Die Gegenüberstellung von Gnade und Werken, bzw. von der Anderen Kraft und der eigenen Kraft wird zugunsten der Gnade radikalisiert. Die leichter einsehbare logische Schlußfolgerung, daß bei der Hingeburt der Bösen erst recht die Guten errettet werden können, wird umgekehrt. "Wenn schon die Guten hingeboren werden können, dann erst recht die Bösen!" heißt es im Tannisho Kap. III. Denn es ist die eigentliche Absicht Amida-Buddhas, "daß der Böse Buddha werde. (Tannisho Kap. III) Dem Guten, d.h. dem, der "durch seine eigene Kraft das Gute leisten will, dem fehlt der Glaube, sich einzig und allein auf die Andere Kraft zu verlassen." (Tannisho, Kap. III) Weil wir indessen "wegen unserer Begierden nicht imstande sind, durch irgendein gutes Werk dem ewigen Kreislauf von Geburt und Tod zu entrinnen, hat Amida-Buddha aus tiefem Trauern und Erbarmen sein Gelöbnis abgelegt." (Tannisho, Kap. III)

Die Wirksamkeit und die Möglichkeit von Gnadengaben in zwischenmenschlicher Beziehung erfährt eine charakteristische Korrektur gegenüber einer allgemeinen humanen Ethik. Die humane Ethik oder auch der Zen-Buddhismus möchten dem anderen Menschen viel Mitleid und Zuwendung angedeihen lassen. Tannisho geht davon aus, daß "man in diesem Leben, wie viel Mitglied und Mittrauergefühl man auch aufbringen mag, kaum dem anderen so helfen kann, wie man möchte." Deshalb muß die Gunst Amida-Buddhas direkt den Bedürftigen erreichen, sie wird nicht indirekt durch einen besonders gnädig Begabten vermittelt. Die Barmherzigkeit des Reinen Landes wird folgendermaßen ermöglicht: "indem man durch das Nembutsu-Sagen schnell die Buddhaschaft erlangt, kommt man aus dem Mitleid und Mittrauergefühl der Großen Barmherzigkeit eben dieser Buddhaschaft dem anderen Lebenden so zu Hilfe, wie Buddha es will." (Tannisho, Kap. IV) Die Gnade rüstet also nicht ein einzelnes Individuum in erster Linie aus, sondern sie realisiert sich durch das Buddha-werden der Wirklichkeit im ganzen.

Entsprechend kann Gnade auch nicht weitergereicht werden, wie es ein Lehrer-Schüler-Verhältnis oder gar eine Schulbildung nahelegen könnte. So erscheint es Shinran als eine unverzeihliche Anmaßung, wenn sich Lehrer um die Abstammung ihrer Schüler streiten. Er steigert sich zu dem Satz: Ich, Shinran, habe keinen einzigen Schüler." Und aus der Begründung erscheint wieder eine besondere Charakteristik der Gnade: "Wenn ich jemanden durch meine Anregung und Kraft zum Nembutsu hätte veranlassen können, wäre er mein Schüler. Indessen einen solchen meinen Schüler zu nennen, der einzig und allein durch die Anregung und Kraft Amida-Buddhas zum Nembutsu kommt, das wäre eine ungeheuerliche Anmaßung." (Tannisho Kap. VI) Die hier vorausgesetzte Gnade kann weder verwaltet noch eigentlich vom Menschen weitervermittelt werden. Diese Gnade wirkt immer original. In der Lehrbildung geht es darum um das Erwecken einer Ursprungserfahrung von Gnade, d.h. um Erleuchtung bzw. Satori.

Eine originale Gnadenerfahrung verbindet Lehrer und Schüler miteinander über die natürliche Spontaneität, welche jeder Ursprungserfahrung zugrundeliegt. "Wenn man in die natürliche Spontaneität der Dinge einstimmt, wird es nicht ausbleiben, daß sich ein Schüler der Güte und Wohltat Buddhas wie auch der seines Lehrers dankbar erinnert." (Tannisho Kap. VI) Shinran bringt die

Erfahrung der Anderen Kraft (Tariki) und die natürliche Spontaneität (Ji-nen) auffällig nahe zusammen. Damit bringt er das, was aus eigenem Antrieb, von Natur aus ursprünglich entspringt, mit der Gnade in Zusammenhang. Für die Schul- oder Gemeindebildung resultiert daraus folgende Sicht: "Wenn sich das glückliche (gnädige) Geschick einer Verbindung ergibt, verbindet man sich; wenn sich als eben solches Geschick die Trennung ereignet, scheidet man voneinander." (Tannisho Kap. VI)

In dieser zugrunde liegenden Vorstellung von Gnade rücken die Spontaneität der Natur, das Gelöbnis Amidas und die Andere Kraft eng zusammen. Denn in Nembutsu "spricht sich die Spontaneität der Natur aus. Natur ist, was ohne eigene Zutat geschieht. Sie ist nichts anderes als die Andere Kraft." (Tannisho Kap. XVI) Das Wirken dieser Natur steht jenseits von aktivem oder passivem menschlichem Verhalten. Im aktiven und passiven Verhalten ist die eigene Kraft des Menschen beheimatet. Im übergreifenden Sich-Ereignen der Natur ist die Andere Kraft beheimatet, welche vom Menschen in seiner Einstimmung in die spontane Wirklichkeit erfahren wird. Es kommt so zu einer Umwertung der Werte: "Nembutsu ereignet sich bei dem Übenden einzig und allein durch die andere Kraft, am wenigsten durch die Eigene Kraft. Folglich ist Nembutsu für den gläubig Übenden nicht im wahren Sinne des Wortes Übung oder gar Gutes." (Tannisho Kap. VIII) Die Umwertung der Werte zeigt sich darin, daß Übung nicht mehr eigentlich Übung ist, sondern Mitvollzug eines unendlichen Geschehens, Einstimmen in eine unendliche Übung wird.

Am Vorstellungsbereich der Spontaneität, d.h. am Begriff Jin-Nen läßt sich die Gnadenauffassung noch weiter entfalten. Buddhistischem Sprachverstehen entsprechend läßt sich der Begriff in Ji und Nen aufteilen. Ji heißt "von Natur aus, von sich aus; kein eigenes Ermessen und Erwägen von seiten des Nembutsu-Sagenden spielt herein" (Tannisho, 127) Nen heißt: "Sich so tun und sein lassen." Wobei gleichfalls kein eigenes Ermessen und Erwägen des Nembutsu-Sagen mitspielt. (ebd.) Ein spezifisch mediales Erleben und Denken schließt dabei sowohl aktives wie passives Verhalten aus. Das aktive Moment widerspräche dem "sich so tun und sein lassen". Das passive Moment widerspräche dem "von Natur aus, von sich aus", weil reine Passivität auch den Nembutsu-Sagenden aus der Natur ausschlösse. Und diese Trennung von Natur und Spontaneität ist gerade nicht gemeint. Diese spezifische mediale Erlebnis- und Denkweise hat ihre eigenen Strukturen, die für europäisches Sprachdenken kaum angemessen verbalisiert werden können.

Ji-Nen bringt jeweils eine eigene Wirklichkeit, ein eigenes Seiendes hervor. Dies zeigt sich an folgendem Fall: Ein Nembutsu-Sagender kann nicht immer bei einem Zerwürfnis mit seinen Freunden erneut Buße tun, sondern wird sich der Anderen Kraft tiefer anvertrauen. Die Hinwendung zur Anderen Kraft geschieht nur einmal im Leben und kann nicht in zahllosen Buß-Aktionen erworben werden. Im Vertrauen auf das Gelübde Amida-Buddhas überläßt sich der Nembutsu-Sagende der Spontaneität: "Je tiefer wir uns auf die Kraft des Gelöbnisses verlassen, indem wir das Böse in uns merken, desto mehr wird sich die Gewißheit von Sanftmut und Geduld (s.c. die Überwindung des Zerwürfnisses) wohl von selbst, das heißt, aus natürlicher Spontaneität ergeben." (Tannisho, Kap. XVI) Ji-Nen erwirkt sich also ein Dasein, wie es von sich aus ohne menschliche Machenschaften ist. Ji-Nen wird deshalb auch Honi genannt, d.h.: "So-wie-es-ist-heit" (Tannisho 127)

Diese "So-wie-es-ist-heit" widerspricht allen verabsolutierten zeitlichen und räumlichen Daseinsformen, ohne damit das Dasein in Raum und Zeit grundsätzlich aufzuheben. Ji-Nen ist wesentlich ohne Form, wie auch Buddha als Ji-Nen formlos ist. "Hätte Buddha Form und Gestalt, würde er nicht das höchste, über allem stehende Nirwana genannt." (ebd.) In gleicher Weise widersetzt sich Ji-Nen einem technokratischen aktiven oder passiven Verhalten, d.h. es ist weder ganz aktiv, noch ganz passiv. An die Stelle eines technokratischen Naturbegriffs tritt ein Begriff von Natur, der das rein Aktive und rein Passive relativiert und zu einem erweiterten Naturverständnis führt. Die vorfindliche Natur ist nicht nur jenes Meßbare, sondern sie ist ins Absolute und Endgültige hin entgrenzt. Sie ist eine das Aktive und Passive überbietende Natur. (ebd.) Damit widerspricht Ji-Nen auch grundsätzlich der physikalischen Räumlichkeit und Zeitlichkeit, obwohl es in Raum und Zeit wirksam wird. Die Spontaneität stellt die bestimmbare Zeit in Frage, indem sie sich einstellt, wann sie sich einstellt. Sie hat also ihre eigene Zeit. Damit verneint sie die lineare, physikalische Zeit in ihrem Dahinfließen von Stunde und Minute. Obwohl die Spontaneität nicht ohne Raum auskommt, stellt sie sich nicht dem menschlichen Raum schlechthin gleich, sondern räumt sich ihr eigenes Dasein ein. So hat sie ihren eigenen Raum und ihre eigene Zeit, d.h. sie ist "So-wie-es-ist-heit". Wenn sich Ji-Nen ereignet, ereignet sich Dharma, ereignet sich die Andere Kraft, ereignet sich Gnade.

Das Ereignen von Dharma und somit das Ereignis der Gnade hat einen buddhologischen Hintergrund, der mit dem Begriff "Hoben" umschrieben wird. Hoben ist die Erscheinungsweise der absoluten Wahrheit im Buddhismus. Hoben bedeutet damit das eigentliche Sich-Ereignen von Dharma. "Was allem immanent ist und zugleich alles transzendiert, was das Wesen alles Seienden ausmacht und zugleich sein Ideal ist, was also philosophisch das Absolute, das Unendliche oder das Sein genannt wird, das nennt man im Buddhismus 'Dharma'". (Tannisho 99) Shinran schreibt in seiner Schrift "Yuishinsho-moni" über dieses Dharma: "Das Dharma-Wesen hat an sich weder Form noch Farbe. Es liegt jenseits des Verstehens und der Sprache. Dieses Thata (So-heit, das absolute Wahre) erscheint jedoch, Form annehmend, als Hoben-Dharma-Wesen und nennt sich Hozo-Bodhisattva (= Amida). Hozo legte das dem Menschen unbegreifliche Guan ab. Diese erschienene Form nannte Vasubandhu-Bodhisattva 'nach zehn Richtungen ungestört strahlende Licht-Tathagata'" (Tannisho 101). Damit setzt Shinran eine doppelte Wesensart des Dharma voraus, wie sie auch schon Donran (476-542) zugrundegelegt hatte. Die eine Art ist "Dharma-Wesen als Dharma an sich" und die andere ist "Dharma-Wesen als Hoben". Das Dharma-Wesen an sich schafft das Dharma-Wesen als Hoben: Wenn Hoben sich vollzieht, erscheint das Dharma-Wesen an sich. Beide Dharma-Wesen sind verschieden und doch nicht zu trennen.

Der Begriff "Hoben ist nur schwer zu übersetzen. In Sanskrit lautet er "Upaya". "Upa" heißt "sich nähern", "aya" bedeutet soviel wie "kommen, gehen". Es handelt sich also um eine sich annähernde Bewegung. Zwei Seiten bewegen sich in der Annäherung aufeinander zu. Der Mensch kommt zum Dharma und Dharma kommt zum Menschen. Diese beiden Bewegungen werden vom Zen-Buddhismus und vom Jodo-Buddhismus unterschiedlich bewertet. Während Zen durch seine Übungen die Bewegung vom Menschen zum Dharma betont, ist für Jodo die Bewegung Dharmas zum Menschen konstitutiv. Mit dem Gelübde Hozos bzw. Amida-Buddhas gewinnt der Weg des Dharma zum Menschen eine unaufhebbare Konkretion, weil dieses Gelübde nicht aufgehoben werden kann. Ein Gelübde bleibt Gelübde. Im Vorhandensein des Gelübdes eröffnet sich Hoben als Weg für den Menschen zur Buddhaschaft. Und weil es ein Weg für die hilflosen armen Menschen ist, wird das Gelübde auch Hi-Guan, d.h. mitleidendes, mittrauerndes Gelübde genannt, das Amida abgelegt hat. Sein Verhalten wird Gunst oder Gnade genannt. Ji-hi bedeutet: "das Leiden des anderen in jeder Hinsicht mittrauernd erleiden".

Damit wird Hoben zum Weg der Gnade, zum Weg des Heils. Indessen ist hier "Weg" nicht im Sinne von einem Mittel verstanden, das auch anders wirken könnte. Weg bedeutet soviel wie der Zusammenhang von Vollzug, Ziel und Not-Wendigkeit. Ähnlich wie nach Johannes sich Christus den Weg, die Wahrheit und das Leben nennt (Joh 14,6), so ist hier Hoben als Weg zu begreifen.

Was geschieht nun aber im Vorgang von Hoben? Welche Struktur und welche Dynamik kennzeichnen den Weg der Gnade? Welche Bedingungen können herausgestellt werden?

Dharma kann sich nur als Form und Farbe dem Menschen zuwenden. Das geformte, erschienene Dharma ist der einzige, notwendige Ausdruck und Zugang für den Menschen. Nun liegen aber der formlose und der geformte Zustand von Dharma nicht in einem linearen Nacheinander, sondern sie sind immer gleichzeitig. "Das

Formlose ist nicht zuerst da und nimmt dann Form an, sondern erst wenn das Formlose in der Form als Hoben erscheint, kann es sich am Menschen verwirklichen." (Tannisho 103). Wenn also das Dharma im Menschen erscheint, wird es nicht dargestellt im Sinne eines vorher Geplanten, sondern es ereignet sich und begründet damit das Individuum und sich selbst in eines. Es ereignet sich eine Identifikation von Dharma und Individuum: es wird ein Buddha, es geschieht Erleuchtung, es ereignet sich Gnade.

Im Hinblick auf das absolute, formlose Dharma kann folgende Bedingung festgehalten werden: "Das absolute formlose Dharma muß seine Absolutheit und Formlosigkeit verneinen, um sich am Menschen zu realisieren und zu verwirklichen." (ebd.) Dem zu jedem unfähigen Menschen zu Liebe, also aus Barmherzigkeit (Ji-hi) negiert Dharma sich selbst, seine Absolutheit; und so vollendet es am Menschen seine Absolutheit. Indem vollendete Absolutheit wird, wird dieselbe Absolutheit verneint. Die Absolutheit von Dharma birgt in sich die eigene Verneinung. Das Wesen von Dharma ist durch eine Verneinung bedingt. Ohne eine solche Verneinung in sich selbst gäbe es Dharma nicht.

Die große Negation oder das absolute Nichts macht das Wesen von Dharma aus, durch welches Dharma bedingt ist und verständlich wird. "Der in sich bestehende, eigentlich durch nichts zu bestimmende, absolute Sinn des Wortes wird einerseits ausgedrückt als 'Sunyata' (Leerheit, aber Leerheit als Fülle), als 'Mu' (Nichts, aber nicht im Sinne des Gegensatzes zum Sein, sondern Nichts jenseits des Unterschiedes zwischen Sein und Nichts). Andererseits wird der Sinn des Wortes auch ausgesagt: wie in 'Tatha' (So-sein, Soheit oder So-wie-es-ist-heit, d.h. Wahrheit), oder in 'Dharmata' (eine dem 'Dharma' entsprechende Seinsweise) oder anders." (Tannisho 100) Das So-sein von Dharma ist im absoluten Nichts begründet. Es ist Nirwana. Die Kraft von Dharma ist durch das absolute Nichts bedingt. Es ist die Andere Kraft, welche aus dem Gelübde Amida-Buddhas quillt. Die Gunst und Gnade Amida-Buddhas hat ihre Wurzeln im absoluten Nichts.

Fragen wir nun nach der Seinsweise der So-wie-es-ist-heit, fragen wir nach der Identität des Seins von Dharma, fragen wir nach der Logik der Spontaneität, stoßen wir auf die Auskunft des Kyotoer Philosophen Kitaro Nishida (1870-1945). Er faßt die Wahrheit des "verschieden und doch getrennt" des "Nein und Ja im Absoluten", des "Nicht-Seins und dennoch Seins" unter den logischen Grundsatz der "Selbstidentität des sich absolut Widersprechenden". (Tannisho 104) Diese Logik wird im Japanischen sonst auch Soku, das "Trotzdem-zugleich" oder die Identität des nicht Identischen genannt. Sie ist eine die Ganzheit erfassende Logik, welche die zergliedernde Logik der Analyse und Vereinzelung übersteigt." Sie erfaßt die Eigentlichkeit des Seins auf Anhieb als Ganzes!" (Tannisho 167) Sie wird auch die Logik des absoluten Paradox genannt: "Weil der Mensch absolut nicht zu retten ist, gerade deshalb ist er zu erretten." (Tannisho 121) Sie ist die Logik der absoluten Gnade: "Wenn schon die Guten errettet werden können, um wieviel mehr die Bösen!" Und schließlich philosophisch ausgedrückt: Die absolute Negation ist zugleich - allem zum Trotz - die absolute Bejahung. (Tannisho 123) Hier liegt das Herzstück der Gnade im Jodo-Buddhismus verborgen: Das, was aus sich nichts ist, wird als Zeit-liches verneint und durch die Kraft des absoluten Nichts bejaht. Nur das absolute Nichts hat die Kraft, das Nichtige zu nichten und in seiner durch seine ihm eigentümliche Identität zu bejahen, d.h. in den Stand der Gnade zu versetzen. Die Durchsetzung dieses Vollzugs der Gnade hat im Gelübde Amida-Buddhas seine dem Men-schen angemessene Entsprechung gefunden.

Nur in Hoben-Begriffen kann von der Gnade gedacht und gesprochen werden. Hoben-Begriffe haben die Spannung der Identi-tät des Nicht-Identischen in sich. Sie drücken die Doppelheit des Dharma-Wesens aus: Dharma ist das absolut Formlose und zugleich geformt in dieser Welt. Wenn ein Hoben-Begriff seine innere span-nungsvolle Konsistenz verliert, wird Dharma einseitig entweder als übernatürliches Ideal oder als innerweltliches Nichts ohne Sein be-griffen. Wenn der Hoben-Begriff seine ihm eigentümliche Identität verliert, wird Buddha zu einem personalistischen Gott oder zu ei-ner innerweltlichen Gotteskraft.

Das erste Moment der totalen Gnadenwirkung am Menschen hat bei Shinran Züge, die mit der christlichen Gnadenlehre verglichen werden können. Nicht nur, daß eine solche Wirkung fast reformato-risch "einzig und allein auf den Glauben" zurückgeführt wird, son-dern auch die hier vorausgesetzte Gnade entspricht in wesentlichen Zügen der Gnade, wie sie in der christlichen Entwicklung zu finden ist.

Die Gnade ist bei beiden allem Tun des Menschen voraus: sie ist nicht nur Gegenstand und Ziel des Glaubenvollzuges, sondern bewirkt ihn selbst. Gleichursprünglich erwacht der Wunsch, voll-zieht sich der Glaube an das Gelöbnis Amidas und ereignet sich die Teilhabe an der Gnade. In gleicher Weise wird im Christentum die Annahme der Gnade von der Gnade selbst getragen. Zumal hierbei der Heilsakt nicht unterteilt wird in eine Vorbereitung, Rechtfertigung und anschließende Heiligung, sondern alles in ein Moment zusammenfällt, kann hier von der gratia praeveniens in ei-nem umfassenden Sinne gesprochen werden (vgl. D 797). Daß die Annahme der Gnade durch Gnade geschieht, meint auch Paulus Röm 5,15: "Gottes Gnade und Gabe ist durch die Gnade des einen Jesus Christus reichlich zuteil geworden!" Auf welche Weise die Gnade Jesu Christi und das Gelübde Amida-Buddhas vorbereitend genannt werden können, müßte untersucht werden.

Wichtig wäre auch die Differenzierung, ob und in welcher Weise diese geschehende Gnade die Freiheit des Menschen voraussetzt oder von seiner Unfreiheit ausgeht. Ist das Erwachen des Wunsches bei Amida freier Vollzug des Menschen oder ist es vom Gelübde Amidas notwendig bewirkt? Welche Rolle spielt die Unfähigkeit oder Sünde des Menschen im christlichen und buddhistischen Gnaden- denken? Wie verhalten sich das Ich des zur Gnade Erweckten und die Andere Kraft, d.h. die Gnade zueinander? Bei Paulus entsteht ein neues Ich: "Ich lebe, aber nicht mehr ich, sondern Christus lebt in mir." (Gal 2,20) Gibt es im Buddhismus einen Synergismus, wie er im Christentum immer wieder aufgespürt wird? Oder kann es zu solchen Problemen in der Gnadenlehre nicht kommen, weil im Buddhismus weder die Individualität des Gnadenempfängers im Vor- dergrund steht, noch die Person Gottes als Handelspartner des Menschen gedacht werden kann? Wie ist das Miteinanderwirken von Gott und Mensch, von Gnade und Begnadetem in beiden Fällen zu beurteilen?

Die Notwendigkeit der Gnade für die menschliche Existenz wird bei Shinran ähnlich wie bei Paulus herausgestellt. Shinran sieht ein, daß der gute Mensch eigentlich dem anderen Mitleid und Hilfe we- gen seiner Erdverfallenheit schuldig bleibt. "Allein, allem so zu helfen, wie man wollte, ist kaum möglich ... In diesem Leben kann man, wie viel Mitleid und Mittrauergefühl man auch aufbringen mag, dem anderen kaum so helfen, wie man möchte". (Tannisho Kap. IV) Paulus sieht das Erbarmen Gottes ähnlich: Es kommt nicht auf den an, der läuft, sondern auf Gottes Erbarmen (vgl. Röm 9,16). Paulus wendet das genannte Schuldigbleiben auch auf sich selbst an, wenn er sagt: "Denn was ich vollbringe, erkenne ich nicht; denn nicht, was ich will, das führe ich aus, sondern was ich hasse, das tue ich." (Röm 7,15) Bei Shinran gibt es nur die Mög- lichkeit der Gnade: "Indem man durch das Nembutsu-Sagen schnell die Buddhaschaft erlangt, kommt man aus dem Mitleid und Mittrauergefühl der Großen Barmherzigkeit eben dieser Buddha- schaft dem anderen Lebenden so zu Hilfe, wie Buddha es will." (Tannisho Kap. IV) Bei Paulus heißt es in Röm 7,24f auf die Frage nach der Erlösung "Gott sei Dank durch Christus unseren Herrn!" - was auch als Gnade durch Christus unseren Herrn heißen kann. Oder aber genauer 2Kor 12,9: "Meine Gnade ist genug für dich, denn die Kraft erreicht ihre Vollendung in der Schwachheit."

Bei beiden tritt die Gnade an die Stelle der Werke: So halten wir nun dafür, daß der Mensch ohne des Gesetzes Werke gerecht werde, allein durch den Glauben (vgl. Röm 3,2). Trotz der gleichen Notwendigkeit, daß Gnade an die Stelle des unzureichenden oder gar unmöglichen Werkes tritt, ist ein Unterschied auffällig: Bei Paulus soll die Gnade an ihm als dem Glaubenden selbst wirken. Allenfalls über bestimmte Gnadengaben (1Kor 12) kann die Wirksamkeit an die anderen weitergeleitet werden. "Es gibt verschiedene Zuteilungen von Gnadengaben ..." (1Kor 12,4) Durch die Träger dieser Gaben vermittelt sich die Gnade weiter, indem sie den Begnadeten befähigt, z.B. Kranke zu heilen, kräftige Machttaten zu vollbringen, u.a.m. (1Kor 12,8ff) Bei Shinran hingegen wirkt die Gnade selbst, indem sie dem anderen Hilfe schafft oder den Helfer als sekundäres Mittel der Hilfe braucht; wobei es grundsätzlich aber um die Erleuchtung geht, welche alle zur Buddhaschaft führt. Es kommt alles auf die Ausbreitung der Buddhaschaft an, welche jeweils ganz ursprünglich bei jedem geweckt wird.

Daß Gnade nicht weitergeleitet werden kann, wird bei Shinran streng durchgehalten. So kann keiner ein Nembutsu für seine verstorbenen Eltern sprechen, weil sie der Gnade Amidas nur ganz ursprünglich selbst teilhaftig werden können. Würde man durch ein stellvertretendes Nembutsu dem anderen zur Hingeburt ins Reine Land verhelfen wollen, würde man Nembutsu als Werk und nicht als Gnade ansehen. "Man soll seine eigene Kraft fahren lassen uns schnell zur Erweckung im Reinen Lande gelangen, dann erst wird man durch die wirksame Weisheit und wundersame Vermittlung der Buddhaschaft ein nahestehendes Wesen ins Reine Land hinüberführen." Tannisho Kap. V)

Ganz ähnlich verhält es sich im Schüler-Lehrer-Verhältnis. Ein Lehrer kann seinen Schüler nicht das Nembutsu-Sagen lehren, sondern dieses kann sich nur spontan aus sich selbst ereignen. Darum kann grundsätzlich keiner seinen Schüler nennen. Durch die natürliche Spontaneität wird jedoch Gnade erfahren und auch ein Schüler-Lehrer-Verhältnis im nachhinein entstehen, so daß zwei Nembutsu-Sagende sich wie Lehrer und Schüler begegnen.

Paulus gebraucht Gnade auch in diesem Sinne, wenn er die Gnade bei jedem Hörer des Evangeliums voraussetzt. "Als Mitarbeiter ermahnen wir euch, ihr möget die Gnade nicht vergeblich empfangen haben." (2Kor 6,1) Die Gnade ist jeder Verfügbarkeit entzogen, "sonst würde Gnade nicht Gnade sein." (Röm 11,6) Indessen meldet sich auch bei Paulus - wie oben schon gesagt - eine Entwicklung zur Weitervermittlung der Gnade an, die dann z.B. bei 1Petr 4,10 bei den "Haushaltern der mancherlei Gnade Gottes" einmünden und in späterer Zeit zur Verwaltung der Gnade führen kann.

Hoben, welches die Selbstverneinung von Dharma beinhaltet, hat Strukturen, die sich mit der Selbstentäußerung Christi nach dem Christushymnus Phil 2,6ff vergleichen lassen. Wie für Dharma die Negation seiner Absolutheit notwendig ist, um überhaupt Dharma für den Menschen und damit uneingeschränkt absolut zu werden, so kann man den Verzicht des Gottessohnes auf sein Gott-gleich-Sein als Bedingung für seine Erhöhung zur göttlichen Würde begreifen, vor welcher sich alle Welt verneigt. Die Selbstverneinung des überpersönlichen Dharma gipfelt in der absoluten Negation, um zum scheinpersonifizierten Dharma werden zu können. Die Selbstentäußerung Christi gipfelt im Kreuzestod, um zur himmlischen Vollendung zu kommen. Die Kraft der Verneinung bereitet in beiden Fällen den Weg des Heils für den Menschen vor. Im buddhistischen Denken gehört das Nein konstitutiv zu Dharma. Inwiefern die absolute Negation zu Gott gehört, müßte in der christlichen Theologie untersucht werden. Jedenfalls wird das Nein auch erfahren, indem Gott das Nicht-Sein ins Sein verwandelt, d.h. das nichtige Sein kraft des absoluten Nichts nichtet. (Röm 4,17). Bei dieser creatio ex nihilo erscheint das Nichts jedoch als außergöttlich und das absolute Sein als göttlich. Für den Prozeß der creatio ex nihilo wäre es dagegen plausibler, wenn ein in Gott selbst befindliches Nichts die Selbstentäußerung des Gottessohnes ermöglichte und gleichwohl das Nicht-Sein vernichtete. So würde das absolute Nichts alles vorläufige Nicht-Sein in göttliches Sein verwandeln.

Die Mystik bei Meister Eckhart gelangt sogar zu dem Satz: "Gott ist ein Nichts, d.h. Gott ist weder dies noch das, was wir auszusagen vermögen." Aber zur radikalen Negation schreitet Eckhart nicht vor; es bleibt bei ihm immer zugleich das Postulat Gott als das Sein schlechthin: "Gott ist nichts; nicht so, daß er ohne Sein wäre, er ist vielmehr weder dies noch das, was man auszusagen vermag - er ist ein Sein über allem Sein." (Sh. Neda) Es bleibt für Eckhart bei einer Zweieinheit und Gegensätzlichkeit in der Einheit Gottes.

Ob nun im Christentum die absolute Selbstverneinung Gottes wie etwa im Jodo-Buddhismus die radikale Selbstverneinung von Dharma theologisch verantwortet werden kann, muß offen bleiben. Die auf Sein angewiesene Logik christlichen Denkens schließt diesen letzten Schritt allem Anschein nach aus. Im Gegensatz zum Buddhismus braucht Logik das absolute Sein, während im Buddhismus auch die Logik durchbrochen wird, wie etwa die Antwort auf die Frage nach dem Kommen des Patriarchen aus dem Westen beweist: Eichbaum vor dem Tor. Selbst wenn in diesem Punkt allem Anschein nach eine Differenz besteht, kann aber der logische Grundsatz der "Selbstidentität des sich absolut Widersprechenden", wie Kitaro Nishida ihn formuliert hat, in der christlichen Theologie nachgewiesen werden. In den christologisch begründeten Wirklichkeitsdeutungen des Paulus liegt dieser Grundsatz in der Regel vor. Er macht das Einssein in Christus plausibel, wie Paulus es verschiedentlich entwickelt und in Kreuz und Auferstehung begründet. (z.B. 2Kor 5,11ff) Dieser logische Grundsatz liegt aber auch in den Ausführungen über die coincidentia oppositorum des Nikolaus von Kues vor. Und auch Cusanus leitet ihn christologisch ab, wie de pace fidei beweist.

Im Hinblick auf die Gnade kann auch auf dieser tieferen Ebene von einer Vergleichbarkeit zwischen Jodo-Buddhismus und Christentum gesprochen werden. Die Gnade, welche nach dem Grundsatz von K. Nishida durch die "Selbstidentität des sich absolut Widersprechenden", wie sie in Dharma konstitutiv ist, buddhologisch begründet und ermöglicht wird, ist vergleichbar mit der Gnade, die an Abraham erwiesen wird dadurch, daß Gott das Nicht-Sein ins Sein ruft: "...damit es nach Gnade gehe, auf daß die Verheißung für seine ganze Nachkommenschaft gewiß sei, nicht allein für die aus dem Gesetz, sondern auch für die aus dem Glauben Abrahams, der unser aller Vater ist ... vor dem Gott, dem er glaubte, der die Toten lebendig macht und das, was nicht ist, ins Dasein ruft; welcher gegen alle Hoffnung auf Hoffnung hin glaubte ..." (Röm 4,16ff)

RENEWAL OF TRADITIONAL VALUES: A CHRISTIAN PERSPECTIVE

Takenaka Masao

Image of Christ in Asia

We attended one of the exciting consultations among Asian Christian artists held at the National Artist Center Mt. Makiling outside of Manila in March 1984. There were 55 artists from fourteen different countries in Asia discerning together the responsibility of Christian artists in Asian context on the main theme "Magnificat Today in Asia". A variety of artists was gathered there, the artists belong to the different churches, Protestant, Roman Catholic and Orthodox. There were also different cultural and social contexts in which the artists interpret and express the Biblical message. It is difficult to see what the common thing in Asia is since we find so many cultural and social differences. Some may say Asia is so diversified that we find very few things in common except for things like eating habit of rice, growing bamboo and the use of the broken English which is the necessary evil in the international conference such as in this workshop.

Yet, there is a common concern among Asian artists, namely, how can we interpret and express Christ in Asia today? What is my image of Christ as an Asian artist? How do we share this image with the people of other faiths? What is the social role of artists who share Christian value and commitment in the midst of poverty and suppression which are so widely discernible in Asia?

If we find in the song of magnificat not only exaltation of the humble person but also God's promise of up-lifting the poor and bringing down the mighty from the thrones and rich must go with empty hands (Lk 1, 52-53), what is the responsibility of artists to recapture this prophetic message in Asia today? This consultation among Asian artists was not the first one. Six years ago we had the first consultation among Asian Christian artists in Bli Island in 1978. Out of this consultation Asian Association of Christian Art was formed. We have a periodical called "Image" which is published four times a year regularly. The recent issue was the special issue on China. Last October, I had the privilege of being invited as a member of delegation of National Council of Churches in Japan. At the Union Theological Seminary in Nanjing which also hosts the Institute of the Study of World Religions of Nanjing University, I was asked to lecture on Christian Art in Asia. Bishop K.H. Ting is the principal of the seminary as well as the vice president of the University of Nanjing.

The seminary which was opened two years ago, has a student body of 124. The lecture hall was packed with more than one hundred students and faculty members, and an active discussion followed my talk. Christian art is a part of the basic curriculum, as well as being an advanced course in which, at present, three young artists are enrolled.

One naturally wonders why such a deep interest in Christian art exists in modern China. I believe there is a deep committed desire among Chinese Christians to follow Christ as Chinese; to worship Christ in the context of Chinese culture and sensitivity. It is a beginning of a long and significant process of the de-Westernization of Christianity, and the "Chinization" of Christianity. Just as Kanzo Uchimura (1861-1930) could say "I love two J's: one is Jesus and the other Japan", so too can the Chinese say, "We love two C's; one is Christ, and the other is China". How these two J's or two C's be correlated is one of the key issues when we consider the relation between traditional value and Christian faith. In short, how we can sing the song of magnificat in our own language with our own artistic sensitivity in our own social context in Asia today.

Flat-Nosed Christ

One of the artists at the consultation, Jyoti Sahi from India, has refered the story of Sri Ramakrishna (1836-1886), a Hindu priest at the Kali temple. At that time in India it was very common to hang the religious painting such as Madonna and The Child on the wall. At one time he was captured by the vision of Christ which lasted for three days.

On the fourth day, as he was walking in the Panchavatiu, there was an extraordinary-looking person of serene aspect approaching him with his gaze intently fixed on him. He knew him at once to be a man of foreign extraction. He had beautiful large eyes, and though the nose was a little flat, it in no way marred the ocmeliness of his fact. Sri Ramakrishna was charmed and wondered who he might be. Presently the figure drew near, and from the inmost recesses of Sri Ramakrishna's heart there went up the note: "There is the Christ who poured out his heart's blood for the redemption of mankind and suffered agonies for its sake. It is none else but that Master-Yogin Jesus, the embodiment of Love!"[1]

A very interesting fact was as Christ appeared to him he looked like a man of foreign extraction but he took notice of the stranger's nose, it was flat. This flat-nosed Christ kept coming up

[1] The Life of Sri Ramakrishna, 6th edition, 1948, 253f.

again since it made the deep impression. Talking with his disciples he mentioned:

Long after, in discussing Christ with his disciples who were able to speak English, he asked. "Well, you have read the Bible. Tell me what it says about the features of Christ. What did he look like?" They answered, "We have not seen this particularly mentioned anywhere in the Bible; but Jesus was born among the Jews, so he must have been fair, with large eyes and an aquiline nose." Sri Ramakrishna only remarked, "But I saw his nose was a little flat - who knows why." Not attaching much importance to those words at the time, the disciples, after the passing away of Sri Ramakrishna, heard that there were three extant descriptions of Christ's features, and one of these actually described him as flat-nosed!(2).

This is a very illuminating story. It speaks of a wider acknowledgement of the image of Christ by non-Christian. It shows the power of Christ is not limited within the wall of Christian community. But also in a humorous way Christ appealed to Ramakrishna as the flat-nosed Christ rather than the point-nosed Christ. C.S. Song, one of the most creative Asian theologians of the Taiwan origin, also speaks of this event.

What interests us most in the story is that Christ appeared to Sri Ramakrishna as flat-nosed. We wonder why Christ did not appear to him as a full-fledged Semite, Anglo-Saxon, or Indo-European. "Flat-nosed" being a common description, rightly or wrongly, of people of Asian or, in particular, Mongolian extraction, Christ with a flat nose must have bothered Sri Ramakrishna a great deal. Perhaps this is why he referred to it again later.(3)

The flat nose is very common feature among Asian. We find it among the ordinary people in Asia. If God in Jesus Christ is the God of incarnation, the word became flesh, for Asian it is quite natural and appealing to consider him as the flat-nosed Christ. In Indian culture setting has a spiritual meaning, namely in some of the tribal area, the flat-nosed people are looked down and humiliated. This has a profound significance as the image of Christ since Christ humbled himself even to the extent to take form of slave not only washing the feet of the disciples but also "to give his life for as ransom for many" (Mk 10,45).

This is in accordance with the words of Magnificate, in which Mary sang, "My soul magnifies the Lord, and my spirit rejoices in

---

(2) Swam, Ghanananda. Sri Ramakrishna and His Unique message, 3rd Edition, 1970, 91-92, quoted Richard V. Taylor, Jesus in Indian Paintings, 77-78.

(3) C.S. Song, The Compassionate God, 1981, 2.

God my Savior, for he has regarded the low estate of his hand-maiden" (Mk 10,45).

This is in accordance with the words of Magnificate, in which Mary sang, "My soul magnifies the Lord, and my spirit rejoices in God my Savior, for he has regarded the low estate of his hand-maiden" (Lk 1,46-48). We see many examples of the flat-nosed Mary among the works of Asian artists.(4)

Distorted-Nosed Christ

One of the most important works I saw in India was by K.C.S. Paniker, The Sorrow of Christ. Paniker was a noted Indian artist and art teacher. In 1957 he became principal of the Government College of Arts and Crafts in Madras. After his retirement, he helped to organize a village of young artists outside of Madras at a place called Cho-lamondal. I took a jeep rode from Madras on a hot and dusty road and arrived there about two hours later. Paniker with his white beard welcomed me. He was at that time 62 years old. He took me to his studio and showed me a scultpure called "The Sorrow of Christ". I asked him, "Tell me what led you to do this work?" He said, "I am a Hindu. We meditate and we even pray with fasting, contemplating on the way of compassion. When I read the Bible at Madras Christian College where I stu-died, I was very struck to find that this man, Jesus of Nazareth not only prayed for but also actually related himself to the misery of suffering people such as one who is suffering from leprosy."

The sculpture vividly shows the compassion of Christ identifying with the misery of suffering people. His nose is distorted. His mouth is decayed and his eyes are popped out. I thought this dis-torted-nosed Christ is one of the most penetrating images of Christ in Asia where the leprosy is still a part of very existential reality.

Harmonious life with nature

One of the important traditional values we have in Asia rests in our attitude toward nature. For example when Japanese people meet each other in the morning we greet one another by saying "Ohayo!" When I was studying at Yale University, I said to my classmate "Ohayo!" He looked at me with a strange face and asked me, "What you said, Masao?" I said, "Ohayo!" He said, "No, no I come from Kentucky!" What is the literal meaning of Ohayo? It means "early in the morning." Unlike the Nomads who moved from one place to the other by raising the cattle, Japanese used

---

(4) See M. Takenaka, Christian Art in Asia, 1975.

to stay in one place engaging with the rice cultivation. Since the arable land is so limited (today about 15 %) the farmers have to get up early to cultivate every inch. Thus to greet each on the way to the rice field everyone is saying "ohayo", early morning.

The nature became the driving force in the Japanese culture. Moreover the gifts of nature are deeply endowned in the visitation of four seasons. Four seasons are rather equally divided and in each season we have a distinctive flavor and delicate message.

Yasunari Kawabata, when receiving the Nobel Prize of literature, quoted the poem of Dogen (1200-1258), the thirteen century Buddhist monk, to express Japanese mind:
Spring cherry, summer cuckoo
Autumn moon, winter snow cold and calm.

Throughout the centuries the people learned to live harmoniously with nature. The ancient name of Japan was Yamato, meaning a great harmony. Every Japanese art, such as tea ceremony, flower arrangement, poetry of waka and haiku represent the effort of the ordinary people to respond to the gift of nature contained in the four seasons. The special feast for the quest is called Gochiso, which literally means "running around". To run around the field on the hillside and on the river-side to pick up the foretaste of the season is the best treat to the honoured guest. The basic attitude is not to conquer the nature but to be co-harmonious with nature. Nature is our living companion. In listening to her voice, smelling the fresh fragrance of the coming season and in seeing the unfolding drama which flowers, vegetables, plants exhibit day by day, one is called to make a proper response. We can see the inseparable inter-relationship between cultivation of soil (agriculture), cultiviation of mind (culture) and cultivation of spirit (cult).

This attitude of harmonious living with nature is an extremely important value as we are increasingly confronted with the issue of environmental crisis. In the West, expecially among the modern Protestantism, the recognition of the central position of man became so strong even to the extent to support the position of domination and conquest over nature rather than to consider nature as a companion. Seeing from Asian perspective this is not biblical. In the Bible it is clearly stated that God created heaven and earth and all the creatures, and He regarded them as good. Human being was placed in the garden with the responsibility to cultivate and maintain (Gen 2,15).

Even the much debated passage of man's dominion and subduing nature (Gen 1,28) should be interpreted in the light of men's responsibility. Above all, one should not forget in the Bible what dominion means according to God's will to care and to serve (Mk 10,45).

On the other hand, there is an immanent danger in the traditional Asian attitude toward nature, namely, to adore every aspect of nature. This will lead ultimately the position of Polytheism or Pantheism. The former tends to absolutize the real-alive while the latter tends to move to the unbivalent position without having the central place of renewal.

Jesus clearly appreciated the life in nature since it is a part of God's creation. He even said the glory of the king Solomon will not exceed the simple beauty contained in the tiny nameless flower in the field (Mt 6,29). He did not suggest to worship the flower as such but to seek first the kingdom and the will of God who is the creator and the sustainer of all thing.

Transformation of Furusato

Ichiro Hori, one of the noted sociologists of Japanese religion, depicted Japanese personality in terms of a person rooted or belonging to Furusato, old family village. Furusato (Heimat) is the natural environment in which a group of people has been living for long time. They share common memory, common work and common destiny. Many of Japanese family names are taken from the natural image of Furusato landscape. My name is Takenaka which means bamboo-center. My sister married a man called Tanaka, center of rice field. Ta means rice field. Hirata means flat-rice field. Matsushita means under the pine tree. Honda, the original rice field. Toyota means rich rice field, and so on. The most of them indicate the natural environment of the Furusato.

There is a harmonious attitude of cooperation within Furusato. Also there is a strong sense of loyalty and belongingness in Furusato community. It is a homogenous group in which something different will be excluded. Although today Japanese may have left the old geographical Furusato they still maintain a mind of Furusato mentality. In the big cities both young people and old people after their day's work sing the songs of Furusato with the tape music which we call karaoke, Orchestra melody without singing. When one sings the songs of Furusato, he feels as if he became a popular singer, thus helps to recover his subjectivity. For example, this is the reason why there is a considerable degree of cooperation between labor and management in the company to which they belong, since the company such as Matsushita, Mitsubishi or Honda become new Furusato to demand the common loyalty and belongingness.

In order to get in a good company young people must study hard to get in the good university which also becomes their Furusato not only in terms of educational record but also in terms of social status. If one belongs to the good academic Furusato, then they help each other to protect and promote their status. No doubt, harmony and cooperation are a good thing. But there are two dangerous limitations in the traditional Furusato mentality. One is the problem of self-identity. Furusato is a vertically oriented society in which "I" is subordinated to the group. It is the world of collective selves rather than personal self to relate with other selves. This is the reason why Jo Niishima, the founder of Doshisha University, emphasizes the formation of the person who is full of conscience as the aim of the university.

The other pitfall of the Furusato thinking is a kind of collective exclusivism. They demonstrate the tremendous degree of cooperation within the group but not extend their concern beyond the border of the group to which they belong. We need to enwide the scope of Furusato in this interdependent world. As long as we maintain each tribal God or Gods we can not extend the border of Furusato. We need the ultimate point of reference through which to transform the old Furusato value to consider the whole world as the ground of our Furusato.

Meaning of Sayonara

Now I have come to the last point which may be appropriate for the last subject since it deals with the Japanese fare-well message, namely, Sayonara. It is not easy to translate properly Sayonara. It is translated usually as good-bye. But it is not adequate. One usually would like to express one's personal wish at the time of departure. In English, "Good-bye" - goodness be with you, or in German "Auf Wiedersehn" - is similar to the Chinese expression. Both express the wish to see you again. But Sayonara is quite different. I translate it: "If it is so, let it be so". Life is like a running stream. We sometimes want to change the course. Quite often we do not want to accept the separation. But Sayonara attitude would say: "If this is a kind of destiniy of life, I should accept it, as we follow the stream of life". It is a kind of attitude toward life without expressing one's anxious desire.

From this point of view we appreciate Jesus' sermon on the Mount in which he encouraged the disciples, "do not anxious about tomorrow, for tomorrow will be anxious for itself" (Mt 6,34). Furthermore, facing the time of the departure from his earthly life, he prayed at the garden of Gethsemane by saying, "if it be possible, let this cup pass from me; nevertheless, not as I will but your will be done" (Mt 26,39).

On the other hand, the Sayonara mentality has a decisive pitfall. It tends to promote the attitude of resignation or the attitude of the passive acceptance of life as it is, rather than to engage with the continuous struggle to bring the change in the world. Ironically, Yasunari Kawabata, after attaining the high honours including the Nobel prize of literature, the Order of Cultural Merits, the highest cultural award in Japan, and being the president of the International Pen Man's Club, committed suicide. In fact, suicide is one of the central themes of the modern Japanese literature, from Soseki Matsume (1867-1910), through Tokoku Kitamura (1868-1894) and Takeo Arishima (1878-1923), to Ryunosuke Akutagawa (1892-1927). Except for Soseki all of them committed suicide. Although Soseki did not commit suicide, in the last novel, Kokoro (The mind), the central figure does commit suicide.

Here we can discern how deeply the question of hope and despair is rooted as the existential issue within Japanese personality. Here the internal dialogue between the attitude of the passive resignation and the concern of hope and humor based on the faith in resurrection becomes crucially significant. I believe the works of Rinzo Shiina (1911-1973), one of the outstanding Christian writers, has the immense meaning depicting the out-look of hope in the midst of agonistic life prevailed in the period immediately after World War II.

Unconcluding post-script

The purpose of this paper is not to give the definitive answer to the intricated and broad question of the interaction between the traditional culture and Christian faith in Japan. It is the issue which requires the continuous search and the multiple approaches. I am here humbly submitting some points as the starting point of further inquiry. Let me here depict two points for your consideration.

1. Through the discussion of the flat-nosed Christ and the distorted-nosed Christ it is rather clear to see that many of the interactions are going between the image of Christ and Asian cultural values. The power of Christ is strong enough to draw the people of other faiths and ideologies to ponder and to reflect the meaning of the image of Christ. We can refer the example of Gandhi who did not become a Christian in a narrow sense but who accepted Jesus as "the only incarnated son of God".(5) Gandhi was led to the New Testament, especially the teaching of Jesus in the Sermon on the Mount, through the writings of Tolstoy. In fact, he had several correspondences with Tolstoy and respected him to the extent to name the ashram he built in South Africa as the Tolstoy Farm. We also know how deeply Gandhi influenced many young people in the West including persons like Dietrich Bonhoeffer (1906-1945) and Martin Luther King, Jr. (1929-1968). So we see

---

(5) Autobiography, Chapter XIV.

much of the cross-fertilization among religions and the traditional cultures on the level of the interpeople's history.

2. Secondary, I have depicted three areas in which we examined the relationship between Japanese culture and Christian faith using three common words as the window through which to see the reality, namely, Ohayo, Furusato and Sayonara. It is my conviction that these areas are important ones in which we are called to be human. To be human literary means a man in-between, in Chinese character. This can be demonstrated in the following areas: in-between nature, in-between one's neighbours, or in-between the nations in the world, and in-between times. As I indicated the greeting of Ohayo points out the attitude toward nature, a harmonious way to live with nature, and the frame work of Furusato touches the realm of social relationship with one's neighbours in the community of the nations. And finally the attitude of Sayonara disclosed one's conscious relationship with time in history.

These four are indispensable areas in which we are called to make a proper response. To be human means to have responsible participation in these four areas of human life. One of the important issues of becoming human is to maintain the appropriate and fitting response in-between nature, neighbours, nations and newness. If we lack this betwenness, we are no longer human, but we will be called the fool which means "Manuke", a man or a woman without betweenness.

AN DER GRENZE

Rudolf Bohren

Im Gedenken an Werner Kohler, den Freund, der über die Grenze ging.

Predigt zu Psalm 32,10(1)

Vor zehn Tagen stand ich mit einigen Kollegen nach einem Besuch in Ostberlin auf dem Bahnsteig der S-Bahn Friedrichstraße. Da kam ein Mann auf uns zu, sprach uns an, erregt: "Die haben gesagt: 'Wir sind glücklich'." Er wiederholte den Satz mehrmals, trat nahe an uns heran, zeigte in Richtung Grenzübergang. "Die sind glücklich." Offenbar hatte er mit einem Rentner-Ehepaar gesprochen, das in die DDR zurückkehrte, "Aber ich", sagte der Mann und zeigte gen Westen, "ich bin gar nicht glücklich". Auch diesen Satz wiederholte er mehrmals, als könne er beides nicht begreifen, das Glück der andern und sein Unglück. Dann öffnete er seinen Plastiksack und wies auf eine Rotweinflasche. "Ich bin nicht glücklich." Ein Kollege sagte etwas Moralisches. Da kam die U-Bahn, wir stiegen ein, und mich hat das Unglück dieses Unbekannten begleitet bis hierher, wo ich den Psalmvers lese: "Der Gottlose hat viel Plage; wer aber auf den Herrn hofft, den wird die Güte umfangen."

Was wissen wir vom Unglück dieses Einsamen, der nach Westen fuhr? Was wissen wir von all den Unglücklichen, die sich heute hier versammelt haben? Was wissen wir von den Unglücklichen in unserer Stadt? Ich denke, daß wir nicht einmal über unser eigenes Unglück genügend Bescheid wissen. Unser Psalmvers aber gibt Bescheid, klärt auf über zahlreiches Unglück: "Der Gottlose hat viel Plage". Der Gottlose ist der Mensch ohne das liebliche Fest, der Mensch ohne Pfingsten, der Mensch ohne den Geist Jesu. "Wer Christi Geist nicht hat, der ist nicht sein" (Röm 8,9). Wer nicht sein ist, hat viel Plage. Ich will gar nicht erst aufzuzählen versuchen, was wir in unseren Plastiksäcken an Unglück verstaut haben. Ich zeige jetzt lediglich auf meine Plage, da mag jeder und jede die seine hinzutun: Ich hatte kein Wort für den Unglücklichen, dafür aber erfaßte mich der Richtgeist gegenüber dem moralisierenden Kollegen. Und der Richtgeist ist nicht Christi Geist.

Das Rentner-Ehepaar an der Friedrichstraße bleibt unseren Augen entschwunden, aber der Psalmist sieht einen glücklichen Menschen und stellt uns diesen Menschen vor: In ihm siehst du den Entwurf deiner selbst. Diesen Menschen zeichnet eine Eigenschaft

---

(1) Universitätsgottesdienst in der Peterskirche Heidelberg am 26.5.1985

aus, die man gemeinhin nicht ohne weiteres mit Glück assoziiert: seine Übertretung ist vergeben, seine Sünde ist bedeckt. Nicht Makellosigkeit, nicht Vollkommenheit, Vergebung macht den Menschen glücklich. Und der Heilige Geist überträgt Vergebung, daß sie zur Eigenschaft, zur zweiten Natur wird. Der Heilige Geist macht das fast wie ein Maler, der in der Altstadt ein Haus mit einer Deckfarbe in strahlendem Weiß übermalt. Da weiß man bald nicht mehr, wie es früher ausgesehen hat. "Wohl dem, dessen Übertretung vergeben und dessen Sünde bedeckt ist", singt der Psalmist und der Apostel respondiert: "Das alte ist vergangen, siehe, es ist neu geworden" (2Kor 5,17). Der Heilige Geist ist ein Sanierer, ein Renovierer, und wen seine Güte umgibt, dem gibt er eine neue Farbe. Und wo er sich ans Werk macht, da wird er sich nicht nur mit der Außenfassade begnügen. Sicherlich ist das Sanieren und Renovieren alter Häuser einfacher als das Sanieren und Renovieren alter Sünder. Der Psalmist weiß ein Lied davon zu singen. Er hat die Plagen des Gottlosen selbst durchlitten, hat das Unfestliche an seiner Existenz eigenhändig übertüncht, wie wir Menschen das gerne tun. Er ist über diesem Geschäft krank geworden, todkrank. Wer weiß, wieviel Zerfall wir an uns tragen, weil wir selbst überpinseln, was Gott nicht gefällt? "Da ich es verschwieg, zerfiel mein Gebein." - Auch das ist eine Art zu verschweigen, was vor Gott unrecht ist, daß man sich sein Unglück vorzeigt und lamentiert. Der Mensch ohne Gottesgeist ist nicht nur ein Zupinsler, er ist auch ein Verpackungskünstler, der mit tausend Künsten seine Sünde zu verbergen sucht. An verdrängter Schuld, die krank macht, wird deutlich, daß Vergebung glücklich macht - wie nichts sonst in der Welt!

Der Sanierer und Renovierer ist auch ein Glücklichmacher. Aber er deckt dem Menschen zuerst den Schaden auf, bevor er ihn heilt. Er zeigt uns den am Kreuz und zeigt uns an ihm, was wir angerichtet haben. Der Gekreuzigte ist der von uns vernichtete Gott. Kommt er in seinem Geist zu uns, erkennen wir uns als Gottesvernichter. Aus Selbstgerechten werden Unheilige, aus Biedermännern und Biederfrauen werden Sünder und Sünderinnen. Sünde ist Gottesvernichtung. "Da bekannte ich dir meine Sünde ...", heißt es in unserem Psalm. Und die Pfingstgeschichte weiß von einem Herzstich. Die Wurzeln des menschlichen Unglücks werden freigelegt, auch die Wurzeln all der Unglücke, die sich heute morgen hier versammelt haben: Der Mensch hat aus dem lebendigen einen toten Gott gemacht. Das ist die Ursache aller körperlichen und seelischen Leiden, daß wir Gott selbst entgottet haben. Wo Gott nicht mehr Gott ist, regiert der Tod. Wo Gott aber Gott wird, regiert das Leben. Leben wir im Umkreis eines entgotteten Lebens, leben wir in Plagen. Leben wir im Umkreis, in dem Gott Gott ist, leben wir im Umkreis der Güte. Darum schließt die

Pfingstpredigt des Petrus mit der Aufforderung, aus einer Umwelt der Plage in eine Umwelt der Güte überzuwechseln: "Tuet Buße und jeder von euch lasse sich taufen zur Vergebung eurer Sünden, so werdet ihr die Gabe des heiligen Geistes empfangen." Bleibt nicht in eurer alten Umwelt, betretet die neue Umwelt. Geht über die Grenze, wechselt von einem System der Plage in das der Güte. Darum feiern wir Pfingsten. Die Güte ist nah. Was ein einzelner an Güte erfährt, soll allen zugute kommen. "Jauchz Erd und Himmel juble hell, die Wunder Gottes froh erzähl." - Pfingsten ist das Widerspiel der Szene auf dem Bahnsteig Friedrichstraße. Da muß keiner den Wein im Plastiksack herumtragen. Da werden alle von Gottes Gegenwart durchtränkt, so daß es den Spöttern erscheint, sie hätten sich vollaufen lassen und sind doch voll Süße göttlicher Gegenwart.

Aber wie kommen wir in dieses Widerspiel hinein? Ich möchte dem Bahnsteig Friedrichstraße den Kornmarkt Heidelberg gegenüberstellen. Da kamen mir am letzten Mittwoch zwei hübsche Mädchen entgegen, Arm in Arm, mit verzückten Gesichtern. Jede mit zwei Kopfhörern und umgehängtem Apparätchen, jede mit ihrem Walkman. - Wenn ich junge Menschen mit einem Walkman durch die Stadt oder durch die Weinberge gehen sehe, werde ich traurig über die Isolierung und pharisäisch über die Verkümmerung dieser Leute. Die beiden jungen Damen aber hörten offenbar auf die gleiche Melodie, hörten Arm in Arm und beides zusammen machte sie froh, ansteckend froh: ich freute mich über diese Mädchen, freute mich an ihrer Freude.

Aber hier sind wir nicht auf dem Kornmarkt, hier sind wir im Gottesdienst, um die Güte in der Musik des 32. Psalms zu erfahren. Gottes Güte ist nicht stumm. Sie geht mit uns in einem solchen Psalmvers: "Der Gottlose hat viel Plage; wer aber auf den Herrn hofft, den wird die Güte umfangen." Ich meine, ein solcher Vers ist der wahre Walkman. Den können wir mitten im Stadtlärm wiederholen. Der gilt und wirkt, wo uns ein höllischer Lärm umgibt, als Protest-Song besonderer Art gegen das eigene Unglück. Wir müssen ihn nur gleichsam auf Kassette aufnehmen, damit er sich da einstellt, wo uns Widrigkeiten entgegentreten. Dieser Vers hilft gegen die Plagen, die uns gottlos machen wollen. Er bringt einen hinein ins Widerspiel zur Szene auf dem Bahnsteig. Dieser Vers ist ein Lebewort. Mit einem solchen Vers kann man leben. Er gleicht einer Kassette mit einem Band, das nie reißt. Es besteht nicht aus Zellulose, sondern aus Gegenwart, aus Zuwendung, aus Liebe, und singt von immer neuen Wundern. Man kann mit einem solchen Wort Entdeckungen machen. Ich weiß, wovon ich rede. Sieh, mein Zuhörer, in einem solchen Vers ist Gott selbst für Dich da. Weil er uns mit seiner Güte umgibt, darum laß ihn mit Dir gehen: "Der Gottlose hat viel Plage; wer aber auf den Herrn hofft, den wird die Güte umfangen."

Wenn Gott uns umgibt und wenn er uns nah ist in einem solchen Vers, dann ist unsere Aufgabe das Wiederholen, das Wiederkäuen, das Meditieren. Im Nachsprechen eines solchen Satzes spiegeln wir seine Nähe, fassen wir mehr und mehr Vertrauen. Im Wiederholen eines Psalmwortes holen wir seine Zukunft ein, lernen wir hoffen und folgen dem Entwurf, den Gott von uns macht. So haben die ersten Mönche einen Psalmvers immer und immer wiederholt und zu ihrem Gebet gemacht. So wurde ein solcher Psalmvers zu einem Walkman höherer Art. - Luther hat gewußt, daß ein solches Wort in die Tiefenschicht der Seele eindringt, wenn er den Rat gibt, ein solches Bibelwort vor dem Einschlafen im Herzen wiederzukäuen, um es am nächsten Morgen als Hinterlassenschaft des Abends wieder aufzunehmen. So wird Vertrauen praktisch. Im Nichtvergessen, im Wiederholen versichern wir uns Gottes Gegenwart. Buber übersetzt die zweite Hälfte unseres Textes: "wer aber sich sichert an IHM, den umgibt er mit Huld".

Jesus hat den Seinen verheißen, daß der Geist sie in alle Wahrheit leitet. Das tut er, aber er tut es nicht ohne uns. Darum ist das Wiederholen des Wortes wie ein Atemholen und Weitergehen, ein Sich-führen-lassen. Und das ist die heutige Frohbotschaft: Der Heilige Geist läßt keine und keinen allein. Darum faßt Vertrauen. Darum wiederholt ein solches Wort heute tagsüber und abends. Sichert euch an IHM! Es kommt gar nicht darauf an, in welcher seelischen Verfassung jeder einzelne und jede einzelne von uns ist, nur darauf, daß er, daß sie jetzt umkehrt in die neue Umwelt, die uns der lebendige Geist mit einem solchen Wort eröffnet.

Von der Friedrichstraße in Berlin bis zum Kornmarkt in Heidelberg ist ein weiter Weg. Aber der Weg in die Güte ist nicht weit. Wen Gottes Geist mit Güte umgibt, der wird sich nicht damit begnügen, Arm in Arm mit der Freundin durch die Stadt zu schlendern. Wen die Güte umgibt und wer unterwegs ist in alle Wahrheit, wird nicht allein bleiben, der braucht eine Gemeinde, die sich mit ihm freut. Darum kommt in Psalm 32 nach dem Vers 10 noch ein Vers 11. Den Vers 10 kennen wir: "Der Gottlose hat viel Plage; wer aber auf den Herrn hofft, den wird die Güte umfangen." Und zum Vers 11 habe ich nichts hinzuzufügen: "Freuet euch des Herrn und frohlockt, ihr Gerechten, und jauchzet alle, die ihr aufrichtigen Herzens seid!"

Herr Jesus Christus,
Bleibe bei deinem Volk, auch wenn wir auseinandergehen.
Daß jede und jeder dein Wort zunehmend liebe.

Laß uns mehr und mehr deine Gegenwart entdecken.
Stärke unser Vertrauen.

Wehre der Gottesdummheit und der Langeweile unter uns.
Durchbrich du die Isolierung in unseren Gottesdiensten.
Öffne unsere Herzen füreinander.

Wir bitten dich für den Unglücklichen in Berlin.
Wir bitten dich für alle, die ihre Lebenslüge krank macht.
Wir bitten dich für alle Einsamen, laß sie nicht allein.
Uns aber öffne Herz und Mund für die Unglücklichen.

Wir bitten dich für die Studierenden und Lehrenden an unserer
Universität.
Gib, daß wir nicht mitten im Sommer vor Kälte frieren.
Laß alle Wissenschaft im Dienste deiner Güte bleiben.
Wehre allen stolzen Geistern, die in die Katastrophe führen.

Wir bitten dich,
Fördere alle Bemühungen um den Frieden.
Und gib den Politikern Vernunft und Weisheit ...

"DIES TUT ZU MEINEM GEDÄCHTNIS"

BEMERKUNGEN ZUR FRAGE NACH EINER MÖGLICHEN CHRIST-LICHEN IDENTITÄT

Albrecht Grözinger

"Rabbi Naman sagte: 'Gott ist das Zentrum, deswegen haben große Geister behauptet, ER existiere nicht, denn wenn das Zentrum eines Apfels oder des Sterns das Herz des Gestirns oder der Frucht ist, welches ist dann die wahre Mitte des Obstgartens und der Nacht?'"(1)

1. Wer heute die Frage nach "Identität" stellt, sollte wissen, daß er sich dabei einer relativ jungen Frage unterzieht. Eine Antigone fragt in der gleichnamigen Tragödie des Sophokles noch nicht nach "ihrer" Identität im modernen Sinne. Bei Sophokles geht es nicht um einen Konflikt zwischen den Personen Kreon und Antigone, sondern es geht um den Konflikt zwischen menschlichem und göttlichem Recht. Es stehen nicht zwei Individuen im Kampf miteinander, sondern zwei Personen repräsentieren einen überpersonalen Konflikt. Deshalb steht am Ende der Tragödie auch nicht ein individueller Tod oder individuelle Verzweiflung, sondern die Einsicht in den tragenden Grund allen Geschicks:

Das Einsehn - innerster Quell des Glücks!
Doch auch von der Ehrfurcht lasse man nicht
im Götterdienst! Gewaltigen Spruch
des übermütigen Mundes straft
gewaltiger Schlag
und lehrt selbst Alte - das Einsehn!(2)

Ganz anders stellt sich die Problematik in Gottfried Benns Gedicht "Verlorenes Ich" dar:

"Verlorenes Ich, zersprengt von Stratosphären,
Opfer des Ion -: Gamma-Strahlen-Lamm -
Teilchen und Feld -: Unendlichkeitsschimären
auf deinem grauen Stein von Notre-Dame."(3)

In Benns Gedicht ist ein Kosmos zerbrochen; ein Kosmos, der in allem Konflikt eine Antigone und einen Kreon unter einem Ge-

---

(1) J. Derrida, Die Schrift und die Differenz, 1976, 446.
(2) Antike Tragödien, 1969, 215.
(3) K.O. Conrady (Hg.), Das große deutsche Gedichtbuch, 2. Aufl., 1978, 761.

118

meinsamen zusammenhielt. Hier steht jetzt ein Einzelnes, abgesondert und isoliert. Hier wird sich die äußerste Subjektivität ihrer selbst als verlorene bewußt. Identität entsteht aus dem Gefühl der Einsamkeit.

Jenes Gefühl der Einsamkeit geht nicht von ungefähr mit der Entstehungsgeschichte der neuzeitlichen Subjektivität einher. Bereits René Descartes, der die Selbstgewißheit dieser Subjektivität zu begründen versucht, gelingt dies nur, indem er das denkende Ich als res cogitans von den sinnlich-empirischen Phänomenen der Welt als den res extensae radikal abtrennt. Und schon bei Descartes ist das Gefühl der Einsamkeit des Ich expressis verbis beim Namen genannt.(4) Diese Erfahrung stellt sich im weiteren Verlauf des abendländischen Denkens als immer prekärer dar. Bei Hölderin erscheint die Zerrissenheit des Menschen nunmehr bereits als charakteristischer Grundzug einer ganzen Zivilisation:

"Es ist ein hartes Wort und dennoch sag ichs, weil es Wahrheit ist: ich kann kein Volk mir denken, das zerrißner wäre, wie die Deutschen. Handwerker siehst du, aber keine Menschen, Denker, aber keine Menschen , Priester, aber keine Menschen, Herrn und Knechte, Jungen und gesetzte Leute, aber keine Menschen - ist das nicht, wie ein Schlachtfeld, wo Hände und Arme und alle Glieder zerstückelt untereinander liegen, indessen das vergoßne Lebensblut im Sande zerrinnt?"(5)

Die Frage nach der Identität stellt sich also zunehmend als eine Frage, die nur unter einem Leidensdruck formuliert werden kann. Die Identitätsfrage ist der Ausdruck einer leidenden und trauernden Subjektität. Dies macht ihre Brisanz aus und ihre Ambivalität. Denn Subjektivität artikuliert sich immer schon als fragliche. Die Identitätsfrage ist immer auch die Frage nach der grundsätzlichen Möglichkeit von Identität überhaupt.

In der neueren philosophischen Diskussion wurden dazu zwei bemerkenswerte Modelle eines möglichen Zuganges zur Frage nach den Voraussetzungen und Bedingungen der Ausbildung von Identität vorgelegt. Zum einen die Analyse der Genese der neuzeitlichen Subjektivität, die Theodor W. Adorno und Max Horkheimer in ihren Studien zur "Dialektik der Aufklärung" vorlegten; zum anderen die vehemente Kritik an der neuzeitlichen Subjektivität, wie sie Strukturalismus und Neostrukturalismus formuliert haben. Beide Ansätze sollen hier kritisch befragt und auf ihre Konsequenzen für eine mögliche Formulierung der Problemstellung hinsichtlich der Frage nach einer "christlichen" Identität durchleuchtet werden.

---

(4) Vgl. R. Descartes, Discours de la méthode, III/7.
(5) F. Hölderlin, Werke und Briefe, Hrsg. von F. Beißner und J. Schmidt, 1969, I, 433.

2. Die Grundthese, die Horkheimer und Adorno in der "Dialektik der Aufklärung" formulieren, lautet bekanntlich, daß bereits der Mythos Momente der Aufklärung in sich trage und daß die total gewordene Aufklärung ihrerseits die Wirklichkeit in einen Bann schlage, der dem des Mythos entspreche. In dieser Spannung von Mythos und Aufklärung bildet sich das Individuum in einem geschichtlichen Emanzipationsprozeß gegenüber der Natur heraus. Dabei trägt es von Anfang an die Spuren dieses Kampfes an sich. Horkheimer und Adorno haben nun versucht, die "Urgeschichte des bürgerlichen Prinzips"(6) von Individuation am homerischen Epos der Odyssee zu explizieren. Der listenreiche Odysseus ist das Modell für jenes sich der Natur abtrotzende Ich, das sich selbst nur in der Form der Herrschaft über Natur erhalten kann, wobei den verlockenden Rufen zurück zur und in Natur (repräsentiert durch den Gesang der Sirenen) nur durch einen durch Verzicht konstituierten Herrschaftsakt (Odysseus am Mast gefesselt, seinen Gefährten die Ohren verstopft) widerstanden werden kann. Die daraus resultierenden Wunden begleiten das Ich von Anfang an: "Furchtbares hat die Menschheit sich antun müssen, bis das Selbst, der identische, zweckgerichtete, männliche Charakter des Menschen geschaffen war, und etwas davon wird noch in jeder Kindheit wiederholt. Die Anstrengung, das Ich zusammenzuhalten, haftet dem Ich auf allen Stufen an, und stets war die Lockung, es zu verlieren, mit der blinden Entschlossenheit zu seiner Erhaltung gepaart.(7)

Durch diesen Grundzug der Herrschaft in der doppelten Form von Herrschaft über Natur und Selbst-Beherrschung ist jenes Ich gezeichnet, das in dem langen Prozeß abendländischer Geschichte in der Moderne sich zu vollenden anschickt. In seiner Vollendung jedoch vollzieht das Unterdrückte grausame Rache, indem sich das Prinzip Herrschaft, durch welches sich das Ich geschichtlich konstituierte, gegen das Ich selbst wendet. Die "vollends aufgeklärte Erde erstrahlt im Zeichen triumphalen Unheils"(8), da das Ich in den Bedingungen seiner Konstituierungsgeschichte sich heillos verfängt. Herrschaft, die einst Natur dem Menschen unterwarf, unterwirft nun den Menschen selbst. Nicht nur die totalitären Formen politischer Herrschaft von Faschismus und Stalinismus sind Ausdruck dieses Umschlags, sondern auch der totale kulturelle Bann, den die "Kulturindustrie" der westlichen Demokratien über den Einzelnen legt. Die Urangst des Ich, seinen Namen zu verlieren, die Odysseus noch als täuschende Rettungslist gegen den Zyklopen Po-

(6) H. Luther, Das bürgerliche Bewußtsein in der Literatur, Sozietätsvortrag Mainz vom 3.5.1984. Masch.geschr. Manuskript, 5.
(7) M. Horkheimer/T.W. Adorno, Dialektik der Aufklärung. Philosophische Fragmente, 1968, 47.
(8) AaO. 13.

lyphem richten konnte, wird nun zum unentrinnbaren Schicksal. Die "Abschaffung des Individuums"(9) macht das wahr, dessen sich Odysseus noch souverän bediente: an die Stelle des unverwechselbaren Namens, der ein Ich auszeichnet, tritt die gleichmacherische Tendenz kulturell gestanzter Normen und Verhaltensweisen - Jeder ist ein "Niemand" geworden.

Rolf Hochhuth hat dieser Analyse vorgeworfen, selbst einem antihumanen Affekt, einem elitären Dünkel erlegen zu sein.(10) Dem hat Adorno in einem Offenen Brief an Hochuth energisch und leidenschaftlich widersprochen. Adorno hält Hochhuth vor, die "Einsicht in das Zwanghafte eines Prozesses ... mit dessen Billigung"(11) gleichzusetzen. Gerade der jedoch, dem es um die Rettung eines unverwechselbaren Ich geht - und Adorno läßt keine Zweifel daran, daß es ihm darum gehe -, darf die Augen nicht davor verschließen, wie prekär die Situation für ein individuelles Ich geworden ist, ja, daß sein Verschwinden nicht mehr auszuschließen ist: "Ist aber das Individuum ein Entsprungenes, so wacht keine Seinsordnung darüber, daß es nicht ebenso wieder vergehen könnte."(12) Nur wer der Gefährdetheit des Ich ins Auge blickt, ohne vorschnell eine falsche Versöhnung anzudienen, könnte - wenn überhaupt - noch Rettendes benennen, im Gegensatz zu jenen, die die Unversehrtheit oder gar die grundsätzliche Unverletzbarkeit des Individuellen emphatisch postulieren.

Es war George Orwell, der in seinem Roman "1984" erzählend jenes utopisch-wirkliche Szenarium zeichnete, welches die "Dialektik der Aufklärung" begrifflich zu fassen versuchte. Orwell beschreibt eine Welt, in der der Wille zur Herrschaft nicht mehr wattiert einherschreitet, sondern in der sich Herrschaft offen und direkt um ihrer selbst willen vollzieht. Die Grundbedingung jener sich um sich selbst vollziehenden Herrschaft ist die Auslöschung jeglicher individuellen Regung, die Liquidation eines sei es auch nur potentiellen Ich, das sich dem totalen Anspruch von Herrschaft entgegenstellen könnte. Drei Elemente vor allem sind es, gegen die sich der totalitäre Angriff wendet; drei Elemente, aus denen sich ein widerstehendes Ich speisen könnte: Der Gedanke der Wahrheit, die Erfahrung von Geschichte, sowie das Gedächtnis, welches der Wahrheit und der Geschichte inne wird. Wenn die Möglichkeit von "Gedächtnis" vernichtet wird, dann ist es auch um "Wahrheit" und "Geschichte" geschehen. In Orwells Szenarium tritt demgemäß an

---

(9) AaO. 183.
(10)Vgl. R. Hochhuth, Die Rettung des Menschen, in: F. Benscher (Hg.), Festschrift zum achtzigsten Geburtstag von Georg Lukacs, 1965, 484ff.
(11)T.W. Adorno, Noten zur Literatur IV. 1974, 139.
(12)AaO. 138.

die Stelle eines individuierten Gedächtnisses die Partei und der Große Bruder. So fragt sich Winston, der Roman"held" von "1984": "Stand er demnach allein, war er der einzige, der ein Gedächtnis hatte?"(13) Und nur er nimmt wahr, nicht daß die Wahrheit verboten oder zensiert wird, sondern daß schon der Gedanke an eine Wahrheit verunmöglicht wird: "- das Schrecklichste war, daß einfach alles wahr oder falsch sein konnte".(14) Die Folge dieses Verlustes der Dimension von Wahrheit ist, daß auch eine Geschichte, also unterscheidbare Fakten, die beurteilt werden und die ein Ich herausfordern könnten, nicht mehr existieren: "Die geschichtliche Entwicklung hat aufgehört. Es gibt nur noch eine unabsehbare Gegenwart, in der die Partei immer recht behält."(15)

George Orwells Szenarium zeigt, daß es der Angriff auf die Gedächtnisfähigkeit ist, der die Voraussetzung aller weiteren Angriffe darstellt, bis hin zur Liquidation des Gedankens der Wahrheit, der Erfahrung von Geschichte und schließlich des individuierten Ich. Die deprimierenden Schlußsätze von "1984" lauten denn auch:

"Er blickte hinauf zu dem riesigen Gesicht. Vierzig Jahre hatte er gebraucht, um zu erfassen, was für ein Lächeln sich unter dem dunklen Schnurrbart verbarg. O grausames, unnötiges Mißverstehen! O eigensinniges, selbst auferlegtes Verbanntsein von der liebenden Brust! Zwei nach Gin duftende Tränen rannen an den Seiten seiner Nase herab. Aber nun war es gut, der Kampf beendet. Er hatte den Sieg über sich selbst errungen. Er liebte den Großen Bruder."(16)

Das Opfer Winston hatte alles vergessen, was ihm angetan wurde: seine sinnlichen Abenteuer des Widerstandes, die Folter und die Geliebte, sich selbst. Wo kein Gedächtnis mehr ist, da ist kein Ich mehr.

3. Sprachlich und intellektuell brillant haben sich der Strukturalismus und der Neostrukturalismus mit dem Gedanken einer individuierten Identität auseinandergesetzt, dabei jedoch eine ganz andere Richtung eingeschlagen als Horkheimer, Adorno und Orwell.

Claude Lévi-Strauss hat 1962 in "La pensée sauvage" (dt. "Das wilde Denken") seinen Angriff auf ein Denken formuliert, das die Erfahrung eines "Ich" und seiner "Geschichte" in den Mittelpunkt stellt. Das damalige Gegenüber, wogegen Lévi-Strauss argumentierte, war Jean-Paul Sartre und dessen "Critique de la raison dialectique", jedoch richtet sich sein Einwand im Grunde gegen den ganzen Hauptstrom der Entwicklung der modernen Wissenschaften

---

(13)G. Orwell, "1984", 1984, 62.
(14)AaO. 37.
(15)AaO. 159.
(16)AaO. 302.

und das diese begleitende philosophische Denken. Stellen die Humanwissenschaften den Menschen in den Mittelpunkt dessen, worauf sich alles Interesse zu richten hat, so wirft dem Lévi-Strauss die These entgegen, "das das letzte Ziel der Wissenschaften vom Menschen nicht das ist, den Menschen zu konstituieren, sondern das, ihn aufzulösen".(17) Nicht die Herausschälung einer humanen Kultur in einem geschichtlichen Emanzipationsprozeß von der Natur ist das anstehende Thema und die Aufgabe, sondern es geht um das Postulat, diesen Prozeß umzukehren, den Marsch in die Gegenrichtung anzutreten. Um nichts weniger als eine Wende weg vom Menschen geht es, nämlich "die Kultur in die Natur und schließlich das Leben in die Gesamtheit seiner physikochemischen Bedingungen zu reintegrieren".(18) Nicht ein "Ich" und seine "Geschichte" ist hier konstitutiv für Wirklichkeitserfahrung, sondern die ichlose, vernunftlose Struktur, jenes Netz einer Totalität, dessen Grundmodell dem Sprachverständnis der strukturalen Linguistik entnommen ist. Sprache ist dort nicht die Leistung eines seiner Bedingungen einsichtigen Ich, sondern eine "nicht reflektive Totalisation ..., die ihre Gründe hat und die der Mensch nicht kennt".(19) Jene Totalität, die der letzte einsichtige Grund alles wirklichen ist, beschreibt Lévi-Strauss in einem eindrücklichen Bild, nämlich als diejenige Konstellation, "wie sie Spiegel bieten, die aneinander gegenüberliegenden Wänden hängen und sich gegenseitig (sowie die Gegenstände in dem Raum, der sie trennt) widerspiegeln".(20) Der Gedanke eines "Ich" und der einer "Geschichte" - und darauf läuft die Argumentation von Lévi-Strauss hinaus - sind nichts anderes als ein zufälliges Aufblitzen zwischen diesen Spiegeln, nicht begründbar und ebenso unbegründet wieder vergehend, wie sie aufgeblitzt sind. Ein Denken, das sich um die Idee eines "Ich" und seiner "Geschichte" versammelt, unternimmt nichts anderes, als daß es ein zufälliges und sekundäres Phänomen als strukturierendes Zentrum der Wirklichkeit setzt. Dies alles geht gegen Kant, Hegel, Marx und Sartre gleichermaßen. "Geschichte" gibt es nach Lévi-Strauss gar nicht, sie ist eine Erfindung des Historikers, ebenso wie das "Ich" nichts anderes als eine Phantasmagorie, einen Mythos des abendländischen Denkens darstellt.

Lévi-Strauss hat sich nun entschieden gegen den immer wieder formulierten Vorwurf gewehrt, daß seine Kritik an eben diesem "Humanismus" letztendlich von einem antihumanistischen Affekt geleitet wird. Vielmehr fordert er, eine "absolutistisch-humanisti-

---

(17)C. Lévi-Strauss, Das wilde Denken, 3. Aufl., 1979, 284.
(18)Ebd.
(19)AaO. 290.
(20)AaO. 303.

sche Haltung"(21) zu ersetzen durch einen recht verstandenen Humanismus, der sich nicht mehr an die Zentralstellung eines Ich klammert; es sei zu lernen, "daß der Mensch letzten Endes nur ein Lebewesen unter anderen ist, das nur unter der Voraussetzung weiterleben kann, daß es diese anderen respektiert"(22) An dieser Stelle erreicht wohl die Argumentation von Lévi-Strauss ein großes Maß an Plausibilität angesichts der ökologischen Krisen und der drohenden atomaren Vernichtung der Erde. Doch es bleibt zu fragen und weiter unten zu erörtern, ob Lévi-Strauss mit seinem Plädoyer für die Verabschiedung des "Ich" und der "Geschichte" nicht gerade jene Entwicklung fördert und beschleunigt, die er so kritisch in den Blick bekommt.

Michael Foucault hat den Ansatz von Lévi-Strauss aufgenommen und zugleich weiter zugespitzt. Um in der für die strukturalistische und neostrukturalistische Begriffswelt so charakteristischen Bildsprache zu verbleiben, ließe sich Foucaults Weiterschreiten in der von Lévi-Strauss eingeschlagenen Richtung so kennzeichnen: Beschreibt Lévi-Strauss die Realität als ein geschlossenes Ensemble von Spiegeln, in der sich die Gegenstände spiegeln, so postuliert Foucault einen ganzen Kosmos solcher Spiegel-Konstellationen. Jedes einzelne dieser Ensembles von Spiegeln stellt einen Diskurs dar, der nach bestimmten Regeln verläuft. Dabei ist die Ausformulierung der modernen Humanwissenschaften mit ihrem Interesse am Menschen und seiner Geschichte nur einer von vielen möglichen Diskursen - und dabei nicht einmal der fundierteste und überzeugendste: "der Mensch ist nicht das älteste und auch nicht das konstanteste Problem, das sich dem menschlichen Wissen gestellt hat".(23)

Foucaults wissenschaftliches Programm geht nun dahin, die Genese, die Regeln und die Ablösung der verschiedenen Diskurse untereinander zu beschreiben, ohne dabei - und darin unterscheidet Foucault sich fundamental vom Denkansatz der Hermeneutik - hinter diesen Diskursen nach einem einheitlichen Sinn zu suchen. Eine solche Sinn-Suche wäre ja wiederum nur einem bestimmten Diskurs-Modell verfallen, welches dann verabsolutiert wird. Foucault

---

(21)C. Lévi-Strauss, Mythos und Bedeutung, 1980, 224.
(22)Ebd.; vgl. auch: "Wir sind keineswegs Antihumanisten. Wir sind zutiefst humanistisch, nur bin ich der Auffasung, daß der Humanismus seinem Untergang entgegeneilt, wenn er weiterhin ein Humanismus der maßlosen Überheblichkeit ist. Wenn er sich retten will, muß er bereit sein, ein bescheidener Humanismus zu werden und eingestehen, daß der Wert des Menschen nicht darin besteht, ein Wesen außerhalb der Schöpfung zu sein, sondern ein Lebenwesen wie alle anderen." (aaO. 261f.)
(23)M. Foucault, Die Ordnung der Dinge, 1974, 462.

kommt es darauf an, die Ebene dieser Fragestellung hinter sich zu lassen, nämlich den Diskurs immer auf eine wertend-erkennende "Subjektivität zu beziehen"(24), vielmehr sei es an der Zeit, "die Geschichte des Denkens aus seiner transzendentalen Unterwerfung zu befreien"(25). Das Ensemble der Diskurse wird - so Foucault - nicht zusammengehalten durch einen einheitlichen Sinn, dessen eine reflexive Subjektivität inne werden könnte, sondern dem Denken - das Foucault bezeichnenderweise eine "Archäologie" nennt - stellt sich die Folge dieser Diskurse dar als ein serielles Spiel sich ablösender Perspektiven und Regelsysteme. Eine sich ihrer selbst bewußte Subjektivität, eine sich erinnernde Identität als Subjekt dieses Spiels der Diskurse hat keinen Platz mehr. Vielmehr ist das, was bisher als Subjekt verstanden wurde, das Objekt dieses sich selbst spielenden Spiels. Selbstreflexion und Gedächtnis als transzendentale Leistungen haben darin keinen Platz mehr. Der "Archäologie des Wissens" geht es darum, "eine Dezentralisierung vorzunehmen, die keinem Zentrum ein Privileg zugesteht. Ein solcher Diskurs hat nicht die Aufgabe, das Vergessen aufzulösen und in der Tiefe der gesagten Dinge, dort, wo sie schweigen, den Moment ihrer Entstehung wiederzufinden (ob es sich nun um ihre empirische Schöpfung oder den transzendentalen Akt, der ihnen Ursprung verleiht, handelt)."(26)

Gleichwohl hat Foucault in seiner Inauguralvorlesung am Collège de France die Frage aufgeworfen, ob es nicht doch ein ordnendes Moment gebe, das - und dies ist der Titel seiner Vorlesung - "Die Ordnung des Diskurses" reguliert. Foucault bejaht hier die gestellte Frage, formuliert aber die bejahende Antwort zugleich als eine vehemente Kritik an diesem regulativen Prinzip. Es ist - so Foucault - der hinter dem abendländischen "Willen zur Wahrheit"(27) sich verbergende Wille zur Macht, der jene regulative Mitte darstellt, indem bestimmte Modi von Diskursen ausgegrenzt werden (Foucault nennt hier vor allem die Ausgrenzung des "Wahnsinns"). Mit diesem Gedanken jedoch stellt die Foucault'sche Inauguralvorlesung nichts anderes dar als einen Nietzsche redivivus, ein Einkleiden der zentralen Gedanken des Denkers in Sils-Maria in ein modernes strukturalistisches Gewand.(28) Jener neu-alte "Wille zur Macht" setzt die "Grenzen durch das Spiel einer Identität, welche

(24)Ders., Archäologie des Wissens, 1981, 284.
(25)AaO. 289.
(26)AaO. 293.
(27)Ders., Die Ordnung des Diskurses, 1977, 15.
(28)Zu Recht hat Manfred Frank die "Genealogie der Moral" als die "Bibel der neostrukturalistischen Machttheorie" bezeichnet. Vgl. dazu M. Frank, Was ist Neostrukturalismus?, 1983, 235.

die Form einer permanenten Reaktualisierung der Regeln hat"(29). Der Wille zur Macht verkleidet sich in das Gewand der selbstreflexiven Identität, stellt aber nichts anderes dar als die Formation einer "diskursiven 'Polizei'"(30), immer und allzeit bereit, Abweichendes und sich Entfernendes zu domestizieren und "heim"zuholen. Ist bei Lévi-Strauss der Gedanke an ein Subjekt und einer ihm eigenen Geschichte eine eher zufällige Störung, so geht dieses "Subjekt" bei Foucault in den lärmenden Stiefeln einer Besatzungsmacht des Denkens einher. Der Gedanke an ein Ende dieser Subjektivität ist daher nicht allein nur denkbar geworden, sondern ihm haftet der Trost eines Rettenden an. Glück strahlt auf im Ausblick auf jenen Tag, an dem "der Mensch verschwindet wie am Meeresufer ein Gesicht im Sand"(31).

Gleichsam von innen her aufgebrochen hat Jacques Derrida den strukturalistischen Ansatz von Lévi-Strauss und Foucault und diesen in das neostrukturalistische Denken überführt.(32)

Derrida wendet sich emphatisch gegen jenen "Gestus, der der Struktur ein Zentrum geben und sie auf einen Punkt der Präsenz, auf einen festen Ursprung beziehen wollte"(33). Ein solches strukturierendes Zentrum hat Lévi-Strauss mehr umproblematisiert vorausgesetzt und Foucault in der Analyse des Willens zur Macht kritisch rekonstruiert. Demgegenüber löst Derrida die Spiegel-Konstellation bei Lévi-Strauss und die durch die "diskursive Polizei" zusammengehaltene Ordnung des Diskurses bei Foucault auf, obzwar er feststellt, daß "eine Struktur, der jegliches Zentrum fehlt, das Undenkbare selbst"(34) darstellt. Gleichwohl unternimmt Derrida den Versuch, dieses Undenkbare zu denken und zu formulieren. Sieht er im traditionellen Strukturalismus immer noch den unbewußten Willen zur Identität am Werk, so is sein Einsatzpunkt dem gegenüber die Feststellung der Differenz. Jede "Identität" - so die Argumentation Derridas - konstituiert sich dadurch, daß sie sich von anderen "Identitäten" unterscheidet. Ein "Ich" definiert sich letztlich dadurch, daß es sagt, was es nicht ist. Konstitutionsprinzip ist also gerade nicht Identität, sondern die Differenz. Damit jedoch wird das Streben nach einer mit sich identischen Subjektvität ein Unterfangen, das von vornherein zum Scheitern verurteilt ist. "Identität" ist immer nur in einer von einem Zentrum zusammengehaltenen Struktur möglich, fehlt jedoch ein solches Zentrum, dann bekommt

---

(29)M. Foucault, aaO 25.
(30)Ebd.
(31)Ders., Die Ordnung der Dinge, aaO. 462.
(32)Vgl. zur Zuordnung und Abgrenzung von "Strukturalismus" und "Neostrukturalismus": Manfred Frank, aaO. 7-115.
(33)J. Derrida, Die Schrift und die Differenz, 1976, 442.
(34)Ebd.

die "Differenz" ein uneinholbares ontologisches Prae vor jeder möglichen Identität. Denn ein "Ich" müßte immer einen unendlichen Weg durch alle Nicht-Ichs gehen, bis es sich zu sich selbst käme. Das "Ich" teilt - so ließe sich der Ansatz Derridas kennzeichnen - das Schicksal des Hasen in der Fabel vom Hasen und Igel. Kommt der Hase "Identität" ans Ziel, ist immer schon der Igel "Differenz" mit seinem "Bin schon da!" gegenwärtig. Der von Hegel auf die Wanderschaft der Entfremdung geschickte Geist findet bei Derrida keinen Weg mehr zurück, weil gilt, daß ein Identität ausbildendes Struktur-Zentrum nicht mehr länger " in der Gestalt eines Anwesenden gedacht werden kann, daß es keinen natürlichen Ort besitzt, daß es kein fester Ort ist, sondern eine Funktion, eine Art von Nicht-Ort, worin sich ein unendlicher Austausch von Zeichen abspielt.(35)

Identität verliert sich also in ein unendliches Spiel ohne ein Woher, ohne ein gewärtiges Jetzt und ohne ein Wohin. Und wie bei Foucault wird spätestens an dieser Stelle der Argumentation Derridas als Ahnvater Nietzsche sichtbar. Nichts anderes als das Denkmodell der "Ewigen Wiederkehr" verbirgt sich hinter dem neostrukturalistischen Angriff auf die Möglichkeit einer mit sich selbst identischen Subjektivität, was Descombes treffend wie folgt illustriert hat:

"... kein Original - das Modell der Kopie ist bereits eine Kopie, die Kopie ist also eine Kopie der Kopie; keine heuchlerische Maske - denn das von der Maske verdeckte Gesicht ist bereits eine Maske, jede Maske ist nur Maske einer solchen; keine Tatsache - nichts als Interpretation; kein eigener Sinn eines Wortes, nichts als übertragene Sinne, die Begriffe sind nur verkleidete Metaphern; keine authentische Version eines Textes, nichts als Übersetzungen; keine Wahrheit, nichts als Pasticcios und Parodien. Und so weiter."(36)

Eure Kämpfe sind müßig! Ihr wollt alle der Mittelpunkt der Welt sein! Aber es gibt weder Mittelpunkt noch Welt! All das ist nur ein Spiel, ein Trugbild. Am Dreikönigstag lost man den König aus, damit aber die Gäste nicht zanken, darf jeder König sein: und sind doch alles Schelme, bloß Könige zum Lachen."(37)

Wo Foucault hinsichtlich der Frage nach der Ausbildung von Identität den Ideologieverdacht anmeldet, konstatiert Derrida das Faktum einer reinen Illusion, einer Fiktion. Insofern ist sein Angriff auf den Gedanken einer mit sich selbst identischen Subjektivität radikaler und weitreichender als der von Lévi-Strauss und Fou-

---

(35)AaO. 424.
(36)V. Descombes, Das Selbe und das Andere. Fünfundvierzig Jahre Philosophie in Frankreich 1933-1978, 1981, 215.
(37)AaO. 221.

cault. Hier wird eine bestehende Identität nicht kritisch hinterfragt, sondern hier wird die Möglichkeit von Identität überhaupt gründlich und endgültig verabschiedet. Wo bisher Identität war, da steht für Derrida von nun an das "Abenteuer, die rückhaltlose Verausgabung"(38), die sich nicht mehr in einer "Identität" rückversichert, vielmehr ein Sich-Verlieren darstellt in das unendliche Spiel unendlicher Möglichkeiten in unendlichen Perspektiven.

4. Das theologische Nachdenken über die Bestimmung einer christlichen Identität wird sich der allgemeinen philosophischen Diskussion über die grundsätzliche Problematik von Identität nicht entziehen können, denn auch eine mögliche christliche Identität hat teil an den historischen Grundbedingungen und Ortsbestimmungen dieser Diskussion. Zu fragen wird allerdings sein, wo sich das Nachdenken über christliche Identität innerhalb dieses Gespräches ansiedelt. Dazu ist eine Beurteilung der dort vertretenen Positionen unerläßlich - die allerdings nicht in einem souveränen Gegenüber von theologischer Theoriebildung und philosophischer Reflexion, sondern in einem spannungsvollen Ineinander wechselseitigen Hinterfragens.

Blickt man auf die von Horkheimer, Adorno und Orwell auf der einen Seite und von Lévi-Strauss, Foucault und Derrida auf der anderen Seite vertretenen Positionen, dann ist zuerst einmal ein gemeinsamer Grundzug festzustellen. Beide, die These von der "Dialektik der Aufklärung" sowie die strukturalistische Analyse, gehen von der Ungesichertheit individueller Identität aus. Identität ist nicht mehr selbstverständlich, ja sie erscheint im äußersten Maße gefährdet oder fragwürdig. Identität kommt als problematische in den Blick. In diesem Punkt siedeln sich sowohl die "Dialektik der Aufklärung" als auch der Stukturalismus konsequent auf der von Descartes ausgehenden Traditionslinie an, ja, beide scheinen auf je verschiedene Weise ein Erbe zu vollstrecken, das von dort seinen Ausgang genommen hat.

Fundamental verschieden sind die "Dialektik der Aufklärung" und die strukturalistischen Positionen jedoch, wenn man auf die Konsequenzen sieht, die beide aus ihren Analysen ziehen. Horkheimer, Adorno und Orwell geht es letztlich um die Rettung einer individuellen Identität. Ihre Histoire der Genese und des Verlaufs der neuzeitlichen Subjektivität, das Szenarium von "1984", beide sind durchzogen von der Trauer und dem Entsetzen darüber, in welchem Ausmaß individuelle Identität gefährdet ist. Ganz anders Lévi-Strauss, Foucault und Derrida. Dort erscheint das "Ende des Menschen" als die Morgenröte einer neuen Zeit, deren Anfang nicht begeistert genug begrüßt werden kann. Das Ende des Identitäts-Zeitalters verheißt einer sich nicht mehr als Subjektivität konsti-

---

(38)J. Derrida, aaO. 443.

tuierenden Menschheit den Anbruch einer neuen, bisher ungekannten Freiheit und Lust. Was für die einen die äußerste Gefahr und den totalen Sieg der Barbarei darstellt, ist den anderen eine verlockende Verheißung. Für beide jedoch ist das Lied vom Ende einer individuierten Subjektivität die Melodie, die den Grundzug unserer geschichtlichen Epoche darstellt.

Im Szenarium von "1984" haben wir den Angriff auf die Möglichkeit von "Gedächtnis" als die Grundbedingung der Vernichtung einer mit sich selbst identischen Subjektivität und einer ihr eigentümlichen Geschichte herausgestellt. Dem entspricht der Lobpreis des Vergessens, den Foucault anstimmt(39), und die Hoffnung, die Derrida in ein zentrumsloses, vom Nichts ins Nichts gehendes Spiel der Möglichkeiten und Perspektiven setzt. Zu fragen bleibt allerdings, ob die geschichtliche Erfahrung nicht zuletzt auch unseres Jahrhunderts nicht zeigt, daß die Vorstellung eines solchen zentrumslosen Spiels nicht eine gefährliche Illusion darstellt. Die "großen Brüder" stehen ja schon allenthalben bereit, jenes leere Zentrum zu besetzen. In einer von "Herrschaft" umstellten Welt ein zentrumsloses Spiel zu beschwören, kann gar nichts anderes darstellen als eine naive Einladung zur Usurpation dieses Zentrums. Insofern ist die strukturalistische und neostrukturalistische Beschwörung des Endes des Menschen, gerade weil sie darin einen Grundzug der geschichtlichen Entwicklung trifft, der gefährlichste, alldieweil verlockendste theoretische Ausdruck der faktischen Gefährdetheit des Menschen, indem diese Gefährdung nicht nur nicht kritisch hinterfragt, sondern emphatisch begrüßt wird.

Dem gegenüber scheint die Aufgabe einer Rettung des Individuellen und damit aufs engste verbunden das Nachdenken über die Bedingungen der Ausbildung von Identität nicht überholt zu sein. Damit aber bekommt der Einsatz für das "Gedächtnis" eine zentrale Stellung in der Auseinandersetzung - auch und gerade gegenüber den "großen Brüdern" und ihren theoretischen Wegbereitern.

Es war Walter Benjamin, der als Reaktion auf die Erfahrung der totalitären Systeme von Faschismus und Stalinismus den Gedanken des Gedächtnisses als eines dem totalitären Angriff widerstehendes formulierte. Dieser Angriff hat - so Benjamin - dann gesiegt, wenn er die Geschichte in den Griff bekommen hat, sie zu seinen Gunsten abschließen kann. Das Offenhalten - auch der vergangenen - Geschichte ist damit ein Akt des Widerstandes. In seinem Essay "Eduard Fuchs, der Sammler und der Historiker" stellt Benjamin fest, daß es eine der Hauptforderungen an den Historiker sei, daß das "Werk der Vergangenheit ... ihm nicht abgeschlossen" sei.(40)

---

(39)Vgl. M. Foucault, Archäologie des Wissens, aaO. 293.
(40)W. Benjamin, Gesammelte Schriften II/2, hg. von Rolf Tiedemann und Hermann Schweppenhäuser. 1974ff., 477.

Max Horkheimer hat gegenüber Benjamin damals den Vorwurf erhoben, daß eine solche Betrachtung der Geschichte "idealistisch", wenn nicht gar "theologisch sei.(41) Benjamin hat in der direkten Antwort an Horkheimer auf diesen Vorwurf ausweichend geantwortet(42), In seinen Arbeitsnotizen jedoch den Einwand Horkheimers aufgenommen und ihn ins Positive gewendet. In den Manuskripten zum "Passagen-Werk" findet sich dazu folgende instruktive Notiz Benjamins:

"Das Korrektiv dieser (sc. Horkheimers) Gedankengänge liegt in der Überlegung, daß die Geschichte nicht allein eine Wissenschaft sondern nicht minder eine Form des Eingedenkens ist. Was die Wissenschaft 'festgestellt' hat, kann das Eingedenken modizifieren. Das Eingedenken kann das Unabgeschlossene (das Glück) zu einem Abgeschlossenen und das Abgeschlossene (das Leid) zu einem Unabgeschlossenen machen. Das ist Theologie; aber im Eingedenken machen wir eine Erfahrung, die uns verbietet, die Geschichte grundsätzlich atheologisch zu begreifen, so wenig wir sie in unmittelbar theologischen Begriffen zu schreiben versuchen dürfen."(43)

Wohlgemerkt: Benjamin argumentiert hier nicht als Theologe, sondern als Historiker, der es als seine Hauptaufgabe ansieht, die Geschichte vor dem totalitären Zugriff der Herrschaft zu bewahren. Dabei ist für ihn der Gedanke des "Eingedenkens" das Leitmotiv historischer Arbeit. Das "Gedächtnis" ist für Benjamin das Zentrum und der geheime Antrieb aller rettenden Kritik und Rekonstruktion.

Dabei hat der Historiker Benjamin nicht übersehen, daß er hier eine Denkbewegung aufnimmt, die ihre Herkunft aus dem Theologischen nicht verleugnen kann. In seiner letzten Abhandlung vor seinem Tod auf der Flucht hat er in seinen Thesen "Über den Begriff der Geschichte" die Herkunft dieses Motivs präzis historisch verortet. Dort heißt es: "Bekanntlich war es den Juden untersagt, der Zukunft nachzuforschen. Die Thora und das Gebet unterwiesen sie dagegen im Eingedenken."(44) Der Blick des an Rettung des Gedächtnisses interessierten Historikers sieht sich also an jene Motive verwiesen, die den Gedanken des "rettenden Eingedenkens" herausgebildet haben. Und damit richtet sich dieser Blick auf die theologische Tradition des Judentums.

5. In hohem Maße ist die Theologie und Religion Israels eine Gedächtnis-Theologie und Gedächtnis-Religion, wobei das "Gedenken" sowohl von JHWH als auch vom Menschen ausgesagt werden

---

(41) Vgl. den Brief Horkheimers an Benjamin vom 16.3.1937, aaO. II/3, 1332.
(42) Vgl. dazu aaO. 1338.
(43) AaO. V/1, 589.
(44) AaO. I/2, 704.

kann.(45) Das glaubende Selbstverständnis, die Identität Israels ist entscheidend durch die Haltung des Gedenkens bestimmt. Das "Kleine Geschichtliche Credo" in Deuteronomium 26 ist prägnanter Ausdruck dieses Zusammenhanges. Bekenntnis ist dort die erinnernde Erzählung der Befreiungsgeschichte, in die JHWH sein Volk hineingezogen hat. Dieses gedenkende Erinnern bekommt dann spätestens in den Psalmen und in der prophetischen Tradition eine universale Dimension. In das Gedächtnis Israels wird die ganze Welt mit hinein genommen: "Es werden gedenken und sich zum Herrn bekehren aller Welt Ende und vor ihm anbeten alle Geschlechter der Heiden" (Ps 22,28). Aufgehoben und begründet ist dieses menschliche "Gedächtnis" jedoch in JHWHs Gedenken. Weil JHWH seines Volkes und aller Menschen gedenkt, darum können die Menschen, sich seiner Taten erinnernd, ihn bezeugen. Dieses Gedenken JHWHs bewirkt die Erfahrung einer konkreten Geschichte, einer Geschichte des Heils:

"Der Herr gedenkt unser und segnet uns;
er segnet das Haus Israel,
er segnet das Haus Aaron." (Ps 115,12)

Das Magnifikat in Lk 1 nimmt diese Gedächtnis-Tradition des Alten Testamentes auf und schreibt sie in das Neue Testament hinein fort. Das Gedächtnis Gottes erweist durch die anstehende Geburt des Menschen Jesus von Nazareth seine Treue: "Er denkt an seine Barmherzigkeit und nimmt sich seines Dieners Israel an, wie er es unseren Vätern zugesagt hat, Abraham und seinen Nachkommen in Ewigkeit" (Lk 1,54f). Der Lobpreis des Gedächtnisses Gottes durch Maria geschieht seinerseits im Eingedenken an die erfahrene Geschichte dieses Gottes mit seinem Volk. Die Auferstehung des Menschen Jesus von Nazareth aus den Toten erneuert in den Jüngern das Gedächtnis an seine Worte und Taten (Lk 24,6.8). Und der Heilige Geist wird bei Johannes explizit als ein Geist, der zur Erinnerung ermächtigt, charakterisiert (Joh 14,26). So erfährt und bezeugt die Christenheit bis auf den heutigen Tag die Gegenwart dieses Geistes im Abendmahl, das aufgrund der Einladung dessen gefeiert wird, der dieses Mal gestiftet hat mit den Worten: "Das tut zu meinem Gedächtnis." (1Kor 11,24f).

Christliche Identität wird sich also wie die Identität Israels konstituieren über das Gedächtnis. Insofern jedoch gewinnt die Frage nach einer christlichen Identität im Kontext der oben skizzierten philosophischen Auseinandersetzung um die grundsätzlichen

---

(45)Vgl. die Studie von Willy Schottroff: "Gedenken" im Alten Orient und im Alten Testament. Die Wurzel zakar im semitischen Sprachkreis, 1964.

Bedingungen der Ausbildung von Identität eine exponierte Stellung, da dort der Angriff auf das Gedächtnis als die eigentliche Gefährdung einer indiviudellen Identität bestimmt worden ist. Christliche Identität ist durch einen solchen Angriff in ihrem Kern getroffen, sie steht aber in dieser besonderen Verwundbarkeit zugleich exemplarisch für die Gefährdetheit von Identität überhaupt. Vielleicht ist die Bezeugung der Unverzichtbarkeit von Gedächtnis jener besondere Ort, den christliche Identität darzustellen heute aufgerufen ist. Die Dimensionen dieser Darstellungen sollen jetzt noch thesenhaft skizziert werden.

Christliche Identität kommt immer als Gefährdete in den Blick. Insofern hat sie solidarischen Anteil an den Grundbedingungen neuzeitlicher Identitätsbildung überhaupt. Die Gebrochenheit menschlicher Existenz zeigt sich ihr in nuce im Leben und Sterben des Menschen Jesus von Nazareth, der diese Gefährdetheit bis hin zu seinem schuldlosen Tod am Kreuz auf sich nahm. Damit aber ist dieser Tod zugleich ein Protest gegen alle Tendenzen und Umstände, die Identität gefährden. Christliche Identität wird also all jenen widersprechen, die die Aufgabe einer individuellen Identität als verlockende Verheißung preisen. In aller Trauer und in allem Schmerz wird christliche Identität versuchen, an sich selbst festzuhalten; Treue ist ein wesentlicher Grundzug dieser Identität. Dieses An-sich-festhalten in Treue und im Widerspruch wird sich nur realisieren lassen in der von Werner Kohler beschriebenen Dialektik von "Heimat in der Fremde und so um Fremdsein in der Heimat".(46)

Christliche Identität konstituiert sich aber über das Gedächtnis. Sie stellt also ein Gegenmodell dar zu jener abendländischen Konstitution von Identität über das Prinzip Herrschaft, wie sie vor allem die "Dialektik der Aufklärung" kritisch rekonstruiert hat. Dabei darf jedoch nicht übersehen werden, daß Theologie und Kirche entscheidend an jenem sich über das Prinzip Herrschaft herausbildenden Typus von Identität beteiligt waren. Insofern kann auch die strukturalistische Kritik an dem daraus entsprungenen absolutistischen Humanismus positiv aufgenommen werden, ohne jedoch die weitergehenden Konsequenzen dieser Kritik übernehmen zu müssen. Christliche Identität wird sich in weiten Teilen formulieren als Kritik an den Denktraditionen des christlichen Abendlandes, das ja über Jahrhunderte hinweg keine bloße Fiktion, sondern eine geschichtsmächtige Realität war. Hier teilt sie das Interesse der "Dialektik der Aufklärung".

---

(46) W. Kohler, Fremd in der Heimat - Widerspruch und Anpassung in: A. Baudis u.a. (Hg.). Richte unsere Füße auf den Weg des Friedens. Helmut Gollwitzer zum 70. Geburtstag, 1979, 66-75, Loc. cit. 75.

Christliche Identität wird ferner der Versuchung zu entsagen haben, der sie immer wieder erlegen ist, nämlich selbst totalitäi zu formulieren. Gerade weil sie sich nicht ausschließlich über sich selbst konstituiert, sondern über ein Gedächtnis, das begründet ist im Gedenken Gottes, ist sie angewiesen auf ein Gegenüber, über das sie nicht verfügen kann. Christliche Identität kann also niemals eine Identität sein, die man "besitzt"; sie kann sich nie über und bei sich selbst beruhigen; sie ist nie vollendet und abgeschlossen. Einen Gedanken Derridas aufgreifend, könnte christliche Identität verstanden werden als ein Spiel, allerdings kein zentrumsloses Spiel, sondern ein Spiel, dessen Zentrum das Gedächtnis Gottes und das Eingedenken der Freiheitsgeschichte dieses Gottes mit den Menschen darstellt. Damit aber bekommt christliche Identität einen poetischen Charakter. Sie beteiligt sich spielend, erzählend-erinnernd und handelnd-verweisend an diesem Spiel der "herrlichen Freiheit der Kinder Gottes" (Röm 8,21). Die Sprache dieses Spiels ist die Poesie, sein Atem das Gedächtnis und seine Verlockung der Ruf der Freiheit - und dies im vollen Wissen darum, wie gefährdet und zerbrechlich ein solches Spiel sich ausnimmt angesichts einer von Herrschaft umstellten Welt.

FREMDER ODER GASTFREUND? - ZUM PROBLEM DES AUS-LANDSSTUDIUMS

Gerhard Grohs

1. Wenn man zunächst das gegensätzliche Begriffspaar "Fremder" und "Gastfreund" sich genauer auf ihre sprachliche Herkunft hin anschaut, bemerkt man, daß diese beiden Worte so gegensätzlich nicht sind, wie sie zu sein scheinen. Der erste Begriff "Fremder" ist zwar eindeutig, denn er kommt vom Mittelhochdeutschen "fram", was "vorwärts" und "weiter", aber auch "von ... weg" heißt und im Althochdeutschen "unbekannt" und "unvertraut" bedeutete. Aber das Wort "Gast" ist von vornherein ambivalent, denn es wurde im germanischen Sprachbereich sowohl als "Fremder" als auch als "Feind" oder "feindlicher Krieger" gebraucht. Ebenso kannte der römische Sprachgebrauch zunächst keinen scharfen Gegensatz von hostis (Feind) und hospes (Gast). Erst seit dem ausgehenden Mittelalter, als das Bürgertum bewußt Gastfreundschaft zu üben begann, erhielt das Wort, wie es in einem etymologischen Wörterbuch heißt(1), "seinen ehrenden Sinn."

Warum das Bürgertum begann, Gastfreundschaft zu pflegen, wurde in diesem Wörterbuch nicht gesagt. Norbert Elias würde darauf hinweisen, daß zu dieser Zeit in Europa größere Räume befriedet und die Zeiten der Unsicherheit, die jeden zum Feinde jedes anderen machte, durch die von den beginnenden Zentralgewalten erlassenen "Landfrieden" allmählich territorial beendet wurden.(2) Doch kommt etwas anderes hinzu, nämlich der stärker werdende Einfluß des Christentums, dessen Gebot der Nächstenliebe, ja der Feindesliebe, dem Gast als Nächstem wieder Eindeutigkeit gab, nämlich als demjenigen, der als Freund zu behandeln ist, wie Christus es am Beispiel des Samariters verdeutlichte. Sieht man einmal von der europäischen Geschichte ab, ist aber auch bei dieser Erklärung zu bedenken, daß es auch eine spezifische Art ländlicher Gastfreundschaft gibt, die jeder Besucher arabischer und afrikanischer Länder oder Griechenlands und Jugoslawiens dankbar erfahren wird und die von den großen Religionen Islam und Christentum aufgenommen wurde.

Wendet man sich nun der Frage zu, welche Rolle eigentlich der Begriff des "Fremden" im Christentum gespielt hat, dann beginnt

---

(1) Duden Etymologie - Herkunftswörterbuch der deutschen Sprache, 1963, Stichwort "Gast". Pauly's Real-Encyclopaedie der Classischen Altertumswissenschaft, 1913, Bd. 16, Stichwort Hospes.

(2) Vgl. N. Elias, Über den Prozeß der Zivilisation, 2 Bde, 1970.

gerade dieser im Gegensatz zur Figur des Gastes seine Eindeutigkeit zu verlieren. Angelpunkt ist die Tatsache, daß Christus selbst immer als
Fremder empfunden wurde, er geriet in Widerspruch zu seinen
Zeitgenossen, zu den wirtschaftlichen, politischen, religiösen und
sozialen Tendenzen seiner Zeit, wie der evangelische Theologe
Werner Kohler schrieb.(3) Auch Paulus hat darunter gelitten, daß er
als Fremder in seiner Heimat angesehen wurde, seitdem er sein
Damaskus erlebt hatte. Christus wird noch heute von den traditionellen Juden als fremd empfunden, und er empfahl seinen
Landsleuten den fremden Samariter als ihren Nächsten und sagte
seinen Jüngern, daß die gesegnet sind, die ihn aufgenommen haben,
"als er fremd war", wie es in Mt 25,35 heißt.

Das Gleichnis vom verlorenen Sohn (Lk 15,11-32) bringt die
Ambivalenz des Fremden im Christentum wohl am klarsten zum
Ausdruck und soll nun als Ausgangspunkt unserer Überlegungen zum
Auslandsstudium dienen. Zwei Söhne eines Vaters werden darin dargestellt. Der eine bleibt im Hause und ist seinem Vater ein guter
Sohn, der andere geht von zuhause fort, gerät ins Elend und kehrt
als Geschlagener zurück. Er wird vom Vater mit großer Freude
empfangen, was der ältere, daheimgebliebene Sohn verständlicher-
weise als Unrecht empfindet. Die Parabel des Neuen Testamentes
will uns nahelegen, daß die Treue des älteren Bruders nicht so
selbstverständlich, sondern problematisch ist und daß der verlorene
Sohn erst dadurch Heimat gewinnt, daß er sie verlassen hat.

Peter Wust, ein heute zu Unrecht vergessener Philosoph, hat
das in seinem Buch "Ungewißheit und Wagnis" so gedeutet: "Wohl
hat zunächst die Gesichertheit des Lebens ihr Recht und ihren tiefen Sinn, und man wird es selbstverständlich finden, daß der
Mensch auf sie hinstrebt und sich gegen die Ungesichertheit des
Lebens zu schützen sucht. Das Leben selbst aber, wenn man es auf
sein Wesen hin näher untersucht, scheint viel eher mit der Ungesichertheit insgeheim im Bunde zu sein als mit der Gesichertheit, und zwar nicht etwa, wie der Mensch aus seiner Alltagssicht
so leicht anzunehmen scheint, weil es ihm aus einer ihm eingebo-
renen Feindseligkeit heraus sein Glück mißgönnen würde, sondern
vielleicht gerade deshalb, weil erst die Ungesichertheit zu jener
besonderen Art von Gesichertheit führt, die den Menschen als Men-

---

(3) W. Kohler, Fremd in der Heimat - Widerspruch und Anpassung,
in: Richte unsere Füße auf den Weg des Friedens. Helmut
Gollwitzer zum 70. Geburtstag, 1979, 66ff und ders., Religion,
Entfremdung, Religionskritik, in: G. Grohs u.a., Kulturelle Identität im Wandel, 1980.

schen über sich hinausdrängt und ihn damit erst ganz zu sich selbst emporhebt".(4)

Der verlorene Sohn ist also dem Studenten zu vergleichen, der von zu Hause auszieht, um die Geborgenheit des heimatlichen Hauses zu verlassen und in der Ungesichertheit der Fremde Neues zu lernen und sich selbst zu finden. Albertus Magnus, der große Theologe des Mittelalters (1193-1280), durchwanderte ganz Europa, um zu studieren und zu lehren und wurde so zum Prototyp der wandernden Scholaren, die aus ganz Europa zu den Universitäten Köln, Paris, Bologna oder Prag kamen, sich dort zu Landsmannschaften zusammenschlossen und mitunter großen Einfluß auf die Ordnung der Universitäten erlangten. Die mittelalterliche Internationalität der Universitäten, die durch die gemeinsame Sprache des Lateinischen ermöglicht wurde(5), hat sich im Zeitalter des Nationalismus verloren, als nicht nur die gemeinsame Wissenschaftssprache verschwunden ist, die jetzt mit dem Englischen langsam wiedergewonnen zu werden scheint, sondern es endete auch das Gefühl, eine internationale Gemeinschaft zu sein. Das führten die Universitäten des nationalsozialistischen Deutschland am klarsten vor, als in den Geisteswissenschaften der Kontakt zu anders denkenden westlichen Welt brutal abgebrochen wurde.

Ausländische Studenten können also an eine alte christliche Tradition anknüpfen, sie folgen den Wegen des verlorenen Sohnes, setzen sich der Ungeborgenheit aus, sie wandern wie Albertus Magnus zu den Städten der Gelehrsamkeit, um, wie Händel es einmal sagte "zu lernen, was zu lernen ist, und dann seinen eigenen Weg zu gehen".

2. Der Historiker und der Theologe mögen sich mit dem Bild, das ich jetzt entworfen habe, zunächst, auch wenn man es sehr viel genauer ausführen könnte, zufrieden geben, doch für den Soziologen fangen die Fragen nun erst an. Gibt es überhaupt den ausländischen Studenten? Sind nicht die Heimatländer, aus denen die Studenten kommen, ist nicht die soziale Situation, aus der sie stammen, viel zu unterschiedlich? Auch die Länder, in die sie gehen, die Universitäten, die sie aufnehmen, die Fakultäten, an denen sie studieren, sind doch alles andere als ähnlich. Kein ausländischer Student kann mit einem anderen verglichen werden, weil seine Herkunft, sein Schicksal, seine Erwartungen und die Menschen, auf die er trifft, die ihn als Gastfreund oder als Fremden, ja vielleicht sogar als Feind behandeln, so unendlich unterschiedlich sind. Aber

---

(4) P. Wust, Ungewißheit und Wagnis, 1946, 4. Aufl., 14-15.
(5) Vgl. H. Denifle, Die Entstehung der Universität des Mittelalters bis 1400, 1885 (Neudruck 1956). H. Grundmann, Vom Ursprung der Universität im Mittelalter, 1960, 2. Aufl.

es gibt vielleicht doch einige Gemeinsamkeiten, die dem Soziologen auffallen und die das Individuelle übersteigen.

2.1 Jeder Student, der ins Ausland geht, durchlebt drei Phasen, die man einmal Orientierungsphase, Auseinandersetzungsphase und Anpassungsphase genannt hat. Die Orientierungsphase wird damit verbracht, die Sprache des Gastlandes zu lernen, die Lebensgewohnheiten kennenzulernen und alle die Informationen zu sammeln, die nötig sind, um sich dort zurechtzufinden. Erst wenn man diese Grundinformationen und Fähigkeiten erworben hat, ist es möglich, sich mit der neuen Umwelt auseinanderzusetzen, d.h. die neue Umwelt mit der alten zu vergleichen.

Dabei stellt sich oft heraus, daß man sowohl gewisse Züge des Herkunftslandes neu erkennt und bewertet als auch des Gastlandes. Die Auseinandersetzung ist immer eine doppelte: mit der eigenen Vergangenheit und Gesellschaft und mit der neuen Gegenwart und sozialen Umwelt.

Die dritte Phase ist das Ergebnis der zweiten und kann zu drei verschiedenen Haltungen führen:
- Ablehnung der Gesellschaft des Gastlandes
- Ablehnung der eigenen Gesellschaft oder
- Abwägungen zwischen den Vorteilen und   Nachteilen beider Gesellschaften.

Die Schwierigkeiten, die die Soziologen oft bei der Interpretation von Umfragen, die unter ausländischen Studenten durchgeführt werden, haben, liegen oft daran, daß viele Antworten von der grundsätzlichen Einstellung der Studenten abhängen und davon, in welcher Phase sie sich gerade befinden. Studenten der Orientierungsphase geben oft ungenaue und vage Antworten. Studenten der Auseinandersetzungsphase geben oft widersprüchliche, und diejenigen, die sich in der Anpassungsphase befinden, bewerten alles, was ihnen begegnet, nach ihren entsprechenden Grundeinstellungen.

2.2 Abgesehen von diesem Phasenablauf ist den ausländischen Studenten gemeinsam, daß sie eine Minderheit oder besser verschiedene Minderheiten innerhalb der deutschen Studentenschaft bilden. Minderheiten können organisiert oder unorganisiert sein. Verschiedene Gruppen sind organisiert und machen die Entwicklungen durch, die allen studentischen Organisationen gemeinsam sind: Sie sind oft kurzlebig, sie zerfallen oft durch politische Spaltungen, sie haben Schwierigkeiten, sich bundesweit zu organisieren. Der Zwang zum Zusammenschluß, zur Gruppenbildung ergibt sich daraus, daß ausländische Minderheiten es ungemein schwer haben, sich gegen die Abwehr der Mehrheit durchzusetzen. Der Fremde, vor allem dann, wenn er eine andere Hautfarbe hat und die Landessprache nicht gut spricht, erfährt eine Fülle von Demütigungen, die z.B. von der Vermieterin ausgeübt wird, die kein Zimmer an Ausländer vergibt, von dem Beamten, der alle möglichen Hindernisse aufbaut, um die standesamtliche Trauung eines Ausländers mit einer Deutschen zu verzögern, von dem Passagier im Zug oder der Straßenbahn, der sich nicht neben einen Ausländer setzen will, von den Behörden oder Parlamenten, die die Gesetze verschärfen, die für Ausländer gelten oder Stipendien kürzen, die ihnen zur Verfügung stehen sollen. Nicht alle diese Maßnahmen und Handlungen sind bewußter Rassismus. Oft fehlt einfach die "Empathie", das heißt die Fähigkeit, sich in die Situation eines anderen hineinzuversetzen, oder es ist nichts weiter als das, was man als Deutscher in der Eisenbahn immer wieder beobachten kann: Wenn ein Eisenbahnabteil auch noch nicht voll ist, wehren diejenigen, die im Abteil sitzen, zunächst jeden ab, der auch in diesem Abteil Platz nehmen will. Einige Soziologen haben das das "Eisenbahn-Coupé-Syndrom" genannt. Doch auch wenn man von diesen Fällen absieht, ist ganz deutlich, daß hier die alte Angst vor dem Fremden zum Vorschein kommt, die sich bis zum Fremdenhaß steigern kann.

Eine kürzlich durchgeführte Untersuchung über die Situation afrikanischer Studenten und Arbeitnehmer in der Bundesrepublik Deutschland hat ergeben, daß es folgende Lebensbereiche sind, in denen rassistische Diskriminierungen immer wieder erfahren werden:(6)

Verwaltung, Justiz, Publizistik
Wohnungsbeschaffung
Kreditaufnahme
Zulassung zur Hochschule oder Schule
Sozialer Aufstieg
Geselligkeit

Hinter diesen abstrakten Bezeichnungen verbergen sich immer wieder von den Afrikanern geschilderte Erlebnisse: Polizeibeamte verdächtigen Ausländer mehr als Deutsche, Richter glauben ihnen weniger, Zeitungen melden kriminelle Taten von Ausländern in großer Aufmachung oder stellen ihre Probleme verkehrt dar, Banken verweigern aus Vorsicht einem Ausländer die Kredite, Hochschulen oder Ministerien erschweren den Hochschulzugang, Beförderungen gehen an Ausländern vorbei, obwohl sie dafür alle Qualifikationen haben, und auf geselligen Abenden bleiben sie oft isoliert.

Diese Aufzählung liest sich wie die Anklage in Mt 25,42: "Ich war hungrig, aber ihr habt mir nichts zu essen gegeben, ich war durstig, aber ihr habt mir nichts zu trinken gegeben, ich war fremd, aber ihr habt mich nicht aufgenommen, ich war nackt, aber ihr habt mir keine Kleider gegeben, ich war krank und im Gefängnis, aber ihr habt euch nicht um mich gekümmert."

---

(6) Vgl. Afrikaner in der Bundesrepublik Deutschland. Unv. Manuskript des Kirchl. Außenamtes EKD, 1981.

2.3 Diese Situation war uns allen schon damals (1970), wenigstens in groben Zügen, klar, denn sie wurde uns von unseren ausländischen Freunden beschrieben, und wir dachten uns zusammen mit ihnen das Modell des Ökumenischen Studienwerks aus, das dann vor 10 Jahren gegründet wurde.

Wir wollten wenigstens für diejenigen, die zum Ökumenischen Studienwerk kommen, diese Probleme lösen. Die Wohnungsfrage dadurch, daß wir ein Studentenheim bauten. Die Probleme mit Verwaltung und Justiz, indem wir ihnen durch die Mitarbeiter des ÖSW helfen ließen. Die Probleme mit den Hochschulen, indem die Mitarbeiter sie dabei unterstützten, diese zu überwinden.

Wir waren uns allerdings auch darüber im klaren, daß wir damit nur einer kleinen Gruppe von ausländischen Studenten halfen und sie damit zu Privilegierten machten. Das wußten wir schon vom Evangelischen Studentenwerk in Villigst, dessen Student und Stipendiat ich war. Ich hatte weder Wohnungs- noch Finanzsorgen in meinem Studium und war dankbar dafür, aber wir setzten uns immer wieder mit der Frage auseinander, wie wir es vermeiden können, uns als "Elite" zu fühlen, wozu die staatliche Einstufung des Studienwerks als "Hochbegabtenförderung" verführte. "Wir haben keinen Anlaß", hatte ich damals zum 10-jährigen Jubiläum des Evangelischen Studienwerks in einer Rede gesagt, "uns einen Heiligenschein zu malen, da ein solcher die Eigenschaft hat, nur einige Zentimeter rutschen zu müssen, um sich als Strick um den Hals zu legen." Die Studenten des ÖSW sind in einer ähnlich privilegierten Situation gegenüber all den ausländischen Studenten, die keine Stipendien bekommen, die keinen Platz in einem Studentenwohnheim finden, die keine Hilfe erhalten bei den vielen Schwierigkeiten mit den deutschen Behörden und die keine Freunde haben, mit denen sie gemeinsam ihre Probleme angehen können. Diese Studenten werden Ihnen dieselben Fragen stellen, wie sie im Matthäus-Evangelium gestellt wurden. Aber Sie werden mit Recht entgegnen, daß das ÖSW ja nur einige der Probleme gelöst hat, die sich den ausländischen Studenten stellen. Theodor W. Adorno, der selbst lange Jahre in der Emigration während der Nazi-Zeit gelebt hat, hat diese sehr präzis beschrieben:(7)

"Jeder Intellektuelle in der Emigration, ohne alle Ausnahme, ist beschädigt und tut gut daran, es selbst zu erkennen, wenn er nicht hinter den dicht geschlossenen Türen seiner Selbstachtung grausam darüber belehrt werden will. Er lebt in einer Umwelt, die ihm unverständlich bleiben muß, auch wenn er sich in den Gewerkschaftsorganisationen oder im Autoverkehr noch so gut auskennt. Immerzu ist er in der Irre ... Enteignet ist seine Sprache und ab-

---

(7) T.W. Adorno, Minima Moralia, Reflexionen aus dem beschädigten Leben, 1951, 44ff.

gegraben die geschichtliche Dimension, aus der seine Erkenntnis die Kräfte zog. Die Isolierung wird um so schlimmer, je mehr feste und politisch kontrollierte Gruppen sich formieren, mißtrauisch gegen die Zugehörigen, feindselig gegen die abgestempelten anderen. Der Anteil des Sozialprodukts, der auf die Fremden entfällt, will nicht ausreichen und treibt sie zur hoffnungslosen zweiten Konkurrenz untereinander inmitten der allgemeinen. Wer selbst der Schmach der unmittelbaren Gleichschaltung enthoben ist, trägt als sein besonderes Mal eben diese Enthobenheit, eine im Lebensprozeß scheinhafte irreale Existenz."

Ein Student aus Ghana(8) sagte es einfacher: "Daß einzelne Weiße keinen Schwarzen sehen möchten, das kann ich noch verstehen. Daß man aber überall, wohin man sich wendet, erleben muß, daß die eigenen Rechte begrenzt sind, daß man weniger Möglichkeiten hat, sich hier offen zu entfalten als andere, daß wir hier sogar dazu gebracht werden, uns untereinander nicht mehr zu vertrauen, das tut weh."

Es ist sicher nicht meine Aufgabe, darüber zu sprechen, welche Auseinandersetzungen immer wieder aus politischen oder ethnischen Gründen zwischen ausländischen Studenten entstehen, doch sind, wie schon Frantz Fanon richtig gesehen hat, Minderheiten immer in der Gefahr, daß ihre Lage ohnehin schwierig ist, diese Schwierigkeiten auf den anderen zu projizieren, statt gemeinsam dagegen anzugehen. Deutsche Emigranten haben sich oft im Ausland genauso verhalten, wenn sie als Minderheit unter sozialen Druck gerieten, wie aus dem Zitat von Adorno erkennbar wurde.

3. Hier wäre eigentlich der Ansatz, den die christliche Gemeinschaft als eine weltweite, über alle Länder und Völker hinausreichende "communio sanctorum" wahrnehmen müßte, um den anderen, den Fremden, als Bruder, als Mitmensch, als Gastfreund, als Nächsten zu begreifen. So wie der schwedische Nobelpreisträger Gunnar Myrdal einmal auf die Frage antwortete, ob er die Schweden gern habe: "Nein. Ich mag weder die Schweden noch die Amerikaner, Russen, Nigerianer oder irgendein anderes Volk. Ich mag nur meine Freunde."

Aber es scheint oft anders zu sein. Ein Zairer sagte dazu: "Wenn ich eine Schwierigkeit habe und ich denke: die Kirche, das ist eine Weltorganisation, die wird dir bestimmt helfen, auch wenn du aus dem Ausland kommst, dann wird dir eben gerade doch nicht geholfen ... Ich kann mich auf eine Gruppe von Afrikanern mehr verlassen ... wenn ich Hilfe brauche, als auf die Institution Kirche."(9)

---

(8) Vgl. Afrikaner in der Bundesrepublik Deutschland aaO.
(9) AaO.

140

Das ist eine Erfahrung, die Minderheiten immer wieder in der Kirchengeschichte mit der Kirche als Institution haben machen müssen. Und dennoch gibt es viele Gegenbeispiele: In Südafrika bieten die Kirchen des Südafrikanischen Kirchenrates oft die einzige Möglichkeit, den Verfolgungen der Regierung zu entgehen, in Lateinamerika haben sich Basisgemeinden gebildet, die solidarisch mit den Unterdrückten sind, aber auch Kirchenführer, wie Erzbischof Luwum in Uganda, Erzbischof Lamont im Rhodesien von Smith, Erzbischof Romero in Lateinamerika oder Bischof Frenz haben die, die in Not waren, nicht im Stich gelassen, und einige von ihnen sind deshalb zu Märtyrern geworden.

Widerstand konnte aber nur, das ist eine andere Erfahrung aus dem Kirchenkampf, in Gruppen, mit Hilfe von Gruppen oder, um es theologisch auszudrücken, mit Hilfe von Gemeinden geleistet werden. Die Frage ist nun, ob Sie hier im ÖSW zu einer solchen Gemeinde geworden sind, einer Gemeinde, deren Mitglieder sich gegenseitig helfen, die mannigfaltigen Widerstände und Schwierigkeiten zu überwinden, mit denen Sie zu kämpfen haben. Werden Sie, wenn Sie in Ihre Heimatländer zurückkehren, Fremde als Gastfreunde behandeln?

Ich werde nicht den Tag vergessen, an dem ich mit drei anderen deutschen Wissenschaftlern in eine schwarze Universität in Südafrika kam und von einem schwarzen Professor empfangen wurde. Er lud uns in sein Haus ein, was wir gerne annahmen. Als wir das Tischgebet gesprochen hatten, stand er auf aund sagte mit Tränen in den Augen, daß dieser Tag einer der schönsten in seinem Leben sei, weil zum ersten Mal weiße Freunde seiner Einladung zum Essen in sein Haus gefolgt seien, und das wären Deutsche, von denen einige seine Freunde geworden wären, als er vor vielen Jahren in Hamburg studiert hatte. Er hatte uns, die fremden Besucher, die erschüttert von schlechtem Gewissen geplagt waren, über das, was sie an Diskriminierungen durch andere Weiße gegen ihre schwarzen Mitbürger auf ihrer Reise gesehen hatten, zu Gastfreunden gemacht. Dieses gemeinsame Mahl, das Gastmahl, war, wie übrigens schon im alten Rom und später im Mittelalter, das deutlichste Symbol für die Gewährung des Gastrechts, die Anerkennung als Gastfreund, was wir heute noch im Abendmahl erkennen können, aber in unseren deutschen Kleinfamilien leider immer mehr verlernen.

Wenn Sie in Ihre Heimatländer zurückkehren werden, werden Sie wieder diese drei Phasen, von denen ich am Beginn meines Referates sprach, durchlaufen müssen. Sie werden sich in der veränderten Umwelt orientieren müssen, Sie werden sich mit den vielen Unzuträglichkeiten auseinandersetzen müssen, die Sie vielleicht im Laufe des Auslandsstudiums schon vergessen haben. Sie werden sich anpassen müssen an die Machtverhältnisse, sei es durch Widerstand, sei es durch Zustimmung oder Resignation.

Viele von Ihnen werden wie der verlorene Sohn in der biblischen Parabel von ihrer Familie mit einem großen Festmahl empfangen werden. Doch was kommt danach? Wie wird der Alltag sein? Er wird plötzlich Ihre Position völlig verändert haben. Sie sind nicht mehr Minderheit, sondern gehören zur Mehrheit. Sie stehen nicht wohlhabenden Bürgern gegenüber, sondern gehören nun vielleicht selbst zu den Reichen, und die Frage, die Sie mit Recht als Fremde an die so wenig Gastfreundlichen gerichtet haben, stellen nun Arbeiter, Bauern, Arbeitslose, Hungernde, Verfolgte an Sie. Das, was im Ökumenischen Rat mit so großer Leidenschaft disku- tiert wird: Wie können wir aus einer Kirche der Reichen zu einer Kirche der Armen werden? Wird für Sie als Mitglied einer afrikanischen, asiatischen oder lateinamerikanischen Kirche dann, wenn Sie nicht tatsächlich zu einer der wenigen armen Basisge- meinden gehören, zu Ihrer eigenen Frage.

Eine neue Gemeinsamkeit wird sich zwischen uns Deutschen und Ihnen, die sie dann wieder in Ihre Länder zurückgekehrt sein wer- den, herstellen. "Dann werden sie ihn fragen", wie es im Matthäus- Evangelium heißt, "Herr, wann sahen wir dich jemals hungrig oder durstig, wann kamst du als Fremder, wann warst du nackt oder krank oder im Gefängnis - und wir hätten uns nicht um dich ge- kümmert?" Aber der Richter wird ihnen und uns antworten: "Ich will es Euch sagen: Was Ihr an einem von meinen geringsten Brü- dern versäumt habt, das habt Ihr an mir versäumt."

Der Studienerfolg, der so oft von den Soziologen untersucht(10) und daran gemessen wird, ob und wann und mit welchen Noten man Examen gemacht hat, dieser Studienerfolg wird sich auf dem Hintergrund dieser Frage anders für die Studenten des ÖSW bemes- sen, wenn sie nach Hause zurückgekehrt sein werden. Vielleicht könnte man diesen Maßstab mit dem oft mißbrauchten Wort "Verantwortung" bezeichnen. Romano Guardini, der katholische Philosoph, hat unter dieses Wort eine Rede gestellt, die er vor der Tübinger Studentenschaft 1952 über die Ermordung der Juden im nationalsozialistischen Deutschland gehalten hat.(11) Er sagte darin, daß die Universität der Ort sei, wo nach der Wahrheit geforscht wird, wo menschliche Dinge an den Maßstäben der großen Vergan- genheit - und das heißt nicht an der deutschen, sondern der menschlichen Vergangenheit - gemessen werden, und wo die wach- sende Verantwortung für die Allgemeinheit leben muß.

---

(10)Vgl. H. Gerstein, Ausländische Stipendiaten in der Bundesrepu- blik Deutschland, 1974.
(11)Romano Guardini, Verantwortung. Gedanken zur jüdischen Frage, 1981.

Wir wissen alle, daß die Suche nach der Wahrheit oft unter technischem Spezialistentum verschwindet, daß die menschliche Vergangenheit zu oft nur als nationale Vergangenheit gesehen wird, daß die Verantwortung für die Allgemeinheit oft nur Vorwand ist und nicht die Verantwortung für den Frieden unserer Welt und Umwelt meint. Doch das alles sollte der heimgekehrte Sohn hinter sich gelassen haben, denn er verließ das Haus, um nach der Wahrheit zu suchen, um seine eigene Vergangenheit zu überwinden und um zu erkennen, daß seine Verantwortung nicht, wie die seines älteren Bruders, auf das eigene Haus und die eigene Familie beschränkt bleiben darf. Wenn Ihnen während Ihres Studiums das bewußt geworden ist, dann kann Ihnen vielleicht jene "Geborgenheit in der Ungeborgenheit" zuteil werden, die Martin Luther King befähigt, trotz allen Verfolgungen und Enttäuschungen, an seinem Traum festzuhalten, einem Traum, der ebenso wie die Gründung auch den zukünftigen Weg des ÖSW begleiten sollte.

NACHFOLGE ALS FREIHEIT ZUM LEBEN

Ferdinand Hahn

Die Nachfolge ist ein zentrales Thema der Jesusüberlieferung. Was heißt hier Nachfolge? Bonhoeffer hat mit Recht den Ernst der Nachfolge betont, aber wohl doch zu einseitig. Schniewind hat von der Freude der Umkehr gesprochen, und echte Umkehr mündet in die Nachfolge. Ernst und Freude gehören zweifellos zusammen. Aber läßt sich nicht noch etwas mehr sagen?

1. Das Wort Nachfolge war für die Menschen zur Zeit Jesu kein unbekannter Begriff. Es war allerdings kein eindeutiges Wort. Es gab Nachfolge der Propheten in eigenständigen Prophetenschulen, die durch lange Zeit hindurch ihre Wirksamkeit entfalteten; es gab Nachfolge der Schriftgelehrten, wobei die einzelnen Lehrer eine Rolle spielten. Im einen Falle ging es um die besondere Worttradition, im anderen um Gesetz und Gesetzesauslegung. Daneben gab es auch Nachfolge gegenüber politischen Führern. Jeweils war eine konkrete Lebensgemeinschaft vorausgesetzt.

Was ist das Besondere an der Nachfolge Jesu? Auffallend war gegenüber der Praxis der Schriftgelehrten, daß nicht der Jünger sich den Meister auswählte, sondern daß Jesus selbst Jünger in seine Nachfolge berufen hat (Mk 1,16-20; Lk 9,57-62). Völlig neu war das jedoch nicht, wenn wir an die Berufung des Elischa durch Elija denken (1Kön 19,19-21). Es fällt auf, gerade in einem Vergleich mit Elischa, daß Jesus von den Jüngern eine sehr viel radikalere Abkehr von allem Bisherigen forderte, wie ein Vergleich der Texte zeigt. Hier gilt eben: "Wer die Hand an den Pflug legt und schaut zurück, ist nicht geeignet für die Gottesherrschaft" (Lk 9,62).

Nachfolge hat es also mit der Gottesherrschaft zu tun. Der Anbruch der Gottesherrschaft ist das zentrale Thema der Verkündigung Jesu (Mk 1,14f). Seine Botschaft hat Aufsehen erregt. Menschen strömten bei ihm zusammen, sie wollten ihn hören, wollten mit ihm zusammen sein, sie wollten von ihm Hilfe in ihren Nöten und eine Ausrichtung für ihr Leben haben. Er lehrte, wie es in den Evangelien heißt, nicht wie die Schriftgelehrten, und er handelte in vieler Hinsicht ungewohnt, für einige sogar geradezu anstößig (Mk 1,21f; 2,1-3,6 mit Parallelen). Es war ein beglückendes Neuheitserlebnis, das für viele Menschen mit Jesu Auftreten und Wirken verbunden war (vgl. Mk 2,21f parr).

Nachfolge ist ohne diesen Gesamtrahmen nicht zu verstehen. Die Tatsache, daß Menschen auf das bloße Wort Jesu hin Folge leisten (Mk 2,14), spricht nicht nur für die Autorität, die in seiner Verkündigung Ausdruck findet, sondern steht in Verbindung mit jener Grunderfahrung, daß durch ihn und mit ihm etwas geschieht, wofür es sich einzusetzen lohnt.

2. Von der Gottesherrschaft war in jener Zeit ebenso wie von der Nachfolge häufig die Rede. Aber worum ging es dabei? War sie ein wiedererrichtetes Davidsreich, das mit irdischen Mitteln aufgebaut werden mußte, jedoch als von Gott legitimiert anzusehen wäre? War sie eine Realität, die nur durch außergewöhnliche Frömmigkeit von einem "Rest aus Israel" vorbereitet und verwirklicht werden konnte? War sie eine verborgene Wirklichkeit, der man sich allein durch mystische Versenkung und ekstatische Erfahrung nähern konnte? Oder war und blieb sie etwas Jenseitiges, worauf man angesichts der Finsternis und des Unheils in dieser Welt wenigstens seine Hoffnung setzen konnte?

Das waren die verschiedenen Auffassungen, wie sie von den Zeloten, in unterschiedlicher Weise von den Pharisäern und den Essenern, von dem Diasporajuden Philo oder von den Apokalyptikern vertreten wurden. Schließlich war unmittelbar vor Jesus noch Johannes der Täufer aufgetreten, der in einer radikalen Umkehr- und Bußbereitschaft die rechte Vorbereitung auf die Gottesherrschaft sah, deren Anbruch in Gestalt des Gottesgerichts nach seiner Verkündigung unmittelbar bevorstand.

In diesen verschiedenen Auffassungen spiegeln sich zwei Grundtypen, die in der Religionsgeschichte immer wieder zu beobachten sind: Das Engagement und die menschliche Aktivität zur Verwirklichung eines Heilszustandes einerseits und das Warten und Ausharren auf das von menschlicher Planung, menschlichem Handeln völlig unabhängige Wirken Gottes andererseits. Selbst Johannes der Täufer, der die Umkehr als Konsequenz aus der angekündigten Nähe der von Gott aufzurichtenden Herrschaft versteht, kann nur bedingt menschliches und göttliches Handeln miteinander verbinden.

3. Für Jesus geht es zweifellos um die Herrschaft Gottes als eine von Menschen ganz und gar unabhängige Wirklichkeit; der Mensch wird jedoch handelnd in sie einbezogen. Es geht um ein Zusammenwirken Gottes und der Menschen, ohne daß aufgehoben wäre, daß es ausschließlich Gottes Herrschaft ist, die sich realisiert. Die Partnerschaft des Menschen bedeutet nicht, daß er etwas tun müßte, was Gottes Handeln ergänzt, das für die Verwirklichung erst noch notwendig wäre. Weil Gott hier am Werk ist, handelt der Mensch; es gilt dabei auch schon das, was Paulus später in Phil 2,12f zum Ausdruck bringt: "Mühet euch um euer Heil mit Furcht und Zittern; denn Gott ist es, der in euch das Wollen und das Vollbringen wirkt". Wer sich hier nicht einbeziehen läßt, schließt sich aus. Wer hier meint, als Beobachter am Rande zunächst einmal stehenbleiben zu können, hat nicht erfaßt, worum es geht.

Aber was ist diese Gottesherrschaft, die von Jesus angekündigte basileia tou theou? Es führt zunächst nicht weiter, wenn wir gleich mit Origenes von Jesus als der autobasileia sprechen, als stelle er selbst die Gottesherrschaft dar. Kennzeichnend ist ja, daß Jesus nicht auf sich selbst verweist, sondern von sich weg auf Gott. Erst wenn dies klar gesehen wird, kann in einem weiteren Schritt geklärt werden, was denn nun Jesus selbst für eine Funktion dabei hat.

Daß Jesus von sich weg auf Gott verweist, besagt sicher nicht, daß er im Sinn der traditionellen Apokalyptik, der er in gewisser Hinsicht zweifellos nahesteht, von dem jenseitigen Gott und der künftigen Realität der Gottesherrschaft sprechen will. Es geht ihm ja gerade um das Gegenwärtigwerden dieser Gottesherrschaft, um den Anbruch des Heils in dieser Welt. Aber das geschieht so, daß in jedem Fall die Grenzen, die alles irdische Leben kennzeichnen, zerbrochen werden: Die Grenzen einer bloß diesseitig verstandenen Wirklichkeit ebenso wie die Grenzen, die innerhalb dieser Welt allerorten aufgerichtet sind.

Grenzen im ersten Sinne gibt es nicht bloß dort, wo Welt und menschliches Leben rein innerweltlich und atheistisch verstanden werden, Grenzen bestehen ebenso dort, wo man die Weltwirklichkeit und eine jenseitige göttliche Wirklichkeit voneinander scheidet. Daß die himmlischen Räume sich öffnen, wie das bei Jesu Taufe Mk 1,9-11 parr geschildert wird oder wie es in Joh 1,51 den Jüngern zugesagt wird, ist die entscheidende Grunderfahrung. Daß die Weltwirklichkeit nicht aus sich selbst, auch nicht bloß als die einmal von Gott geschaffene und erhaltene verstanden werden kann, sondern aus ganz anderen Beziehungsverhältnissen erfaßt und erfahren werden kann, ist hier wesentlich. Daß Gottes Wirklichkeit sich zu uns hin öffnet und unsere Weltwirklichkeit zu ihm hin geöffnet wird, ist das von Jesus verkündigte Geheimnis der Gottesherrschaft (Mk 4,11). Gott ist, gerade als Schöpfer dieser Welt, nicht jenseitig und fern, er ist mitten unter uns. Wo sich das ereignet, strahlt Heilswirklichkeit auf.

Menschen haben dies in ihrem Umgang mit Jesus erfahren. Es ist allerdings eine Erkenntnis, die nicht im Vordergründigen, im Sichtbaren und Beweisbaren aufgeht. Herz und Verstand müssen sich auftun, um eine Tiefensicht zu erlangen, die mehr erkennt, als was vor Augen steht (Mt 13,16f; Lk 10,23f). Aber schon im Alten Testament ist an zentraler Stelle davon die Rede, daß allein die "ämuna", das Vertrauen auf Gott, dem Menschen Standhaftigkeit und Heil erschließt (Jes 7,9; vgl. Gen 15,6; Hab 2,4). Jesus verweist ja nicht nur auf Gott, er verkündigt sein Kommen und seine Nähe, und in diesem Wort der Zusage liegt jenes Geheimnis der Gottesherrschaft beschlossen, bei dem die Grenzen fallen, bei dem wir Menschen Gott begegnen und seine Gegenwart erfahren dürfen.

Gleichzeitig mit dem Sich-Öffnen der Himmel öffnen sich nun aber auch die Grenzen innerhalb dieser Welt. Das eine ereignet sich nicht ohne das andere. Es gibt keine "geistliche Erfahrung" abseits von den Realitäten dieser Welt, es gibt aber auch keine echte Grenzüberwindung unter uns Menschen, wenn sie nicht getragen und erhalten ist von Gottes Zuwendung, seinem herrschaftlichen Handeln. Sicher kann man und muß man sogar sagen, die Gottesherrschaft ist das Primäre und das eigentlich Entscheidende, aber diese sachliche Priorität vollzieht sich nicht in einer zeitlichen Vor- und Nachordnung, vielmehr im unauflöslichen Ineinander und Miteinander. Hier geht es um das aktive Einbezogensein aller Menschen, die von dieser Herrschaft Gottes betroffen sind.

4. Wie sieht dieses Einbezogensein der Menschen nun aber konkret aus? In der Jesus-Überlieferung ist nur ganz vereinzelt von "ämuna"/"Glaube" die Rede. Der auch im Alten Testament seltene Begriff rückt erst in der nachösterlichen Zeit stärker in den Vordergrund. Von ausschlaggebender Bedeutung ist für die vorösterliche Jesus-Überlieferung der Ruf "Folge mir nach". Die Nachfolge Jesu hat zweifellos einen stark personalen Bezug. Es geht um eine Bindung an Jesus selbst. Aber dabei darf man die Komponenten nicht übersehen, die schon in der Tradition für das Nachfolgemotiv wichtig waren: es geht um die verkündigte Botschaft und um die vorgelebte Existenzweise. Nachfolge Jesu heißt also: Überzeugtsein von seiner Botschaft, Erfaßtsein von der jetzt anbrechenden Gottesherrschaft und heißt Bereitsein zu der Lebensweise, die sich bei Jesus und im Kreis seiner Anhänger zeigt. Wiederum ist festzustellen, daß beides unlösbar zusammenhängt; die Lebensweise in der Jüngerschaft Jesu ist eben geprägt von dem Wissen um das Gegenwärtigwerden Gottes.

Sieht man sich die Nachfolgeworte der Evangelien an, so mag es auf den ersten Blick so erscheinen, als handle es sich um sehr rigorose Forderungen (Mk 8,34-37; Mt 10,16-25; Lk 14,25-33). Für den Außenstehenden sind sie das allemal. Es gilt im gewissen Sinne aber auch für denjenigen, der sich angesprochen und davon getroffen weiß; denn sie machen deutlich, daß es bei dieser Existenzweise keine Halbheiten geben darf, es geht um das Ganze, um ein volles Ja.

Wo dieses Ja gesprochen werden kann, erschließt Nachfolge einen ungeahnten Raum der Freiheit. Es ist der wiedererlangte Zugang zu Gott, es ist die unbeirrbare Freiheit gegenüber dem eigenen Leben, es ist die Freiheit, die bestehende Grenzen überschreiten kann und muß, und es ist die Freiheit, die dem Leben Sinn und Erfüllung gibt.

Der Begriff der Freiheit kommt in Jesus-Worten nicht unmittelbar vor, wohl aber spricht er von einer völlig neuen Ordnung unter den Menschen, bei der es Unterordnung und Unfreiheit nicht mehr geben soll (Lk 22,24-27). Das Wort "Freiheit" ist dann aber sowohl vom vierten Evangelisten (Joh 8,32-36) als auch von Paulus (Gal

3,28-4,7; 5,1.13) mit vollem Recht zur Kennzeichnung einer von Jesu Botschaft inaugurierten neuen Lebensweise gewählt worden.

Das Gesagte ist noch ein wenig zu verdeutlichen. Nur der unmittelbare Zugang zu Gott macht den Menschen innerlich frei von den Zwängen dieser Welt. Irdische Begebenheiten werden dabei nicht übersprungen, sie werden nicht zur Scheinwirklichkeit erklärt, aber sie sind keine absoluten Begrenzungen und unausweichlichen Mächte mehr, so sehr wir ihnen als Menschen in unserem irdischen Leben unterworfen bleiben. Es geht um mehr als eine bloß innere Distanzierung, weil in dieser Welt eine Wirklichkeit erfahren und bejaht werden kann, die größer, umfassender und mächtiger ist als alles, was es an zum Teil furchterregenden innerweltlichen Mächten gibt.

Dies hat gleichsam seine Bewährungsprobe in dem zweiten genannten Sachverhalt: die unbeirrbare Freiheit gegenüber dem eigenen Leben. Eine Schlüsselstelle in der Nachfolgetradition ist Jesu Wort: "Wer sein Leben retten will, wird es verlieren; wer aber sein Leben um meinetwillen und um des Evangeliums willen verliert, wird es retten" (Mk 8,35). Dabei handelt es sich um alles andere als eine stoische Gelassenheit gegenüber Leben oder Tod. Es geht vielmehr um die Gewißheit, daß das irdische Leben nicht die einzige und letzte Lebenswirklichkeit ist, sondern daß unser Leben in Gottes Hand geborgen ist, daß daher die irdische Lebenszeit nur eine relative Bedeutung besitzt.

Die Relativität des irdischen Lebens im Blick auf Gott lähmt nun aber nicht menschliche Handlungsbereitschaft, sondern setzt sie gerade erst frei. Nicht Bedenkenlosigkeit im Umgang mit dem eigenen Leben ist hier kennzeichnend, vielmehr die Einsatzfähigkeit. Es gilt ja, sichtbar und erkennbar für andere, die Existenz in der Nachfolge zu verwirklichen. Was das im einzelnen heißt bzw. heißen kann, hängt nicht von festen Regeln und gesetzlichen Bestimmungen ab. Nachfolge will ja in Freiheit gelebt und in Freiheit verwirklicht sein. Aber dies heißt umgekehrt auch nicht Beliebigkeit oder bloße Situationsbedingtheit. Was durch Jesu eigenes Handeln gegenüber Kranken, gegenüber Ausgeschlossenen, gegenüber Verachteten, gegenüber Feinden vorgezeichnet wurde, ist richtungweisend und soll in einer grenzüberschreitenden Haltung weitergeführt werden.

So bewährt sich Freiheit, und so wird Freiheit im Unterschied zu der nur allzu wohlbekannten Willkür zu einem sinnerschließenden und sinnerfüllenden Handeln. Auf diese Weise wird ein Lebensraum geschaffen, der nicht einengt und erdrückt, der vielmehr öffnet und zukunftsträchtig ist. Hier leuchtet auf, was Leben wirklich sein kann. Es wird sichtbar, daß Nachfolge Freiheit zum Leben ist.

5. Abschließend muß noch die bisher zurückgestellte Frage aufgeworfen werden: Was bedeutet die Person Jesu im Zusammen-

hang dieser sich realisierenden Gottesherrschaft und der Nachfolge? Daß Jesus der Bote der Gottesherrschaft war, ist richtig, aber kaum genug. Boten Gottes mit einem prophetischen Auftrag gab es in der Geschichte des alten und des neuen Bundes immer wieder. Daß er exemplarisch die Lebensweise für Menschen in der Nachfolge vorgelebt hat, ist unumstritten, aber Menschen mit vorbildlicher, beispielhafter Lebensweise hat es auch sonst gegeben. Es genügt auch nicht zu sagen, daß bei ihm Botschaft und konkrete Existenz, die ihn schließlich an das Kreuz von Golgota führten, unlösbar zusammengehören; auch eine derartige Einheit von Lehre und Leben ist nicht singulär.

Selbst die Aussage, daß durch sein Auftreten jene Erfahrung der anbrechenden Gottesherrschaft und damit die Ermöglichung einer Existenz in der Nachfolge und Freiheit ihren geschichtlichen Anfang genommen hat, umfaßt noch nicht alles.

So sehr Jesus - wenn wir uns mit Hilfe einer methodisch angemessenen "Rückfrage nach Jesus" auf den Grundbestand der Überlieferung konzentrieren - von sich weg auf Gott selbst und Gottes Handeln verwiesen hat, ist er gleichwohl in einer unlösbaren Weise mit diesem Geschehen verbunden. Die Jünger haben das in vorösterlicher Zeit sehr klar empfunden, und in der nachösterlichen Zeit war es ein Hauptproblem für die Verkündigung der Jüngergemeinschaft, gerade diesen Sachverhalt angemessen zur Sprache zu bringen.

Obwohl es Gottes eigenes heilschaffendes Wirken ist, begegnet es in der Person Jesu von Nazaret. Es realisiert sich durch ihn und mit ihm. Gott hat sich mit ihm identifiziert, und so ist er der Repräsentant Gottes und die Gegenwart Gottes auf Erden geworden. Deshalb ist die basileia tou theou an seine Gestalt gebunden und deshalb ist Nachfolge stets Zugehörigkeit zu der Person Jesu.

Wenn die Jünger nach Jesu Tod am Kreuz seine Auferweckung durch Gott erfahren haben und bezeugen, dann ist gerade dies eine Bestätigung nicht nur dafür gewesen, daß die mit Jesus angebrochene Gottesherrschaft sich weiter verwirklicht, sondern daß sich eben in der Bindung an den auferstandenen und gegenwärtigen Herrn nach wie vor die Gegenwart Gottes vollzieht. Wenn die Christen nach Ostern den Nachfolgegedanken zurücktreten lassen und statt dessen vom "Glauben an Jesus" sprechen, dann wird damit dasselbe zum Ausdruck gebracht: der bleibende Bezug auf Jesu Person als Offenbarer Gottes. Denn "Glaube an Jesus" besagt ja ebensowenig wie "Nachfolge Jesu", daß damit etwas Zweites neben den Glauben oder die Bindung an Gott treten würde; es wird lediglich zum Ausdruck gebracht, daß der Glaube an Gott und die Bereitschaft zu einem Leben in der Nachfolge sich auf denjenigen bezieht, durch den Gott gehandelt hat und in dem er unter uns offenbar geworden ist. Die Menschwerdung Jesu ist die Signatur der

Gottesherrschaft, die unter uns Menschen konkrete Gestalt annehmen will. Jesus ist es, der nach wie vor in die Nachfolge und zum
Glauben ruft. Er ist unter uns in seinem Geist. "Und wo der Geist
des Herrn wirkt, da ist Freiheit" (2Kor 3,17b).

KARL BARTH UND DIE OSTASIEN-MISSION

Heyo E. Hamer

Wenn wir uns die Beziehung zwischen Karl Barth(1) und der Ostasien-Mission zum Thema gewählt haben, so soll damit einerseits
auf das Verhältnis von Werner Kohler zu Karl Barth hingewiesen
werden. Andererseits möchten wir damit die Aufmerksamkeit auf
die Zeit der 30er Jahre lenken, in der eine Beziehung zwischen
Barth und der Ostasien-Mission (OAM) geknüpft worden ist.

1. Zum Verhältnis zwischen Barth und Kohler

Gesprächsweise hat Werner Kohler öfters betont, daß er ein Schüler von Barth sei. Das stimmt insofern und soweit, als er während
seines Studiums der Theologie in Basel 1944 nicht nur zu den Hö-
rern Barths zählte, sondern von diesem als Student dadurch heraus-
gehoben wurde, daß er zu Tisch in die Wohnung eingeladen worden
ist. Diese Tischgemeinschaft war zweifellos Ausdruck eines besonderen Verhältnisses zwischen beiden, das später in einem Briefwechsel fortgesetzt wurde, der mit einem Gruß des Pfarrverwesers
von Safenwil an den ehemaligen Pfarrer von Safenwil beginnt.(2)
     Kurz vor seinem Dienstantritt am 1.2.1954 bei der Schweizeri-
schen Ostasien-Mission (SOAM) - es sind zehn Jahre inzwischen
nach "der Trennung von Ihrem gastlichen Tisch, bei Ihnen zu Hause
und im Seminar"(3) ins Land gegangen - schreibt Kohler an Barth:
"Ich danke Ihnen, daß Sie so befreiend, dringlich, voller Humor,
herzerfreuend durch Ihr Werk auf den hinweisen, der uns, wie wir
glauben, aus unserer geliebten Gemeinde und Heimat wegführt und

---

(1) Karl Barth (1886-1968) war 1909 Hilfsprediger in Genf, 1911-
    1921 Pfarrer in Safenwil/Aargau, 1921-1925 Professor in Göt-
    tingen, 1925-1930 in Münster und 1930-1935 in Bonn. Ab 1935
    lehrte er in Basel.
(2) Vgl. Brief von Kohler an Barth aus Safenwil vom 22.12.1946,
    Original im Karl-Barth-Archiv in Basel (KBA); bei den Briefen
    aus dem KBA handelt es sich bei den Barth-Briefen um Durch-
    schläge, bei allen anderen um Originale. Von Kohler liegen aus
    der Zeit von 1946-1964 insgesamt elf Briefe im KBA vor, die
    Hinweise auf das Verhältnis zwischen beiden Theologen enthal-
    ten. Leider sind die Briefe von Barth an Kohler verschollen und
    evtl. Durchschläge dieser Briefe im Nachlaß von Barth noch
    nicht entdeckt, so daß es schwerfällt, das Verhältnis zwischen
    Lehrer und Schüler korrekt zu beschreiben.
(3) Brief vom 27.1.1954, KBA.

begleitet."(4) Barth wird von Kohler über seinen Wechsel zur SOAM sehr genau informiert. Der Briefwechsel zwischen beiden hat deshalb für unser Thema seine besondere Bedeutung.

Kohler war sich dessen bewußt, daß er als Barth-Schüler in der SOAM einen schwierigen Stand hatte. Er schreibt dies auch ganz offen an Barth: "Die Lage der SOAM draußen wie drinnen ist äußerst schwierig. Aber meine Frau und ich glauben, daß es möglich ist, in den bekannten und unbekannten Schwierigkeiten durchzustehen, weil uns von der schweizerischen Delegierten-Versammlung bei allem Wissen und bei aller Auseinandersetzung um unseren theologischen Standort Vertrauen zugesprochen und Freiheit in der Theologie zugebilligt wurde."(5) Wie weit diese "Freiheit in der Theologie" als eine Freiheit zur Theologie Karl Barths genutzt wurde und Kohler nicht nur formal, sondern auch theologisch von Barth her zu verstehen und als Barth-Schüler anzusprechen ist, wird seine zur Veröffentlichung anstehende Missionstheologie zeigen.

Wenn Kohler die Lage innerhalb der SOAM 1954 als "äußerst schwierig" bezeichnet, so bezieht er sich dabei sicherlich nicht nur auf die äußeren Schwierigkeiten, die durch seinen Vorgänger in Kyoto entstanden waren und auf der organisatorischen, finanziellen und menschlichen Ebene in Japan wie in der Schweiz zur Lösung anstanden.(6) Er mußte wissen, daß er als dialektischer Theologe in der überwiegend von Liberalen bestimmten SOAM nur eine kleine Gruppe theologisch auf seiner Seite wähnen durfte. Von dieser Gruppe her, die mit Hessel(7) nach dem Kriege bereits einmal

---

(4) Ebd.

(5) Ebd.

(6) Vgl. K. Suter, Die Zeit der Trennung und des beginnenden Wiederaufbaus während und nach dem Zweiten Weltkrieg, in: Spuren ..., Hundert Jahre Ostasien-Mission, hg. v. F. Hahn, 1984, 106-111, hier 111. Wie Kohler die Schwierigkeiten durch Planung und Aufbau des "Hauses der Begegnung" in Kyoto überwunden hat, zeigt im selben Band der Beitrag von W. Kuhn, Neue Aufgaben der Schweizerischen Ostasien-Mission nach 1945, 134-147, hier 134-139.

(7) R.A.E. Hessel (1904-1974), Pfarrer und Japanmissionar der OAM (1.5.1931-19.4.1936), der Bekennenden Kirche (BK) (17.4.1937-20.10.1940) und der SOAM (1.8.1947-30.9.1953). Weitere Angaben: H.E. Hamer, Der rheinische Beitrag zur Ostasien-Mission. In: MEKGR 33, 1984, 403-484, hier 475.

Schiffbruch erlitten hatte(8), läßt sich der Dienst von Kohler in der SOAM als ein Wendepunkt verstehen. Die Anhänger der dialektischen Theologie in der SOAM hatten in Werner Kohler "ihren Mann" gefunden. Dieser Gruppe gelang es, mit Hilfe von Werner Kohler in der SOAM an Einfluß zu gewinnen und z.b. auch eine neue Öffnung der SOAM auf die Deutsche Ostasien-Mission (DOAM) hin einzuleiten, ja sogar eine informelle Kooperation von SOAM und DOAM zuwegezubringen, die Werner Kohler besonders am Herzen lag und ganz im Sinne von Barth war.

Die Briefe an Karl Barth aus Japan zeigen, daß Barth einerseits sehr genau von Kohler in die Probleme seiner Missionsarbeit eingeführt wird. Durchgehend läßt sich eine sehr große Dankbarkeit gegenüber Barth für dessen theologische Arbeit feststellen: "Mich dünkt, daß Sie mit Ihrer Arbeit sehr direkt und auf vielerlei Weise indirekt der Mission einen unermeßlichen Dienst tun."(9) "Sie helfen mir (ohne es zu wissen) durch Ihre Arbeiten, die Dinge ein wenig zu durchschauen. ..."(10) Andererseits gelangt Kohler offensichtlich durch die Auseinandersetzung mit Barth zu einem eigenen Missionsverständnis, das er 1957 so formuliert: "Wir verstehen aber Missionsarbeit stets deutlicher als eine von sich selbst wegweisende Tätigkeit. Auch das sogenannte gute Beispiel ist doch fatal in seiner Ich-Zentriertheit. Freiheit ist nur dort, wo auf den Befreier hingewiesen, seinetwegen geglaubt, geliebt, gehofft werden kann. Ganz eindeutig vergeht einem das Bekehrenwollen, das Missionieren, bei dem der Missionar Subjekt und die Mitmenschen Objekt sind. Wir, ob Glieder am Leibe Christi oder nicht, sind alle Brüder, zum Dienst verschiedenster Ordnung berufen, während nur ein einziger Herr unseres Glaubens und Unglaubens ist. Auf ihn überall und jederzeit, ob in der Schweiz oder hier in Japan, hinweisen und für einander hoffen, ist Mission."(11)

---

(8) Hessel hatte einen Vertrag auf sieben Jahre. Am 11.3.1953 beschloß der Vorstand der SOAM unter dem Eindruck von aus Japan eingegangenen Klagen, den Vertrag vorzeitig "aus wichtigen Gründen auf Ende September 1953 aufzulösen". Zitiert aus: Urteil der 2. Zivilkammer des Obergerichts des Kanton Zürich vom 6.5.1958, Archiv der SOAM in Zürich (AZ). Dagegen hat Hessel 1955 geklagt. Das Gericht billigte ihm einen Schadensersatz zu, verurteilte ihn aber zur Übernahme von 5/6 der Verfahrenskosten. Der Dienstantritt von Kohler war durch diese Auseinandersetzungen überschattet, wie seine Berichte an die Leitung der SOAM zeigen (AZ).
(9) Brief vom 19.2.1956, KBA.
(10) Brief vom 2.2.1957, KBA.
(11) Brief vom 23.3.1957, KBA.

Eine andere Seite der Beziehung Karl Barths zu Werner Kohler kommt in den Briefen zur Sprache, wenn Barth auf bereits erschienene Artikel angesprochen wird, die in einer japanischen christlichen Zeitung in Übersetzung abgedruckt werden sollen.(12) Auf dieser Ebene der Verbreitung der Barthschen Theologie in Japan liegt auch der Hinweis Kohlers auf seine beabsichtigte Rezension von KD IV, 2 in Kirisutokyo Kenkyu (Christliche Forschungen) und die empfehlende Ankündigung des Besuchs in Basel von zwei jungen japanischen Theologen. Es handelt sich bei diesen um einen Professor Ji Kikuchi von der Doshisha Universität, der zum Planungs- und Arbeitsteam von Kohler in Kyoto gehörte, und einen namentlich nicht genannten Schüler von Professor Mayeda von der Tokyo Universität. Mit dieser Art von Bemühungen knüpft Kohler an die Tradition seines Vorgängers in Kyoto an, von dem bekannt ist, daß er in den 30er und 40er Jahren an der Vermittlung theologischer Schriften von Barth nach Japan maßgeblich beteiligt gewesen ist.(13) Neu dagegen ist die Tatsache, daß Kohler sich empfehlend für zwei Vertreter der Oomoto-Kyo (Lehre der ersten Ursache), einer der neuen Religionen in Japan, einsetzt, die Barth in Basel besuchen wollen. Die Brücke der Gemeinsamkeit ist in diesem Falle der Widerstand gegen den Faschismus. Oomoto-Kyo lehnte vor dem Kriege den Kaiserkult ab. Nunmehr interessieren sich ihre Vertreter besonders für Barth und Niemöller(14) in Europa, mit denen sie Fragen des Widerstandsrechts diskutieren möchten.(15)

---

(12)Im Brief vom 19.2.1956 werden z.B. die "autobiographischen Artikel" angesprochen, die in der EvTh 1948/49 veröffentlicht sind und nunmehr von einem Prof. Komoto Tetsuo in der japanischen Zeitschrift Fukuin to sekai (Evangelium und Welt) herausgebracht werden sollen.

(13)Zur Barth-Rezeption in Japan vgl. Y. Terazono, Zur Wirkung von K. Barth in Japan, Zeitschrift für Dialektische Theologie 4, Jahrg. 2, Nr. 2, 1986, 219-233, und H.E. Hamer, Doitsu kara mita Nihon kyokaishi no ichisokumen (Ein Aspekt der japanischen Kirchengeschichte von Deutschland aus gesehen), in: Takizawa, Hito to shiso, hg. v. Y. Terazono, 1986, 175-189, hier 178.

(14)M. Niemöller (1892-1984) war im Ersten Weltkrieg U-Boot-Kommandant. 1923-1931 Pfarrer und Geschäftsführer der Inneren Mission in Westfalen, 1931 Pfarrer in Berlin-Dahlem, 1937 verhaftet wegen Kanzel-Mißbrauch und Ungehorsam, Freispruch und trotzdem Einlieferung in ein KZ, 1946 Kirchenpräsident der Landeskirche in Hessen und Nassau.

(15)Brief vom 11.5.1957, KBA.

Während sich über das gute Verhältnis zwischen Barth und Kohler Tatsachen und Hinweise zusammentragen lassen, ist über eine direkte Beziehung von Barth zur SOAM, ihrem Vorstand oder ihrem Vorsitzenden, nichts bekannt. Die Briefe von Kohler deuten auch in dieser Richtung nichts an. Zwar wäre es denkbar, daß er sich seiner Heimatleitung gegenüber einmal für ein Referat von Barth auf einer Jahresversammlung der SOAM eingesetzt hätte. Aber von seinen Briefen aus gesehen hielt er die Zeit des großen Baseler Theologen für viel zu kostbar. Er erwartete nicht, daß Barth mit der SOAM in eine direkte Beziehung treten würde. Es genügte in seinen Augen offensichtlich, daß Barth durch ihn 1954-1964 eine indirekte positive Beziehung zur SOAM gewinnen konnte. Und daß dies geschah, ist wohl Kohlers Verdienst angesichts der widersprüchlichen Erfahrungen, die Barth mit der OAM bereits gemacht hatte und die ihm nahelegten, sich zurückzuhalten.

2. Die Kontaktaufnahme 1930

Es war nicht Karl Barth, der von sich aus in Bonn eine Beziehung zur OAM zu knüpfen versuchte, sondern umgekehrt der Missionsdirektor der OAM, Johannes Witte(16) in Berlin. Dieser wendet sich unter dem 9.10.1930 offiziell an Barth mit der Bitte, "uns ein ganz offenes Urteil über Herrn Hessel mitzuteilen"(17), der sich um eine Anstellung in der OAM beworben hatte. Mit diesem Schritt beginnt eine Beziehung zwischen Barth und der OAM, welche von Anfang an die Personen Witte und Hessel miteinschließt.

Gensichen hat kürzlich darauf aufmerksam gemacht, daß die OAM "sich mehr als andere für jenes neue theologische Erwachen öffnete, das mit Barths Römerbrief-Kommentar seinen Anfang genommen hatte."(18) Die von ihm genannten verschiedenen "Motive" der Hinwendung zur dialektischen Theologie erscheinen im Lichte

---

(16) J. Witte, lic. theol. und Dr. phil. (1877-1942/43), Pfarrer in Zarnow/Pommern 1903-1909, ab 1.4.1909 Missionsinspektor der OAM, 1915 Missionsdirektor, 1921 Privatdozent, 1930 Professor für Missionskunde der Universität Berlin, 1933 aus der OAM ausgetreten (Archiv der DOAM in Speyer (AS), Evangelisches Zentralarchiv Berlin (EZAB)).

(17) Brief von Witte an Barth vom 9.10.1930, KBA. Von Witte an Barth liegen noch drei weitere Briefe vor, denen zwei Briefe von Barth an Witte gegenüberstehen. Auch von Wittes Nachfolger Devaranne hat Barth (dreimal) Post bekommen. Barth schrieb ihm nur einmal.

(18) H.-W. Gensichen, Theologische Wandlungen der Ostasien-Mission in der ersten Hälfte des 20. Jahrhunderts, in: Spuren ... 100 Jahre Ostasien-Mission, hg. v. F. Hahn, 1984, 19-37, hier 28.

der Korrespondenz von Barth mit Vertretern der OAM zunächst als besondere Motive der Person des Missiondirektors Johannes Witte. Denn Witte war es, der auf seinen Vortragsreisen für die OAM in den 20er Jahren spürte, wie eine junge Theologengeneration heranwuchs, die der neuen dialektischen Theologie verbunden war. Rückblickend schreibt er 1930 an Barth: "Seit 10 Jahren habe ich mich bemüht, neue Kreise heranzuziehen, Kreise ganz anderer Art. Das ist in Deutschland besser gelungen als in der Schweiz. Aber es ist auch in der Schweiz etwas Erfolg zu verzeichnen. Daher trägt in Wirklichkeit die Ostasien-Mission heute doch wesentlich anderes Gepräge als früher."(19)

Ausdruck dieser Bemühungen ist seine eigene theologische Entwicklung, die ihn seit 1928 - wie Gensichen zeigt - zu einer neuen missionstheologischen Position führt, die er "zu einem christozentrischen System ausbaut".(20) Daß er damit 1929 weder bei den übrigen Missionen Anerkennung erhielt, die am 3.10.1929 eine Aufnahme der OAM in den Deutschen Evangelischen Missionsbund mehrheitlich ablehnten(21), noch bei den liberalen Schweizer Freunden der OAM Anklang fand, gehört zur "Spannung" seiner Situation, aus der heraus er den Versuch unternahm, die OAM an die dialektische Theologie heranzuführen und den Zustand der "theologischen Heimatlosigkeit des Vereins"(22) zu beenden. Äußerer Ausdruck dieses Bemühens ist sowohl die Einstellung von Pfarrer W. Brachmann(23) am 1.10.1929 als neuer Missionsinspektor der OAM, der nach eigener Aussage Barth auf seinen Wegen zu folgen ver-

---

(19)S.o. Anm. 17.

(20)Vgl. Gensichen, 31.

(21)Vgl. H. Frohnes, "Bekenntnis und Einheit". Vorgänge und Verhandlungen um die Aufnahme der Ostasien-Mission in den Deutschen Evangelischen Missionsbund, in: Christ aus Weltverantwortung in der Herausforderung der Gegenwart. FS G. Rosenkranz, hg. v. W. Kersten-Thiele, Schriften der DOAM 6, 1966, 62-109, hier 97.

(22)AaO. 100.

(23)W. Brachmann, Dr. phil. (geb. 1900), war Pfarrer in Hertwigswaldau; 1.10.1929-1.10.1933 Missionsinspektor der OAM (1933 ausgetreten); anschließend kommissarischer Leiter des neu eingerichteten, dem Reichsbischof unmittelbar unterstellten Predigerseminars Klein-Neuhof (Ostpreußen, bis diese Kaderschmiede der Deutschen Christen 1935 geschlossen wurde. Vgl. H. Linck, Der Kirchenkampf in Ostpreußen, 1968, 63f u. 128 u. AS.

suchte(24), als auch 1930 die Wahl des Barth-Schülers Egon Hessel zum neuen Missionar der OAM und Nachfolger von Missionssuperintendent Emil Schiller.(25)

Hessel hatte sich bei der OAM gemeldet, nachdem Barth ihm im Januar 1930 von einer theologischen Promotion abgeraten hatte, weil es ihm "wirklich ein größeres Anliegen ist, gute Pfarrer, Pfarrer, die wissen, um was es geht und die ihre Knie nicht beugen vor dem Baal des kirchlichen Kitsches, zu erziehen."(26) Hessel hatte Barth als Referenz angegeben, und so kommt der Missionsdirektor der OAM Johannes Witte dazu, sich an Barth zu wenden mit der Bitte um eine gutachtliche Äußerung über Herrn Hessel. Aus dieser Anfrage entwickelt sich dann eine Korrespondenz(27), aus der wir entnehmen können, daß Hessel im Unterschied zu Werner Kohler, gerade weil er Barth-Schüler war, von Witte favorisiert und von der Leitung der Ostasien-Mission zum Missionar gewählt worden ist. "Wir freuen uns", so schreibt Witte noch vor der Wahl von Hessel an Barth, "daß wir in wachsendem Maße auch aus der Zahl Ihrer Schüler Freunde unserer Mission bekommen."(28) Zugleich kündet er ihm einen Aufsatz von Missionsinspektor Wilhelm Brachmann an.(29) Aus diesem möge Barth ersehen, "daß die Anschauung falsch ist, die ich öfter in der Schweiz gerade gehört habe, als ob unsere Ostasien-Mission sich mit der älteren liberalen Theologie identifiziert."(30) Er bittet Barth sogar um sein Urteil

---

(24)W. Brachmann, Theologie der Krisis. Theorie und Praxis, in: ZMR 46, 1931, 30-32, hier 30. Brachmann, der in Königsberg und Breslau studiert hatte, verstand sich als Schüler von Prof. Bornhausen/Breslau (AS 173). Er war nur vorübergehend ein "Anhänger" von Barth und darf auf keinen Fall als "Barth-Schüler" bezeichnet werden, wie wir dies einmal (vgl. Hamer, Der rheinische Beitrag zur Ostasien-Mission, 431) im Gefolge von Bielfeldt getan haben. Vgl. J. Bielfeldt, 75 Jahre Ostasien-Mission, Neckarauer Hefte 10, 1962, 22.

(25)K.E. Schiller (1865-1945) war Pfarrer und Rektor der Lateinschule in Tecklenburg/Westfalen von 1891-1894. 1895-1931 Missionar der OAM in Japan, 1907 Missionssuperintendent, 1911 Dr. theol. h.c. der Universität Bern. Vgl. Hamer, Beitrag, 413ff und AS 224.

(26)Brief von Barth an Hessel vom 11.1.1930, KBA.

(27)Insgesamt umfaßt diese Korrespondenz, an der sich Witte, Baur und Devaranne beteiligt haben, neun Briefe seitens der OAM und vier Briefe von Barth.

(28)Brief von Witte an Barth vom 27.10.1930, KBA.

(29)W. Brachmann, Theologie der Krisis und Mission, in: ZMR 45, 1930, 289-309.

(30)S.o. Anm. 28.

und bemüht sich auf diese Weise, ihn ins Gespräch zu ziehen. Doch Barth vermag in diesem Aufsatz keinen Beitrag zum Gespräch zu erkennen: "Über den Brachmannschen Artikel möchte ich kein direktes Urteil abgeben ... Vielleicht sind Sie mit mir einig in der Empfindung, daß es ihm über der Fülle der Gesichte, von der er offenbar bedrängt ist, noch schwer wird, seine Gedanken in derjenigen Klarheit herauszustellen, die eine Auseinandersetzung mit ihm möglich machen würde. Es ist mir gerade an den Punkten, wo er sich mir und meinen Freunden gegenüber abgrenzen zu wollen scheint, seien bei ihm zunächst mehr Behauptungen als eigentliche Argumente auf dem Plan."(31)

Witte akzeptiert dieses Urteil, weist jedoch auf die Bedeutung Brachmanns für die OAM hin: "Gewiß ist Pfarrer Brachmann noch etwas gärender Most, aber daß er in unserem Dienst möglich ist als einer, der sich doch grundsätzlich zu Ihnen bekennt, zeigt Ihnen die neue Lage, in der unsere Mission ist."(32)

Im selben Brief bringt Witte dann schließlich noch einmal seinen Wunsch zum Ausdruck, "daß doch etwas in der Zukunft wird, etwas Neues, das unsere Mission mit Ihren Freunden in nähere Fühlung bringt." Vom selben Wunsch getragen ist auch seine Anfrage an Barth, ob er nicht einen Beitrag für seine Zeitschrift für Missionskunde und Religionswissenschaft (ZMR) schreiben könne und ob es nicht möglich sei, daß man gegenseitig die Zeitschriften austausche.(33) Barth hat sich offensichtlich über dieses Entgegenkommen gefreut: "Der Inhalt Ihres Briefes und ebenso der Aufsatz von Brachmann war mit eine Freude. Es steht in der Tat so, wie Sie sagen, daß ich als Schweizer bis jetzt geneigt sein mußte, hinter der Ostasien-Mission denjenigen theologischen Liberalismus zu suchen, mit dem für unsereiner eine Verständigung oder auch nur eine Unterhaltung sehr schwer ist ... So hatte ich tatsächlich nicht erwartet, zu den Kreisen Ihrer Mission je in ein positives Verhältnis zu kommen. Umso überraschender war mir schon die Nachricht, daß ein so ausgesprochener Schüler von mir wie E. Hessel Ihr Interesse gefunden habe und nun erst recht Ihr Brief und der Artikel von Brachmann. Es wird ja wohl so sein, daß man sich gegenseitig erst aus einiger Nähe kennenlernen muß. Aber ich bin Ihnen dankbar, daß Sie die Hand dazu bieten, und Sie werden mich meinerseits durchaus offen finden."(34) So konnte im Jahre 1930 ein "positives Verhältnis" von Barth zur Ostasien-Mission beginnen.

(31)Brief von Barth an Witte vom 19.11.1930, KBA.
(32)Brief von Witte an Barth vom 6.12.1930, KBA.
(33)Ebd.
(34)S.o. Anm. 31.

3. Positiv aktives oder positiv passives Verhältnis?

Im Dezember 1930 hat Witte das Direktorat in der OAM abgegeben, weil er auf den Lehrstuhl für Missionskunde der Berliner Universität berufen worden war. Nunmehr schreibt er nicht mehr als Missionsdirektor, sondern als Herausgeber der ZMR und als Mitglied des Zentralvorstandes der OAM an Barth: "Ich wäre sehr dankbar, wenn ich aus dem Kreis Ihrer Freunde und Schüler einige Mitarbeiter bekäme, die sowohl ihre Namen hergeben als auch wirklich mitarbeiten würden. Wenn sie einige Herren kennen, die dazu bereit wären, so wäre ich dafür außerordentlich dankbar ... Ich wage es nicht, Sie selbst zu bitten, denn Sie haben ebenf. vorläufig doch ganz andere Aufgaben. Nur, wenn Sie einmal an die Probleme herangehen, so wäre ich sehr dankbar, wenn Sie unsere Zeitschrift bedenken würden."(35) Barth ist auf dieses Angebot nicht eingegangen. Ob und wieweit er mit seinen Freunden darüber gesprochen hat, ist ungewiß. Eine spätere Bemerkung von Hessel aus dem Jahre 1933 läßt erkennen, daß er der OAM auf dieser Ebene völlig passiv gegenübersteht: "Prof. Witte klagte heute in einem Briefe, daß es ihm nicht möglich ist, von den Dialektikern einen führenden Mitarbeiter für die Z.M.R. zu bekommen. Brunner hat ihm anscheinend sehr scharf, Sie überhaupt nicht geantwortet ... Es wäre sehr schade, wenn das, was Witte da in den letzten Jahren erreicht hat, nun durch mangelnde Unterstützung aus dem Lager der Dialektiker vernichtet würde. Bitte prüfen Sie noch einmal, ob Sie nicht der Z.M.R. als Mitarbeiter selbst beitreten oder einer Ihrer Freunde, der ein wenig bekannter geworden ist, sich dieser Sache annimmt ..."(36)

Barths Antwort auf diese wiederholte Bitte um literarische Mitarbeit bestätigt unseren Eindruck von seiner positiv-passiven Haltung. Er schreibt: "Aber ebenso wüßte ich wirklich nicht recht, was ich täte, wenn ich nun auf einmal als Mitarbeiter von Wittes Zeitschrift - bitte betrachten Sie deren Titelblatt und machen Sie sich klar, daß mein Name dann wohl unmittelbar vor dem Namen Hans Baur (dem unmöglichsten Liberalen der Schweiz und wohl auf Gottes Erdboden überhaupt) zu stehen kommen würde - auftauchen wollte. Wozu nun gerade das sein müsse? würde mich wohl ein bißchen jedermann fragen - und ich wüßte wirklich keine Antwort, bes. da ich auch gar nicht absehe, wie ich in den nächsten Jahren dazu kommen sollte, mich an dem Gespräch über Mission und Religionsgeschichte zu beteiligen. Glauben Sie auch nicht, daß meine indirekte Gegenwart im Kreise der O.A.M. - eine Gegenwart, durch

---

(35)S.o. Anm. 32.
(36)Brief von Hessel an Barth vom 17.1.1933, KBA.

die ich bes. den Schweizerischen Reformern, die nun doch einmal
ein nicht unwichtiges Kontingent Ihrer Missionsgemeine bilden und
die mich auf den Tod nicht leiden mögen, nicht geradezu auf die
Füße trete, sondern nur wie ein Gespenst von ferne erscheine -
dem, was Witte und Sie wollen, besser dienen wird? Ich glaube es
bestimmt. Wenn es gelingen soll, die Q.A.M. theologisch besser auf
die Beine zu bringen, als es bis jetzt möglich war, dann muß das
gewiß das Werk Ihrer eigenen und nicht von außen herangeholter
Mitarbeiter sein."(37)

Es entspricht der Einstellung Barths, wenn wir in seinem Verhältnis zur OAM differenzieren und zwischen der Missionsgesellschaft als solcher und ihren beiden dialektischen Theologen Witte
und Hessel unterscheiden. Mit diesen fühlte sich Barth durch persönliche geistige Gemeinschaft verbunden, mit jener wollte er 1933
lieber auf Distanz bleiben.

4. Das Ende der offiziellen Kontakte

Nachdem bisher die Gründe zur Sprache gekommen sind, die für
die positive Haltung Barths und seine indirekte Gegenwart in der
OAM maßgebend waren, bleibt zu fragen, ob sich sein Verhältnis
zur OAM mit der Zeit geändert hat. Vom Nachfolger Wittes im
Amt des Missionsdirektors wurde Barth zwar mehrfach über die
Arbeit und die ersten Auseinandersetzungen seines Schülers in Japan informiert. Andere Dinge kamen jedoch nicht zur Sprache.(38)
Selbst als Barth den neuen Missionsdirektor darauf hingewiesen
hatte, daß er am 11.4.1932 anläßlich der Brandenburgischen Missionskonferenz in Berlin sein werde und einer Begegnung gerne
entgegensehe(39), kam es zu keinem Gespräch. Barth referierte in
der Aula der Universität vor den Vertretern der Missionsgesellschaften über "Die Theologie und die Mission in der Gegenwart"(40), während der maßgebliche Vertreter der OAM unter den
Zuhörern fehlte. Er war angeblich dienstlich verhindert. Der Brief-
verkehr mit der Leitung der OAM in Berlin brach nach dieser
nicht zustandegekommenen Begegnung ab. Die Ursache dafür möchten wir im Zusammenhang mit der inneren Krise der OAM sehen.

Professor Witte hatte am 28.4.1932 erklärt, er wolle nunmehr
selber das Ruder der OAM in die Hand nehmen. Denn "die Dinge
drängen zur Entscheidung. Es muß jetzt eine Wendung kommen.

---

(37)Brief von Barth an Hessel vom 3.6.1933, KBA.
(38)Brief von Devaranne an Barth vom 3. und 21.3.1932 sowie vom
    12.4.1932, KBA.
(39)Brief von Barth an Devaranne vom 5.3.1932, KBA.
(40)Abgedruckt in: K. Barth, Theologische Fragen und Antworten.
    Gesammelte Vorträge 3, 1957, 100-126.

Wenn D. Habicht noch länger Präsident bleibt, geht es nicht gut."(41) Witte, der seit Jahren für eine Erneuerung der OAM eingetreten war, fühlte plötzlich, daß die Stunde der Wende gekommen sei. Lange genug hatte er sich in der OAM eingesetzt für
- ihre Öffnung zur dialektischen Theologie hin,
- die Aufnahme einer neuen Pfarrergeneration und
- das Zusammengehen mit den anderen Missionsgesellschaften im Deutschen Evangelischen Missionsbund (DEMB).

Er glaubte offensichtlich nach dem Vortrag von Barth in Berlin, daß eine Mehrheit der stimmberechtigten 42 Mitglieder des Zentralvorstandes ihn als dialektischen Theologen zum Präsidenten wählen würde. Daraufhin stellte der amtierende Präsident D. Habicht(42) am 20. Mai 1932 dem Zentralvorstand die Vertrauensfrage. Er verband diese mit einer Abstimmung darüber, daß die OAM sich nicht auf eine bestimmte Theologie festlegen und den von den Schweizer Liberalen heftig bekämpften § 2 des DEMB beibehalten sollte.(43) Bei der Abstimmung sprach sich die Mehrheit für den amtierenden Präsidenten aus und für seinen bisherigen Mittelweg. Jene "theologische Charakterlosigkeit"(44), die Barth der OAM später einmal zum Vorwurf gemacht hat, wurde hier bereits zum Prinzip erhoben in der Hoffnung, damit überleben zu können. Die Chance, die OAM theologisch auf neue Füße zu stellen, war somit auf diesem Weg vertan.

Die nachfolgenden Auseinandersetzungen innerhalb der OAM standen unter dem Schatten der politischen Ereignisse jener Zeit. An die Folgen des 30. Januar 1933, an dem Hitler zum Reichskanzler ernannt wurde, erinnert uns Barth, der am 29. Mai 1933 an seinen Schüler Hessel schrieb: "Man muß sich wirklich jeden Tag aufs Neue Mühe geben, auch nur zu realisieren, was da seit dem 30. Januar über uns gekommen ist ... nachdem vom Judenboykott bis zum Riesenfeuerwerk am 1. Mai schon ein bißchen alles möglich geworden ist." (KBA)

In dieser turbulenten Zeit fand Barth noch Zeit und Worte, um seine Stellung zur OAM zu erklären: "Hinsichtlich der Ostasien-Mission verhält es sich für mich so: Ich habe mich seinerzeit, wie Sie sich erinnern werden, nur gefreut, als sie in den Dienst gerade dieser Gesellschaft traten und als damit auch ich selbst mit ihr eine gewisse Fühlung bekam. Fühlung, wie ich sie auch mit der Baseler Mission und ein bißchen auch mit der Rheinischen und mit

---

(41)Brief von Witte an Devaranne vom 5.3.1932, KBA.
(42)A.F.K. Habicht, D. theol. (1868-1937), Pfarrer an der Petri-Kirche in Berlin 1905-1934. Präsident der OAM bis 1933.
(43)Vgl. Frohnes, Bekenntnis und Einheit, 75.
(44)Gutachten von Barth über Hessel vom März 1937, Durchschr. KBA.

der Berliner Mission habe. Eine engere Beziehung (wie sie Brunner zu den Baselern hat), hatte und habe ich mit keiner von diesen Gesellschaften. Ich bin ja auch vor einem Jahr nach meinem Missionsvortrag, den sie in ZdZ gelesen haben werden, von der Berliner Missionskonferenz mit dem Eindruck geschieden, daß eine kleine freundliche Distanz zwischen mir und den Missionen wohl das Bessere sein könnte, weil ich vielleicht nun nicht gerade das erwählte Rüstzeug bin, um in dieser Sache mitzureden. Das braucht nun nicht zu hindern, daß Witte und daß in wieder ganz anderer Weise Sie auf dem Boden Ihrer Missionsgesellschaft und Missionsarbeit die von mir empfohlene Theologie so fruchtbar als möglich anzuwenden suchen, wie es z.B. der Baseler Missionsdirektor Hartenstein auf seinem Boden tut. Zur Gründung einer eigenen 'dialektischen Missionsgesellschaft' aufzufodern, liegt mir weltenfern."(45)

Wenn Barth 1933 feststellte, daß er zu keiner der Missionsgesellschaften eine innere Beziehung habe, so muß das die OAM besonders treffen. Denn die Weichen hierfür waren durch Witte gestellt. Doch durch die Wiederwahl des amtierenden Präsidenten blieb alles beim alten. Das Schifflein der OAM in Deutschland trieb 1933 ohne klaren Kurs im aufgewühlten Meer der nationalen "Erhebung" hin und her. Der in Aussicht genommene Lotse (Barth) wurde überhört und blieb auf Distanz. Von 1932 bis 1936 hat Barth - soweit wir sehen können - keinerlei Kontakt zur Leitung der OAM in Berlin unterhalten.

Die Lage änderte sich erst in dem Augenblick, als er von dem bereits oben erwähnten Baseler Pfarrer Dr. Hans Baur(46) als Vizepräsident des Schweizerischen Landesverbandes der OAM einen offiziellen Brief erhielt. In diesem wurde angesichts der Entlassung von Hessel daran erinnert: "Hauptsächlich um Ihretwillen wurde s.Z. Hessel ausgesandt, damit Sie auch Ihre Vertretung haben."(47)

Zum andern wurde der Grund der Entlassung Hessels wie folgt dargelegt: "Wir fanden es auch als Schweizer unrichtig, daß Hessel trotz des Verbotes des Zentralvorstandes und des Schweizerischen Landesvereins fortfuhr, Aufsätze über die Kirchenpolitik seiner Regierung zu veröffentlichen. Was geht das die japanischen Christen an?! Er sah nie ein, daß er das Evangelium zu verkündigen und nicht reichsdeutsche Politik zu treiben habe. Er sah nicht ein, daß er damit den ganzen reichsdeutschen Zweig der OAM in seiner Existenz bedrohe und damit riskiere, daß alle seine Werke und An-

---

(45)S.o. Anm. 37.
(46)H. Baur, Dr. theol. (1870-1937), Pfarrer der Matthäus-Kirche Basel bis 1911, Pfarrer der St. Leonhardskirche bis 1937, 1905-1937 Mitglied im Zentralverband (ZV) der OAM.
(47)Brief von Baur an Barth vom 9.10.1936, KBA.

gestellten in Japan wegen Mangel an Mitteln gestrichen werden müßten. Seine Behauptung, seine Kirchenpolitik mit allen Auswüchsen sei Verkündigung des Evangeliums, konnten wir uns, auch seine Gesinnungsfreunde, nicht aneignen. Daher hat auch unsere Minimalforderung, 'den reichsdeutschen kirchenpolitischen Händeln in seiner Missionsarbeit zu entsagen', ein neues Nein ausgelöst. Wir sahen uns in den Gewissenskonflikt hineingetrieben, ihn oder unsere deutsche Missionsgemeinde und damit unser halbes Werk zu opfern."(48)

Barth antwortete umgehend und eindeutig: Er freue sich, nun auch von seiten der OAM offiziell und zusammenhängend zu erfahren, was ihm bereits bekannt sei. Nach gewissenhafter Prüfung müsse er feststellen, daß in seiner Sicht die Gründe des Vorstandes der OAM und die von Hessel genannten Gründe übereinstimmen. "Der Streit geht um die Beurteilung der Tatsachen, wogegen die Tatsachen als solche, soweit ich sehe, von beiden Seiten übereinstimmend gesehen und dargestellt werden."(49) Gerade in der Beurteilung der Tatsachen könne er sich der Meinung des Vorstandes der OAM nicht anschließen.

"Ich kann in dem, was gegenwärtig in der deutschen evangelischen Kirche vorgeht, nicht irgendwelche 'kirchenpolitischen Händel' sehen, für die man sich in den Heimat- und in den Missionsgemeinden der übrigen Welt ebenso gut interessieren wie nicht interessieren könnte. Ich kann darum die abstrakte Unterscheidung zwischen 'Evangeliumsverkündigung' und 'Kirchenpolitik', die Hessel von Seiten der OAM zugemutet wurde, nicht gutheißen. Selbst wenn Hessel es in Kyoto nur mit japanischen Christen zu tun hätte, könnte ich das nicht, umso weniger da er ja gleichzeitig Pfarrer einer deutschen Gemeinde war, für die die Probleme der Heimat schon dank der intensiven Auslandspropaganda der verschiedensten reichsdeutschen Stellen sehr direkte Aktualität hatten und haben.

Die Verhängtheit der OAM mit den Anliegen der reichsdeutschen Kulturpolitik hat mir nie eingeleuchtet und m.E. hätte spätestens der nun eingetretene Konflikt der OAM nahelegen müssen, sich - unter Inkaufnahme der dadurch gegebenen äußeren Bedrohung - aus dieser zweideutigen Union zu befreien, statt sich durch die Preisgabe Hessels erst recht zu ihr zu bekennen.

Es scheint mir besonders bedauerlich, daß insbesondere der Schweizerische Kreis der OAM nicht in der Lage war, zu erkennen, daß die Preisgabe eines christlichen Missionars unter dem Druck einer politischen Instanz, wie es das Deutsche Auswärtige Amt ist, unter allen Umständen eine innere Unmöglichkeit bedeutet. Ich könnte dies auch dann nicht verstehen, wenn tatsächlich alle theo-

---

(48)Ebd.
(49)Brief von Barth an Baur vom 14.10.1936, KBA.

logisch führenden Mitglieder der Schweizerischen OAM jene abstrakte Unterscheidung zwischen Evangeliumsverkündigung und Kirchenpolitik grundsätzlich gutheißen sollten. Eben dies kann ich mir aber offen gestanden nicht recht vorstellen. Sind sie nicht alle mehr oder weniger liberale Theologen? ... Wo blieb ihr Schweizertum und ihr theologischer Liberalismus (mit dem ich in diesem Punkt wenn auch in etwas anderer Begründung zusammentreffen würde!) als Sie dies taten?"(50)

Bei der Antwort von Baur fällt auf, daß er Barths Position nicht verstehen konnte. Als liberaler Theologe konnte er das Verhältnis von Christengemeinde und Bürgergemeinde nicht im Sinne Barths nachvollziehen. Dagegen stand einerseits seine Erfahrung, "wie belastend es für eine religiöse Richtung ist, wenn sie eine politische als Vorspann braucht, bis sie eines schönen Morgens entdeckt, daß sie Vorspann ist und danklos nach geleistetem Dienst fallen gelassen oder auch bekämpft wird. War es nicht immer so?"(51)

Auf der anderen Seite vermochte er das, was sich in Deutschland nach dem 30. Januar 1933 auf der politischen und der kirchlichen Bühne abgespielt hat und mit den Stichworten 'totaler Staat' und 'Gleichschaltung der Kirche' angedeutet werden mag, nicht zu erkennen geschweige denn richtig zu beurteilen: "Vor allem ist es nicht das Auswärtige Amt, mit welchem wir in erster Linie zu verkehren hatten, sondern die Auslandskirchenleitung. Die Regierung geht uns gar nichts an, aber was würden Sie von einer Missionsleitung sagen, die offenkundigen Wünschen des Schweizer Kirchenbundes ein schroffes Quod non! entgegensetzen wollte!"(52)

Barth mußte in den Äußerungen Baurs seine Befürchtungen bestätigt sehen, daß in der OAM immer noch derjenige theologische Liberalismus maßgebend war, mit dem für ihn "eine Verständigung oder auch nur eine Unterhaltung sehr schwierig ist."(50) Er zeigte ihm, wie berechtigt seine Vorsicht und Zurückhaltung im Verhältnis zur OAM gewesen ist, das nunmehr zu seinem Ende gekommen ist und in eine kritische Haltung ihr gegenüber umschlägt. Denn als es darum ging, im März 1937 seinen Schüler Hessel der BK als Missionspfarrer zu empfehlen, äußert er die "bestimmte Überzeugung", daß dieser "ein Opfer der theologischen Chrakterlosigkeit der Berliner Schweizer Leitung der OAM geworden ist, bzw. daß er sachlich im Recht war."(54)

(50)Ebd.
(51)Brief von Baur an Barth vom 20.10.1936, KBA.
(52)Ebd.
(53)S.o. Anm. 31.
(54)S.o. Anm. 44.

5. Die Beziehung Barths zu Johannes Witte und Egon Hessel

Im Unterschied zur OAM als Missionsgesellschaft gestaltete sich das Verhältnis von Barth zu Witte nach 1930 durchaus positiv. Witte hatte das Gespräch gesucht. Ob er im April 1932 dann den Missionsvortrag von Barth in der Universität Berlin gehört hat, wissen wir nicht. Gesichert ist jedoch, daß er Anfang Mai auf einem Missionskursus an der Universität Bonn zwei Vorträge hielt.(55) Auch Barth hat dort seinen Berliner Missionsvortrag noch einmal gehalten. Anläßlich dieses gemeinsamen Auftretens haben Barth und Witte sich persönlich kennenlernen und intensiv austauschen können. Von Witte erfahren wir am 12. Mai 1932:

"Es war mir eine große Freude, Sie kennenzulernen und mit Ihnen zwei Stunden plaudern zu können ... Das Ärgernis, das Ihre Hörer an meinem Vortrag genommen haben, kam, glaube ich, daher, daß sie meinen ersten Vortrag nicht gehört hatten ... Ich stehe auf dem Standpunkt von Brunner, wie er ihn in seiner Schrift 'Gott und Mensch' Seite 56ff und Seite 70ff dargelegt hat ... Ich habe in Bonn viel gelernt, bin mir über vieles klarer geworden, auch durch die Aussprache mit Ihnen. Ich möchte noch einmal Theologie studieren. Ich war so lange durch die Praxis gebunden, daß ich nun erst wieder zur Theologie komme, nach einer Pause von 21 Jahren ..."(56)

Hier bekannte sich Witte eindeutig zur dialektischen Theologie, wie sie Emil Brunner vertrat, der damals noch zu den Freunden Barths zählte. So kam Barth dazu, ein Jahr später Hessel gegenüber zu versichern, daß er "dem, was Witte will"(57), sich auf keinen Fall entziehen, sondern ihm durch seine indirekte Gegenwart in der OAM dienen wolle. Hessel machte Barth dann wenig später darauf aufmerksam, daß inzwischen auch die "Bombe Witte geplatzt"(58) sei. Mit diesem drastischen Bild charakterisierte er Wittes Kurswechsel, der aus der Freimaurerloge "Friedrich Wilhelm zur Morgenröte" ausgetreten, der Glaubensbewegung DC beigetreten und sich "endgültig und unwiderruflich" von der Mitgliedschaft und

---

(55)Brief von Barth an Hessel vom 22.7.1932, KBA.
(56)Brief von Witte an Barth vom 12.5.1932, KBA.
(57)S.o. Anm. 37.
(58)Brief von Hessel an Barth vom 9.7.1933, KBA.

allen Ämtern in der OAM losgesagt hatte.(59) Für Barth war auf diese enttäuschende Weise die Verbindung zu Witte abgebrochen.

Ganz anders war nun das Verhältnis zu seinem Schüler Hessel, der sich darin bewährte, daß er sich selbst theologisch treu blieb. Er berichtete Barth über seine Arbeit als Missionar und deutscher Auslandspfarrer, über seine Erfahrungen in der Anwendung der Barthschen Theologie im kirchlichen Alltag sowie über Rückfragen an diese Theologie aus der Missionspraxis. Als Barth ihm 1933 einige "Thesen" schickte mit der Bemerkung, es scheine, "daß es im Westen zur Konsolidierung einer reformierten Kirche innerhalb der Reichskirche kommen wird" und seine Thesen würden ungefähr die Stellung zeigen, die unter allen Umständen gehalten wird(60), hat Hessel diese kurz darauf in seinem Gemeindeblatt veröffentlicht.(61) So war das Verhältnis von Barth zu Hessel durch ein Geben und Nehmen auf verschiedenen Ebenen geprägt. Barth wußte es sehr wohl zu schätzen, daß Hessel ab 1932 seine theologischen Schriften nach Japan vermittelt und die Übersetzung in Japan betreut hat. Wie es schließlich dazu kam, daß Hessel aus der OAM entlassen worden ist und wie Barth ihm half, als BK-Missionar in Japan weiterzuarbeiten, ist an anderer Stelle bereits erörtert worden.(62) Bis zur Kündigung Hessels 1936 begründete das gute persönliche Verhältnis von Barth zu diesem seinem Schüler entscheidend die indirekte Gegenwart Barths in der OAM. Diese indirekte Gegenwart ist dann später nicht durch Hessel als Missionar der SOAM (1947-1953), sondern durch Werner Kohler ab 1954 erneut begründet worden.

(59) Vgl. Brief von Devaranne an den ZV vom 29.4.1933, AS 173. Witte schlägt zu diesem Zeitpunkt bereits einen Pfarrer Themel als neuen Vorsitzenden der DOAM vor, der 1933 als Sprecher der DC in der Berliner Stadtsynode aufgetreten ist und bis 1931 Logenbruder von Witte war. Vgl. Der Angriff, 137 vom 9.7.1931, EZAB.

(60) S.o. Anm. 37. Die Korrespondenz zwischen Barth und Hessel ist recht umfangreich. Es liegen insgesamt neun Briefe von Barth an Hessel und 54 Briefe von Hessel an Barth aus der Zeit von 1927-1952 vor.

(61) Vgl. zur Lage der Deutschen Evangelischen Kirche, Thesen von Karl Barth, in: Die Lebensquelle, Ev. Gemeindeblatt für Japan, 17 u. 18, April 1934.

(62) Vgl. dazu H.E. Hamer, Mission und BK - Mission der BK, in: Jahrbuch Mission 1987, 1987, 117-134.

HULDRYCH ZWINGLI - THEOLOGE IN POLITISCHER BEGABUNG

Jochanan Hesse

1. Einen anderen Geist - einen anderen Gott!

Missionstheologisch bedeutsame Fremdheit ist nicht nur im inter-
kontinentalen Austausch erfahrbar - das macht schon der Euphe-
mismus des Wortes "Gast"-Arbeiter in Deutschland klar. Der Begriff "Fremd"-arbeiter für die gleichen Personengruppe ist da in
der Schweiz schon deutlicher. Werner Kohler hat als Fremdarbeiter
in Deutschland viel Freiheit missionarischer Existenz aus seinem
Wissen um die rechte Fremdheit geschöpft. Als deutscher Pfarrer
in Graubünden trage ich solche Freiheit der Fremdheit weiter und
versuche sie fruchtbar zu machen für die Diskussion um den reformierten Reformator Zwingli aus dem Toggenburg. Diese vielleicht noch unreifen Früchte(1) wollen Akzente setzen, um den
Weg, den die Theologie der Reformatoren gewiesen hat, genauer zu
sehen und weiter zu gehen.
   "Ihr habt einen anderen Geist, ihr habt einen anderen Gott!" -
Mag dieser Vorwurf, mit dem die Fronten als Ende des Gespräches
in Marburg 1529 von Luther abgesteckt worden sind, auch ins
Reich der Legende gehören, so hat die nachfolgende theologische
und historische Entwicklung hier doch eine gewisse Evidenz gezeigt. Reformierte Existenz ist seither Minderheitenexistenz unter
hohem Anpassungsdruck. In Deutschland hat sich das nicht nur in
der Konstruktion der Altpreußischen Union gezeigt, sondern bis in
die Gespräche der Synoden von Barmen und Dahlem.(2) Dieses
"alte" Urteil Luthers mag seine Wurzeln und seine Konsequenzen in
dem starken deutschen Hang zur Einheit, also zu Zentralismus,

---

(1) Diese Arbeit bedürfte noch einer weiterführenden Auseinandersetzung mit G.W. Locher, Die Zwinglische Reformation im
   Rahmen der europäischen Kirchengeschichte, 1979.
(2) Die Barmer Thesen, die gleichsam die Bekenntnisgrundlage der
   Bekennenden Gemeinden und Kirchen bildeten, gehen auf reformierte Vorlagen zurück. Das gilt nicht nur für die Vorform von
   sog. "Reformiert Barmen", sondern bis zu den Ilanzer Artikeln
   des Joh. Comander von 1526 und zu den "67 artickeln" Zwinglis
   von 1523. Mit klarer Erkenntnis des Einen Herrn wird der Angriff staatlicher Totalität zur politischen Gleichschaltung zurückgewiesen. Lutherische Gegenwehr führte über den "Erlanger
   Entwurf" zum "Ansbacher Ratschlag" von Elert/Althaus. Darin
   wird in der Lehre von den "Schöpfungsordnungen" die Lehre der
   Kirche dem Staat unterworfen. (G. v. Norden u.a., "Wir verwerfen die falsche Lehre", 1984.)

Blockbildung und Frontmarkierung haben. Dabei sind in diesem Ringen um Einheit u.a. die Wurzeln zweier Weltkriege zu suchen. Demgegenüber hat sich die ehemals reformierte Schweiz mit ihrem Ringen um Einigkeit, also um polyvalente Eigenständigkeit als Kleinstaat integer bewahren können. Ist darin nicht letztlich auch das Wirken jenes "anderen Geistes" zu sehen?

Nach der Erkenntnis Werner Kohlers geht es in der Theologie und erst recht in der Missionstheologie um die Machtfrage. Es geht um die Herrschaft, um die rechte, die gute. So bleibt uns auch angesichts jener alten Auseinandersetzung zwischen den Stadien der Reformation die Herrschaftsfrage wie zu Eliahus Zeiten: Ist der Herr Herr, der redet durch Sein Wort - oder sind es die Herrgötter, die Baalim, die jeder sich selber macht nach Bedarf?

2. Zwinglis theologisch-politische Basis

Um in knapper Form eine Summe zwinglischer Theologie zu bieten, greife ich auf einen Brief an den Basler Studienfreund und Bündner Reformator Johannes Comander vom 1. März 1527(3) zurück. Darin finden sich in der Exegese zu 1 Joh 5,4-8 die folgenden Sätze: "Denn wer würde die Welt überwinden außer dem, der glaubt, daß Christus der Sohn Gottes ist? ... Der Geist lehrt in den Herzen der Gläubigen, daß es wahr ist, was Christus sowohl gelehrt als auch vollbracht hat." Hier geht es offenbar nicht um eine eschatologische Siegeszuversicht, sondern um konkreten Kampf und eine zu gewinnende Auseinandersetzung hier, eben um die Reformierung der Kirche nach Gottes Wort. Solche konkrete Siegeszuversicht erhält Zwingli aus der Lehre des Heiligen Geistes, der ihn die Wahrheit von Lehre und Tun Christi erkennen läßt. Die Konkretheit reformatorischer Hoffnung steht also bei Zwingli in unmittelbarer Abhängigkeit von Lehre und Handeln Christi. Denn wie Zwingli gelernt hat, bei Christus Lehre und Tatbeweis als kongruent zu erkennen, so kann und soll eben auch das politische Handeln des Christen, hier seiner Freunde, des Sieges nach Gottes Verheißung gewiß sein.

Der Brief fährt unten fort: "Die himmlische Weisheit, die Erlösung selbst und der Geist selbst sind identisch, oder - anders gesagt - sie vereinigen sich in der Wirkung, daß der siegreiche Glaube entstehe, der die Welt überwinde." Dies meint nun nicht

---

(3) In z.d.i. Huldrych Zwinglis sämtliche Werke, unter Mitwirkung des Zwingli-Vereins, hg.v. E. Egli, G. Finsler, W. Köhler, O. Farner, F. Blanke, L. v. Muralt, E. Künzli, R. Pfister, J. Staedtke, F. Büsser (= CR LXXXXVIII ff.), Berlin 1905, Leipzig 1908ff, Zürich 1961ff, Z IX, 63f, Nr. 596; deutsch in: Reformatorenbriefe, hg.v. Glaede u.a., 1973, 254f, Nr. 25.

einen eschatologischen Sieg, sondern in den alltäglichen Bedrohungen, die die Reformatoren von allen Seiten umgaben, die Zuversicht, daß Gott Seine Sache nicht verlassen werde. Damit kam nun alles darauf an, hing ihr zeitliches und ewiges Leben daran, daß es sich eben wirklich um die Sache Gottes und nicht "was Menschen Witz erfindet" handelte. Daher wirkt dann auch der Schlußgruß an Comander zugleich kritisch und selbstkritisch: "Lebt wohl und seid wachsam!"

Für Zwingli steht und fällt seine irdische Hoffnung mit ihrer christologischen Basis. Er weiß sich im Dienste Christi, der nun wie einst siegen wird. In solchem genauen Dienste kommt Zwingli zu einer erstaunlichen Praxis solcher Wachsamkeit: Er hat ein klares, unbestechliches Urteil mit unglaublich langatmigem, nachsichtigem Vorgehen zu verbinden gewußt. Dies wird vielleicht am besten deutlich in einem Brief an Konrad Sam zu Ulm, der sich dort mit reformerischen Halbheiten - wie der Beibehaltung der Altäre - einerseits und mit einer Ansammlung von führenden Täufern auch aus Zürich zu befassen hatte. In dem Brief vom 1.9.1527 gibt Zwingli einen getrosten Einblick in seine eigene politische Praxis und Wachsamkeit:(4) Es geht um die Erhaltung der "evangelischen wie auch der bürgerlichen Freiheit" und ihre Bewahrung. Dazu führt er aus: "Nur wenige wissen, was für ein Bild ein schweizerisches Staatswesen bietet. Denn außer Zürich und Bern befinden sich fast alle Kantone in der Gewalt von Oligarchen." Damit kommt der einfache Eidgenosse in Zwingli zu Wort, der als freier Bauer das Unrecht der Adelsherrschaft genau registriert und benennt. So findet er scharfe Worte für die Notwendigkeit, "die Frechheit der Übeltäter zu unterdrücken", "Denn bei uns war die Korruption überall eingerissen". Hier geht es nicht mehr nur um die in Zürich bei Todesstrafe verbotene Annahme von ausländischen Pensionen und Jahrgeldern vor allem durch die Junker, die in der Konstaffel organisiert waren, hier geht es um die Vertreter derselben Familien, die als täuferische Individualisten nun Gewalt, insbesondere staatliche Gewalt, ablehnten.(5) Es sind "Leute, die sich nur mästen wollen und zu diesem Zweck den Einfältigen, ...,. die Ohren kitzeln, um sie dann hereinzulegen."(6) Nicht im Gegensatz

---

(4) Z IX, 209ff; Reformatorenbriefe 263ff, Nr. 28.
(5) Vgl. O. Farner, Huldrych Zwingli, Bd. 4, 1960, 113. "Der Täufer Manz selber gab zu, "es stecke auch mer hinder dem Tauf, das jetz nit ze offnen syge, ... dann er legge zuoletst die oberkeit nider". Ein Beweis, daß der Junker und Täuferführer um die staatspolitischen Konsequenzen seiner Theologie sehr wohl wußte: Er qualifiziert damit sein Tun selbst als hochverräterisch - und muß mit den juristischen Folgen rechnen.
(6) Reformatorenbriefe, 265.

zu diesem klaren Urteil, sondern aufgrund der christologischen Gebundenheit seines politischen Handelns, darf Zwingli im gleichen Brief mitteilen: "Für die Wiedertäufer habe ich selbst jedesmal, wenn vor dem Rat mit ihnen verhandelt wurde, eindringliche Fürbitte eingelegt; ... Kein Senat ist gnädiger als der unsere".(7) Die Gemeinschaft des verbindlichen Hörens auf Gottes wiederentdecktes Wort verbindet den Reformator mit den Täufern, es ist die Privatisierung des wirksamen Heiligen Geistes durch die Täufer, ihre Beschlagnahme des Göttlichen Lehrers als Privatbesitz, die die öffentliche Verbindlichkeit der Predigt zu zerstören droht. Darum muß Zwingli den Angriff der Täufer als noch "grimmiger" erkennen, als den Angriff des "Teufels selbst".

Am Beispiel dieser beiden Briefe sollte deutlich werden, wie für den Züricher Reformator politische Praxis aus theologischer und spezieller christologischer Erkenntnis entspringt. Aber nicht nur die Inhalte politischer Praxis, sondern auch ihre Form stammt aus dem demütigen Hören und Auslegen des Wortes Gottes: Sie ist bestimmt von dem Begriff der "Lehre". Wenn Zwingli vom Lehren des Heiligen Geistes redet und weiß, dann ist damit mehr gemeint als Spiritualismus im heutigen Sinn. "Lehre" im rechten Sinn kann ja nur gedeihen in einer Atmosphäre von Ruhe und Disziplin, von Geduld und Ausdauer, von Zuhören und Frieden. Genau dieses trennt und unterscheidet aber Zwingli von den Täufern und Schwärmern, daß er diese Bedingungen rechten evangelischen Lehrens und Lernens auch in der Politik als Kardinaltugenden umsetzen will. Nur dadurch kann er hoffen, seinem klaren Urteil im politischen Spiel Freunde zu gewinnen.

Somit hat Zwingli in der theologischen Begründung seiner Politik eine unbestechliche Basis gefunden, die die Öffentlichkeit der aufstrebenden Handwerkszünfte nicht scheuen brauchte und die gleichzeitig in der Lage war, die längst vor ihm verhärteten Fronten adliger und oligarchischer Interessen zu durchqueren und aufzubrechen. Es ist dann die historische Komponente der Selbstverständlichkeit von Zwinglis Siegesgewißheit und Durchschlagskraft, daß er sich auch mit den alt-eidgenössischen bäuerlichen Idealen in völligem Einklang wußte. Von daher möchte ich nun einige Überlegungen zur Diskussion stellen, die mir als reformiertem Ausländer in der Schweiz einsichtig geworden sind, die für einen Schweizer vielleicht allzu selbstverständlich, für einen Ausländer normalerweise kaum erkennbar sind.

---

(7) Ebd., 265.

3. Zwingli im Schatten Luthers

Seit Zwinglis frühem Tod 1531 dauert der Triumph des überlebenden Luther über den von ihm als Schwärmer bezeichneten(8) an. Es will scheinen, als setze sich diser Triumph bis heute fort, gilt doch bis in die Schweiz eben Luther und nicht Zwingli als der Reformator par excellence. Luther ist und bleibt in den meisten Darstellungen und allen Schulbüchern das übermächtige Vergleichsbild und gerät damit - oft vielleicht auch unbewußt - zum Maßstab, auch zum theologischen Maßstab! Als herausragende Spitze solcher Zwingli-Beurteilung sei hier A. v. Harnack zitiert: "Man darf innerhalb der universalgeschichtlichen Betrachtung der Dogmengeschichte von Zwingli absehen."(9) Damit ist deutlich, daß Zwingli als eigenständiger Theologe und schon gar als Reformator nicht in Betracht kommt für große Teile der Evangelischen Theologie. Somit werden Energien und Interessen der Forschung umgeleitet. Während nun die Arbeit an Leben, Lehre und Geschichte Luthers kaum noch dunkle Räume und unverständliche Zusammenhänge übriggelassen hat(10), bleiben solche Ecken des Unverständnisses, wohl auch der krassen Ablehnung, als Paradoxie seines Lebens, vor allem aber gerne als "Tragik" gekennzeichnet, bis in die neuesten Darstellungen erhalten und liegen wie ein Schatten über dem Gesamtverständnis Zwinglis. Sie weisen damit nur zu leicht auf theologi-

---

(8) Vgl. "Bekenntnis der Artikel des Glaubens wider die Feinde des Evangelii und allerlei Ketzereien", 1528. Mit den "Sakramentsschwärmern" im ersten Satz sind jedenfalls die zwinglischen mitgemeint.

(9) Schmidt-Clausing, Zwingli (SG 1219), 1965, 6. - In Schmidt-Clausings Abschnitt "Die Restauration des Zwingli-Bildes" findet sich eine umfangreiche Anthologie zur "Ver-Arbeitung" Zwinglis. Es wird dort auch der Weg aufgezeigt, der zur Herausgabe der kritischen Gesamtausgabe der Werke Zwinglis erst in diesem Jahrhundert geführt hat. Ihre geringe Auflage ist allerdings gerade auch im Vergleich zur WA signifikant.

(10)Hier ist besonders auf die akribische Arbeit Ebelings hinzuweisen!

sche oder politische Vorentscheidungen hin, die bei den Autoren selbst liegen.(11)

Hier möchte ich exemplarisch nur zwei solcher Unverständnisse herausstellen, die im Schatten eines allgegenwärtigen Reformatoren-Bildes "Luther" geeignet sind, die Relevanz Zwinglis zu verdecken. Das erste ist die "Tragik" in Zwinglis Leben, wie sie Schmidt-Clausing versteht: Er sei durch die Täuferbewegung und durch die deutsche Religionspolitik zum "Staatsmann wider Willen" geworden.(12) Zwingli sei ein Gegner der römischen Vermengung von Politik und Glauben gewesen und doch gezwungen worden, sich selber der Politik zu bedienen, so resümiert Schmidt-Clausing. Hier kommt doch ein Urteil zum Ausdruck, das am lutherischen Zwei-Reiche-Denken seinen Maßstab hat! Richtig ist demgegenüber, daß Zwingli einen solchen Gegensatz von Glaube und Politik gerade nicht kannte; vilmehr lehrt er in den 67 Artikeln (vom 29.1.1523) "Von der Obrigkeit -

34. Die sogenannte geistliche Obrigkeit hat für ihre Pracht keinen Grund in der Lehre Christi;

35. aber die weltliche Obrigkeit hat Kraft und Begründung in der Lehre und Tat Christi.

36. Der weltlichen Obrigkeit sind auch alle Christen, niemand ausgenommen, Gehorsam schuldig,

38. insofern sie nichts gebietet, was wider Gott ist.

39. Darum sollen alle ihre Gesetze dem göttlichen Willen gleichförmig sein, also, daß sie den Bedrückten beschirmen, auch wenn er (noch) nicht klagte.

43. Summa: Dessen Reich ist das allerbeste und festeste, der allein mit Gott herrscht, und dessen Reich ist das böseste und schwächste, der nach seiner eigenen Willkür herrscht."(13) Damit ist deutlich, daß es Zwinglis dringendes Anliegen ist, Politik und Glauben zu einem kritische Miteinander zu verbinden, daß es ihm um die Konvergenz gegangen ist, die sich nicht einfach wieder einem Prediger oder Propheten unterwirft, sondern die das menschliche und das göttliche Tun in rechter Weise einander zuordnet.

---

(11) Das Paradox von Zwinglis Tod im Bürgerkrieg ist die zentrale Frage von J. Hollenweger, Huldreich Zwingli zwischen Krieg und Frieden, 1983; Schmidt-Clausing redet nicht nur von Zwinglis tragischem Ende, er versteht ihn als einen, der zur Vermengung von Politik und Glauben gezwungen gewesen sei! Der Täufer J.H. Yoder spricht Zwinglis Kirche klar die "Anerkennung" ab. Vgl. J.H. Yoder, Täufertum und Reformation im Gespräch, 1968, 199.

(12) Z I 462f; Übers. nach Huldrych Zwingli. Auswahl seiner Schriften, hg. v. E. Künzli, 1962, 73.

(13) Z I 458; Künzli, 70.

Zwingli lehrt die reale Souveränität des Wortes Gottes, das in der verbindlichen Predigt an die Öffentlichkeit tritt und so die "Allgemeinheit" über alle Standesunterscheide hinweg allererst konstituiert. Denn der 6. Artikel von 1523 ist ja nicht etwa in einem heutigen Sinne "spirituell" oder übertragen-religiös gemeint: "Denn Christus Jesus ist der Führer und Hauptmann, von Gott dem menschlichen Geschlechte verheißen und auch gesandt"! Weil in Christus, dem Jesus also, Gottes Wort und Sein Tun zusammenfallen, darum ist auch jederzeit alles menschliche Tun Ihm zugeordnet. Diese Zuordnung wird nach Zwingli erfahren im Hören des Gebotes Gottes durch die Predigt. Denn Gott läßt Seine Befehlsgewalt in der verbindlichen und öffentlichen Predigt zu Worte kommen. Nur dort, wo die Prediger ihres Amtes recht walten, können auch die Politiker rechte Politiker sein - der Maßstab für beide aber ist die Befehlsgewalt der Gottesherrschaft, das Wort. In diesem Zusammenhang zitiert Zwingli einmal(14) "Ihr seid teuer erkauft, werdet nicht der Menschen Knechte!" (1Kor 7,23). Auch dies ist damals wie einst und jetzt konkret gemeint.

Mit Liebe durch die fiktive Hand seiner liebenden Frau hat W. Hollenweger in seinem Traktat die Person Zwinglis nachgezeichnet. Das Büchlein(15) ist auf begeisternde Breitenwirkung angelegt, die es bisher auch nicht verfehlt hat. Ob allerdings die darin praktizierte "Narrative Dogmengeschichte", "interkulturelle Kirchengeschichte"(16) tatsächlich "die formale Entsprechung zu dem in der reformatorischen Theologie geforderten Inhalt"(17) ist, wird sich erweisen müssen. Festzustellen ist hier jedenfalls, daß diese Art der Darstellung und Auseinandersetzung aus der reformatorischen öffentlichen Verbindlichkeit heraustritt und sich auf die Ebene bloßer Nachrichten begibt. Lag doch für die Reformatoren die Verbindlichkeit noch in der Tat-Wahrheit begründet, so könnte auf dem Wege der narrativen Theologie die biblische Wahrheit zu einer unter vielen Wahrheiten der großen Welt entraten. Die große Einfühlsamkeit Hollenwegers und seine eidgenössische Kongenialität zu Zwingli weist in der gegebenen Kürze sehr interessante Perspektiven auf. So etwa besonders in der Gegenüberstellung von Zwingli und Luther, wo er zum Kernpunkt der Differenz die Fragestellung macht: "Wie kann der Mensch vor Gott gerecht gesprochen werden? - Wie kann Gottes Wille in der Republik Zürich geschehen?" Der ehemalige Mönch habe politische Entscheidungen wohl oder

---

(14)Vgl. Apologeticus Architeles, Zwinglis Antwort an den Bischof von Konstanz zur Fastenfrage. Art. 61: "Pastores pascunt, non regunt", Z I, 319.

(15)S.o. Anmerkung 11.

(16)AaO. 9.

(17)Ebd.

übel anderen überlassen müssen, während der Sohn eines Toggenburger Gemeindepräsidenten gewohnt war, "daß die Gemeindebürger politische Fragen zu entscheiden hatten."(18) Moderne Nomenklaturen portieren auch moderne Inhalte - so etwa die Begriffe "Export von Kriegsmaterial", "Monopolwesen" und "Erwachsenenbildung". Sie konstrastieren erhellend und Aufmerksamkeit erheischend mit original-reformatorischen Ausdrücken und Wendungen wie "Die Kriegsgewinner müssen zertreten werden wie ein Maulwurfshaufen auf den Wiesen" oder "nicht die schönen Heiligenbilder, sondern die lebenden Bilder Gottes, die frierenden und hungernden Menschen soll man kleiden".(19) Gerade angesichts so großer Einfühlsamkeit ist es dann aber um so mehr zu bedauern, wenn die Auseinandersetzung Zwinglis mit den Täufern, die heute so aktuell ist wie je, als das einfache Gegenüber zu "Extremisten"(20) dargestellt wird. Sodann wird mit "weiblicher Logik" um Mitleid nachgesucht für Leute, die mit Zwingli und seiner Theologie ganz und gar mitleidslos umgingen. Das mag noch recht sein, wenn nicht gleichzeitig eine Schuldverteilung unterschoben würde, die so einfach wie falsch ist: Da ist von gegenseitiger Beschimpfung zwischen Zwingli und den Täufern(21) die Rede, ein Argument, das die gesamte Stimmung färbt. Nur fällt es schwer, diese "Gegenseitigkeit" zu belegen! Sie entspricht vielmehr dem alten falschen Bild von Zwingli als einem rauhbeinigen Söldnerführer und zugleich einer modernen psychologistischen Weltsicht, nach der die Schuld stets auf beiden Seiten zu finden sei.

Damit tut Hollenweger nun aber genau das Gegenteil von dem, was reformatorische Theologie als ihren Auftrag erkannte: Er entzieht der Diskussion der Sachproblematik den Boden durch Überwechseln in andere sachfremde Bezüge. Da wirkt es dann um so befremdender, wenn der alte Gegensatz von Klerikern und Laien zwar als überholt abgelehnt wird, demgegenüber dann aber die Kluft zwischden Fachtheologen, als "esoterische Zwingliforscher" apostrophiert(22), um so deutlicher herausgestellt wird.(23) Dabei stellt doch gerade Hollenweger Zwingli als einen Theologen heraus, der dem Nichttheologen theologischen Sachverstand zutraute(24) - tatsächlich hat Zwingli ja durch sein Predigen und Lehren aus römischen Laien eben "Reformierte nach Gottes Wort" gemacht! Die Übersetzungsarbeit des Leo Judäa unterscheidet doch gerade

---

(18)AaO. 26f.
(19)AaO. 30f.
(20)AaO. 34.
(21)AaO. 33.
(22)AaO. 7.
(23)AaO 10.
(24)AaO. 9.

Zwinglis Reformation von der Arbeit eines melanchthonischen Lu-
thertums! Der nur halbversteckte Vorwurf wegen Zwinglis Haltung
im Kampf gegen die Täufer ist bei Hollenweger im Vergleich zu
anderen Historikern noch als milde zu betrachten. Zwingli sei nicht
"freizusprechen" von der Duldung der Hinrichtungen von Mantz
u.a., er trug "maßgebliche Verantwortung", so etwa Schmidt-Clausing im Jahr 1965. Der bekannte Historiker G. Ritter gelangt in
der gleichen Sache zu der Einschätzung "Justizmord".(25) Dies Urteil stammt aus einer deutsch-nationalen Grundhaltung und ist erst
1975 bei der Wissenschaftlichen Buchgesellschaft wieder abgedruckt. Der Stil seiner Abhandlung über Zwingli ist ganz der einer
Abrechnung. Es ist an dieser Stelle nicht über das fehlende Verständnis eines Deutschnationalen für Demokratie und ihre Formen
zu berichten(26), es kann hier auch nicht um mangelhafte Recher-
chierung bei einem "anerkannten" Historiker gehen(27), vielmehr ist
auf die bis in die Schweiz sich fortsetzende Asymetrie hinzuweisen, mit der ein Luther auf Kosten Zwinglis gerühmt wird.(28) Mit
dieser Abqualifizierung Zwinglis wird ja nicht eine Vorform der
Reformation getroffen, sondern die nach Schrifterkenntnis und
kirchlicher Praxis weitergehende, also zweite Stufe der Reformation. Damit aber ist das reformatorische Prinzip des "est semper
reformanda" aufgehoben. Und damit ist eben auch Luthers Reformation im Kern getroffen!
    Was bedeutet da die Tatsache, daß es der Züricher Rat war und
nicht Zwingli, der die Todesstrafe auf Pensionsempfang gesetzt
hatte, und zwar bereits 1521! Was bedeutet es, daß ausgerechnet
der Vorsitzende der Behörde, die das Verbot, ausländische Gelder
zu empfangen, überwachen sollte, selbst solche empfing und die für
seinen Sohn, den Täuferführer, bestimmten, unterschlug? Daß es
sich um die Existenzfrage der Züricher Republik handelte bei diesem Kampf gegen die Korruption, gegen die liebgewordenen leichten Einnahmen aus dem Solddienst und seiner Ermöglichung, daß es
dabei um das Abschaffen von ausländischem Einfluß ging, der durch
die adligen "Stadtväter" hereingetragen wurde, daß es um die
Durchsetzung der Interessen des aufblühenden Handwerks und der
Bauernschaft ging, das alles ist dem adelsfreundlichen Historiker
Ritter offenbar entgangen. Und dies um so leichter, als etwa Luthers Beziehungen zu den Forderungen der Bauern 1524 oder seine
Haltung zu den Juden längst "logisch" verstehbar gemacht sind.

(25)Vgl. G. Ritter, Die Weltwirkung der Reformation, 4. Aufl.,
      1975, 92.
(26)Vgl. Farner, Bd. 4, 190.
(27)Vgl. Locher, 520.
(28)Vgl. Farner, Bd. 4, 467.

Dieser Stil des Umganges mit der Person und Lehre Zwinglis ist nicht auf einen einzelnen Wissenschaftler beschränkt. Zwingli sei eben auch oder vor allem Politiker gewesen und nicht ein so reiner Theologe wie Luther. Dieser Grundvorwurf kann etwa aus einem lutherischen Zwei-Reiche-Denken stammen, wo die "Welt" oder die Öffentlichkeit nicht als eine theologische Kategorie verstanden werden kann. Es meldet sich damit eben genau die Stufe der Reformation zu Wort, die Zwingli zu überwinden ansetzte. Die Freiheit, die Zwingli für seine Mitbürger sah, war die der verantwortlichen Gebundenheit an das lebendige und gepredigte Wort Gottes: Keiner, dem dies Wort nicht lebendig ist, kann Zwingli und seine Zeitgenossen verstehen.

Der Vorwurf der Vermengung von Politik und Glauben bei Zwingli hat aber auch noch eine andere, ältere Wurzel: Bereits zu seinen Lebzeiten nannte ihn die gegenreformatorische Agitation im Knonauer Amt einen "Schreyer", einen Kriegstreiber also. Die ihm das vorwarfen, waren die gleichen, die notorisch mit Verrat, Mord und Gift ihre Interessenpolitik betrieben, nämlichen ausländischen Mächten Söldner und Einfluß zu erhalten. Solche Anschläge machten auch nicht vor den Mauern Zürichs halt, vielmehr wußte sich Zwingli beständig von ihnen bedroht. Es waren die gleichen Kräfte, die mit Bruch des freien Geleits zum Badener Disput an der Tagsatzung öffentlich drohten.

Schon damals wurde er von den Pensionären, den Empfängern ausländischer Gelder, ein "kaltblütiger Aushungerer der Armen" in der Innerschweiz genannt. Das warfen ihm diejenigen vor, die reich davon geworden waren, daß sie ihre halbfreien Landeskinder ins Ausland gehen ließen, gleichsam verkauften also. Es war schon damals ein reines Zweckargument, Zwingli zu verleumden. Vielmehr wandte er sich ausdrücklich gegen die Blockadepläne, da er ihre schädlichen Auswirkungen hüben und drüben kannte. Ihr sollt "die armen Unschuldigen nicht aushungern!" tönt es in der Pfingstpredigt 1531.

Worum geht es? Mit all diesen Verzerrungen des Zwingli-Bildes wird vermieden, ihm auch in seiner letzten verzweifelten Situation gerecht zu werden und ihn zu verstehen. Gewiß ist es leichter, mit Kategorien von "Tragik" und "Paradoxie" über Zwinglis Tod zu denken, wie das allgemein der Brauch ist. Es klingt nur etwas weniger moralisch, als wenn man diesen Tod durchs Schwert sogleich als Strafe Gottes erkennt. Hier möchte ich vorschlagen, im Gebrauch moderner Begriffe fortzufahren und den Begriff des "Krieges" als für die beiden Kappeler Unternehmungen zutreffend in Frage stellen. Um aus der Sackgasse des Unverständnisses für Zwinglis Verzweiflung herauszukommen, gilt es zunächst einmal festzustellen, daß Zwingli bereits durch die Lektüre von Erasmus' Querela Pacis von 1521(29) die theoretische Grundlage für seine bereits vorausgehende Ablehnung des Krieges als moralisch vertretbares Mittel gefunden hatte. Ebenso hat nicht nur das umittelbare Erleben des Todes seiner Pfarrkinder aus Glarus auf dem Schlachtfeld, wohin er sie ja mit seiner Predigt begleitet hatte, ihn zum Umdenken gebracht, sondern auch die Umstände von Korruption und Verrat, die zur Niederlage von Marigniano beitrugen. Ganz praktisch hatte Zwingli die verheerenden Folgen des Kriegens für Leib, Seele und Gemeinde erfahren: Er konnte sich durchaus vorstellen, daß sogar ein militärischer Sieg eine Niederlage all der Tugenden war, die seine Predigt als Frucht zeitigen sollte und die die korrumpierten Gemeinwesen so dringend für ihre Entwicklung brauchten.(30) Es ist Zwinglis theologische Erkenntnis, die ihn von der rein allegorischen Betrachtungsweise des Erasmus weggeführt hat, daß er lehren kann: "Christus roubt nit, kriegt nit, schlecht nit ze tod, sunder lydet ee alle ding".(31) Diese Einsicht kann sich für Zwingli im Hinblick auf die Kappeler Aktionen doch nicht einfach verwischt haben! Sein Ziel bestand allezeit darin, eben genau diese Predigt von Jesus Christus auch in der Innerschweiz zu ermöglichen und ihr auch dort Gehorsam zu verschaffen. Zuerst, so sah Zwingli, mußte die rechte Predigt kommen, ihre notwendige Folge wäre dann Gehorsam, also die Abschaffung der Reisläuferei und damit das Ende der Herrschaft und der Geldquellen der adligen Pensionsherren. Es geht Zwingli also mit beiden Kappeler Aktionen gerade um die Abschaffung und Ausrottung von Menschenhandel und Totschlag durch die Entmachtung derer, die sehr gut davon zu leben gelernt hatten. So hat in seiner Predigt in der Fastenzeit 1522 stehen können: "Es schiltet menger das fleischessen übel und haltet es für eine große Sünd, das doch got nit zu einiger zyt verbotten hat; aber menschenfleisch verkouffen und zu tod schlahen halt er nit für ein große sünd."(32) Sollte dies als Begründung der Notwendigkeit, gegen die Pensionärsherrschaft vorzugehen, noch nicht ausgereicht

(29)Querela Pacis, 1517; deutsch von L.Jud, "Ein klag des Fryds der in allen Nationen und Landen verworffen vertriben/un erlegt ...", 1521.
(30)Hierher gehört wohl die Nachricht, Zwingli habe, sehr zum Ärger der Adligen und Pensionsherren von der Konstaffel, die hochgeschätzten Beutestücke aus dem Burgunderkrieg und den drei glänzenden eidgenössischen Siegen, wo es auch ums Sein oder Nichtsein gegangen war, aus dem Großmünster entfernen lassen und dies durch seine Predigt abgedeckt. Im übrigen dazu: "Eine göttliche Vermahnung an die Eidgenossen zu Schwyz" vom 15.5.1522; Z I, 175f.
(31)Auslegung des 64. Artikels; Z II 445, 21-22.
(32)Z I, 575f.

haben, so mochte sein bäuerlicher Gerechtigkeitssinn ihn als Eidgenossen nur noch darin bestärken. Auf jeden Fall konnte eine nach Gottes Wort reformierte Gemeinde, ein Staat, der unter Gottes Wort stand, nicht dulden, daß der gerechte Gott durch das Pensionärswesen und die Reisläuferei mit all ihrem fastnächtlerischen Totenkult verhöhnt(33) und die Mitmenschen geschändet würden.

Wenn es somit für Zwingli und seine Züricher Gemeinde mit den Zügen nach Kappel um die Wiederherstellung des göttlichen und alteidgenössischen Rechtes ging, das die Pensionärsregime der fünf Innerschweizer Kantone permanent brachen, so ist das eben nicht ein Krieg, sondern vielmehr eine Polizei-Aktion zu nennen, wenn wir modernen Begriffen folgen. Denn es ging Zwingli ja nicht um Gebietserweiterung, Raub oder Zugewinn(34); lose Buben wurden im geordneten Züricher Heerbann nicht geduldet, sondern sind ausdrücklich vorher heimgeschickt worden. Ihm ging es doch darum, Recht und Gerechtigkeit nach Gottes Gebot aufzurichten, indem er die Wurzeln des öffentlich legitimierten Totschlages angriff. Dazu steht dann die gepredigte Erkenntnis von Pfingsten 1531 nicht mehr in Gegensatz zur Pfingstbotschaft "Komm Heiliger Geist", sondern ist vielmehr der Hinweis auf praktische Folgen, Warnung und Mahnung des aufrechten Predigers und Wächters: "Denn schlägt er (sc. der Züricher) nicht, so wird er geschlagen!"(35)

Daß es sich auch tatsächlich bei der Kappeler Aktion nicht um den Krieg handelte, von dem die Pensionäre und ihre Regime lebten, wird an der neuen Kriegsordnung, die die Züricher eingeführt hatten, deutlich. Die neue Militärordnung(36) Zürichs, die teilweise für die Niederlage Zürichs bei Kappel mitverantwortlich gemacht wird(37), spricht als weiteres Indiz dafür, daß hier eben nicht "Krieg" geführt wurde, wie es bis dahin der Brauch war. Die neue Militärordnung, nach dem ersten Kappeler Zug entwickelt, unterstellte auch das Militär dem Geist der Reformation, also letztlich dem Recht und Gebot Gottes.(38) Das drückte sich organisatorisch natürlich in der Verpflichtung zur Loyalität den zivilen Behörden gegenüber aus. Diese Loyalität war in den früheren Söldnerhaufen bestenfalls zufällig, wenn überhaupt vorhanden. "Krieg" war eben eine wilde, ausgesprochen zügellose Eruption gewesen. Wenn nun aber für Farner hierin "demokratisierende Tendenz" zu erblicken ist(39), dann sollte auch der Schluß zulässig sein, daß es sich bei

---

(33)Vgl. Locher, 27ff.
(34)AaO. 541, bes. Anm. 306.
(35)Vgl. Farner, Bd. 4, 467.
(36)Vgl. Locher, 531 und 504.
(37)Vgl. Farner, Bd. 4, 484.
(38)Vgl. Locher, 351.
(39)Vgl. Farner, Bd. 4, 485.

dem Züricher Vorgehen gegen die fünförtischen Pensionärsregime
eben um eine im modernen Sinne rechtmäßige eigentliche Poli-
zeiaktion handelte.(40)

Längst sind ja die Ziele von Zwinglis Einsatz erreicht: die freie
Predigt des Evangeliums ist auch in der Innerschweiz möglich und
mit ausländischen Geldern kann man kaum mehr Boden, geschweige
denn Landeskinder kaufen. Das verlangt uns nun aber die Anerkennung ab, daß aus späterer und erst recht aus moderner Sicht
die "Kriegs"-Ziele Zwinglis richtig und gerecht waren. Damit ist
sein Tod jeder Paradoxie entkleidet. Die Tragik seines frühen Todes liegt dann höchstens noch darin, daß seine Ziele noch nicht erreicht wurden. Die "Tragik" ist also nur noch eine Funktion der
Zeit.

Auf die psychologische Ebene gebracht wäre hier nun von der
mangelnden Geduld Zwinglis zu reden, eine Tugend, die ihm sonst
in reichem Maße vor allen Mitreformatoren verliehen war! Hier
möchte ich mich darauf beschränken, die Ungeduld Zwinglis, die
Innerschweizer Bauern, Handwerker und sonstigen Freunde der Reformation von den Pensionsherren zu befreien(41), mit dem Hinweis
auf die politische Lage in Europa zu begründen. Wen sollte die
Ungeduld eines Reformators wundern in einer Zeit, da sich der
mächtigste Kaiser, den die Welt sah, anschickt, die noch geringen
Anfänge der Reformation zu vernichten - und der Kaiser weiß, daß
er dazu wenig Zeit hat!

Damit möchte ich gezeigt haben, wie nötig es ist, Zwingli aus
dem Schatten Luthers ganz heraustreten zu lassen, damit unsere
Theologie und Praxis nicht von scheinbaren "Paradoxien" blockiert
wird. Wir sollten uns den Blick für die gegenwärtigen
Auseinandersetzungen auch nicht durch falsche Dramatik verstellen
lassen, wir sollten nicht Tragik sehen, wo bei Zwingli klare Logik

_____

(40) Polizei unterscheidet sich im bürgerlichen Rechtsstaat vom Militär ganz wesentlich dadurch, daß sie ziviler Gerichtsbarkeit
untersteht. D.h., daß der Polizist über jede seiner Aktionen,
insbesondere über Gewaltanwendung in allen Formen, zur Re-
chenschaft verpflichtet ist. Hiervon ist beim Militär höchstens
bedingt die Rede. So muß ein Polizist über jede verschossene
Kugel Buch führen, eine aussichtslose Forderung für das Militär.
- Bei Zwingli befinden wir uns somit an der Schwelle zu dieser
Differenzierung, wobei das Recht des Staates nicht autark vom
souveränen Bürger, sondern vom souveränen Gott abgeleitet
wird, der durch Sein Wort in der Predigt redet. Gott der Herr
ist durch Zwinglis Verkündigung öffentlich vernehmbar und damit relevant.

(41) Ausführliche Literaturangaben zu diesem Thema finden sich vor
allem bei Locher, 211ff und bei Farner, Bd. 2, 310-347.

herrscht, die uns heute (noch) selbstverständlich erscheint: Die rechte Predigt des Evangeliums ist so selbstverständlich nie gewesen, daß nicht alle Arten von Gegenreformatoren ein beständiges Interesse an ihrer Abschaffung behielten. Eine nach Gottes Wort Reformierte Kirche verliert aber ihre Identität, wo die Klarheit solcher Predigt verloren geht.

4. Luther und Zwingli in Parallelität und Differenz

Sollte bis jetzt der Eindruck entstanden sein, ich wolle hier auf Kosten des Reformators Luther das Bild des Reformators Zwingli aufhellen, so hoffe ich, dies durch die folgenden Beobachtungen korrigieren zu können. Es sind lauter bekannte Fakten, die ich aufzähle, die nur in dieser Zuordnung neu und anregend sein mögen. "Da bist du allein der treue David gewesen und hast, vom Geist des Herrn dazu gesalbt, die Rüstung angezogen ... Du bist der Herkules gewesen, der du dich, wo immer die Entscheidung zu treffen war, dazu stelltest. Du hast den römischen Eber zu Fall gebracht ..."(42) Diese Sätze finden sich in der "Amica exegesis ... ad Martinum Lutherum" vom 28.2.1528. Mit dieser von Bucer ausdrücklich(43) in freundlichstem und versöhnlichstem Tone erbetenen Schrift hoffte Zwingli und mit ihm die oberdeutschen Reformierten, auf Luthers in Abfassung begriffene Abendmahlstheologie noch Einfluß nehmen zu können, damit nicht gar alle Brücken nachher abgebrochen seien. Vielleicht war es doch die gelinde Übertreibung, unter Humanisten sonst durchaus nicht unüblich, wie sie sich bei Zwingli sonst eher selten findet, die beim Adressaten einen faden Geschmack aufkommen ließ: Jedenfalls hat Luther die gesamte Schrift sehr ungnädig aufgenommen und der Abendmahlsstreit mußte in Marburg leider mit bereits vorgefertigten Fronten geführt werden - nur eineinhalb Jahre später.
Allerdings erscheint es ganz verfehlt, diese schmeichelhaften Worte als reine Schmeichelei abzutun: Zuviel verband doch die beiden Reformatoren miteinander. Schon bevor Zwingli den Ruf nach Zürich erhalten hatte, erkundigte er sich offensichtlich bei Freunden nach Luther, dessen Gerücht bis zu ihm nach Einsiedeln gedrungen sein mußte. Was hätte er auch erfahren können? Beide haben die wissenschaftliche Laufbahn eingeschlagen, beide anfangs nicht als Theologen. Für beide war die Begegnung mit dem unmittelbaren Tod ein entscheidender Anstoß im Leben. Beide sind durch die aufblühende Auseinandersetzung mit ihr gewachsen an innerer Kraft und äußerem Ruhm. Beide haben ihre theologische Bildung insbesondere erhalten durch die Editionen des griechischen NT und

---

(42)Z V, 722f (alt. Orig.) Übers.: Farner, Bd. 2, 323.
(43)Z V, 548.

der Kirchenväter durch Erasmus.(44) Hierbei waren für beide die
Paulusbriefe an die Römer und an die Galater sowie das
Johannesevangelium von Bedeutung. Beide sind nachhaltig geprägt
von der Theologie des Ambrosius und Augustin. Interessant scheint
mir, daß beide im Kampf gegen eine falsche römische Vergebungs-
lehre und Vergebungspraxis zuerst schriftlich hervortreten: Geht es
doch letztlich beim Ablaßhandel Tezels(45) um die gleiche Sache,
wie bei den Fastengeboten für die Zeit nach Aschermittwoch - um
die Manipulierbarkeit und den Automatismus der Sündenvergebung.
Schließlich wissen beide um die souveräne Macht Gottes aller Obrigkeit gegenüber. Der Altersunterschied der beiden beträgt jedenfalls weniger als ein Jahr.

Die Gegensätze der beiden Reformatoren lesen sich demgegenüber wie Vorahnungen auf die Entwicklung nationaler Differenzen
und liegen doch in weit vornationaler Zeit. Der Vater Luthers war
als harter Arbeiter vom einfachen Handwerker durch Bergwerksspe-
kulation zu relativem Wohlstand gekommen. Das Lernen seines
Sohnes Martin war eindeutig abgezweckt auf weiteren Aufstieg
oder wenigstens Sicherung des Wohlstandes: Jurist mußte er werden!

Zwinglis Vater war erwählter Landamman, d.h. Gemeindepräsi-
dent, Mitglied einer weitverzweigten hablichen und freien Bauern-
familie. In seiner unmittelbaren Verwandtschaft finden sich Pfarrer,
Abt und Dekan. Das Lernen seines Sohnes sollte Bildung zeitigen,
nicht Ausbildung sein. Er durfte sich mit dem Humanismus
auseinandersetzen.

Luther war wie sein Vater zeitlebens Untertan, kannte seine
Herren, den Grafen und den Kurfürsten. Er wußte sich geborgen
unter der Oberherrschaft des Kaisers im "Heiligen" Römischen
Reich Deutscher Nation. Göttliche Legitimation machte ihm den
Kaiser zur rechtmäßigen Obrigkeit, auch wenn die Erwartung von
Gerechtigkeit recht mäßig blieb.

Zwingli wußte sich zeitlebens als Bauer, also als freier Mann.
Wie sein Vater, der in seinem Amt weitgehend die Rechte der
Souveräns auszuüben hatte. Da gab es keine Entscheidungen von

---

(44) Luthers Auseinandersetzung mit Erasmus fand ihren Nieder-
schlag in "De servo arbitrio", welche zu seiner Bekanntheit beitrug. Zwingli erkannte, daß es um den Literarsinn der Heiligen
Schrift gehe im Gegensatz zur Allegorese des Erasmus (so Locher, 118). Zu Zwinglis Ruhm: Konrad Grebel verehrt ihn als
"rex divis adsimilis" (Z VII, 92) in einem Brief vom 3.7.518.
(45) Gleichzeitig kämpften beide gegen die Ablaßkrämer, es war das
Jahr 1517. Signifikant ist, daß zur Schweizer Allgemeinbildung
sehr wohl der Name von Luthers Tetzel gehört, der Name des
Züricher Krämers Samson hingegen praktisch unbekannt ist!

höherer Instanz zu erwarten, auch keine zu delegieren. Die getroffenen Beschlüsse mußten vielmehr durch Vor- und Nachgespräch qualifiziert werden. Die Basis der Gemeinschaft, in der Zwingli aufwuchs und lebte, ist das gegenseitige Vertrauen.

Eine plötzliche Bekehrung läßt Luther zum Theologen werden. Unter dem Zorn seines Vaters wird er Mönch der observanten Augustiner-Eremiten. In strenger Zucht studiert er schnell. Sein Studienort Erfurt läßt ihm die occaministische Philosophie der "via nova" vertraut werden: Glaube und Vernunft gelten als zwei streng getrennte Axiome. Eine Vorentscheidung für die spätere Beibehaltung der Transsubstantiationslehre und die Lehre von den zwei Reichen?

Zwingli gerät als Schüler bereits unter den Einfluß des Dominikaner- oder Predigerordens. Sie sind die Träger der Inquisition. Er lernt bei ihnen den totalen Einsatz für die Kirche wenigstens kennen. Er wird diesem Einfluß entzogen und beginnt ein sehr ausgedehntes Studium der Künste und Humanistischer Wissenschaften. Als magister artium läßt er sich bei guten Berufsaussichten schließlich zum Weltpriester weihen.

Luther wird im Gehorsam seines Ordens promoviert zum Dr. theol. und als Professor eingesetzt an der neu errichteten Universität Wittenberg. Er bleibt zeitlebens in seinem Kloster, das ihm später nach dessen Aufhebung von seinem Kurfürst geschenkt wird. Der Zusammenbruch alter Hierarchien ist für Luther eine Not: der Fürst als Notbischof kann die Lücke in der Legitimation von Rechtsetzung und Rechtsprechung nur ungenügend ausfüllen. Die Konstruktion des Notbischofs ermöglicht es aber, daß Luther weiterhin Untertan bleibt - trotz Acht und Bann, wohl auch mit Acht und Bann. Das Nothafte der Institution lutherischer Bischöfe ist längst aus dem Bewußtsein solcher Amtspersonen entschwunden, wie die Diskussion der "Lima-Papiere" zeigt!

Zwingli hatte an seinem Studienort Wien die thomistisch-scotistische Richtung der "via antiqua" gelernt, nach der Glaube und Vernunft durchaus in Einklang stehen. Neben seiner heimatlichen Landsgemeinde-Verfassung die zweite Wurzel seiner späteren Lehre von der Einheit des Gottes-Gebotes für Kirche und Staat?

Zwingli macht Karriere, durch Pfrundkauf und als Feldprediger wird er bekannt und lernt Großmachtpolitik und Krieg hautnah kennen. Sein Weg führt ihn unter ständiger Ausweitung seiner Studien von Glarus über Einsiedeln nach Zürich. Durch seinen Einsatz hat er sich den Titel und die Rente eines päpstlichen Gefolgschaftskaplans erworben.

Luther fordert und fördert als Universitätsprofessor Volksschulen und Volksschulung. Sein pädagogisches Konzept bleibt jedoch im Rahmen mönchischen Strafens und Züchtigens. Demgegenüber durchbricht er mit seiner Ehe die Schranken des Zölibats und Klosterschranken.

Zwingli tritt aus dem Klerus aus und tritt eine erste Pfarrstelle beim reformiert gepredigten Stadrat von Zürich an. Er begründet als Hochschule die Prophezei. Als Erzieher sieht er in den Kindern bereits "Gefäße des Geistes Gottes". Durch seine Ehe mit der adligen Nachbarin überschreitet er vielleicht Standesgrenzen, die Sorge um geordnete Ehe- und Familienverhältnisse hatte er gleichsam mit der Rückgabe seiner priesterlichen Gelübde in die Hände des Stadtrates gelegt. Diesen beriet er in den Regierungsaufgaben treulich durch die Predigt.

Luther verdammt ziemlich rasch nacheinander Bilderstürmer, Bauern und Täufer. Seine Lieder sind fast alle vor diesen Verurteilungen entstanden. 1542 dichtete er noch ein Lied: "Erhalt uns Herr bei deinem Wort/und steuer des Papst's und Türken Mord/die Jesum Christum deinen Sohn/wollen stürzen von deinem Thron!

Zwingli übt Geduld mit Bilderstürmern, empfiehlt sie gar weiter und tastet selber kein Bild an. Zwingli erreicht eine gewisse Befreiung der armen Bauern von Wucher und Zehntlasten durch klare Predigt und neue Gesetzgebung. Zwingli disputiert mit den Täufern solange, bis die individualistische Verantwortungslosigkeit ihrer Führer dazu führt, daß sie wegen Hochverrats verurteilt werden - von Staats wegen. Nach dem "Sieg" von Kappel 1529, der einen für Zwingli faulen Frieden durch die Vermittlung von Glarner Pensionären besiegelte, dichtete der Züricher Reformator das flehentliche Lied: Herr nun selbst den Wagen halt/bald abseit geht sonst die Fahrt/das brächt Freud am Widerpart/der dich veracht so freventlich!

Diese höchst unvollständige Gegenüberstellung ist zudem mit sehr grobem Pinselstrich gezeichnet. Sie will jedoch die Eigenständigkeit der Reformatoren zeigen und könnte helfen, den konstitutiven Auftrag reformatorischer Kirchen "... est semper reformanda!" entschlossener von der Stufe Zwinglis aus weiter zu verfolgen.

5. Zwinglis Format

a) Sein Glaube

Nach Röm 10,17 ist Zwinglis Glaube gewachsen aus der römischen Tradition und der humanistischen Philosophie heraus "aus der Predigt, die Predigt aber durch das Wort Christi". Zwingli verstand es, das Wort Christ zu hören und zu sagen. Darin bestand die Grundlage seines Glaubens, der die Welt immer wieder zu überwinden half. Zwingli hat gehört und geglaubt, daß Gottes Wort tut, was es sagt, daß die Predigt des Wortes Gottes nicht kraftlos sei und letztlich wirklich alle Widerstände überwinde. Aus dieser umfassenden Siegesgewißheit entsprang bei Zwingli seine unglaubliche Großzügigkeit, die sich gerade auch im Umgang mit seinen Gegnern zeigte und die so gar nicht in die meist engherzigen Auseinandersetzungen seiner Zeit paßte. Eben daher kam auch die große Klarheit seiner Worte, seine peinliche Wahrheitsliebe, mit der er seine Worte auf sehr feiner Waage wog. Zwingli nahm im Gegensatz zu Luther keinen Anteil am zeitgenössischen Grobianismus und blieb auch bis in die Wortwahl hinein stets der Seelsorger, der Vertrauen baut und heischt. Das weisen seine Briefe bestens aus.

Früh schon zu Beginn der Züricher Zeit hatte ihn seine Liebe zum Wort bereits zur Auslegung nach der lectio continua bestimmt. Die römische Perikopenordnung, in fränkischer Zeit entstanden, durch die Hoftheologen und Politiker Pipins und des Großen Karl installiert, lehnte er ab: Er erkannte darin die Vergewaltigung nicht nur der Heiligen Schrift, sondern auch der hörenden Gemeinde! In diesem Sinne rief er auch seine Gemeindeglieder zu selbständigem Bibelstudium auf, Basler Neudrucke von Luthers deutschem NT lagen seit 1522 dazu vor.

Der Rat von Zürich folgte der Erkenntnis Zwinglis, daß hier im Wort Christi der Weg im Segen und zum Leben zu finden sei. Deshalb verpflichtete er die Ordensleute im Sommer 1522, nicht mehr beliebige oder beliebte Heiligenlegenden zu predigen, sondern das richtende, weisende und preisende Wort Gottes schriftgemäß auszulegen. Am 19.8.1522 verpflichtete sich dann auch das gesamte Züricher Landkapitel zu schriftgemäßer Predigt nach der Weise sola scriptura - allein die Schrift / scriptura sui ipsius interpres - Ausleger ist die Schrift sich selber; d.h. die Kontinuität und Kohärenz von Altem und Neuem Testament ist von da an implizites Auslegungsprinzip. Darum konnte Zwingli seinem Staat und Volk nichts besseres geben, als gut ausgebildete "Diener am Wort", die in ihrer Ausbildung gelernt hatten, gemäß Ez 3,27 und Ez 33 furchtlose, treue und gewisse Wächter zu sein. "Also folgt, daß guten Gsatzten allermeist gefolgt und gelebt wird, da man allerhällest das Wort Gotts lert. Da erkent man allerbast sinen Willen. Da ist man allerfrutigest, den ze thun; denn man thut in uß Liebe ... Also folgt, daß kein Regiment ruwiger und gotsförchtiger sein mag, denn darin das Wort Gottes am lütristen gepredigt würdt."(46)

b) Seine Hoffnung
Für die Entwicklung seiner Arbeit als Diener am Wort hoffte Zwingli darauf, daß Gott selber die Obrigkeit lehren werde, seinen Willen zu suchen und zu tun. Nicht als Herrin der Gewissen, son-

---

(46)O. Farner, Gott ist Meister (ZwingBü 8), 1940, 35.

dern als gebunden in die christliche Freiheit unter Gottes Wort hat sie nicht nur über die schriftgemäße Ordnung der öffentlichen Gottesdienste zu wachen, sondern muß kirchenleitende Funktionen im weitesten Sinne übernehmen: Das schließt ein die Verwaltung des Kirchengutes und die Ordnung des Armenwesens, das Eherecht und ein Ehegericht mit der Einrichtung eines öffentlichen Trauregisters, die Entwicklung eines evangelischen Disziplinarrechtes, die Aufstellung einer Synodalordnung und die Ausübung des Sittenmandates.

So soll der Rat der Stadt Ordnung halten auch in geistlichen Dingen, damit die Saat der Hoffnung aufgeht. Es ist das Grundmuster der Züricher Reformation: Der Staat soll seinen Bürgern die christliche Freiheit unbedenklich lassen, wo und soweit das ohne Aufruhr möglich ist. Der Staat soll auf jeden Fall vermeiden, das Evangelium zu diskreditieren und den Nächsten zu verärgern.(47)

c) Seine Liebe

Seine Liebe galt denen, mit denen er durch die gemeinsame Lektüre des Neuen Testamentes besonders verbunden war. Und dazu gehörten eben auch die Bilderstürmer und die Täufer, die Zinsverweigerer und entsprungenen Kleriker. So wird Simon von Stumpf Höngg, der den Zehnten verweigert, im Jahr 1522 gegen Bürgschaft aus dem Gefängnis freigelassen; bei Wilhelm Reublin kommt man zu der Vereinbarung in Witikon, daß die Gemeinde den Zehnten zahle, solange man es anderswo auch tue; den Bilderstürmer Hochrütiner empfiehlt Zwingli als Theologen nach St. Gallen, seinen Kollegen Stähelin schützt er nachhaltig durch Hinauszögern des Prozesses, bis die Durchlagskraft der Verkündigung jedes weitere Prozessieren sowieso überflüssig machte.(48) Es erweist sich, daß Zwingli alles dulden, schützen und tragen kann in seiner evangelischen Liebe, solange ihm kein Separatismus entgegengestellt wird.

Denn das ist ja das Ziel solcher täuferischen Einflüsse: durch ihren mehr oder weniger totalen Rückzug aus der gesamten Öffentlichkeit von Kirche und Staat entziehen sie dem Staat den notwendigen und heilsamen Zuspruch und Anspruch aus dem Worte Gottes, den dieser sich selber nicht machen oder nehmen kann. Sie entziehen auch der Predigt das heilsame Gegenüber einer verbindlich hörenden und gehorsamen Gemeinde. Vielmehr verachten sie je länger je deutlicher dies anspruchsvolle Miteinander von Staat und Kirche, statt ihm dankbar zu dienen durch ihre vielleicht besondere Erkenntnis. Vielmehr helfen sie sich selbst, indem sie das rechte

---

(47) Z II, 323ff; Auslegung des 39. Artikels.
(48) J.F. Goeters, Die Vorgeschichte des Täufertums in Zürich, in: Luise Abramowski/G. Goeteres (Hrsg.), Studien zur Geschichte und Theologie der Reformation, 1969, 246f.

Evangelium allein für ihre abgeschlossenen Privatzirkel beanspruchen. Sie sind offensichtlich mehr beeindruckt von ihrem eigenen Gehorsam, als von dem Gehorsam, den Gott der Herr durch Sein Wort in der Öffentlichkeit schafft.

Darin liegt der frühe, vorcartesische Individualismus: Der Täufer ist sich selbst als frommer Mensch zum Subjekt geworden. Darum muß Zwingli ihn so vollkommen ablehnen, denn der Täufer gibt dem Botschafter den Vorrang vor der Botschaft, er nimmt den Propheten wichtiger als seinen Auftrag, schaut und hört auf den Diener anstatt auf den in Seinem Wort gegenwärtigen Herrn. Damit führt die Täuferei direkt wieder nach Rom zurück, und erst noch mit dem Anspruch, evangeliumsgemäß zu sein! Welch ein Quell der Verwirrung und Falschheit.

Aus dem Munde der Täufer wirkt der Vorwurf an Zwingli und seine Freunde, sie seien eben falsche Propheten, noch einmal gravierender. Dem entspricht allerdings die endlose Reihe derer, die bis heute sich bemüßigt sehen, Zwingli ob dieses Urteils und Fehlgriffes an den Täufern zu bedauern und zu verurteilen.

So sei auch hier die Frage gestellt wie schon oben: Warum Tragik entdecken und bedauern, wo klare Logik herrscht? Vielleicht könnte uns die Erkenntnis dieser Logik heute helfen für das qualifizierte Gespräch unserer Landeskirchen mit dem Strom derer, die in die oft täuferischen Freikirchen bei uns abwandern wollen! Das sieghafte Wort Gottes, aus dem Zwinglis Liebe auch zu den Täufern entsprang, könnte sich wieder als das gewinnende Wort erweisen, auch bei uns!

6. Zwinglis Qualität

Ende Juni 1529 ist das flehentliche Bitten "Herr nun selbst den Wagen halt" noch gar frisch und der erste Kappeler Friede steht auf dem Papier, das Ferdinandeische Bündnis als gegen das Christliche Burgrecht gerichtet wird aufgelöst und die evangelischen Städte bitten (!) die fünf Innerschweizer Orte, die Pensionen zu verbieten.(49) Zwingli muß an der Kraft der Predigt des Wortes zu zweifeln beginnen. Merken denn die Hörer seiner Predigt nicht, wie dieser so leicht geschenkte, unblutige Sieg ohne das klare Verbot der Pensionen und ihrer Folgeerscheinung, der Reisläuferei, verschenkt und wertlos ist? Kann man denn mit solchem offensichtlichen Unrecht einfach Frieden machen, ohne selber wieder daran schuldig werden zu müssen? Merken denn die Fünförtischen nicht, daß eine längst geplante und beschlossene Unterdrückung der Re-

---

(49)Locher, 362f; zum Ferdinandeischen Bündnis 350ff.

formation(50) und die Herstellung der Einheit der Kirche unter Kaiser und Rom auch die eidgenössische Freiheit bedroht? Das mögen die sorgenvollen Überlegungen Zwinglis in jener Zeit gewesen sein, als das detaillierte Einladungsschreiben des Landgrafen Philipp I. von Hessen zum Religionsgespräch nach Marburg ihn erreichte. Da scheint sich die Tür wieder zu öffnen, jetzt ist Zwingli gerufen, europäische Politik zu machen, mitzudenken, wo es die kaiserlich-deutschen Mord- und Brandpläne zu verhindern gilt! Zwingli glaubte seinem Herrn die Herrschaft und traute ihm zu, daß er auch jenseits der Grenzen regierte und so Schutz vor Willkür, Inquisition und Korrpution bereitstellen konnte. Nur mußte seine Politik jetzt auf festem Boden stehen - wenn Kompromisse nötig waren, dann sollten es aber echte sein! Bis dahin hatte sich die Reformation in Europa noch unaufhaltsam ausgebreitet: In Skandinavien unter der dänischen Krone, in Ungarn, Polen und den Niederlanden gab es bereits stark wachsende evangelische Minderheiten, auch in Frankreich fand die reformierte Predigt in den Albigensergebieten gute Aufnahme, die Gebiete der sechs protestantischen Fürsten und vierzehn oberdeutschen Städte würden nicht allein evangelisch bleiben, das Christliche Burgrecht mit Bern hielt doch und Kappel hatte wenigstens die freie Predigt des Evangeliums in den Gemeinen Herrschaften gebracht. Wenn der Kaiser nun von seinen italienischen Siegen vor Pavia und Rom, übrigens mit protestantischen Söldnern und Heerführern erfochten, zurückkam, sollte er eine geeinte evangelische Front vorfinden - das war das Ziel sehr vieler diplomatsicher Bemühungen jener Tage im Sommer 1529.

War es nicht die harte Reaktion Kaiser Karls V. in Worms und nun wieder in Speyer gewesen, die dieses versteinernde Frontendenken ausgelöst hatte? Dadurch war die Reformation deformiert von einer heilsamen Bewegung für die gesamte Kirche und alle Reiche, in denen sie lebte, zu einer begrenzten, eingeschlossenen Gruppierung mit einer ihr entgegenstehenden Gegengruppierung. Ein lähmender Gedanke für einen gesprächsbereiten Mann, der an das Wort und dessen Macht glaubt! Luther freilich, der blieb immer Untertan des Kaisers und wollte auch nichts anderes sein. Vielmehr mißtraute er den Eidgenossen tief, da sie sich der gottgegebenen Obrigkeit(51) entzogen hatten durch gewaltsame Revolution. Luther hoffte immer noch auf Anerkennung wenigstens seiner Rechtgläu-

---

(50)So das Wormser Edikt von 1521; der II. Reichstag zu Speyer hat bekanntlich befohlen, die Reformation sei nicht weiterzuführen, der katholische Gottesdienst, die Messe, sei überall zu dulden und die Sakramentiner (d.h. Zwinglianer) und Täufer seien auszurotten. Locher, 321.

(51)Locher, 322, dort auch Literatur.

bigkeit duch den Kaiser, und sein Freund Melanchthon suchte stets die Hand nach Rom hin auszustrecken. Von dessen Hand waren denn wohl auch allerlei Intrigen ausgegangen, das Treffen mit den Reformierten bei dem Reformierten doch noch zu verhindern. Nun kam Luther von einer geheimen Konferenz mit den lutherischen Fürsten nach Marburg zum Gespräch. Er hatte sich soeben in Schleiz festgelegt auf die sog. "Schwabacher Artikel", die die lutherische Abendmahlslehre noch einmal gegen die "Sakramentierer", gegen Zwingli, zugespitzt formulierten. Damit war das Gespräch schon vor Beginn zur Farce geworden. Und Zwingli erhofft sich einiges von dieser Begegnung, von diesem Gespräch. Er ist offen, geschult vom langsam verarbeiteten Streit mit den Täufern. Ein Autodidakt, hat er das Neue Testament seit zwölf Jahren nur auf Griechisch in der Ursprache gelesen, ist er bereit zum Lernen, Denken und Erinnern.

Und dann kommt das "Gespräch", verhalten zunächst, doch bald harsch: Luther verheißt, er werde auf Gottes Befehl hin sogar Mist essen! Zwingli weist solches Ansinnen von sich: Aufwärts: Gott ist Geist! Luther repliziert völlig an Zwingli vorbei: Gott ist Mensch geworden!

Ob bei diesem Stand der Auseinandersetzung tatsächlich noch das "estin" unter dem Tischtuch auf dem Tisch geschrieben stand oder nicht - jedenfalls meinte Luther, die Freiheit Gottes nur durch das Beharren auf der Irrationalität der Trans- oder Konsubstantiationslehre gewährleisten zu können. Zu offensichtlich ist das Gespräch zu Ende.

Doch der Landgraf braucht dringend einen Minimalkonsens und ersucht um eine Kompromißformel. Luther bietet sie an - vielleicht schuldbewußt ob seiner mangelnden Gesprächsbereitschaft?

Es sind 15 Artikel, deren letzter allein die Erwähnung der Differenz in der Abendmahlsfragen beinhaltet. Alle anderen Artikel sind einvernehmlich. Nur eines fehlte: Der Hinweis auf ein Bündnis. Dies konnte und wollte Zwingli nur auf die gegenseitige Anerkennung als Brüder in Christo gegründet wissen. Und diese Zusage läßt sich nicht durch die bedingte Zusage christlicher Liebe, "so vern yedes Gewüssen ymmer lyden kann", ersetzen.(52) So lehnt Zwingli das Bündnis ab, das auf verschüttetem Grund ja nicht gedeihen kann. Die Artikel aber gibt er daheim sofort in Druck heraus, sind doch immerhin die 14 Einverständnisse ein politisch wichtiges Dokument einer Solidarität mit dem Luthertum den Papisten gegenüber. So kann es die protestantischen Gruppen stärken.

Zwingli hat einen feinen Sinn bewiesen für die Wahrhaftigkeit, auf der die Wahrheit allein gedeihen kann. Er hat die Tragfähigkeit eines falschen Kompromisses nicht überschätzt und sich nicht dar-

---

(52)Locher, 331.

auf eingelassen, obgleich er in vielerlei Hinsicht so dringend ein wenig Freundschaft, Gemeinschaft und am besten Bruderschaft gebraucht hätte. Er hat sich nicht täuschen lassen, nicht seinen Gefühlen sich unterworfen und ist wieder heimgefahren ohne Sicherung der Reformation und der Eidgenossenschaft durch einen Bündnisvertrag, der den habgierigen Kaiser hätte abhalten können, in der Schweiz ebenso zu hausen wie in Geldern oder in Italien. Aber - welche Komplikationen hätte wohl ein abgeschlossenes, aber unglaubwürdiges Bündnis für die Schweiz heimtragen können?!

Werner Kohler hat gemeint, ein Schweizer unterscheide sich vielleicht am tiefsten von einem Deutschen dadurch, daß er einen Kompromiß nicht von vornherein für etwas Negatives halte. Nun ist ein Kompromiß im Umgang mit dem Lebendigen Gott noch eine besondere Sache. Luther steht ja seit jeher vor der Welt da als das Muster der Kompromißlosigkeit: "Hier stehe ich, ich kann nicht anders, Gott helfe mir denn, Amen!" Zwingli hingegen ist an zwei falschen Kompromissen, gegen die er opponierte, die er aber mit zu tragen hatte, gescheitert und noch posthum verleumdet worden.(53)

Die Frage nach dem anderen Geist und dem anderen Gott dahinter blieb uns ja von Anfang. Ist es nicht Luthers Position, den Christus im Brot gerade um seiner Freiheit willen so gebannt zu sehen, daß der lebendige Herr der lebendigen Gemeinschaft keinen Raum mehr bei ihm findet? Hat Luther vielleicht wirklich den andern Gott-Baal?

Hier möchte ich noch einen letzten Hinweis anbringen, den ich meinem Vater verdanke: Der Streit ums Abendmahl zwischen Luther und Zwingli wird schulmäßig reduziert auf die Frage des griechischen Akzentes über dem "estin". Darin, wo der Akzent rechtens zu stehen habe, liege der ganze Unterschied - und die ältesten Handschriften trugen als Majuskeln eben keine Akzente. Etwas höchst einfaches liegt allerdings viel näher, es ist zum Staunen einfach, einfacher noch als jenes nicht ursprüngliche zweite "unwürdig" in 1Kor 11,29.

Mein Vater wies mich darauf hin, daß das Demonstrativpronomen des entscheidenden Sätzchens im Griechischen nicht anders als im lateinischen Text genus neutrum ist. Nun ist aber das genus verbi von "Brot" zwar im Deutschen auch neutrum, nicht aber im Lateinischen, Griechischen (und Hebräischen). Ob das wohl noch niemand gemerkt hat, daß sich schon rein grammatikalisch "hoc"

---

(53)Es handelt sich um den Kompromiß der Pensionäre von 1529, Kappel I, und um die Blockade, die Bern gegen die Innerschweiz und eigentlich auch gegen Zürich am Vorabend der zweiten Kappeler Aktion als scheinbaren Kompromiß zur Güte durchsetzte.

nicht auf "panis", ebensowenig "touto" auf "artos" beziehen kann? Luthers Verständnis und mit ihm das der Scholastik und Augustins(54) ist jedenfalls von der Schrift her nicht haltbar.

Vielleicht ist aber doch die Lösung zu finden in der aufgeschlagenen Schrifstelle, die Zwingli auf allen entsprechenden Bildern stets geöffnet hält: Kommet her zu Mir alle, die ihr mühselig und beladen seid - ich will euch erquicken! (Mt. 11,28)

---

(54) Augustin lehrt: "Accedit verbum ad elementum et fit sacramentum".

"WARUM" UND "WOZU"?

Eine bisher übersehene Eigentümlichkeit des Hebräischen und ihre Konsequenzen für das alttestamentliche Geschichtsverständnis(1)

Diethelm Michel

1. Das Problem

Für jeden, der sich mit Sprachen beschäftigt, bilden die sogenannten Synonyma eine Herausforderung. Jede Sprache ist nämlich ökonomisch: Wenn sie einmal für einen Tatbestand einen sprachlichen Ausdruck geprägt hat, besteht für sie keine Notwendigkeit mehr, einen weiteren zu bilden. Ursprüngliche Synonyma kann es also in keiner Sprache geben. Wenn in einer Sprache zwei Wörter denselben Sachverhalt zu bezeichnen scheinen, dann liegen immer besondere Gründe vor, etwa das Absterben einer ursprünglichen Bedeutung oder auch schichtspezifische Bedeutungsnuancierungen.

Ein besonderes Problem liegt vor, wenn in einer der toten Sprachen das Vorkommen von Synonyma konstatiert wird. Dann ist nämlich zusätzlich damit zur rechnen, daß die in Frage stehenden Begriffe für den modernen Sprachforscher nur deshalb als Synonyme erscheinen, weil in ihnen Nuancen oder auch Weltdeutungselemente sich aussprechen, die in der modernen Sprache des Wissenschaftlers kein Äquivalent haben. Ein solcher Fall soll der Ausgangspunkt unserer heutigen Betrachtung sein.

Im alttestamentlichen Hebräisch gibt es zwei Wörter, die in den Wörterbücher beide mit "warum" wiedergegeben werden, die also als Synonyme angesehen werden: lama und maddu^{ac}. Im Wörterbuch von Gesenius-Buhl wird zu maddu^{ac} angegeben: "warum? weshalb? ... oft als vorwurfsvolle Frage ..."(2), bei lama wird notiert: "in ungeduldigen Fragen" und "in Fragen, durch die man vor etwas

---

(1) Der Beitrag gibt den Text meiner Mainzer Antrittsvorlesung vom 27.05.1982. Mit ihm wurde Antonius H.J. Gunneweg zum 17.05.1982 gegrüßt. Wenn der Text jetzt in einem Gedenkband für Werner Kohler veröffentlicht wird, so deshalb, weil sich für mich mit der Erinnerung an diese Antrittsvorlesung die Erinnerung an mehrere lebhafte Gespräche verbindet, die ich mit Werner Kohler über die hier angedeuteten Probleme hatte. - Die am Ende von Abschnitt III und IV gebotenen Überlegungen konnten im Rahmen einer Antrittsvorlesung nur andeutenden Charakter haben; ich hoffe, sie demnächst ausführlicher darlegen zu können.

(2) W. Gesenius-F. Buhl, Hebräisches und aramäisches Handwörterbuch über das Alte Testament, 17. Aufl., 1915, 399.

warnen will"(3), ohne daß hieraus irgendwelche Schlüsse auf eine
eventuelle Verschiedenheit der beiden Wörter gezogen würden. Das
Wörterbuch L. Köhler(4) gibt noch nicht einmal die von Gesenius
notierten Unterschiede.

A. Jepsen hat den beiden Wörtern eine kleine Studie gewidmet:
"Warum? Eine lexikalische und theologische Studie".(5) Er bleibt
zwar bei der üblichen Übersetzung "warum", will aber einen Unterschied in den die Warum-Frage begleitenden Gefühlen feststellen,
mit maddu^{ac} sei "eine verwunderte Frage zur Information(6), mit
lama dagegen "fast immer eine vorwurfsvolle Frage eingeleitet"(7).
Damit hat Jepsen sicherlich wichtige Anregungen zur Differenzierung der beiden Wörter gegeben, aber er ist nach meinem Urteil
noch nicht zum Kern des Unterschieds zwischen beiden Wörtern
durchgestoßen.

Betrachten wir zunächst einmal die Etymologie der beiden Wörter. Sicherlich muß man sich bei Begriffsuntersuchungen vor der
früher oft praktizierten Überschätzung der Etymologie hüten und
vor allem die Analyse des Sprachgebrauchs auswerten(8) - aber erste Informationen kann die Etymologie doch liefern; man sollte
nicht auf sie verzichten.

maddu^{ac} ist entstanden aus ma + jadu^{ac} "Was ist gewußt?",
lama dagegen aus l^{e} + ma "zu was?". Von der Etymologie her legt
sich also schon die Vermutung nahe, maddu^{ac} frage nach einem
vorfindlichen Grund, lama dagegen nach einer intendierten Absicht,
die als Grund für etwas angesehen wird.

Verweilen wir noch einen Augenblick bei dieser durch die
Etymologie der Wörter geweckten Vermutung.

Sprache bildet ja bekanntlich nie einfach die außersprachliche
Wirklichkeit ab, sondern trägt immer auch ein Deuteelement an sie
heran. Dies gilt ganz besonders, wenn mittels der Sprache Verbindungen logischer Art aufgezeigt werden sollen, wie es exemplarisch
bei der Frage nach dem Grund von etwas, also der "Warum-Frage",
der Fall ist.

---

(3) AaO. 402.
(4) L. Köhler/W. Baumgartner, Lexicon in Veteris Testamenti Li-
    bros, 1958.
(5) In: Das ferne und nahe Wort (Festschrift L. Rost) BZAW 105,
    1967, 106-113 = A. Jepsen, Der Herr ist Gott. Aufsätze zur
    Wissenschaft vom Alten Testament, 1978, 230-235. Seitenanga-
    ben im folgenden nach "Der Herr ist Gott".
(6) AaO. 231.
(7) Ebd.
(8) Dazu vgl. z.B. J. Barr, Bibelexegese und moderne Semantik,
    1965.

In einer einzelnen Sprache wird dabei immer nur ein Teil der möglichen Deutungen außersprachlicher Wirklichkeit realisiert. Das Erlernen einer fremden Sprache, besonders einer Sprache aus einem fremden Kulturkreis, kann uns also anleiten, in unserer Sprache nicht vorhandene oder vernachlässigte Möglichkeiten sprachlicher Deutung von Welt zu erkennen.(9) Dies soll nun anhand der hebräischen Differenzierung von lama und maddu^{ac} demonstriert werden.

2. Belege zur Differenzierung von lama und maddu^{ac}

Ex 2,15ff wird geschildert, daß Mose auf der Flucht aus Ägypten an einen Brunnen kommt und den Töchtern des midianitischen Priesters Reguel, die von anderen Hirten beim Tränken ihres Viehs behindert werden, hilft. Als die Töchter unerwartet früh nach Hause kommen, fragt ihr Vater sie: "Warum (maddu^{ac}) kommt ihr heute so bald heim?" Er will den Grund, den aufweisbaren Grund für die ungewöhnlich frühzeitige Rückkehr wissen. Und die Töchter antworten entsprechend: "Ein Ägypter hat uns gegen die Hirten geholfen; er hat uns sogar Wasser geschöpft und die Schafe getränkt." Sie geben einen aufweisbaren, demonstrierbaren Grund. Sie sagen, um auf die Etymologie zurückzukommen, "was über ihr frühes Nachhausekommen gewußt ist".

Reguel aber fragt weiter - ich zitiere den folgenden Vers nach der Zürcher Übersetzung: "Da sprach er zu seinen Töchtern: Wo ist er denn! Warum habt ihr den Mann dort gelassen! Ruft ihn her, daß er mit uns esse!" (V. 20) Hier steht nun nicht maddu^{ac}, sondern lama: "lama habt ihr den Mann dort gelassen?"

Wir stellen zunächst fest, daß die Erzählung offensichtlich eine Einheit bildet und von einem Verfasser stammt, daß also folglich die Verschiedenheit der Fragepronomina nicht etwa in den Besonderheiten eines ortsgebundenen Dialekts oder in einer zeitbedingten Sprachveränderung ihren Grund haben kann. Wir stellen weiter fest, daß die Töchter auf diese Frage gar nicht antworten - ja daß Reguel anscheinend gar keine Antwort erwartet: er schließt an die Frage: "lama habt ihr den Mann dort gelassen?" ja sofort den Befehl an: "Ruft ihn her, daß er mit uns esse!" Jepsens Differenzierung, daß eine maddu^{ac}-Frage "eine verwunderte Frage zur Information", eine lama-Frage dagegen "fast immer eine vorwurfsvolle Frage" einleite, scheint sich auf den ersten Blick hier zu bestätigen. Reguels lama-Frage hat einen vorwurfsvollen Klang. Und doch reicht diese Differenzierung nicht aus - wie sich noch zeigen wird, können mit ihr nicht alle lama-Fragen erfaßt werden. Bei Wortbe-

---

(9) Zu diesem Problem vgl. E. Koschmieder, Die noetischen Grundlagen der Syntax, SBAW, Philosophisch-historische Klasse, 1951 Heft 4, 1952.

deutungsuntersuchungen ist aber anzustreben, ein Kriterium zu finden, das die Gesamtheit der Verwendungsweisen erklären kann und nicht einen Teil der Belege beiseite lassen muß.

Um es vorweg zu sagen: Bei allen guten Beobachtungen, die Jepsen vorgelegt hat, scheint er mir den Fehler zu machen, zu sehr auf die begleitenden Gefühle des Fragenden zu achten und nicht zu untersuchen, ob nicht vielleicht die lama-Frage auf einen anderen Tatbestand zielt als die maddu^{ac}-Frage, ob also der Unterschied zwischen beiden Fragen nicht viel objektiver darin liegt, daß das jeweils Erfragte verschieden ist.

Mit der Frage "lama (warum?) habt ihr den Mann dort gelassen?" will Reguel anders als bei der Frage "maddu^{ac} (warum?) kommt ihr heute so bald heim?" ja gar nicht einen objektiven, demonstrierbaren Grund erfragen, sondern das bei der Handlung intendierte Ziel seiner Töchter; sinngemäß könnten wir im Deutschen wiedergeben: "Was habt ihr euch dabei gedacht, daß ihr den Mann, der euch geholfen hat, gegen alle Regeln der Gastfreundschaft dort gelassen habt?"

Genau diese Fragerichtung entspricht nun der etymologischen Erklärung von lama: Mit "zu was?", "wozu" wird das Erfragte nicht als vorfindlich demonstrierbar, sondern als intendiertes Ziel markiert. Die bei den etymologischen Bemerkungen geäußerte Vermutung über die verschiedene Leistung der beiden "Warum-Fragen" hat sich also hier bestätigt. Diese Beobachtung soll nun durch weitere Beispiele untermauert werden:

Ex 3,2 wird geschildert, wie Mose zu dem brennenden Dornbusch kommt, der trotz seines Brennens nicht verzehrt wird. V. 3: "Da dachte Mose: ich will doch hinübergehen und diese wunderbare Erscheinung ansehen, maddu^{ac} wird der Dornbusch nicht verbrannt?" Der Sinn ist eindeutig: Mose will versuchen, eine Erklärung für diese wunderbare Erscheinung zu finden.

Gen 40: Joseph trifft im Gefängnis den Mundschenk und den Bäcker Pharaos, die beide verdrießlich sind, weil sie geträumt haben und die Deutung des Traumes nicht kennen. Wenn er sie in V. 7 fragt: "maddu^{ac} seht ihr heute so verdrießlich aus?", so will er offensichtlich eine Erklärung, einen demonstrierbaren Grund erfragen. Und dieser demonstrierbare Grund liegt, da seine Wirkung gegenwärtig ist, offenbar in der Vergangenheit. Diese Bemerkung mag banal erscheinen - aber wir werden noch auf sie zurückkommen.

Eine ganze analoge Fragestruktur liegt vor,
- wenn 2 Sam 13,4 Jonadab den liebeskranken Amnon fragt: "maddu^{ac} bist du Morgen für Morgen so elend?",
- wenn 2 Reg 8,12 Hasael Elisa fragt: "maddu^{ac} weint mein Herr?",

- wenn 2 Sam 11,10 David Uria fragt: "maddu^{ac} gehst du nicht hinunter in dein Haus?",
- wenn 1 Reg 1,41 Adonia beim Erschallen der Posaune fragt: "maddu^{ac} ist die Stadt so in Unruhe?"

Immer geht es darum, daß ein vorfindlicher Grund für ein auffälliges Geschehen erfragt werden soll.

Ein ganz anderes Bild bieten dagegen die lama-Fragen: 2 Sam 12,16ff wird geschildert, daß das Kind von David und Bathseba krank wird und David die Fastenriten auf sich nimmt, um - wenn möglich - den Zorn Gottes zu wenden. Als er dann erfährt, daß das Kind gestorben ist, beendet er zum Erstaunen seiner Diener sein Fasten und läßt sich Speise auftragen. Auf die Frage seiner Diener, die eine Fortsetzung des Fastens entsprechend den Trauerbräuchen erwarten, antwortet David: "Als das Kind noch lebte, da habe ich gefastet und geweint, weil ich dachte: Wer weiß, vielleicht ist Jahwe mir gnädig und das Kind bleibt am Leben! Nun es aber tot ist - lama soll ich da fasten? Kann ich es etwa noch zurückholen? Ich werde wohl zu ihm gehen, es aber kommt nie wieder zu mir". (2 Sam 12,22-23) - Aus welchem vorfindlichen Grund David fasten sollte, steht ja außer Frage: weil das Kind tot ist. Darum geht es ihm offenbar nicht. Er bringt mit der lama-Frage einen ganz anderen Gesichtspunkt in das Geschehen: was soll bei dem Fasten jetzt noch herauskommen, was für einen Sinn soll es haben? "Zu was (wozu) soll ich noch fasten?" Wir können hier offenlassen, ob David hier kritisch als pietätslos oder anerkennend als realistisch dargestellt werden soll(10) - für unsere Erörterung genügt die Feststellung, daß die lama-Frage offensichtlich eine andere Blickrichtung hat als die maddu^{ac}-Frage: die lama-Frage fragt nach dem mit einer Handldung intendierten Ziel! Anmerkungsweise sei gesagt, daß hier einer der Fälle vorliegt, wo der von Jepsen behauptete vorwurfsvolle Klang der Frage nicht zutrifft.

2 Sam 14,32 fragt Absalom, den David aus der Verbannung hat zurückkommen lassen, dann aber mit Nichtachtung gestraft hat: "lama bin ich von Gesur zurückgekommen? Es wäre mir besser, ich wäre noch dort!" Er will natürlich nicht den Grund wissen, weshalb er zurückgekommen ist - der ist ja klar: David hat die Verbannung aufgehoben. Aber er kann in dem Geschehen keinen Sinn finden angesichts der darauf folgenden Kaltstellung durch David. Nach eben diesem intendierten Sinn fragt er mit dem Satz "wozu bin ich von Gesur zurückgekommen?"

Ex 2,13 wird Mose Zeuge, wie zwei Hebräer miteinander streiten. Seine Frage "lama schlägst du deinen Gefährten?" ist keine

---

(10)Dazu vgl. E. Würthwein, Die Erzählung von der Thronfolge Davids - theologische oder politische Geschichtsschreibung (ThSt 115) 1974, 26.

Frage nach dem Grund des Streits, sondern hat deutlich den Sinn "Was soll dabei herauskommen, daß du deinen Gefährten schlägst?", "Wozu schlägst du deinen Gefährten?" Er fragt nach einem in der Handlung liegenden Sinn, der vorhanden ist, auch wenn die Streitenden ihn im Augenblick vergessen haben.

Gen 12,10-20 wird geschildert, daß Abraham wegen einer Hungersnot nach Ägypten zieht und aus Angst, die Ägypter könnten wegen der Schönheit Saras ihn töten und Sara in einen Harem stecken, sie als seine Schwester ausgibt. Als der Pharao, der sie daraufhin in seinen Harem genommen hat und von Jahwe dafür gestraft wird, dies merkt, fragt er Abraham: "lama hast du mir nicht gesagt, daß sie deine Frau ist? lama hast du gesagt: sie ist meine Schwester, so daß ich sie mir zur Frau genommen habe?" (12,18-19). Pharao fragt nicht nach einem vorfindlichen Grund - darauf könnte Abraham mit einem Hinweis auf seine Angst antworten. Er fragt vielmehr nach dem, was sich Abraham bei seiner Lüge gedacht habe, was er vorgehabt habe - und darauf muß Abraham schweigen.

2 Sam 15: David muß vor seinem Sohn Absalom, der die Königsherrschaft an sich gerissen hat, fliehen. Der Gathiter Ithai will sich ihm mit seinen Leuten anschließen. Darauf sagt David zu ihm: "lama willst auch du mit uns ziehen? Kehre um und bleibe beim König! Denn du bist ein Fremder und sogar aus deiner Heimat verbannt. Gestern erst bist du gekommen, und heute schon sollte ich dich mit auf die Irrfahrt nehmen, da ich wandre und weiß nicht wohin? Kehre um und nimm deine Brüder mit zurück. Jahwe wird dir Güte und Treue erweisen." (VV.19-20). Mit der Frage "lama willst auch du mit uns ziehen?" will David dem Ithai klarmachen, daß es für ihn keinen Sinn habe, sich David auf seinem ungewissen Weg anzuschließen: "Wozu willst auch du mit uns ziehen?" Die Antwort Ithais zeigt, daß er diesen zukunftsgerichteten Sinn der Frage versteht: "So wahr Jahwe lebt und so wahr mein Herr König lebt: nein! Wo mein Herr König sein wird, es gehe zum Tode oder zum Leben, da wird auch dein Knecht sein!" (V.21) Hier haben wir wieder einen der Fälle, wo Jepsens Meinung, lama leite eine vorwurfsvolle Frage ein, auf keinen Fall zutrifft: Davids Frage an Ithai ist nicht vorwurfsvoll, sondern fürsorglich.

Gen 32 ringt Jakob mit Jahwe in der Gestalt eines Flußdämons und fragt in V.30 nach seinem Namen. "Er aber sprach: lama zäh(11) fragst du nach meinem Namen?" Bei einer maddu[ac]-Frage wäre die Antwort: Weil ich ihn wissen will! Die lama-Frage dagegen will daran erinnern, daß die Kenntnis des geheimen göttlichen

---

(11)zäh nach lama dient der Verstärkung und verändert den Charakter der lama-Frage nicht; vgl. z.B. Gesenius-Kautzsch, Hebräische Grammatik, 28. Aufl., 1909, § 150 1.

Namens gefährlich ist und zu nichts führt. "Was soll dabei herauskommen, daß du nach meinem Namen fragst?"

Die zukunftsorientierte Fragerichtung nach dem Sinn eines Geschehens wird sehr schön Gen 27,46 deutlich. "Und Rebekka sprach zu Isaak: Mir ist das Leben verleidet wegen der Hethiterinnen, lama für mich das Leben?" Man könnte sinngemäß geradezu übersetzen: "Was für einen Sinn hat dann noch mein Leben?"

Ein ähnlicher Fall liegt Gen 25,22 vor. Die Zwillinge Esau und Jakob stoßen sich bereits im Mutterleib und die gequälte Rebekka stöhnt auf: "Wenn es so ist, lama zäh ich?" Die Worte "zu was denn ich?" dürften eine idiomatische Wendung sein mit dem Sinn "was soll aus mir werden?" Deutlich ist jedenfalls auch hier wieder die zukunftsorientierte Richtung der lama-Frage.

2 Sam 11: Joab hat auf Befehl Davids den Hethiter Uria auf ein Himmelfahrtskommando geschickt, bei dem er erwartungsgemäß gefallen ist. "Da sandte Joab hin und ließ David den ganzen Verlauf des Kampfes melden, und er befahl dem Boten: Wenn du dem König den ganzen Verlauf des Kampfes berichtet hast und wenn dann der König zornig wird und zu dir spricht: 'Warum (maddu^{ac}) seid ihr zum Kampfe so nahe an die Stadt herangerückt? Wußtet ihr nicht, daß sie von der Mauer herabschießen? Wer hat denn Abimelech, den Sohn Jerubaals, erschlagen? Hat nicht ein Weib einen Mühlstein von der Mauer auf ihn herabgeworfen, daß er bei Thebez umkam? lama seid ihr so nahe an die Mauer herangerückt?' - dann sage: 'Auch dein Knecht Uria, der Hethiter, ist tot". (VV.18-21) - Hier finden sich in einem Text beide Fragen im Hinblick auf denselben Sachverhalt. Zunächst wird David, so erwartet Joab, objektiv nach den Gründen oder Notwendigkeiten für das waghalsige und gefährliche Unternehmen fragen ("maddu^{ac} seid ihr zum Kampfe so nahe an die Stadt herangerückt?"), dann wird er die gegen ein solches Unternehmen sprechenden Erfahrungen anführen, die ein Scheitern von Anfang an erwarten ließen, und schließlich wird er folgerichtig nach Sinn und Aussichten des Unternehmens fragen: "Was habt ihr euch eigentlich dabei gedacht (lama), daß ihr so nahe an die Mauer herangerückt seid?" Derselbe Sachverhalt kann also sowohl mit der maddu^{ac}-Frage als auch mit der lama-Frage betrachtet werden. Die Art der Frage ergibt sich also nicht mit Notwendigkeit aus dem Sachverhalt, sondern ist ein Deuteelement, das vom Fragenden an den Sachverhalt herangetragen wird.

1 Sam 1,8: Elkana hat zwei Frauen, Hanna und Peninna, von denen Hanna kinderlos ist, Peninna dagegen Kinder hat. Peninna kränkt Hanna, weil sie keine Kinder hat, Hanna weint und ißt nichts. "Ihr Mann Elkana fragt sie: lama weinst du, lama ißt du nichts, lama ist dein Herz betrübt? Bin ich dir nicht viel mehr wert als zehn Söhne?" - Oben haben wir maddu^{ac}-Fragen kennen-

gelernt, durch die der Fragende den Grund für Seelenzustände (Betrübnis, Weinen, Liebeskrankheit) erfragte. Auf den ersten Blick scheint hier die lama-Frage eine analoge Funktion zu haben. Bei näherem Zusehen aber zeigt sich ein entscheidender Unterschied: Elkana kennt natürlich bereits den Grund für Hannas Weinen und für ihre Betrübnis, den braucht er also gar nicht mehr zu erfragen. Er fragt sie dagegen, was bei ihrem Weinen herauskommen soll, welchen Sinn es haben soll - und als Trost weist er darauf hin, daß sie ja ihn habe. Zunächst einmal wollen wir anmerken, daß hier wiederum keine vorwurfsvolle Frage im Sinne Jepsens vorliegt, sondern eine fürsorgliche! Vor allem aber wird auch aus dieser Stelle wie aus der vorangehenden deutlich, daß der Tatbestand, auf den sich die Frage bezieht, allein noch nicht dafür entscheidend ist, ob man die maddu^{ac}- oder die lama-Frage wählt. Einen Weinenden kann man mit einer maddu^{ac}- oder mit einer lama-Frage ansprechen. Welche von beiden man wählt, hängt offenbar von dem Aspekt ab, unter dem ein Fragender einen Tatbestand betrachten will.

Wir fassen die bisherigen Ergebnisse in Thesen zusammen:

1. Die beiden Fragewörter maddu^{ac} und lama sind keine Synonyma, sondern haben eine deutlich voneinander unterschiedene Verwendungsweise: maddu^{ac} fragt nach einer vorfindlichen, objektiven Begründung für ein Geschehen, lama fragt nach dem bei einem Geschehen intendierten oder immanenten Sinn. maddu^{ac} fragt in die Vergangenheit, lama fragt in die Zukunft.

2. Die verschiedene Verwendungsweise ist nicht primär in den Gefühlen des Fragenden (maddu^{ac} = verwunderte Frage zur Information, lama = vorwurfsvolle Frage) begründet, wie Jepsen meinte, sondern objektiv in dem Erfragten. Sekundär kommen auch die Gefühle des Fragenden ins Spiel: verwundert neugierig bei der maddu^{ac}-Frage, vorwurfsvoll bei der lama-Frage - aber eben keineswegs nur vorwurfsvoll, sondern auch zweifelnd, ratlos und auch positiv fürsorglich.

3. Mit der maddu^{ac}- oder lama-Frage zielt man zwar auf einen verschiedenen objektiven Sachverhalt und insofern ist die Wahl des Fragepronomens objektiv begründet. Andererseits kann man dasselbe Ereignis auf den objektiven Sachverhalt einer vergangenen Begründung oder den objektiven Sachverhalt eines intendierten Ziels hin befragen. Insofern begegnet uns in den verschiedenen Fragepronomina maddu^{ac} und lama Sprache in ihrer Funktion als Deutung von Welt.

3. Fragen an Gott

Zunächst etwas Statistik: Im ganzen Alten Testament stehen 72 maddu^{ac}-Fragen ca. 170 lama-Fragen gegenüber; das Verhältnis ist

1:2,3. Bei den Fragen an Gott stehen 6 maddu^{ac}-Fragen 46 lama-Fragen gegenüber, das Verhältnis ist 1:7,7. In Fragen an Gott wird also lama dreimal so häufig verwendet wie im Durchschnitt des alttestamentlichen Sprachgebrauchs. Das ist eine so signifikante Häufung, daß sie eine gesonderte Betrachtung erfordert.

Beginnen wir mit dem wohl bekanntesten Beispiel: Am Kreuz betet Jesus nach Matthäus (27,46) den Anfang des 22. Psalms: Eli, eli, lama asabtani? Die übliche Übersetzung ist: Mein Gott, mein Gott, warum hast du mich verlassen. Nach unseren einleitenden Untersuchungen geht dieses "warum" aber nur noch zögernd von den Lippen. Denn für deutsches Sprachempfinden wirkt die Frage "warum hast du mich verlassen?" als rückwärtsgewandte Frage nach einer Information über einen vorliegenden Sachverhalt. Die Antwort könnte sein: "weil du dich nicht entsprechend meinen Forderungen verhalten hast" oder "weil ich mich in meinem Verhalten dir gegenüber geändert habe". Wir hatten aber gesehen, daß die lama-Frage gerade nicht in dieser Weise in der Vergangenheit bohrt und nach einem aufweisbaren Grund fragt. Adäquater wäre die paraphrasierende Wiedergabe: "Wozu hast du mich verlassen?", "Was hast du dir dabei gedacht, daß du mich verlassen hast?". Damit aber ergeht diese Frage von einer anderen Haltung aus als die Frage nach einem aufweisbaren Grund. Der Beter setzt voraus, daß Jahwe bei seinem Handeln, auch wenn der Mensch es als ein Verlassen empfindet und keinen Sinn erkennen kann, doch einen Sinn hat, ein Ziel, auf das hin er handelt und das man erfragen kann. Kurz: Die lama-Frage verläßt nicht den Boden des Glaubens. Einige weitere Beispiele:

Ex 5: Mose ist im Namen Jahwes zu Pharao gegangen, aber er hat keinen Erfolg gehabt, die Bedrückung des Volkes Israel ist nur noch stärker geworden. Mose fragt: "Herr, lama hast du diesem Volk so übel getan? lama zäh hast du mich geschickt? Seit ich zu Pharao gekommen bin, um in deinem Namen zu reden, hat er das Volk schlimm behandelt und du hast dein Volk gewiß nicht errettet". (VV.22-23) Mose sieht keinen Sinn in seinem Auftrag, und nach eben diesem Sinn fragt er mit den beiden lama-Fragen. Die Antwort Jahwes macht diesen zukunftsgerichteten Sinn der lama-Fragen ganz deutlich: "Da sprach Jahwe zu Mose: Du selbst wirst sehen, was ich an Pharao tun werde; durch eine starke Hand (gezwungen) wird er sie entlassen, durch eine starke Hand (gezwungen) wird er sie aus seinem Land vertreiben". (6,1)

Ps 80: Israels Geschick bei Auszug und Landnahme wird in dem Bild eines Weinstocks dargestellt:

9 Du hobst einen Weinstock aus Ägypten,
du vertriebest Völker und pflanzest ihn ein.
10 Du machtest Raum vor ihm
und er schlug Wurzeln und füllte das Land.

11 Berge wurden von seinem Schatten bedeckt,
von seinen Ranken Gotteszedern.
12 Er breitete seine Zweige bis an das Meer,
seine Schößlinge bis an den Strom.
13 lama hast du seine Mauern eingerissen,
daß alle Vorübergehenden von ihm pflücken?
14 Es frißt von ihm der Eber des Waldes,
das Getier des Feldes weidet ihn ab.

In diesem Volksklagelied können die Beter keinen Zusammenhang mehr sehen zwischen Jahwes früherem Heilshandeln und der gegenwärtigen Notlage. Sie versuchen diese Krise nicht dadurch zu bewältigen, daß sie im Sinne der maddu^{ac}-Frage nach Gründen forschen, die bei ihnen oder bei Jahwe vorliegen und die Änderung bewirkt haben könnten, sondern indem sie Jahwe sein früheres Handeln vor Augen halten, das ja das Heil Israel zum Ziel hatte, und dann auf die Diskrepanz zwischen diesem auf Heil zielenden Handeln und der heillosen Gegenwart hinweisen. Kurz: Sie fragen Jahwe nach dem Sinn dessen, was sie erleben. Und sie halten dabei unbeirrt an der Voraussetzung fest, Jahwe müsse bei seinem Tun einen Sinn haben, auch wenn sie ihn nicht verstehen. - Die übliche Übersetzung "Warum hast du seine Mauern eingerissen?" gibt diesen Sinn im Deutschen nicht wieder, weil uns die Warum-Frage zu einem Blick in die Vergangenheit anleitet. Besser wäre "Wozu hast du seine Mauern eingerissen?", am besten vielleicht die Paraphrase "Was hast du dir dabei gedacht, daß du seine Mauern eingerissen hast?".

Diese Orientierung an einem Sinn göttlichen Handelns, dieses Fragen nach dem Ziel göttlichen Handelns ist charakteristisch für die sog. "Warum-Fragen" im Psalter, die alle lama-Fragen sind - maddu^{ac} kommt im Psalter nicht vor!

Ps 74,1-2
"lama hast du uns auf Dauer verstoßen,
entbrennt dein Zorn gegen die Herde deiner Weide?
Denk doch an die Gemeinde, die du vorzeiten erworben,
an den Stamm, den du als dein Erbteil erlöst hast,
an den Berg Zion, den du dir als Wohnung erwählt hast!"

Die Fortsetzung der Frage durch den Imperativ in V.2 ("Denk doch!") macht deutlich, daß hier nicht nach einem vergangenen Grund des Verstoßens Gottes gefragt wird, sondern danach, wie sich dieses Verstoßen mit der göttlichen Erwählung zusammenbringen läßt.

Ps 79,10
"lama sollen die Feinde sagen: Wo ist denn ihr Gott?"

Warum die Feinde so sagen, ist im Sinn der maddu^{ac}-Frage klar: Weil der Tempel zerstört ist und Israel unterdrückt wird (VV. 1-4). Das braucht nicht erfragt zu werden. Auch hier geht es also

200

den Betern des Volksklagepsalms um die Frage nach dem Sinn, dem Ziel des göttlichen Handelns. "Wozu sollen die Feinde sagen?"

C. Westermann hat sich mit den "Warum-Fragen" im Psalter beschäftigt.(12) Er schreibt über den Sinn dieser Frage: "Der Klagende hat den Schlag, der ihn traf, erfahren: Gott hat versagt. Diese Erfahrung ist ihm ein gänzlich Unheimliches, Unverständliches. Die Warum-Frage ist wie das Tappen eines, der im Dunkel nicht mehr weiter weiß. Sie hat den Sinn des Sich-Zurechtfindens; dabei ist vorausgesetzt, daß der erfahrene Schlag in der Abwendung Gottes begründet ist"(13). Er hat also richtig erkannt, daß es in der lama-Frage um ein Sich-Zurechtfinden der Beter geht. Neben der Feststellung, daß der erfahrene Schlag in der Abwendung Gottes begründet sei, wäre als Voraussetzung der Frage unbedingt noch zu betonen, daß trotz aller Ratlosigkeit die Beter mit der lama-Frage daran festhalten, daß Gott einen Sinn und ein Ziel bei seinem Handeln hat, auch wenn die Beter diese im Augenblick nicht erfassen. Nur weil Westermann dies nicht erkennt, kann er die lama-Frage als eine "Anklage Gottes"(14) deuten.

Ps 49,6
"lama soll ich mich fürchten in bösen Tagen,
wenn mich der Frevel tückischer Feinde umgibt?"

Wieder ist klar, daß hier nicht im Sinne der maddu^{ac}-Frage nach einem Grund für die Furcht gefragt wird - der wäre ja durchaus in den bösen Tagen und den tückischen Feinden gegeben. Der Psalmist wendet aber seinen Blick von diesen vorfindlichen Begründungen weg und blickt auf die Zukunft: Er legt dar, daß die Frevler zwar reich sind, daß aber niemand sich durch seinen Reichtum vom Tode loskaufen kann, während er darauf hofft, daß sein Gott ihn aus der Totenwelt herausholen wird (V.16). Auch hier blickt die lama-Frage auf das künftige Ziel des gegenwärtigen Geschehens.

Nun kann man aber auch mit der maddu^{ac}-Frage in einer Not Gottes Handeln betrachten. Das geschieht zwar sehr viel seltener als das Betrachten mit der lama-Frage, aber es geschieht auch.(15)

Jer 14,19-20
"19 Hast du denn Juda ganz verworfen,
wurde dir Zion zum Abscheu?

---

(12)C. Westermann, Struktur und Geschichte der Klage im Alten Testament: ZAW 66, 1954, 44-80 = Forschung am Alten Testament. Gesammelte Studien (TB 24) 1964, 266-305 = Lob und Klage in den Psalmen, 1977, 125-164.
(13)Lob und Klage, 135.
(14)AaO. 134 u.ö.
(15)Vgl. Jer 12,1; 13,22; 14,19; 22,28; Hi 21,7; 24,1. Unklar ist allerdings das Nebeneinander von lama und maddu^{ac} Hi 3,11-12.

Maddu[ac] hast du uns so geschlagen,
daß es keine Heilung mehr gibt?
Wir hofften auf Heil, doch kommt nichts Gutes,
auf die Zeit der Heilung, doch, ach, nur Schrecken!
20 Wir erkennen, Jahwe, unseren Frevel,
die Schuld unserer Väter: ja, wir haben gegen dich gesündigt!"

Auch dies ist natürlich eine Möglichkeit, die Not der Gegenwart
von Gott her zu verstehen, daß man sie als Reaktion Gottes, als
strafendes Handeln Gottes in Antwort auf menschliche Verfehlungen versteht. Hier liegt nun eine "Warum-Frage" in dem Sinne vor,
daß die Beter nach einem vergangenen Grund für Gottes Handeln
fragen. Und es ist höchst bezeichnend, daß hier, anders als bei den
lama-Fragen, mit einem Sündenbekenntnis geantwortet wird:
"20 Wir erkennen, Jahwe, unseren Frevel,
die Schuld unserer Väter: ja, wir haben gegen dich gesündigt!"

Noch einmal sei betont: Man kann beide Fragen, die lama-Frage
und die maddu[ac]-Frage, auf Gottes Handeln richten - aber man
muß sie deutlich unterscheiden. Und man muß sehen, daß sie völlig
verschiedene theologische Konsequenzen haben! Das wurde für Israel im Exil entscheidend wichtig.

Vergegenwärtigen wir uns kurz die Lage im Exil. Das Land, in
dem Israel ein sichtbares Pfand der Zuwendung Gottes gesehen
hatte, war verloren; der Tempel, in dem Gott gewohnt hatte, war
zerstört; der König, der als Repräsentant Gottes auf Erden galt,
war in Gefangenschaft. Die Babylonier spotteten: Unser Gott Marduk ist stärker und mächtiger als euer Gott Jahwe. Viele Israeliten
fanden die Erklärung für die über sie hereingebrochene Katastrophe
darin, daß Jahwe entweder ihnen nicht mehr helfen wolle, daß er
also seinen Bund gelöst habe, oder nicht mehr helfen könne, daß
also Marduk stärker sei als er. Diese Diskussion greift Deuterojo-
saja in Kap. 50 auf:
Jes 50
"1 Wo ist der Scheidebrief eurer Mutter,
daß ich sie weggeschickt hätte?
Oder wen gäbe es von meinen Schuldnern,
dem ich euch verkauft hätte?
Fürwahr: um eurer Sünden willen seid ihr verkauft
und um eurer Missetaten willen ist eure Mutter entlassen".

Hier wird in einem Diskussionswort festgestellt: Der Grund für
die Katastrophe liegt nicht in Jahwes Unwillen (darin, daß er der
Mutter Israel einen Scheidebrief gegeben hätte) noch in seiner
Machtlosigkeit (darin, daß er sein Volk einem mächtigeren Schuld-
ner habe überantworten müssen), sondern allein in den Verfehlungen
Israels. Eindeutig wird hier in V.1 die Diskussion auf der Ebene der
rückwärtsgewandten maddu[ac]-Frage geführt, auch wenn diese Frage
hier nicht genannt wird: es geht um die vergangene Begründung für

Gottes Handeln. Aber bei dieser rückwärtsgewandten Fragestellung bleibt Deuterojaja nicht stehen:

"2 maddu^{ac} komme ich, ohne daß einer da ist,
rufe ich, ohne daß einer antwortet?
Ist denn meine Hand zu schwach, um zu befreien,
oder habe ich keine Kraft, zu retten?
Siehe: durch mein Schelten kann ich das Meer austrocknen,
kann Flüsse zur Wüste machen,
so daß ihre Fische stinken aus Mangel an Wasser
und sterben vor Durst".

Durch seinen Propheten fragt Jahwe, weshalb jetzt auf die Verkündigung, auf das Kommen und Rufen Jahwes keine Reaktion des Volkes erfolgt.(16) Weil der Grund für die Katastrophe nicht in Jahwe, sondern in Israels Schuld liegt, kann Jahwe immer noch helfen. Damit wird der Blick von der Vergangenheit weg und auf die künftigen Möglichkeiten Jahwes, die unverändert fortbestehen, hingelenkt. In der Terminologie unserer Überlegungen: Deuterojesaja wandelt die maddu^{ac}-Frage um in eine lama-Frage. Weil Jahwes Hand immer noch stark ist und Kraft zum Erretten hat, deshalb sollte man auf ihn hören! Hier also kommt das künftige Ziel weiteren Handelns Jahwes ins Spiel, wird gezielt von Deuterojesaja eingeführt. Als Illustration für diese veränderte Blickrichtung kann Jes 40,27-31 dienen:

"27 lama sagst du, Jakob,
und sprichst du, Israel:
Mein Weg ist vor Jahwe verborgen
mein Recht geht an meinem Gott vorüber?
28 Weißt du es nicht, hast du es nicht gehört:
Ein ewiger Gott ist Jahwe,
Schöpfer der Enden der Erde,
er wird nicht müde noch matt,
unerforschlich ist seine Einsicht!
29 Er gibt dem Müden Kraft,
dem Kraftlosen Stärke in Fülle.
30 Jünglinge mögen müde und matt werden,
junge Männer stolpern und stürzen.
31 Aber die auf Jahwe harren, kriegen neue Kraft,
bekommen Flügel wie Adler,
laufen und werden nicht müde,
gehen und werden nicht matt".

---

(16)Dieses von P. Volz, Jesaja II (KAT IX) 1932, 108, und Ch. North, The Second Isaiah, 1964, 199, vertretene gegenwärtige Verständnis von V.2aa ist m.E. zweifellos gegenüber dem üblichen vergangenen vorzuziehen.

Mit der Feststellung "Mein Weg ist vor Jahwe verborgen und mein Recht geht an meinem Gott vorüber" hat man unter den Exilierten offensichtlich versucht, die gegenwärtige Not im Sinne der maddu^{ac}-Frage auf eine Abwendung Gottes zurückzuführen; hierin trifft sich dieser Text mit dem eben besprochenen aus Jes 50,1. Deuterojesaja aber wendet sich hier wie Jes 50,1 gegen diese rückwärtsgewandte maddu^{ac}-Frage:

"lama sagst du, Jakob,
und sprichst du, Israel:
Mein Weg ist vor Jahwe verborgen
und mein Recht geht an meinem Gott vorüber?"

Er verändert damit die Fragerichtung hin zur lama-Frage. Und die führt dann auf die Möglichkeiten Gottes und auf seinen ungebrochenen Heilswillen: er kann noch immer Kraft geben und als Schöpfer wirken! Wir können geradezu paraphrasieren:

"Was soll dabei herauskommen, Israel,
daß du immer in der Vergangenheit bohrst
und darüber klagst, daß dein Weg vor Jahwe verborgen sei!
Erinnere dich lieber daran,
daß Jahwe immer noch helfen kann!"

Wenn wir jetzt mehr Zeit hätten, könnte ich Ihnen vorführen, daß sich in dieser Art von Geschichtsbetrachtung, von Bewältigung der Geschichte die Eigenart Deuterojesajas und vermutlich auch die Eigenart Israels zeigt. Ich hoffe aber, daß schon dies deutlich geworden ist: Es macht einen ganz entscheidenden Unterschied, ob man Geschichte und vor allem notvolle Geschichte in der Blickrichtung der maddu^{ac}-Frage oder in der Blickrichtung der lama-Frage betrachtet. Isarel hat die Katastrophe des Exils nur dadurch bewältigen können, daß Deuterojesaja es angeleitet hat, unter der Voraussetzung eines göttlichen Ziels der Geschichte nach diesem Ziel zu fragen und so den Blick von der bedrängenden Gegenwart weg und hin auf die Möglichkeiten Gottes zu lenken.

4. Konsequenzen für das Geschichtsverständnis

Bei der Beantwortung der Frage, worin sich das Alte Testament von seiner altorientalischen Umwelt unterscheide, haben G. von Rad, Martin Noth und etliche andere aus der Generation unserer theologischen Lehrer auf die Geschichte als den Bereich göttlichen Handelns hingewiesen. Berühmt und einprägsam ist der Satz Gerhard von Rads: "Das Alte Testament ist ein Geschichtsbuch"(17).

In den letzten Jahren hat sich gegen diese Bestimmung der Eigenart Israels zunehmend Widerspruch gemeldet. Der Finne B.

---

(17)G. v. Rad, Typologische Auslegung des Alten Testaments: EvTh 12, 1952/3, 17-33; 23. Dieser Satz mag für viele andere stehen.

Albrektson legt in seinem Buch "History and the Gods, Lund 1967",
dar, daß auch in der altorientalischen Umwelt Israels die Vorstellung bekannt und verbreitet ist, daß Götter in der Geschichte handeln. Ich zitiere, um die Wirkung dieses Buches zu zeigen, aus einer Besprechung des katholischen Alttestamentlers Norbert Lohfink,
der auch eine gute Inhaltsangabe bietet(18): "... Es (sc. das Buch)
entlarvt mancherlei marktgängiges Gerede. Es deckt die
Fragwürdigkeit einer Behauptung auf, die wir fast alle häufig im
Munde führen: Darin habe Israel sich von seiner Umwelt unterschieden, daß diese das Göttliche in der Natur, Israel aber es in
der Geschichte erfahren habe. ... Zunächst weist Albrektson nach,
daß sich der Machtbereich der mesopotamischen Naturgottheiten
ebenso und ohne irgendeine Grenzlinie, die dabei zu überschreiten
wäre, auf Wirkungen in der Natur wie in der Geschichte bezieht.
Fluchtexte aus den verschiedensten Perioden machen das deutlich
... Der zweite Schritte konkretisiert das Ergebnis: die Götter beherrschen in Mesopotamien und bei den Hethitern den geschichtlichen Raum, indem sie in der Geschichte handeln. Texte verschiedenster Gattungen aus verschiedenen Zeiten und Bereichen zeigen,
wie man hinter Kriegen, Zerstörungen, blühendem Gedeihen das
Wirken der Götter sah, die zufrieden waren oder zürnten oder den
Schuldigen straften. ... So wird man dem Verfasser für seine gut
dokumentierte und überzeugend geschriebene Kampfschrift dankbar
sein und sich vornehmen, in Zukunft nicht mehr pauschal die religiöse Erfahrung in der Geschichte für Israel allein zu beschlagnah-
men".

Ein weiteres Zitat von R. Smend:(19) "Ferner stellte sich
heraus, daß die Elemente des Geschichtsdenkens in Israel sich nicht
nur von denen, die in Griechenland, sondern auch von denen, die in
der altorientalischen Umwelt heimisch waren, nicht prinzipiell
unterschieden, ja daß auch die göttliche Wirksamkeit in der
Geschichte hier wie dort in großenteils durchaus vergleichbaren
Kategorien gedacht wurde."
Die begrenzte Zeit gestattet nicht, weitere ähnliche Stimmen an-
zuführen;(20) sie gestattet auch nicht, in extenso die von
Albrektson behandelten altorientalischen Parallelen zu analysieren.
Drei Texte sollen nur kurz betrachtet werden.

Nebukadnezar, der bekannte König der Neubabylonier, schreibt
in einer Bauinschrift: "Die zahlreichen Völker, welche Marduk,

---

(18)Biblica 49, 1968, 295-297.
(19)Überlieferung und Geschichte. Aspekte ihres Verständnisses, in:
     Biblisch-theologische Studien, II, 1978, 9-26; 10.
(20)Z.B. verschiedene Beiträge von H.H. Schmid.

mein Herr, in meine Hand überliefert hat, die brachte ich unter die Herrschaft Babylons"(21).

Tuschratta, ein König von Mitanni, schreibt in einem Brief an Amenophis III: "Als die Feinde in mein Land kamen, da gab sie Teschub, mein Herr, in meine Hand und ich schlug sie"(22). Der hethitische König Mursilis II schreibt in seinen "Zehnjahr-Annalen": "Und ich erhob meine Hand zur Sonnengöttin von Ariuna und sprach folgendermaßen: Sonnengöttin von Arinna, meine Herrin, die umherliegenden feindlichen Länder, die mich ein Kind genannt und die mich geringschätzig behandelt und die dauernd versucht haben, deine Länder einzunehmen, o Sonnengöttin von Arinna, meine Herrin - komm herunter, o Sonnengöttin von Arinna, meine Herrin, und schlage diese feindlichen Länder für mich! Und die Sonnengöttin von Arinna hörte mein Gebet und kam mir zu Hilfe, und in zehn Jahren seit der Zeit, als ich mich auf den Thron meines Vaters setzte, eroberte ich die feindlichen Länder und zerstörte sie"(23).

Sicherlich wird hier in Babylon, Mitanni und im Hethiterreich das Wirken von Göttern in dem gesehen, was wir geschichtliche Ereignisse nennen - das zeigen diese und ähnliche Texte ganz deutlich. Aber diese Feststellung genügt m.E. noch nicht, wenn wir diese und ähnliche Texte mit alttestamentlichen Aussagen vergleichen.

Der altorientalische Mensch betrachtet außergewöhnliche Phänomene der Natur wie etwa Sonne, Mond, Regen, Fruchtbarkeit etc. unter der Voraussetzung, daß sie eine Ursache haben müssen und daß diese Ursache in einem außerhalb dieser Größen liegenden wirkenden Willen liegt. So kommt er zur Annahme seiner Naturgottheiten. Auf ganz analoge Weise betrachtet er auch geschichtliche Ereignisse: auch in ihnen zeigt sich der wirkende Wille einer Gottheit, die als Ursache hinter dem Geschehen steht.

Ich erinnere an die Formulierung Lohfinks, daß "man hinter Kriegen, Zerstörungen, blühendem Gedeihen das Wirken der Götter sah, die zufrieden waren oder zürnten oder den Schuldigen straften".

In analoger Weise haben die Griechen nach den Ursachen für geschichtliche Ereignisse und Entwicklungen gefragt. Thukydides etwa hat als Antwort in einer rein immanenten Fragestellung gefunden, daß der Mensch mit seinen Eigenschaften mit seinem "Mehrhabenwollen", mit seiner Treue, seinem Mut, seiner Feigheit, seiner Angst als bewegende Kraft hinter den geschichtlichen Ereignissen steht. Man hat einmal gesagt, die Griechen hätten die Me-

---

(21)Albrektson 39.
(22)Ebd.
(23)AaO. 39f.

thode der Naturwissenschaft auf die menschliche Geschichte übertragen und dadurch ihre Art der Geschichtsschreibung hervorgebracht.(24) So wie ein Naturwissenschaftler nach dem immanenten
Grund für ein Naturereignis fragt, so hat etwa Thukydides nach
dem immanenten Grund für ein Geschichtsereignis gefragt.
Mir scheint, daß die Fragerichtung in den zitierten altorientalischen Texten sich nicht unterscheidet von der, die wir bei Thukydides finden: der forschende menschliche Geist will die Ursachen
für ein Geschehen kennenlernen, er stellt die Frage, die wir als
maddu^{ac}-Frage kennengelernt haben. Der Unterschied besteht nur
darin, daß in der altorientalischen Umwelt noch die Voraussetzung
eines von außen wirkenden Willens einer Gottheit gemacht wurde,
während in Griechenland dieser von außen wirkende Wille durch
eine immanente Gesetzmäßigkeit ersetzt worden ist. Was aber weder in der altorientalischen Umwelt Israels noch in Griechenland
greifbar ist, ist die Frage nach einem in den geschichtlichen Ereignissen liegenden, von Gott gesetzten Sinn der Geschichte, nach
einem Ziel der Geschichte.(25) Die lama-Frage scheint typisch is-
raelitisch zu sein.
Über ihre Herkunft können wir jetzt nicht spekulieren (M.
Noth(26) z.B. meinte, die Eigenart der israelitischen Geschichtsbetrachtung ergebe sich aus der nicht ableitbaren Eigenart des israe-

---

(24)Vgl. R. Bultmann, Geschichte und Eschatologie, 1958, 15: "Die
griechische Geschichtsschreibung wurde zu einem Zweig der
Wissenschaft und wurde von den Prinzipien geleitet, die dem
typisch griechischen Streben entsprechen, das Gebiet der Geschichte ebenso wie das der Natur zu verstehen." S. 16f: "Das
Geschichtsverständnis des Thukydides ist typisch für das griechische Verständnis von Geschichte überhaupt. Das geschichtliche Geschehen wird in derselben Weise verstanden wie das
kosmische Geschehen; es ist eine Bewegung, in der in allem
Wechsel immer das gleiche geschieht in neuen Konstellationen."
(25)Die von Albrektson in seinem Kapitel "The Divine Plan in History" (68-97) gemachten Ausführungen bedürfen m.E. einer Kritik, die hier in einer Anmerkung natürlich nicht geboten werden
kann. Nur so viel sei gesagt, daß m.E. Deuterojesaja mit
Albrektsons Interpretation der S. 91 zitierten Texte kaum einverstanden gewesen wäre. Und über die S. 92 angeführten "ta-
blets of destiny" hätte er sicher sein Urteil von Jes 41,21-24
gesprochen.
(26)Vgl. M. Noth, Geschichtsschreibung I im AT: RGG, 3. Aufl., II,
1498-1501: "Letztlich sind die Wurzeln der
G.(Geschichtsscheibung) in dem durch seine Gotteserfahrung und
seinen Glauben geprägten besonderen Geschichtsbewußtsein Israels zu suchen." (Sp. 1500).

litischen Gottesglaubens; V. Maag(27) dagegen will gerade diese Eigenart des israel. Gottesglaubens aus der nomadischen Vergangenheit Israels erklären!), auch nicht über ihr Fortwirken in der säkularisierten Form der marxistischen Geschichtsbetrachtung. Erst recht **können** wir jetzt nicht die großen Werke der alttestamentlichen Geschichtsdarstellungen daraufhin untersuchen, ob und wie in ihnen die Vorstellung von einem Ziel göttlichen Handelns vorliegt.

Mir ging es nur darum herauszuarbeiten, daß man in Israel geschichtliche Ereignisse nicht nur mit der maddu^{ac}-Frage, sondern vor allem auch mit der lama-Frage zu erklären versucht hat. Diesen Unterschied hat man m.E. in den letzten Jahren, als die orientalischen Texte über ein Handeln von Göttern in der Geschichte immer stärker ins Blickfeld der Forschung gerieten, nicht genügend beachtet - vermutlich deshalb, weil wir in unseren modernen Sprachen diese sprachliche Differenzierung kaum kennen und jedenfalls nicht anwenden. Hier scheint mir noch weitere differenzierende Arbeit nötig zu sein.(28)

---

(27) V. Maag, Malkut Jhwh: VTS VII, 1960, 129-153 = Kultur, Kulturkontakt und Religion, 1980, 145ff.

(28) Daß Israel seine Geschichte natürlich auch unter der maddu^{ac}-Frage betrachten konnte und betrachtet hat, zeigt das dtr Geschichtswerk mit aller Deutlichkeit. Martin Noth schrieb seinerzeit über seine Intention: "... und damit hatte für ihn (sc. Dtr) die vom Dt vorausgesetzte Ordnung der Dinge ein abschließendes Ende gefunden, das als göttliches Gericht verstehen zu lehren das eigentliche Anliegen seiner ganzen Geschichtsdarstellung war". (Überlieferungsgeschichtliche Studien, 1943, 2. Aufl., 1957, 109.). Wenn das alles wäre, was über die Intention des dtr. Werkes gesagt werden kann, hätten wir hier in Israel eine ausschließlich unter der maddu^{ac}-Frage stehende Geschichtsschreibung. Es ist aber wohl nicht zufällig, daß z.B. von Rad und Wolff sich damit nicht haben zufrieden geben wollen. Von Rad hat mit seiner Deutung der Darstellung als einer Gerichtsdoxologie (z.B. Theologie des Alten Testaments, Bd. 1, 1957, 340) und dem Hinweis auf das theologische Anliegen, das Funktionieren des Wortes Jahwes in der Geschichte darzustellen (341), über die maddu^{ac}-Frage hinausgeführt - schließlich wirkt dieses Wort ja auf eine doppelte Weise: "als Gesetz wirkt es zerstörend, als Evangelium wirkt es rettend" (341), und im Sinne einer Frage nach einem möglichen zukünftigen Ziel weist von Rad auf die Notiz von der Begnadigung Jojachins hin als auf "eine Möglichkeit ..., an die Jahwe wieder anknüpfen kann". (341) Er hatte also offenbar das Empfinden, daß eine Darstellung nur unter der maddu^{ac}-Frage diesem Werk und wohl auch dem ganzen Alten Testament nicht gerecht werde.

Und nicht zuletzt ging es mir auch darum, daß wir den Unterschied dieser beiden Fragerichtungen auch für uns persönlich begreifen lernen. Die Psalmisten haben ihre Not nicht dadurch zu bewältigen versucht, daß sie rückwärtsgewandt die maddu[ac]-Frage stellten, sondern dadurch, daß sie vorwärtsgewandt mit der lama-Frage nach einem göttlichen Ziel fragten, und sei es nach einem verborgenen, im Augenblick nicht einsehbaren.

Und ich wollte anzudeuten versuchen, daß Israel wahrscheinlich die große Katastrophe des Exils nur deshalb überwinden konnte, weil es unter Anleitung Deuterojesajas nicht nur rückwärtsgewandt

---

Hans Walter Wolff ist hier noch weiter gegangen (vgl. Das Kerygma des deuteronomistischen Geschichtswerks: ZAW 73, 1961, 171-186 = ders., Gesammelte Studien zum Alten Testament, ThB 22, 1964, 308-324). Nach seinen - wie ich finde: überzeugenden - Ausführungen will das dtr Geschichtswerk einer "dringlichen Einladung zur Umkehr zu dem Gott der Heilsgeschichte" (ThB 322) dienen, ohne daß dabei eine "im einzelnen zu fixierende Hoffnung" (323) sichtbar würde: "Von seiner Betrachtung der bisherigen Geschichte her ist eine solche Fixierung geradezu ausgeschlossen. Wie in der Richterzeit und in der Königszeit, so ist vielmehr mit ganz neuen Setzungen Jahwes zu rechnen". (323) Damit nimmt Wolff letzten Endes eine unter der lama-Frage stehende Geschichtsdeutung an, die die Kontinuität der Geschichte nicht in durchschaubaren und begründbaren Ereignissen, sondern in Gottes Heilswillen sieht. Noch deutlicher wird diese zukunftsorientierte Deutung der Geschichte, wie wir sie aus der lama-Frage kennen, vielleicht im dtr Geschichtswerk sichtbar, wenn Klaus Koch recht hat mit seiner These, daß das Prophetenschweigen des dtr Geschichtswerks seinen Grund darin hat, "daß exilische Kreise von der vor Jahwä stets bestehenden Möglichkeit menschlicher Umkehr überzeugt sind und deshalb gegen die unbedingten Unheilsankündigungen der vorexilischen Profeten Vorbehalte hegen". (Klaus Koch, das Profetenschweigen des deuteronomistischen Geschichtswerks: Die Botschaft und die Boten, Festschrift für Hans Walter Wolff, 1981, 115-128; 128). Auch die Funktion, die nach Dietrich das ankündigende Prophetenwort bei DtrP für die Geschichtsdarstellung hat, weist in die Richtung, daß immanente Kausalzusammenhänge durch Sinndeutung ergänzt werden; vgl. W. Dietrich, Prophetie und Geschichte (FRLANT 108) 1972, 107-109. Man könnte fast sagen, daß in der Diskussion seit Noth zunehmend die lama-Frage in Dtr entdeckt worden ist. Jedenfalls aber ist von dieser Deutung des dtr Geschichtswerks her klar, daß die Ausführungen von Albrektson über "The Divine Plan in History" (aaO. 68-97) revisionsbedürftig sind.

die maddu^{ac}-Frage stellte, sondern unbeirrbar an der Annahme eines göttlichen Ziels festhielt und nach diesem fragte. Eine Gottheit, die man mit der maddu^{ac}-Frage als Grund für militärischen, politischen oder wirtschaftlichen Erfolg annimmt, kann das Verschwinden, den Zusammenbruch dieses Erfolgs nicht überstehen. Das kann nur ein Gott, der mehr ist als ein Erklärungsprinzip für Bestehendes.(29)

Das kann nur ein Gott, der auch in Mißerfolg und Leiden, ja sogar in einem Tode am Kreuz, noch einen Sinn seines Handelns zeigen kann.

Jetzt muß ich wirklich abbrechen. Denn wenn wir diesen Gedanken weiter verfolgen würden, würde sich zeigen, daß die Hoffnung auf Auferstehung nicht zufällig am Ende der alttestamentlichen Glaubensgeschichte auftaucht, sondern das Ziel ist, auf das hin sich der alttestamentliche Glaube entwickelt. Und das erforderte einen ganz neuen Vortrag.

Ich will viel bescheidener Sie mit dem Gedanken entlassen, daß es vielleicht doch wohl nicht so zufällig ist, wie wir bei geschichtlichen Ereignissen anzunehmen gewohnt sind, daß von den Göttern der mächtigen Reiche Babylon, Ägypten und Chatti heute niemand mehr redet, wohl aber von dem Gott dieses kleinen Volkes Israel. Er hat nämlich eine Besonderheit, die ihn von allen anderen altorientalischen Göttern unterscheidet: Er leitet diejenigen, die ihn verehren, dazu an, Geschichte nicht nur mit der maddu^{ac}-Frage, sondern auch und vor allem mit der lama-Frage zu betrachten. Und dadurch wird dieser Gott in seinem Wirken nicht nur als Grund für Vergangenes und Bestehendes wichtig, sondern gewinnt er die Zukunft.

---

(29) Auch die von Albrektson S. 91 zitierte Inschrift Esarhaddons, in der die unter Sennacherib erfolgte Zerstörung Babylons auf den Willen Marduks zurückgeführt wird, ist hier kein Gegenbeispiel. Denn dieser Text ist ja nicht während der Zerstörung, sondern nach dem Wiederaufbau Babylons geschrieben.

"DER MESSIANISCHE MAPALUS" ODER "DAS MESSIANISCHE MITEINANDER TRAGEN"

W.A. Roeroe

Das Leben der Gemeinde:

42: Sie alle blieben ständig beisammen; sie ließen sich von den Aposteln unterweisen und teilten alles miteinander, feierten das Mahl des Herrn und beteten gemeinsam. 43: Durch die Apostel geschahen viele wunderbare Taten, und jedermann in Jerusalem spürte, daß hier wirklich Gott am Werk war. 44: Alle, die zum Glauben gekommen waren, taten ihren ganzen Besitz zusammen. 45: Wenn sie etwas brauchten, verkauften sie Grundstücke und Wertgegenstände und verteilten den Erlös unter die Bedürftigen in der Gemeinde. 46: Tag für Tag versammelten sie sich im Tempel, und in ihren Häusern feierten sie in jubelnder Freude und mit reinem Herzen das gemeinsame Mahl. 47: Sie priesen Gott und wurden vom ganzen Volk geachtet. Der Herr führte ihnen jeden Tag weitere Menschen zu, die er retten wollte. (Apg 2,42-47)

Liebe Schwestern und Brüder in Jesu Christus,
in alten Zeiten hörte man am frühen Morgen in den minahasischen Dörfern die Trommeln schlagen. Die Leute wurden zum Mapalus gerufen. Mapalus bedeutet miteinander tragen, das heißt: die Feldarbeiten zusammen verrichten, um gemeinsam das Land zu bearbeiten. Singend arbeitete das Volk auf den Feldern. Diese Zeit scheint schon lange vorbei zu sein.
Bevor das Evangelium die Minahasa erreichte, war Mapalus ein religiöses Ereignis. Das Volk glaubte, nichts tun zu können ohne die Hilfe von "Opo Wailan", Gott dem Allmächtigen und Barmherzigen, sowie ohne Beistand ihrer Vorfahren und Ahnen. Die "Opos", sowohl die Lebenden als auch die Toten, brauchten einander um zu überleben. Mit religiösen Riten und Zeremonien wurden die Beziehungen zu den Opos gepflegt und aufrecht erhalten. Dieser Glaube prägte das damalige Leben.
Diese alten Zeremonien sind noch heute, zum Beispiel im traditionellen Minhasa Tanz "Maengket" sichtbar. Mapalus wird jedoch nicht mehr so intensiv gelebt wie zu den alten Zeiten. Zwar hört man hier und da im Dorf die Trommel schlagen, und die Leute finden sich zur Gemeinschaftsarbeit zusammen. Aber die junge Generation von heute lebt mit anderen Wertvorstellungen.
Manchmal sehnen sich die Leute nach den guten, alten Zeiten zurück. Damals lebte die Dorfbevölkerung noch in Harmonie und Einklang mit der Natur und Gott. Die Anbetung Gottes war eng verknüpft mit der Bewältigung der alltäglichen Probleme und

Schwierigkeiten. Beten und arbeiten, singen und sich abmühen, pflanzen und für die Ernte danken, waren Eckpfeiler im Leben, die in enger Beziehung zueinander standen. Der Einzelne lebte für alle und wurde somit Teil des Ganzen.

Wie ist es heute?

Sicher freuen wir uns und sind dankbar über den heutigen Fortschritt und die positive Entwicklung. Wir haben in diesen Jahren des Aufbaus schon viel erreicht. Und doch überkommt uns manchmal das Verlangen nach der guten, alten Zeit, wie ich sie oben beschrieben habe.

Die Geschichte der ersten Kirche in Jerusalem, der ersten Christengemeinde, bestärkt uns in diesem Verlangen. Zu jener Zeit lebte und wuchs eine intime Christengemeinde. Offenbar war ihr Leben wie ein großer Mapalus, wo die Wohlfahrt jedes Einzelnen garantiert war. Die Verse:

"Sie teilten alles miteinander, feierten das Mahl des Herrn und beteten gemeinsam" (2,42b) und

"Niemand aus der Gemeinde brauchte Not zu leiden." (4,34a)

erzählen uns von einer sehr heilen Welt. Eine solche Welt bezeichnet Gott der Herr als messianische Gemeinde. Ein messianischer Mapalus, ein messianisches "Miteinander tragen", das jedermann mit einschließt. Das Volk Israel hätte es realisieren können. Das heißt: Gott dienen, singen und beten und einen Menschen heranbilden, der gerecht ist und sich um die Mitmenschen kümmert; so wie es im 5. Buch Mose, Kapitel 15, Verse 4 und 5 geschrieben steht:

"Wenn ihr auf den Herrn, euren Gott, hört und alle seine Weisungen befolgt, die ich euch verkünde, wird es allerdings gar keine Armen unter Euch geben. Denn dann wird der Herr euch genug zum Leben schenken in dem Lande, das er auch gibt."

Aber Israel versagte: Natürlich beteten sie und sangen; sie arbeiteten auch sehr hart, aber sie schenkten ihrem Mitmenschen nicht genügend Aufmerksamkeit. Oft wurde jemand von seinem Bruder gequält. Ein Teil des Volkes lebte in Not und Elend. Die Armen lebten in bitterer Armut und Unterdrückung. Aber plötzlich wurde die messianische Gemeinde, der messianische Mapalus, wovon wir soeben gesprochen haben, geboren. Diese Bewegung war so stark, daß der Einzelne für alle da war und man gemeinsam für Glück und Wohlfahrt kämpfte. Nach dem Pfingstfest bildete sich eine Gruppe von Leuten, welche zur messianischen Gemeinde Gottes wurde und auf die Zukunft hin lebte.

Die Geschichte kann nicht zurückgedreht werden. Auch wünschen wir uns nicht, die Vergangenheit nochmals zu erleben. Aber wir müssen uns mit der folgenden Frage auseinandersetzen: "Wie ist es möglich, daß eine Volksgruppe zum Vorbild einer messianischen Gemeinde wird, zum Mapalus Gottes, gegründet auf Gerechtigkeit, Vertrauen und Liebe?"

Oft sehen wir den Pfingstgeist als eine ganz religiöse Macht, ein Geist, der die Leute in die Kirche zieht. Scheinbar ist der Geist Christi noch mächtiger. Dieser Geist Christi ist gleichzeitig eine motivierende Kraft. Leute bereuen und wandeln sich: Hoffnungslose werden hoffnungsvoll, Enttäuschte werden aufgerichtet, Zweifelnde bekommen Mut, Getrennte finden sich zusammen. Leute leben füreinander und für gemeinsame Ziele. Eine neue, gemeinschaftliche Lebensform bildet sich und wächst.

Dies ist sehr wichtig! Wir leben nicht nur in der Erinnerung an unsere Vergangenheit. Wir werden vom heiligen Geist herausgefordert. Wie kann der Geist als soziale Kraft unter uns wirken?

Wie können wir uns an der Einheit und Harmonie erfreuen, die da heißt: beten und arbeiten, singen und sich abmühen, säen und ernten, danksagen und Opfer bringen. Individualismus bedroht unsere Gemeinde. Werte und Bindungen von und zur Vergangenheit lösen sich. Haben wir etwas Neues anstelle der verloreren Werte? Etwas, das die messianische Gemeinde, den messianischen Mapalus offenbart. Dies ist eine Herausforderung, vor die wir gestellt sind. Wir sind gerufen, um gemeinsam gegen Armut, Not und Elend, gegen alles Leiden zu kämpfen. Wir erinnern uns an den Vers, der sagt: "Niemand aus der Gemeinde braucht Not zu leiden."

An der 60. Kirchensynode der evangelischen Minahasa Kirche, 1982, wurden die Kirchgemeinden aufgerufen, diese Probleme zu überwinden. Unser Glaube und unsere Religion besteht nicht nur aus Gottesdiensten, Beten und Singen. Wir sind ein Teil unseres Volkes und leben mit dem Volk. Mit der Kraft des heiligen Geistes können wir Anteil nehmen und uns aktiv an Entwicklungsprogrammen beteiligen. Dies bedeutet für uns diakonischen Einsatz.

Vielleicht ist mit dem heiligen Geist gemeint, was wir kürzlich in einigen minahasischen Dörfern ausgeführt haben. Am Himmelfahrtstag und an Pfingsten feierten die Kirchgemeinden das Geschenk des heiligen Geistes und hielten Gottesdienste. Anschließend pflanzten die Leute Bäume, verschiedene Nutzhölzer (Akazie, Pakoba und Tahas), um der Erosion vorzubeugen und die Wasserretention wieder ins Gleichgewicht zu bringen. Man pflanzte auch Kaffeebäume, um das Einkommen der Leute zu verbessern. Sie taten es gemeinsam - gemeinsam für ihre Gemeinschaft. Natürlich müssen wir wachsam sein, um unsere gemeinsamen Vorstellungen und Ideale zu verwirklichen. Unsere Gemeinschaft wird zerstört, wenn wir nichts für unser gemeinsames Wohl tun. Die soziale Kraft des heiligen Giestes kann uns alle direkt ansprechen.

Unser Volk entwickelt sich hoffnungsvoll. Eine klare Zukunft liegt vor uns. Der Weg dahin ist begründet im Glauben, daß es der Kirche Christi möglich ist, durch die Kraft des heiligen Geistes zu

Eckpfeilern der Zukunft zu werden. In unserem Gebiet in der Minahasa, in unserem Heimatland Indonesien, arbeiten wir für eine neue Zukunft. Wir hoffen und glauben, daß der Geist Jesu uns in den Mapalus des allmächtigen Gottes leite, ins Miteinander-tragen, das da heißt: beten und arbeiten, singen und sich abmühen, säen und ernten, danken und Opfer bringen, so daß wir am gemeinsamen Wohlbefinden, an Frieden und Gerechtigkeit teilhaben dürfen.

Diese obgenannten Richtlinien können auch auf die internationale Ebene übertragen werden und sind richtungsweisend für das Zusammenleben unserer Völker. Der heilige Geist möchte dieses edle Leben. Die Völker bedürfen dieser sozialen Kraft, um für eine solche Gemeinschaft zu arbeiten, so daß niemand Mangel leidet.

In unseren Dörfern brauchen wir einander, so wie wir dieses Geistes bedürfen, um bereit zu sein zum Teilen und Geben für ein gemeinschaftliches Leben. Auf nationaler und internationaler Ebene soll derselbe Geist wirksam werden. So mögen wir wie in unseren kleinen Dörfern auch in der großen Weltgemeinde fähig werden zu teilen, indem wir unsere Bedürfnisse als gemeinsame Herausforderung anerkennen. Möge uns die gemeinsame Bewältigung der Probleme einander näher führen. Nur eine solche Völkergemeinschaft ist stark und verspricht uns Glück und Segen.

Möge unsere jetzige internationale Zusammenarbeit (Schweiz-Indonesien) unsere Beziehungen zueinander vertiefen und ein Zusammengehörigkeitsgefühl fördern, welches schon jetzt und auch in Zukunft Segen über uns und unsere Nationen bringt.

Der Geist Jesu Christi sei über jung und alt, über groß und klein, über Freund und Feind, über uns Christen und über Andersgläubigen. Und die Gnade und Barmherzigkeit soll über uns kommen, so daß Eigeninteresse und Begierde ersetzt werden durch unsere Bemühungen, gemeinsames Glück und Wohlfahrt für alle zu gewährleisten. Amen.

DAS ARGUMENT DER "UNTERDRÜCKUNG"

Jörg Salaquarda

Werner Kohler hat seit langem betont, wie wichtig es für Religion und Theologie ist, der Religionskritik Beachtung zu schenken. Sein nachgelassenes missionstheologisches Manuskript(1) enthält ein ausführliches Kapitel über Religionskritik und Umdenken.(2) Neben der Bedeutung, die die Religionskritik seit der Aufklärung für das faktische Leben vieler Menschen erlangt hat - die Zahl der "Religionslosen" dürfte heute weltweit größer sein als die der Anhänger einer der großen Weltreligionen - hat dazu vor allem seine Einsicht beigetragen, daß zu einer jeden ursprünglichen Religion wesentlich Religionskritik mit dazu gehört. Wie alles, was wir Menschen "in die Hand nehmen", büßen auch die Religionen im Laufe der Zeit und in der Abfolge der Generationen ihre anfängliche Kraft ein. Nur solche Religionen können dem natürlichen Prozeß - über allmähliche Erstarrung zum Absterben - entgehen, die von ihrem Ursprung her ein kritisches Potential in sich tragen, das je und je erweckt werden kann. Theologische und kirchliche Neubesinnungen, die Ausbildung von ecclesiolae in ecclesiis, Reformationen, Kirchenspaltungen oder gar das Entstehen von (neuen) Tochterreligionen, stellen aus der Religionsgeschichte, besonders der Geschichte des Judentums und des Christentums, bekannte Formen der Rückbesinnung auf das kritische Potential und seiner Erneuerung dar.

So kommt es, daß in der "Religionskritik" im geläufigen Sinn, also der Bewegung seit der Aufklärung, die zunächst entweder eine bestimmte kirchliche Praxis oder eine Art von Theologie, später Kirche und Theologie insgesamt, und zuletzt auch Religion überhaupt verworfen hat, vielfach gar nichts Neues gesagt worden ist. Das soll nicht heißen, daß die Werke von Holbach, Comte, Feuerbach, Marx, Nietzsche, Freud und all der anderen nichts Neues enthalten - wohl aber, daß diese Autoren sich in ihren religionskritischen Arbeiten einer Reihe von Argumenten bedient haben, die eine lange Geschichte aufweisen, und daß an dieser Geschichte Religion und Theologie maßgeblich beteiligt gewesen sind.

Kohler hat diese Problematik oft mit mir diskutiert. Ihm war es dabei mehr um die Religionen, vor allem um die Zukunft eines erneuerten und stets zu erneuernden Christentums zu tun. Aber er

---

(1) W. Kohler, Umkehr und Umdenken. Grundzüge einer Theologie der Mission. Postume Veröffentlichung in Vorbereitung.

(2) Vgl. auch seinen Aufsatz: Religion, Entfremdung, Religionskritik, in: G. Grohs, J. Schwerdtfeger, Th. Strohm (Hrsg.), Kulturelle Identität im Wandel. Beiträge zum Verhältnis von Bildung, Entwicklung und Religion, 1980, 19-30.

hat mit großem Interesse und mit viel Sachverstand meine Untersuchungen zur Entwicklung der einzelnen Argumente der Religionskritik begleitet und sie mit Rat und Tat gefördert. So sei ihm hier im Gedenken und mit Dankbarkeit ein Stück aus dieser Arbeit gewidmet.(3)

1. Während es viele Arten von Religionskritik gibt und natürlich noch mehr einzelne Philosophen, Soziologen, Psychologen usw., die die Religion einer Kritik unterzogen haben(4), ist die Anzahl der Argumente, die sie gegen die Religion im allgemeinen oder gegen bestimmte religiöse Vorstellungen vorgebracht haben, ziemlich begrenzt. Dieselben Argumente kehren in den einschlägigen Werken immer wieder, besonders: Anthropomorphismus, Wunschdenken, Unmoral, Wissenschaftsfeindlichkeit, Mißbrauch der Sprache, die Existenz der Übel, das Problem der Freiheit - und "Unterdrückung".

Im Verlauf ihrer Geschichte sind diese Argumente zwar nicht völlig gleich geblieben; man hat sie angereichert, verbessert, neu formuliert usw. - und natürlich ist es nicht ohne Einfluß auf sie geblieben, von wem sie wann und im Zusammenhang mit welcher Theorie vorgetragen worden sind. So haben alle diese Argumente eine Entwicklung durchlaufen, und es ist ebenso interessant wie lohnend, die wichtigsten Stationen dieses Prozesses zu rekonstruieren. In der vorliegenden Studie werde ich versuchen, dies für das "Unterdrückungsargument" zu tun.

Die Methode meiner Untersuchung ist historisch und systematisch. Einerseits habe ich nicht vor, Fassungen des Argumentes aus systematischen Gründen zu "erfinden", vielmehr werde ich sie tatsächlich vertretenen Positionen entnehmen. Andererseits wäre es ermüdend, alle Theorien und Bücher zusammenzutragen und zu untersuchen, die sich zu der einen oder anderen Zeit des Arguments bedient haben. Ich werde also nur solche behandeln, die eine neue, besser begründete und durchdachtere Fassung entwickelt haben. Dabei werde ich Autoren bevorzugen, die dem Idealtypus einer bestimmten Fassung des Arguments möglichst nahe kommen.

Im allgemeinen behauptet das "Unterdrückungsargument", daß religiöse Aussagen Imperative sind, in der Absicht vorgetragen, Menschen zu einem Verhalten zu veranlassen, das ihren tatsächli-

---

(3) Die folgenden Ausführungen sind eine freie Rückübersetzung eines auf englisch gehaltenen Vortrags. Die englische Fassung ist unter dem Titel "The Argument of Repression" erschienen in: J.K. Roth/Fr. Sontag (Hrsg.), The Defense of God, 1985, 84ff, und in: J.M. Ker/K.J. Sharpe (Hrsg.), Religion's Response to Change, 1985, 57ff.

(4) Vgl. K.H. Weger (Hg.), Religionskritik von der Aufklärung bis zur Gegenwart, 1979, ein Lexikon, in dem ca. 100 Religionskritiker und ihre Positionen dargestellt und erörtert werden.

chen Absichten möglicherweise widerspricht. Diese Behauptung schließt nicht notwendig die These ein, daß religöse Aussagen als solche sinnlos sind, d.h. daß sie sich auf keine wie immer gearteten Sachverhalte beziehen. Während das Argument zwar nur sinnvoll zu sein scheint, wenn zugleich die Vorstellungen von einem Gott, der selbständig existiert oder von einem transzendenten Reich usw. verworfen werden, ist es durchaus mit der Auffassung vereinbar, daß religiöse Ideen eine anthropologische Bedeutung haben und daß sich religiöse Aussagen auf wirkliche Sachverhalte beziehen können.

Schon nach dieser ersten, sehr allgemein gehaltenen Umschreibung des Arguments ist unschwer zu erkennen, daß das "Unterdrückungsargument" aus eigener Kraft, d.h. ohne Hilfe anderer Argumente, die Objektivität der Religion im allgemeinen nicht in Frage stellen kann. Denn sein Kern betrifft die repressive Funktion religiöser Vorstellungen und Aussagen, d.h. die Art, wie sie im gesellschaftlichen oder seelischen Zusammenhängen verwendet werden. Logisch lassen sich daraus weder für die Gegenstände, die den Vorstellungen, noch für die Sachverhalte, die den Aussagen entsprechen sollen, gültige Folgerungen ziehen. Wenn die Vorstellungen von einer Hölle oder von dem Fegefeuer repressiv sein sollten, oder wenn sie zumindest in vielen Fällen zur Unterdrückung benutzt werden, so folgt daraus für die Frage, ob solche Gegenstände tatsächlich existieren, überhaupt nichts.

Gleichwohl hat das Argument große Bedeutung erlangt, besonders im Verlauf der letzten zweihundert Jahre. Meiner Meinung nach liegt das vor allem an seinem moralischen Gewicht. Repressive Vorstellungen, beziehungsweise Vorstellungen, die oft dazu benutzt werden, anderen Furcht einzujagen, werden verworfen, weil sie der Emanzipation widersprechen. Wir müssen deswegen bei der Darstellung und Erörterung unseres Argumentes auf folgende Probleme achten: Was bedeutet "Unterdrückung" und was "Emanzipation"? Stimmt es, daß religiöse Vorstellungen die Unterdrückung befördern und die Emanzipation hindern? Gilt das für alle religiösen Vorstellungen oder nur für einige von ihnen, oder nur für einen bestimmten Gebrauch?

So weit ich sehe, sind bis jetzt drei deutlich voneinander verschiedene Fassungen des Arguments entwickelt worden. Auf den folgenden Seiten werde ich sie der Reihe nach kurz darstellen und erörtern.

2. Die erste Fassung könnte man als "Unterdrückung durch Priesterbetrug" bezeichnen. Allem Anschein nach hat Kritias, einer der Dreißig Tyrannen von Athen, wie sein Neffe Plato ein Schüler des Sokrates, diese Fassung als erster vorgetragen. Eines der wenigen

der von seinen Schriften erhaltenen Fragmente(5) enthält einen Bericht über eine "erste Gesetzgebung", durch die es zur Begründung der menschlichen Gesellschaft gekommen sei. Diesem Bericht zufolge hätte es bis dahin keine Religion gegeben, weil man gar keine gebraucht habe. Nach der Gesetzgebung aber hätten einige "schlaue" und "gedankenkluge" Männer die Vorstellung von einem Gott und einige damit zusammenhängende Vorstellungen erfunden, um die Masse ihrer Mitmenschen dazu zu bringen, den Gesetzen auch dann zu gehorchen, wenn sie sich unbeobachtet wähnten. Entscheidend sei die Vorstellung von einem übermenschlichen Richter gewesen, dem keine Handlung verborgen bleibe, und der fähig und bereit sei, Übertretungen zu bestrafen.

Ob Kritias selbst von der Richtigkeit seiner These überzeugt war, ist nicht bekannt. Das Fragment stammt aus einem Satyrspiel über Sisyphos, der der griechischen Mythologie zufolge der listigste aller Menschen gewesen ist. Die Grundidee des Stücks könnte sein, daß Sisyphos durch seine Erzählung über den Ursprung der Religion seine Mitmenschen versucht, wie er einst die Götter versucht hatte und von ihnen grausam gestraft worden war. Wie dem auch sei - Kritias muß zumindest die Möglichkeit in Betracht gezogen haben, daß alle religiösen Vorstellungen reine Erfindungen gewesen seien, die man sich willkürlich ausgedacht habe, um mit ihrer Hilfe die Masse der Menschen beherrschen zu können.

Im Altertum und im Mittelalter muß das Argument weithin bekannt gewesen sein; trotzdem spielte es sachlich keine große Rolle. Viele Autoren haben es wohl erwähnt, aber keiner scheint sich große Mühe gegeben zu haben, es zu entkräften. Typisch ist dafür die Art wie Laktanz, einer der frühen lateinischen Kirchenväter, das Argument einführt:

"... ein mächtiger Zügel ist für den Menschen das Gewissen, wenn wir nämlich im Angesichte Gottes zu leben glauben, wenn wir überzeugt sind, daß der Himmel auf unsere Werke schaut, ja Gott auch unsere Gedanken wahrnimmt und unsere Worte hört."

Danach zitiert Laktanz unser Argument:

"'Freilich ist es gut, dies zu glauben - so wähnen manche aber nicht der Wahrheit, sondern des Nutzens halber, nachdem die Gesetze das Gewissen nicht strafen können, es muß daher irgendein Schrecken vom Himmel drohen, um die Ausschreitungen im Zaum zu halten.' Somit wäre alle Religion falsch, und es gäbe keine Gottheit; vielmehr wäre alles von klugen Männern erdichtet worden, um das Leben ordentlicher und schuldloser zu gestalten."(6)

---

(5) Vgl. H. Diels (Hg.), Die Fragmente der Vorsokratiker, 1957, 140ff.

(6) Lactantius, De ira Dei, Kap. 8. - Ich zitiere nach der deutschen Übersetzung.

Laktanz sagt nicht, wer das seiner Meinung nach behauptet habe. Die "manche", auf die er verweist, mögen Skeptiker oder Epikureer(7) sein. Aber wir wissen nicht, ob zu seiner Zeit irgend jemand das Argument ernsthaft vertreten hat, auch wenn einige einer solchen Ketzerei verdächtigt worden sind.

Für unsere Erörterung kommt es auf folgenden Punkt an: Laktanz weist das Argument nicht schlechthin zurück, sondern nur die Folgerung, daß Gott eine bloße Erfindung sei. Denn ihm ist selbst an einer, wie wir sagen können, "Disziplinarfunktion" der Gottesvorstellung gelegen. Ist er doch überzeugt davon, daß es notwendig und richtig ist, den Menschen den Zorn Gottes und sein Strafgericht vor Augen zu führen. Wenn es keinen Gott gäbe, würden sie seiner Meinung nach auch die Achtung vor dem Gesetz verlieren:

"... ohne Religion ... sinkt das menschliche Leben zu einem Gemisch von Torheit, Verbrechen und Unmenschlichkeit herab."(8)

Laktanz argumentierte wie folgt - und viele Spätere haben es ihm zum Teil bis heute nachgesprochen: Die Gesellschaft kann nicht bestehen ohne einen Gott, der die Guten belohnt und die Bösen bestraft.(9) Trotzdem hat weder er noch haben seine Nachfolger das "Unterdrückungsargument" anerkannt, weil sie überzeugt waren und sind, daß es einen wirklichen Gott gibt. Einige Vorstellungen von Gott, beziehungsweise auch einige andere religiöse Ideen mögen bloße Erfindungen sein, aber mindestens eine Vorstellung ist wahr, insofern sie sich auf den wirklichen, existierenden Gott bezieht.(10) Damit bestätigen Laktanz und seinesgleichen, was ich zu Beginn im allgemeinen gesagt habe: Der (angebliche oder wirkliche) repressive Gebrauch einiger religiöser Vorstellungen allein kann ihre Objektivität nicht ernsthaft in Frage stellen. Solange die Gläubigen selbst an der "Disziplinarfunktion" religiöser Vorstellungen interessiert sind, werden sie das Argument nicht in Bausch und Bogen verwerfen, sondern es im Gegenteil gegen (angebliche oder wirkliche) Atheisten kehren. Laktanz mag uns auch dafür als

---

(7) Laktanz zitiert mehrfach aus Ciceros De natura deorum, in welchem Buch ähnliche Argumente gegen Epikur und seine Anhänger vorgebracht werden.

(8) Lactantius, 1.c.

(9) Man denke an Voltaires berühmten Ausspruch, daß man einen Gott erfinden müßte, wenn keiner existierte - zweifellos aus disziplinarischen Gründen.

(10)Vgl. Th. Hobbes: "... daher kam es auch, daß einer von den älteren Dichtern sagt, die ersten Götter seien durch die Furcht entstanden; und dies ist in Hinsicht auf viele heidnische Gottheiten sehr wahr.": Leviathan, I 12. - Ich zitiere die deutsche Übersetzung von J.P. Mayer, 1970, 100.

Beispiel dienen. Sein Buch De ira Dei wendet sich hauptsächlich gegen Epikur und dessen Anhänger, nach deren Auffassung die Götter sich um die Angelegenheiten der Menschen überhaupt nicht kümmern. Für Laktanz läuft diese These auf eine Leugnung der Existenz Gottes hinaus; denn ein Gott, der das Gute nicht liebt und sich über das Böse nicht entrüstet, der nicht straft, erlöst, hilft usw., ist gar kein Gott.

Während dies ein diskutables Argument ist, zumindest soweit es sich um den "Gott des (religiösen) Glaubens" handelt, beweist es offenkundig nichts hinsichtlich der Existenz Gottes oder der Götter. Bestenfalls beweist es, daß es höchstwahrscheinlich mit der Vorstellung von einem Gott unvereinbar ist, daß er sich nicht um die Angelegenheiten der Menschen kümmert. Solange die Hypothese eines Atheismus nicht ernsthaft in Erwägung gezogen wurde, reichte dies aus, um unser Argument zu verwerfen. Eine Vorstellung, die im Verdacht stand, zu atheistischen Konsequenzen zu führen, galt als untragbar.

Die Überzeugung, daß es einen Gott gibt, ja geben muß, wurde erst in der zweiten Hälfte des 18. Jahrhunderts ernsthaft in Frage gestellt. Solange es keine zufriedenstellenden Erklärungen der natürlichen Vorgänge durch die Naturwissenschaften und des menschlichen Verhaltens durch die Sozialwissenschaften gab, konnten sich nur wenige Menschen in theoretischer Hinsicht eine Welt vorstellen, die ohne Hilfe Gottes in Gang kommt und in Gang bleibt; und in praktischer Hinsicht wagten es nicht einmal die gelehrtesten, ohne die "Disziplinarfunktion" des Glaubens an Gott auszukommen. Es ist daher nicht verwunderlich, daß das "Unterdrückungsargument" erst seit der französischen Aufklärung eine Rolle zu spielen begann, als einige Philosophen und Wissenschaftler es zum erstenmal in der westlichen Geschichte wagten, ohne Gott auszukommen, und sich offen zum Atheismus bekannten. Für La Mettrie, für Diderot und für einige seiner Kollegen, die an der Encyclopédie mitarbeiteten, vor allem für Holbach, erlangte das "Unterdrückungsargument" sogar eine entscheidende Bedeutung. Das hatte vor allem historische und gesellschaftliche Gründe. Frankreich wurde zu dieser Zeit von absoluten Monarchen regiert, die ihre Macht von Gott herleiteten. Die Kirche stellte die ideologische Rechtfertigung dieses Anspruchs bereit. Priester und Theologen bekämpften entschieden die Grundvorstellungen der Aufklärung, die man als Streben nach Emanzipation zusammenfassen kann. In diesem Kampf benutzten sie die religiösen Vorstellungen skrupellos dazu, die Masse der Bevölkerung abhängig zu halten und ihren eigenen Einfluß zu sichern.

Vor diesem Hintergrund hat Holbach - in vielen Artikeln seiner Taschentheologie(11) etwa - religiöse Vorstellungen ironisch dargestellt, um ihre gesellschaftlichen und politischen Absichten herauszuheben. Sie bezögen sich auf keine realen Gegenstände, sondern seien nichts anderes als Werkzeuge der Unterdrückung in den Händen von Klerus und Adel. Ich zitiere nur zwei schlagende Beispiele:

"Angeborene Ideen. So nennt man die Begriffe, die Ammen und Priester uns so früh beigebracht und so oft wiederholt haben, daß wir, sind wir erwachsen, sie von jeher gehabt oder im Mutterleibe empfangen zu haben glauben. Alle Ideen des Katechismus sind offenbar angeborene Ideen."(12)

"Gott. Synonym für Priester und wenn man will, das Faktotum der Theologen ... Die Ehre Gottes ist die Hoffart der Priester, der Wille Gottes ist der Priester Wille. Wer Gott beleidigt, beleidigt die Priester. An Gott glauben heißt glauben, was die Priester von ihm erzählen. Wenn es heißt, Gott ist zornig, so bedeutet das, die Priester haben schlechte Laune. Indem die Theologie das Wort Priester durch das Wort Gott ersetzt, wird sie zur einfachsten aller Wissenschaften."(13)

Obwohl er sie mit viel Ironie formuliert hat, meinte Holbach diese "Definitionen" zweifellos ernst. Er hat als erster in der westlichen Geschichte die Objektivität nicht nur dieser oder jener Gottesvorstellung, sondern die aller verworfen. Und da im Frankreich des 18. Jahrhunderts die philosophes Religion vor allem repressiv erlebten, erhielt für sie das "Unterdrückungsargument" zentrale Bedeutung. Die "Wirklichkeit", auf die die Religion sich bezieht, ist lediglich der von Adel und Klerus erhobene Herrschaftsanspruch. Alle religiösen Vorstellungen sind willkürlich erfunden worden, um diesen Anspruch zu stützen und aufrechtzuerhalten. Daher wird in dieser "Priesterbetrugsthese", wie sie genannt worden ist, die erste Fassung des "Unterdrückungsarguments" nicht nur formuliert oder dargestellt, sondern wirklich vertreten. Das versetzt uns in die Lage, kurz ihre Leistungsfähigkeit zu überprüfen.

Um mit dem anzufangen, was sich zugunsten des Arguments sagen läßt, so kann kein Zweifel daran bestehen, daß es bis zu einem gewissen Grad einsichtig ist, wenn man es auf dem faktischen Hintergrund der Geschichte Frankreichs vor der Revolution sieht. In dieser Epoche wurden in der Tat viele, wenn nicht alle religiösen Vorstellungen zu repressiven Zwecken verwendet. Holbach und seine

---

(11)Anonym erschienen in London 1768. Zitiert nach P.Th. d'Holbach, Religionskritische Schriften, 1970, 172-293.
(12)AaO. 237.
(13)AaO. 220f.

Freunde konnten eine Fülle von Beispielen für das beibringen, was sie kritisierten. Man kann diese Beobachtung übrigens verallgemeinern: Wo immer und wann immer religöse Vorstellungen, ganz oder zum Teil, dazu verwendet werden, die Herrschaft einer Gruppe von Menschen über eine andere zu sichern, werden sie zu Recht kritisiert, bzw. besser: wird ein solcher Mißbrauch zu Recht durch das "Unterdrückungsargument" kritisiert. Die Religion selbst muß daran interessiert sein, daß ihre Vorstellungen nicht in den Händen skrupelloser, selbst oft unreligiöser Menschen entarten.(14)

Die Anwälte des Arguments werden sich aber mit einem solchen Zugeständnis nicht zufrieden geben. Ihr Ziel ist es, den repressiven Charakter der Religion als solcher und aller religiösen Vorstellungen zu entlarven. Da es Holbach gewesen ist, der das Argument so weit ausdehnte, kommt er dem "Idealtypus" seiner ersten Fassung so nahe wie möglich. Die Grundannahmen sind immer noch die gleichen, wie in den Tagen des Kritias: Religiöse Vorstellungen (a) beziehen sich auf keinen Gegenstand; (b) sind willkürlich von einer (kleinen) Gruppe von Menschen erfunden worden; und (c) dienen der Herrschaft von einigen Menschen über viele andere. Was sich verändert hat, ist der Rahmen. Holbach bekennt sich offen zum Atheismus und konnte daher das Argument auf alle religiösen Vorstellungen, einschließlich aller Vorstellungen von Gott ausdehnen. Zweitausend Jahre nach Kritias hat Holbach das Argument nur unwesentlich verändert, aber er war vermutlich der erste, der es ohne jeden Vorbehalt vertreten hat.

Was ist nun von dem Argument, abgesehen von seinem möglichen Wert für eine religiöse Selbstkritik, zu halten? Nicht allzu viel, wie mir scheint. Denn (a) ist nicht mehr als eine Folge aus dem vorausgesetzten Atheismus, (b) ist höchstwahrscheinlich falsch, und (c) trifft zumindest nicht für alle Fälle zu.

ad (a). - Das Argument beweist nicht, und kann gar nicht beweisen, daß religiösen Vorstellungen keine wirklichen Gegenstände entsprechen. Im Gegenteil, in dieser Fassung des Arguments sind der Atheismus und damit der fiktive Charakter aller religiösen Vorstellungen vorausgesetzt. Denn für eine Abschaffung der Religion zu plädieren, weil alle religiösen Vorstellungen der Unterdrückung dienen, ist dann und nur dann sinnvoll, wenn es keine wirklichen Gegenstände gibt, auf die sie sich beziehen.

----

(14) Damit möchte ich nicht behaupten, daß es nicht eine legitime "disziplinarische Funktion" religöser Vorstellungen geben kann. Aber ich will hier nicht weiter auf diesen Problemkreis eingehen. Man müßte sich dazu auf eine ausführliche theologische Diskussion über das Gesetz einlassen, einschließlich der umstrittenen Frage des sogenannten tertius usus.

ad (b). - Die "Priesterbetrugsthese" ist aus historischen wie aus psychologischen Gründen wenig überzeugend, um mich vorsichtig auszudrücken. Sie würde voraussetzen, erstens, daß es in der Vorgeschichte Menschen ohne Religion gegeben habe; zweitens, daß einige von ihnen religiöse Vorstellungen willkürlich "erfunden" haben, vor allem die Vorstellung von einem Gott, der die Übeltäter bestraft; und drittens, daß die große Mehrzahl der Menschen nach und nach an die Realität dieser Erfindungen zu glauben begann - so sehr, daß sie ihre eigenen Wünsche und Triebregungen hintanstellten, um das fiktive höchste Wesen zufriedenzustellen.

Doch so weit unsere Kenntnisse auch zurückreichen, immer finden wir Spuren eines bestimmten Kultus, der mit religiösen Vorstellungen verbunden gewesen sein muß. Außerdem sind die Annahmen eines "Priesterbetrugs" und seiner Akzeptierung durch die Betrogenen psychologisch höchst unwahrscheinlich. Diese Hypothese ist einseitig rationalistisch und läßt den Gefühlssektor des menschlichen Bewußtseins außer acht. Wenn es schon schwer fällt zu glauben, daß einige Menschen solche gewaltigen Vorstellungen wie Gott, Erlösung, Himmel usw. erfinden und zu einem eindrucksvollen und zusammenhängenden Netz von Mythen fügen sollten, einzig und allein, weil sie über andere herrschen wollten, so ist es noch schwerer zu fassen, daß alle anderen an den Wirklichkeitsgehalt fiktiver Vorstellungen glauben sollten, die nichts als Schwierigkeiten für sie mit sich brachten. Spätere Hypothesen, vor allem von seiten der Tiefenpsychologie, haben derartige Naivitäten weggewischt.

ad (c). - Während es für (a) überhaupt keinen Beweis gibt, es sich vielmehr um eine Voraussetzung handelt, und (b) sich auf angebliche Tatsachen bezieht, die, weil sie sich vor sehr langer Zeit ereignet haben müßten, schwer zu erörtern sind, geht es in (c) um Tatsachen, die sich empirisch untersuchen lassen. Religiöse Vorstellungen sollen repressiv sein, insofern sie die Herrschaft einiger Menschen über andere begründen und aufrechterhalten. Während das manchmal zuzutreffen scheint, gilt es für andere Fälle ganz offensichtlich nicht. Es wird am ehesten dann zutreffen, wenn die weltlichen und die geistlichen Führer übereinstimmen und ihre Ideologien einander wechselseitig stützen, d.h. verhältnismäßig selten. Häufiger haben Religionen, Kirchen, religiöse Gruppen und ihre Anhänger etc. andere Überzeugungen als Staaten, Parteien, politische Bewegungen und ihre Gefolge. Nicht nur in unserer Zeit schließen sich Menschen oft aufgrund ihrer religiösen Vorstellungen einer Opposition an.

Zusammenfassend läßt sich sagen, daß die erste Fassung des Arguments ziemlich schlecht begründet ist. Was sie behauptet, erweist sich als eher falsch denn wahr; und die angeblichen Fakten, die sie voraussetzt, sind historisch wie psychologisch höchst unwahrscheinlich.

3. Die erste Fassung des Arguments scheitert, aber im Zuge ihrer Erötertung ist deutlich geworden, daß sich einige ihrer Grundzüge verbessern lassen. Man kann durchaus behaupten, daß religiöse Vorstellungen der Unterdrückung dienen, ohne sie deswegen auf einen "Priesterbetrug" zurückzuführen zu müssen. Außerdem muß der repressive Charakter dieser Vorstellungen nicht in dem Sinne aufgefaßt weden, daß sie (primär) zur Sicherung äußerer Herrschaft dienen. Schließlich sind diese Hypothesen nicht nur mit krudem Atheismus vereinbar, sondern auch mit der Auffassung, daß religiöse Vorstellungen sich auf wirkliche Gegenstände beziehen, wenn auch auf andere, als den Gläubigen selbst bewußt ist.

Eine Lehre, die dies alles in Rechnung gestellt hat, ist der Historische Materialismus, von dem die zweite Fassung des "Unterdrückungsarguments" am besten ausgearbeitet und vorgetragen worden ist. Aber schon vor Marx und Engels hat Ludwig Feuerbach, in Aufnahme einiger Grundannahmen des Deutschen Idealismus, eine Auslegung der Religion vorgetragen, die für die Verbesserung unseres Arguments wichtig geworden ist. Nach Feuerbach ist der Gegenstand der religiösen Vorstellungen nicht Gott, sondern der Mensch.(15) Sie beziehen sich nicht auf eine himmlische Welt, sondern auf die Welt und auf das Leben der Menschen. Das heißt religiöse Vorstellungen werden nicht als falsch oder erfunden aufgefaßt, sondern als richtige Vorstellungen, die ihre Gegenstände freilich auf eine entfremdete Weise widerspiegeln. In Feuerbachs Lehre meint dabei "Mensch" nicht den individuellen Menschen, sondern die Menschheit oder das Wesen des Menschen. Gott ist daher nichts anderes als das Wesen des Menschen; seine Allwissenheit ist das Wissen der Menschheit, welches unbegrenzt ist oder wenigsten zu sein scheint; Gottes Liebe steht für die Liebe der Menschen zueinander; Sünde bedeutet die Entfremdung des einzelnen von seiner wahren menschlichen Natur; Erlösung deutet die Möglichkeit einer Wiederherstellung an, usw.

Das religiöse Bewußtsein ist demnach eine verkleidete oder entfremdete Gestalt des menschlichen Selbstbewußtseins. Religiöse Vorstellungen beziehen sich auf das menschliche Wesen, aber die Gläubigen, die solche Vorstellungen haben, sind sich dessen nicht bewußt, d.h. sie fassen ihr eigenes menschliches Wesen als ein an-

---

(15) Das hier Gesagte gilt ohne Einschränkung nur für die von Feuerbach in der ersten Auflage (1841) seines Wesens des Christentums vertretene Position. Zur Entwicklung seines Denkens vgl. meinen Artikel Feuerbach in TRE XI, 144-157.

deres, übermenschliches Wesen(16) auf - als Gott. Der Unterschied
zur Holbachschen Hypothese fällt in die Augen. Während der Auf-
klärer Gott als eine fiktive Projektion auffaßte und Aussagen über
Gott seiner Meinung nach lediglich getarnte Imperative sind, ist
Gott für Feuerbach ein wirkliches Wesen und Aussagen über ihn
sind sinnvoll - allerdings haben sie keine theologische, sondern eine
anthropologische Bedeutung.

Diese kurze Übersicht macht wohl auch verständlich, daß Feuerbach selbst das "Unterdrückungsargument" nicht verwendet hat. Er
hat nie die Religion, sondern er hat immer nur Theologie und spe-
kulative Philosophie bekämpft, weil sie seiner Meinung nach den
religiösen Vorstellungen eine falsche Bedeutung unterlegen. Ihm zufolge sind religiöse Vorstellungen, allen voran christliche religiöse
Vorstellungen, im großen und ganzen richtig, wenn man sie auf ihre
ursprüngliche anthropologische Bedeutung hin auslegt. Marx jedoch
hat, obwohl er Feuerbachs Thesen übernahm, das "Unterdrückungsargument" wiederbelebt und in einer neuen, durchdachteren Fassung dargestellt. Er stimmte Feuerbach darin zu, daß sich
religöse Vorstellungen auf die Menschheit und auf nichts sonst beziehen. Aber die Auffassung seines Vorläufers, religiöse Vorstellungen seien im großen und ganzen richtig, stellte ihn nicht zufrieden.
Er hielt sie nicht für richtig, wozu wesentlich beitrug, daß er sie
für im Kern repressiv hielt.

Um die Erneuerung und Verbesserung des "Unterdrückungsarguments" durch Marx verstehen und würdigen zu können, müssen wir
einen kurzen Blick auf seine Anthropologie werfen. Nach Marx ist
der Mensch primär das "arbeitende Tier". Er ist nicht von Natur
aus menschlich, sondern er muß sich selbst allererst durch
(gesellschaftliche) Arbeit zum Menschen machen. Daher ist sein
menschliches Wesen nie einfach gegeben, sondern er muß es durch
seine eigenen Bemühungen erringen. Diese Marxsche These hat
zwei für unsere Untersuchung wichtige Konsequenzen. Da das
menschliche Wesen Ergebnis von Arbeit ist, ist es (a) nicht auf den
Menschen als solchen beschränkt, sondern umfaßt die gesamte Welt
des Menschen, d.h. Staat, Gesellschaft, Produktionsweise, Kultur,
usw.; und es bleibt (b) nicht immer das Gleiche, sondern unterliegt
zusammen mit der Welt, in der wir Menschen leben, dem geschichtlichen Wandel. Während Marx somit in Übereinstimmung mit
Feuerbach das religiöse Bewußtsein als eine Gestalt des Selbstbewußtseins ansieht, schließt er daraus weder, daß es im großen und
ganzen richtiges Bewußtsein ist, noch, daß es im Verlauf der Geschichte gleich bleibt. Von der Marxschen Anthropologie her muß

---

(16)Die unübersehbare Doppeldeutigkeit von Wesen - einmal im
Sinne von essentia, dann im Sinne von ens - durchzieht Feuerbachs "Wesen des Christentums".

man fragen, welche Welt und welches Entwicklungsstadium durch bestimmte Vorstellungen von Gott oder durch andere religiöse Vorstellungen widergespiegelt werden. Im ganzen beziehen sie sich nach Marx auf eine verkehrte, entfremdete Welt, in der der Klassenkampf herrscht. Marx schreibt:

"Dieser Staat, diese Sozietät produzieren die Religion, ein verkehrtes Weltbewußtsein, weil sie eine verkehrte Welt sind. Die Religion ... ist die phantastische Verwirklichung des menschlichen Wesens, weil das menschliche Wesen keine wahre Wirklichkeit besitzt."(17)

Diese Lehre faßt religiöse Vorstellungen als spontane Projektionen von Menschen auf, die unglücklicherweise gezwungen sind, in einer unmenschlichen Welt zu leben und zu arbeiten. Ihre religiösen Vorstellungen sind (oft) richtige Widerspiegelungen ihres menschlichen Wesens, aber da dieses noch nicht das wahre menschliche Wesen ist, sind die Vorstellungen faktisch repressiv.

Man kann diese Überlegungen kurz in Marxens berühmten Ausspruch zusammenfassen, daß die Religion "das Opium des Volks" sei. Nicht nur Feuerbach, sondern auch Marx hat erkannt, daß religiöse Vorstellungen keineswegs von Angehörigen der herrschenden Klassen "erfunden" worden sind, um mit ihrer Hilfe die Massen zu unterdrücken. Vielmehr seien sie von der Unterdrückten spontan-unbewußt hervorgebracht worden, als Mittel, in einer entfremdeten Welt das entfremdete eigene Wesen zu erfassen. Weil sich religiöse Vorstellungen aber auf ein kommendes Reich, auf eine Erlösung in einer jenseitigen Welt beziehen, kurz; auf eine erträumte Aufhebung der Entfremdung in einer phantastischen anderen Welt, läßt sich ihre Wirkung mit der von Drogen vergleichen. Sie förderten die Ergebung, hielten die Menschen davon ab, auf eine Veränderung in dieser Welt hinzuarbeiten und seien insofern repressiv.

Dies mag ausreichen, um die Grundzüge der zweiten Fassung unseres Arguments zusammenzutragen. Religiöse Vorstellungen (a) beziehen sich nicht auf Gott und eine himmlische Welt, sondern auf die Menschheit und diese Welt; (b) werden spontan-unbewußt von den Unterdrückten selbst hervorgebracht; und (c) sind eine Art von Droge, die es der Masse der Menschen ermöglicht, ihr Leben in einer unmenschlichen Welt zu ertragen.

Diese Fassung des Arguments ist in einigen Punkten zweifellos besser begründet als die erste. Außerdem ist sie in einer zusammenhängenden Lehre eingebettet. Einige der auffälligsten Mängel der "Priesterbetrugsthese" sind beseitigt. Das religiöse Bewußtsein wird nicht mehr als falsch und als auf bloß fiktive Ge-

_____

(17)K. Marx, Zur Kritik der Hegelschen Rechtsphilosophie. Einleitung; zitiert nach: S. Landshut (Hg.). Die Frühschriften, 207-224, hier: 208.

bilde gerichtet angesehen, sondern wird als (wenn auch entfremdetes) Selbstbewußtsein anerkannt. Die "Erfindung" religiöser Vorstellungen ist durch die viel einsichtigere Hypothese ersetzt worden, daß diese Vorstellungen Ergebnisse spontaner Selbsttäuschungen sind. Und die religiösen Vorstellungen werden nicht länger beschuldigt, eine politische Ordnung zu stützen; ihr Fehler ist vielmehr, daß sie eine (verderbliche) innere Stabilität des entfremdeten Menschen in einer entfremdeten Welt bewirken und aufrechterhalten.

ad (a). - Zwar halte ich die Lehre von Feuerbach und Marx - das religiöse Bewußtsein sei entfremdetes Selbstbewußtsein - für überzeugender als die Holbachsche Hypothese, aber offensichtlich hängt auch sie nicht von dem "Unterdrückungsargument" ab. Vielmehr setzt die zweite Fassung des Arguments genauso die anthropologische Auslegung Gottes und seines Reiches voraus, wie sich die erste auf die Leugnung Gottes stützte. Denn wenn, abgesehen vom Wesen des Menschen, ein Gott existieren sollte, ließen sich nicht alle religiösen Vorstellungen auf dieses Wesen zurückführen, unabhängig davon, ob sie repressiv sind oder nicht.

ad (b). - Wenn religiöse Vorstellungen ihren Ursprung im Bewußtsein der Unterdrückten selbst haben, dann braucht man nicht zu erklären, warum diese an die Realität des Vorgestellten glauben. Darin ist die Marxsche Lehre stimmig. Aber selbst wenn wir im Rahmen dieser Lehre bleiben, läßt sich ein anderer Aspekt bezweifeln, nämlich daß nur die Unterdrückten religiöse Vorstellungen hervorbringen sollten.

Wenn Unterdrückung Klassenkampf zur Voraussetzung hat und die antagonistischen Widersprüche der Klassengesellschaft widerspiegelt, dann würde aus der eben genannten Annahme folgen, daß es vor Beginn der Klassengesellschaft keine Religion gegeben hat und nach ihrem Ende keine mehr geben wird. Das stimmt mit der marxistischen Erwartung überein, daß die Religion in der zukünftigen kommunistischen Gesellschaft allmählich absterben werde. Andererseits könnte dieser Lehre zufolge die Religion nicht dahinschwinden, solange eine gegebene Gesellschaft noch entscheidend durch Klassenherrschaft bestimmt ist.

Es ist freilich nicht ganz einfach, der marxistischen Theorie empirische Einwände entgegenzuhalten, denn eingestandenermaßen hat es bis jetzt noch keine wirkliche kommunistische Gesellschaft gegeben. Andererseits wissen wir nicht besonders viel über die "Urgesellschaft", die es vor dem Einsetzen des Klassenkampfes gegeben haben soll. Aber in beiden Fällen scheint das bekannte Material eher gegen die marxistischen Annahmen zu sprechen. Wie schon im vorigen Abschnitt gesagt, scheinen Kultus und Religion allen Stufen der menschlichen Entwicklung anzugehören. Und an der heute zu beobachtenden Zunahme des Atheismus in Ost und West scheint eher der Fortschritt von Wissenschaft und Technik schuld zu sein, der beiden gemeinsam ist, als die verschiedenen Gesellschaftssysteme.

ad (c). - Es wird behauptet, daß religiöse Vorstellungen wie Drogen wirken: sie ermöglichen es den Entfremdeten, in einer entfremdeten Welt zu leben. Die phantastischen Bilder von einer besseren Welt dienen dabei einem doppelten Zweck. Einerseits trösten sie die Ausgebeuteten über ihre schlimme Situation hinweg; andererseits aber halten sie sie auch davon ab, für ein besseres Leben in dieser Welt zu kämpfen.

Auch das ist eine bessere und psychologisch überzeugendere Hypothese als die Holbachs. Gleichwohl ist sie der m.E. schwächste Aspekt dieser Fassung des Arguments. Gewiß kann das "Opium" der Religion nur deswegen von einer herrschenden Klasse für das Volk benutzt werden, wenn es zuvor schon die Droge des Volks gewesen ist. Aber ist Religion wirklich "das Opium des Volks", und nichts sonst? Gewiß nicht! Religiöse Vorstellungen wie etwa das Leiden aller Lebewesen im Buddhismus, der Sharia im Islam, des Königreichs Gottes in Judentum und Christentum, und viele andere, haben die an sie Glaubenden dazu veranlaßt, für ein besseres Leben in dieser Welt einzutreten und auch zu kämpfen.

Ein moderner marxistischer Philosoph, Ernst Bloch, hat diesen Aspekt der Religion hervorgehoben(18), und dasselbe hat Erich Fromm getan(19). Beide haben "autoritäre Religion" oder die "Religion der Herren" zurückgewiesen, aber eine "emanzipatorische Religion" oder "Religion der Unterdrückten" anerkannt. Wenn wir berücksichtigen, welchen Gebrauch die Menschen tatsächlich von ihren religiösen Überzeugungen gemacht haben, dann ist diese Unterscheidung zweifellos gerechtfertigt. Man müßte sogar noch hinzufügen, daß sich die meisten religiösen Vorstellungen nicht reinlich in entweder repressive oder emanzipatorische aufteilen lassen. Ein und dieselbe Vorstellung mag bisweilen eher zur Unterdrückung, dann wieder mehr zur Befreiung verwendet werden können. Erneut erweist sich das "Unterdrückungsargument" als Unterscheidungsmerkmal zwischen verschiedenen Arten von Religion, und gerade nicht als eine Waffe gegen die Religion als solche. Selbst im Historischen Materialismus hat sich diese Auffassung durchgesetzt, wie die folgenden Zeilen aus dem offiziellen Lehrbuch der Ostblockstaaten zeigen:

"Die Klassiker des Marxismus-Leninismus und auch die marxistisch-leninistischen Parteien haben stets sehr genau unterschieden zwischen den reaktionären Kräften, die die christliche Religion zur Rechtfertigung der Herrschaft des kapitalistischen Privateigentums,

---

(18)Vgl. außer: E. Bloch, Das Prinzip Hoffnung bes. ders., Atheismus im Christentum.
(19)Vgl. bes.: E. Fromm, Psychonanalyse und Religion.

der Ausbeutung, des Profits und des Krieges mißbrauchten, und jenen Gläubigen, die den Kampf für Frieden, für Demokratie und sozialen Fortschritt unterstützten und damit zu potentiellen Verbündeten der Arbeiterklasse wurden."(20)

Das Lehrbuch hat nicht die Absicht, christliche oder andere religiöse Vorstellungen zu empfehlen. Und auch Bloch und Fromm sind keine gläubigen Christen gewesen. Aber ihre Unterscheidungen stellen klar, daß das "Unterdrückungsargument" auch in der hier erörterten durchdachteren Fassung scheitert, wenn man versucht, es gegen die Religion insgesamt zu richten. Die Religion ist offensichtlich nicht der repressive Teil einer Kultur. Mag sie es zu bestimmten Zeiten und in manchen Kulturen sein, so kann sie zu anderen Zeiten und in anderen Kulturen geradezu zum fortschrittlichsten Teil werden. Außerdem gibt es, um die Gegenrechnung zu präsentieren, vermutlich keine Vorstellung von irgendwelcher gesellschaftlicher Bedeutung, die nicht auch repressiv werden kann; davon sind nicht einmal die Vorstellungen der Revolution oder der Emanzipation ausgenommen.

4. Wenn wir die zweite Fassung unseres Arguments durch das Schlagwort "Opium" kennzeichnen können, so die dritte durch "Selbstbeherrschung". Protagonist dieser Gestalt ist Friedrich Nietzsche; wichtige Aspekte davon finden sich auch in der Religionskritik von Sigmund Freud. Um vorweg die Hauptunterschiede zwischen der zweiten und der dritten Fassung zu nennen: Nicht nur die Unterdrückten, sondern alle Menschen bringen religiöse Vorstellungen hervor; und da diesen eine notwendige Funktion für den Menschen als solchen zukommt, lassen sie sich nicht allein durch Änderung der gesellschaftlichen Verhältnisse abschaffen.

Bei der Erläuterung der dritten Fassung des "Unterdrückungsarguments" beginnt man am besten mit einer kurzen Darstellung von Nietzsches Hypothese der Entstehung des Gewissens. Nietzsche ging von Darwins Theorie über die Entwicklung der Arten aus, auch wenn er in vielen Einzelheiten nicht mit dem Engländer übereinstimmte. In der zweiten Abhandlung seines Buchs Zur Genealogie der Moral versuchte Nietzsche die Bedingungen der Menschwerdung zu rekonstruieren, d.h. eine Situation nachzuzeichnen, die unsere halbtierischen Vorväter dazu zwang, menschlich zu werden. Es muß

"... (die) gründlichste aller Veränderungen (gewesen sein), ... welche der Mensch überhaupt erlebt hat. Nicht anders als es den

---

(20)Einführung in den Dialektischen und Historischen Materialismus, 1977, 6. Aufl., 470.

Wassertieren ergangen sein muß, als sie gezwungen wurden, entweder Landtiere zu werden oder zugrunde zu gehen."(21)

Unter dem Druck der Vergesellschaftung sahen sich die "Halbtierc" gezwungen, ihre Impulse und Triebe zu ändern, oder besser: ihnen eine andere Richtung zu geben. Nietzsches entscheidender Gedanke hinsichtlich der Menschwerdung des Menschen lautet: Anstatt weiterhin seine Instinkte auszuleben, lernte es der Mensch, sie gegen sich selbst zu wenden. Zwei Jahrzehnte vor Freud hat Nietzsche den Ausdruck "Verinnerlichung" geprägt, um diesen Vorgang zu kennzeichnen, aus dem die menschliche "Seele" hervorgegangen ist. Der Mensch wurde zu einem reflektierten Tier, einem Tier, das eine Kultur entwickeln konnte und mußte.

Nietzsche ist nicht müde geworden zu schildern, wieviel Schmerzen, Leid und Verdruß der Prozeß der "Verinnerlichung" mit sich gebracht hat. Es ist sozusagen ein langer Unterdrückungsprozeß gewesen, als dessen Resultat es zur Einverleibung oder "Verinnerlichung" der repressiven Kräfte gekommen sei: das "schlechte Gewissen" bzw., allgemeiner, das Gewissen überhaupt war entstanden.

Freuds Hypothese der Entstehung eines "Über-Ichs" erinnert in vielem an diese von Nietzsche vorgetragene Genealogie des (schlechten) Gewissens. In seinen Vorlesungen zur Einführung in die Psychoanalyse kommt Freud auf Kants apriorische Gewissentheorie zu sprechen, die er nicht, wie man meinen könnte, a limine verwirft. Er räumt ein, daß es sinnvoll ist, von einem göttlichen Ursprung des Gewissens zu sprechen, insofern dieses nicht zur natürlichen Ausstattung des Menschen gehöre. Dann fährt er fort:

"... das kleine Kind ist bekanntlich amoralisch, es besitzt keine inneren Hemmungen gegen seine nach Lust strebenden Impulse. Die Rolle, die späterhin das Über-Ich übernimmt, wird zuerst von der äußeren Macht, von der elterlichen Autorität gespielt. Der Elterneinfluß regiert das Kind durch Gewährung von Liebesbeweisen und durch Anwendung von Strafen, die dem Kind den Liebesverlust beweisen und an sich gefürchtet werden müssen. Die Realangst ist also Vorläufer der späteren Gewissensangst, solange sie herrscht, braucht man von Über-Ich und von Gewissen nicht zu reden. Erst in weiterer Folge bildet sich die sekundäre Situation aus, die wir allzu bereitwillig für die normale halten, daß die äußerliche Abhaltung verinnerlicht wird, daß an die Stelle der Elterninstanz das

---

(21)"Schuld", "Schlechtes Gewissen" und Verwandtes = zweite Abhandlung der Schrift: F. Nietzsche, Zur Genealogie der Moral, zitiert nach G. Colli u. M. Montinari (Hg.). Sämtliche Werke, 1980, V, 291-337. - Die folgenden Zitate stammen aus Abschnitt 16, 321f.

Über-Ich tritt, welches nun das Ich genauso beobachtet, lenkt und bedroht wie früher die Eltern das Kind."(22)

Freud meint, daß jeder einzelne Mensch in abgekürzter Form dieselbe Entwicklung durchläuft, durch die im Verlauf der Menschwerdung die Art die spezifisch menschlichen Züge erworben hat. Wie die Art, so muß auch jedes Individuum ein "Über-Ich" ausbilden, das die Triebregungen teils unterdrückt, teils in gesellschaftlich anerkannte Bahnen lenkt.

Nun haben Nietzsche wie Freud betont, daß religiöse Vorstellungen in diesem Zusammenhang eine entscheidende Rolle gespielt haben. Beide Autoren stimmten mit Feuerbach und Marx darin überein, daß diese religiösen Vorstellungen spontane Hervorbringungen der Menschen sind und sich auf diese selbst, auf ihr Leben und auf ihre Welt beziehen. Aber ihren Hypothesen zufolge entwickeln nicht nur die sozial Unterdrückten, sondern alle Menschen ein Gewissen oder "Über-Ich" und demzufolge auch Religion. Auch sie setzen also einen Zustand voraus, in dem es noch keine Religion gegeben hat, aber sie betrachten diesen als einen vor-menschlichen Zustand. Erst wenn der Mensch wenigstens bis zu einem gewissen Grad von seinem eigenen Gewissen geleitet wird, kann er als menschlich bezeichnet werden. Freud drückt das nicht so deutlich aus, aber in Nietzsches Schriften finden sich viele entsprechende Äußerungen. Die eindruckvollste ist die dritte Abhandlung seiner Genealogie der Moral(23), in der Nietzsche den "asketischen Priester" als einen Menschentyp zeichnet, dem es schon gelungen ist, alle zunächst von außen kommenden Imperative zu "verinnerlichen". Daher gehorcht der "asketische Priester" nur noch sich selbst. Weil ihm dies selbst neu ist, kann er noch nicht ganz verstehen, daß "er selbst" es ist, der (durch sein starkes "Über-Ich") die Herrschaft über seine Triebe ausübt. Infolgedessen legt er die Stimme seines Gewissens als Stimme Gottes aus, seinen eigenen Befehl als den eines höheren Wesens usw.

Verglichen mit anderen Menschentypen hat der "asketische Priester" eine ungeheure Menge Macht erlangt. Und wenn er sich auf einen Gott beruft, gewinnt er dadurch in den Augen anderer noch zusätzlich an Stärke. Dies macht ihn überlegen über alle jene, die nicht oder noch nicht zu einer vollständigen "Verinnerlichung" vorgedrungen sind und deswegen zwischen dem Anspruch ihres (schwachen) Gewissens, den Begierden ihrer Triebe und den Regeln, die andere ihnen auferlegt haben, hin- und hergerissen werden. Diese "Schwachen" oder "Sklaven", wie Nietzsche sie in drastischer

---

(22)S. Freud, Vorlesungen zur Einführung in die Psychoanalyse. Neue Folge, in: Werke, hg. von A. Mitscherlich, A. Richards, J. Strachey, Bd. 1, 1969, 496-517, hier: 498.
(23)Was bedeuten asketische Ideale?, aaO. V, 339-412.

Sprache zu nennen pflegte, sind fasziniert von der Macht und Entschiedenheit des "asketischen Priesters". Nicht nur sein Gott, sondern auch der "asketische Priester" selbst ist in ihren Augen kaum noch menschlich - und sie beginnen ihre Vorstellung von Gott nach dem Bild des Priesters zu gestalten.

Nach Nietzsche kommt religiösen Vorstellungen in dieser Entwicklung noch eine weitere Funktion zu. Als "Hirte" der "Schwachen" gerät der "asketische Priester" in Konflikt mit denen, die die Forderungen der Kultur noch nicht "verinnerlicht" haben und weiterhin als "Halbtiere" dahinleben. Diese "Starken" kann er nicht durch Krieg und Waffen bekämpfen, da sie ihm darin überlegen sind. Aber dafür ist er klüger als sie, und seine raffiniertesten und wirkungsvollsten Waffen sind - religiöse Vorstellungen. Mit ihrer Hilfe gelingt es dem "asketischen Priester", die Selbstsicherheit seiner Feinde zu brechen und sozusagen in deren eigenem Bewußtsein Fuß zu fassen. In den folgenden Zeilen aus Nietzsches Götzendämmerung wird ein früherer "Starker" beschrieben, der von den Priestern "verbessert" worden ist. Wie sieht er nun aus?

"Wie eine Karikatur des Menschen, wie eine Mißgeburt. Er stak im Käfig, man hatte ihn zwischen lauter schreckliche Begriffe eingesperrt ... Da lag er nun, krank, kümmerlich, gegen sich selbst böswillig, voller Haß gegen die Antriebe zum Leben, voller Verdacht gegen alles was noch stark und glücklich war. Kurz, ein 'Christ' ..."(24)

Auch Freud betont, daß die Kultur im allgemeinen teuer erkauft worden ist. Ich brauche hier seine weithin bekannt Theorie von der Sublimierung der Triebe nicht darzulegen. Es genügt zu sagen, daß ihm zufolge in diesem Prozeß bisher die Gottesvorstellung die bei weitem wichtigste gewesen ist.

Im folgenden möchte ich die dritte Fassung des Arguments kurz mit den beiden anderen vergleichen. Ihre besonderen Kennzeichen sind: (a) Gegenstand religiöser Vorstellungen ist der Mensch als solcher, insofern er menschlich und nicht mehr tierähnlich ist, d.h. sofern er ein bestimmtes Maß an Selbstbeherrschung aufbringen kann. (b) Religiöse Vorstellungen sind spontane Hervorbringungen aller Menschen; daß sie so unterschiedlich sind, liegt an den verschiedenen Situationen, Fähigkeiten und Interessen der Menschen. (c) Religiöse Vorstellungen dienen hauptsächlich dazu, Selbstbeherrschung zu erwerben und aufrechtzuerhalten.

ad (a). - In dieser Hinsicht geht es der dritten Fassung des Arguments genauso wie den beiden anderen. Das Argument liefert keinerlei Beweis dafür, daß es keinen Gott gibt, geschweige denn, daß es keinen geben kann, vielmehr geht es von dieser Vorausset-

---

(24)F. Nietzsche, Götzendämmerung, Die "Verbesserer" der Menschheit, aaO. VI, 99.

zung aus. Daß alle Vorstellungen von Gott und alle mit diesem zentralen Begriff zusammenhängenden Vorstellungen nichts anderes als Projektionen menschlicher Macht sind, wie Nietzsche behauptete, ist nur dann eine sinnvolle Behauptung, wenn feststeht, daß kein Gott existiert. Nebenbei gesagt braucht das religiöse Bewußtsein nicht die Möglichkeit zu bestreiten, daß es solche von menschlicher Macht projizierten Götter "gibt", aber es würde sie als Götzen ansehen.

ad (b) und (c). - Die beiden unter (b) und (c) beschriebenen Grundzüge hängen eng zusammen. Ihr Hauptproblem ist eine gewisse Zweideutigkeit, die jedem auffällt, der Nietzsches und Freuds Kritik sachlich nachzuvollziehen sucht. Beide Autoren kritisieren vehement die religiösen Vorstellungen als repressiv und würden offensichtlich eine Welt ohne Religion vorziehen. Gelichzeitig stellen sie aber die zentrale Rolle heraus, die die Religion bei der Menschwerdung des Menschen gespielt hat. Besonders Nietzsche bindet die Befähigung zur Selbstbeherrschung, das Menschsein und die Religion so eng zusammen, daß es schwer vorstellbar ist, wie man einen der drei Bestandteile entfernen könne, ohne auch die anderen zu beseitigen. So stehen die Ausführungen dieser beiden Kritiker zwar eher in Einklang mit den Ergebnissen historischer und religionswissenschaftlicher Forschung und sind psychologisch besser begründet als die von Feuerbach und Marx, aber so weit das der Fall ist, scheinen sie die Religion eher zu unterstützen als zu verwerfen.

Nietzsche scheint sich dieses Problems bewußt gewesen zu sein. Wenigstens hat er zwei Versuche unternommen, diesen Konsequenzen zu entgehen. Der erste, radikalere, zielte darauf ab, nicht nur die Religion, sondern auch den Menschen zu "überwinden", der als Mensch nicht ohne Religion auskommen kann. Das war ein wichtiger Aspekt der Lehre vom "Übermenschen" Nietzsches, der an die Stelle des Menschen treten soll. Der andere Versuch bestand darin, mindestens zwei Arten von Religion zu unterscheiden, die der "Starken" und die der "Schwachen", um nur letztere zu verwerfen, die ihre historisch wirksamste Ausprägung nach Nietzsches Meinung vor allem im Christentum gefunden hat. Beide Versuche werfen viele und schwierige Probleme auf, die ich hier nicht behandeln kann.(25) Für die hier zu erörternde Frage ist das Zentralproblem das der Menschwerdung des Menschen. Es ist Nietzsche, so scheint mir, nicht gelungen, einen Weg zum Menschsein aufzuzeigen, der nicht über die "Verinnerlichung" von Unterdrückung führte - und ich glaube, daß er damit recht hatte.

---

(25)Vgl. dazu meinen Aufsatz, Nietzsches Kritik am Christentum, in: J. Salaquarda (Hg.). Rückgang zu Gott?, 1975, 9-24 (Dort auch weitere Literaturhinweise).

Ein Mensch sein heißt, wenigstens bis zu einem gewissen Grad, Selbstbeherrschung ausüben zu können. Darin ist der Mensch von den Tieren unterschieden, die von ihren Instinkten geleitet werden, und auch von Gott, der von Ewigkeit zu Ewigkeit in Einklang mit sich selbst lebt. So gut wie alle Philosophen und Theologen haben diese conditio humana anerkannt und sie bei der Ausarbeitung ihrer Anthropologien berücksichtigt. Es ist eine mehr semantische Frage, ob man in diesem Zusammenhang von "Unterdrückung" spricht oder nicht. Denn es gibt immer "etwas" "im" Menschen, das von "etwas" "anderem" beherrscht, gelenkt oder eben "unterdrückt" wird. Man kann das eine "Trieb" nennen und das andere "Vernunft" und mag die Herrschaft dieser über jenen befürworten. Dem haben übrigens weder Nietzsche noch Freud widersprochen. Wohl aber ging es ihnen darum, deutlich zu machen, daß es eine Herrschaft ohne "Unterdrückung" nicht gibt.

Um die dritte Fassung des Arguments generell beweisfähig zu machen, müßten ihre Anwälte nachweisen, daß religiöse Vorstellungen eine Art der Selbstbeherrschung fördern, die repressiver ist als nötig, um menschlich zu werden und menschlich zu bleiben; bzw. daß sie sogar nur repressiv sind, während andere, z.B. wissenschaftliche Vorstellungen, dazu verhelfen, eine viel bessere Art der Selbstbeherrschung herbeizuführen, die der Emanzipation nicht im Wege steht. Aber während Nietzsche und Freud viel dazu beigetragen haben, uns zu zeigen, daß wir Menschen ohne Selbstbeherrschung weder menschlich werden noch bleiben können, ist es ihnen nicht gelungen nachzuweisen, daß religiöse Vorstellungen als solche weniger geeignet sind als andere, bzw. daß sie keine funktionierende und befreiende Koordinierung der menschlichen Kräfte zustande bringen könnten.

5. In der langen Geschichte des "Unterdrückungsarguments" ist es den Religionskritikern gelungen, repressive Strukturen in Kirche und Gesellschaft, repressive religiöse Vorstellungen und repressive Verwendung religiöser Vorstellungen zu entlarven. Wer an einen Gott glaubt oder sich zu einer Religion bekennt, sollte sich dieser Probleme bewußt sein und sie zu vermeiden suchen. Das Argument ist daher ein unaufgebbares Instrument religiöser Selbstkritik.

Außerdem trägt die Beschäftigung mit ihm dazu bei, gesellschaftliche und seelische Vorgänge besser zu verstehen. Es gibt uns einen wertvollen Einblick in die conditio humana.

Aber zumindest in seinen bisherigen Fassungen konnte das Argument nicht den Nachweis erbringen, daß es keinen Gott gibt, geschweige denn, daß es keinen geben kann. Obwohl das Argument im Verlauf der Geschichte wesentlich verbessert worden ist, beruht selbst seine dritte, durchdachteste Fassung auf der Annahme, daß kein Gott selbständig existiert. Daher kann es nicht seinerseits als Beweis für eine solche Annahme dienen. Das Argument scheitert zudem, wenn es den Nachweis führen will, daß alle religiösen Vorstellungen repressiv sind - unabhängig davon, welche Bedeutung wir dem Ausdruck "repressiv" geben und in welche Theorie wir ihn einfügen.

ZUR FRAGE DER GOTTESERKENNTNIS IN AUSSERCHRISTLICHEN RELIGIONEN

Eduard Schweizer

Werner Kohler hat zeit seines Lebens mit diesem Problem gerungen. Wenn ich hier in größter Kürze auf drei verschiedene neutestamentliche Ansätze hinweise, von denen jeder einen Teil der Wahrheit ausprägt und die im einzelnen auszulegen und miteinander zu vergleichen wären, dann zeigt sich darin ein Weiterwirken seines Denkens und vor allem seines Lebens - bis hin zu einem sehr eindrücklichen Gespräch an seinem Krankenbett kurz vor seinem Tod.

1. Apostelgeschichte 17,16-34

In der lukanischen Areopagrede des Paulus sieht es zunächst so aus, als ob der Hauptteil der Rede nur verkündete, was damals allen aufgeklärten Griechen, den Juden und den Christen gemeinsam war: daß Gott nur Einer ist, feststellbar im Leben der Schöpfung, aber nicht abbildbar. Daß sogar ein griechischer Dichter als Kronzeuge dafür zitiert wird, daß "wir seines Geschlechts sind" und also "in ihm leben und uns bewegen und sind", zeigt, daß hellenistische Gotteserkenntnis hier sogar näher liegt als das strenge Gegenüber Jahwes zu seinem Volk in der alttestamentlichen Sicht. Zwar ist Ps 139 nicht wesentlich verschieden, wenn er erklärt, daß Gott uns "von allen Seiten umgibt". Aber hier ist der Sprecher der zum Gottesvolk gehörende Beter, nicht einfach irgendein Glied der universalen Menschheit. Dennoch wird in der Areopagrede, entgegen dem ersten Anschein, schon in der langen Hinführung zu den Schlußversen Gott mit alttestamentlichen Wendungen als Schöpfer verkündet. Betont wird also nicht sein "Wesen", das mit dem innersten Wesen des Kosmos und des Menschen mehr oder weniger eins ist, sondern sein Tun am Menschen und für ihn, das bis hin zur Zuteilung bewohnbarer Zonen und fruchtbarer Jahreszeiten reicht, auch wenn V. 26 wahrscheinlich nur dies, nicht etwa die Lenkung der eigentlichen Menschengeschichte umschreibt.

Vor allem aber fällt die Entscheidung, wie schon H. Conzelmann betont hat, bei der Verkündigung der Auferstehung Jesu und seiner Richterfunktion. Die Rede will also beides sagen: Der Gott, von dem und in dem alle Menschen leben und den die Griechen unerkannt verehren, ist wirklich, objektiv, der Gott des Alten und Neuen Testaments und kein anderer. Wirkliche Erkenntnis erfolgt aber erst dort, wo Gott nicht mehr nur als in allem lebender Geist gesehen wird, sondern wo er - in Jesus Christus - uns eindeutig gegenübertritt, also sich als der Geber bezeugt, dem wir die

Schöpfung verdanken, und damit als der Herr, vor dem wir unser Leben in Verantwortung führen. Zu solchem Leben hat der auferstandene Jesus Christus die Möglichkeit der Umkehr gegeben. Auch wenn nicht die ganze Fülle des Umdenkens, der grundlegenden Wende, der totalen Veränderung aller Werte, die Werner Kohler so wichtig war, im lukanischen Verständnis von Umkehr enthalten sein mag, ist damit zweifellos mehr gesagt als im Ruf zu einem Gott, d.h. der Natur, entsprechenden Leben bei damaligen Stoikern. Darum scheidet sich die Hörerschaft auch bei Erwähnung der Auferstehung (vgl. schon V.18!) und des Gerichts in solche, die Paulus ablehnen, andere, die noch neutral offenbleiben wollen, und einige wenige, die sich von der Botschaft überwinden lassen. Was sie scheidet, ist also weniger eine Frage des Denkens als eine Frage der Anerkennung der Konsequenzen, die sich aus dem mehr oder weniger deutlichen Bild Gottes erheben: ob man also den Gott, der sich uns in der Schöpfung zeigt, wirklich die Schöpfung anerkennt, so daß seine Zuwendung zu uns unsere Zuwendung zu ihm in der Verantwortung seinem Willen gegenüber hervorruft und prägt.

2. Kolosserbrief 1,15-20

Der hier zitierte Hymnus geht einen entscheidenden Schritt weiter. Auch er erklärt, daß die ganze Schöpfung mit ihren Mächten und Gewalten, also auch die Menschenwelt, "in ihm" lebt. Aber "in ihm" bedeutet jetzt "in Christus", dem "Bild des unsichtbaren Gottes". Nun ist wohl darauf zu merken, daß dabei nicht vom fleischgewordenen Jesus, sondern vom Schöpfungsmittler die Rede ist. "Bild Gottes" ist er im gleichen Sinn, wie es Philo vom Logos aussagt. Wie nämlich ein Prägestempel das Bild der Helvetia oder des Königs oder des Präsidenten eines Landes ist und dann ungeformtem Metall seine Form gibt und ihm dieses Bild aufdrückt, so wirkt Jesus Christus als die Schöpfung prägendes Bild des unsichtbaren Gottes. Die Schöpfung als solche besitzt also noch keine klare Prägung; sie ist wie ungeformtes Metall. Sie kann den wundervollen Bestäubungsapparat einer Pflanze aufzeigen, die damit das Wunder der Lebenserhaltung darstellt, aber ebenso auch das sinnlose Vertrocknen von Tausenden von Samen, bevor einer von ihnen fruchtbaren Boden findet. In ihr ist das Herumtollen eines jungen Rehs im taufrischen Gras ebenso zu sehen wie das Verenden eines angespülten Krebses in der ausgetrockneten Felsmulde. So ist die Schöpfung als solche stumm, oder besser: sie spricht sehr verschiedene, miteinander nicht zu vereinbarende Sprachen.

Darum erklärt der Kolosserhymnus, daß erst der, der gehört hat, daß Gott in Jesus die Welt mit sich versöhnt hat, auch in der Schöpfung denselben Gott als den uns liebenden und uns durch allen Tod hindurch Leben schenkenden erkennen kann. Der Hymnus unterstreicht also, daß Erkenntnis Gottes nicht nur Wissen um eine höhere Macht bedeutet, sondern vom Leben, Sterben und Auferstehen Jesu her die Gewißheit einschließt, daß diese in der gesamten Schöpfung wirkende Macht eine den Menschen suchende, ihm entgegenkommende und ihn zur Versöhnung führende Macht der Liebe ist.

3. Römerbrief 1,21-22

Der Text, der der Schau Karl Barths am nächsten liegt, mit dem sich Werner Kohler schon früh in dieser Frage auseinandergesetzt, und der seinerseits ihm in Gesprächen auch einiges zugestanden hat, ist Röm 1,21-22. Hier wird eindeutig erklärt, daß alle Völker in der Schöpfung Gott erkannt, ihn aber nicht anerkannt haben. Anstatt ihn zu preisen und ihm zu danken, erklärten sie, selbst weise zu sein. Dahinter steht die Sicht der Sündenfallgeschichte, nach der der Mensch selbst wie Gott sein wollte und gerade so seine Gottähnlichkeit verscherzt hat. Das ist wohl die am tiefsten gehende Einsicht: es geht nicht darum, anderen die Gotteserkenntnis abzusprechen oder auch für sich selbst daran zu zweifeln, ob sie möglich sei. Wohl aber geht es darum, ob der Mensch davon frei werden kann, seine eigene Weisheit als letzte Weisheit auszugeben, so daß er sie neu als geschenkte und daher auch immer nur im Lobpreis Gottes und im Dank gegen Gott zu realisierende sehen kann. Die Entwicklung einer Technik, in der Gottes Auftrag an den Menschen keine Grenze mehr setzen darf, demonstriert überdeutlich, was hier gemeint ist. Dann ist freilich sofort zu sagen, daß Paulus gerade im Römerbrief betont, wie Israel zwar, objektiv gesehen, den "richtigen" Gott verehrt, ja sogar in unübertrefflicher Weise in seinem Kult ausdrückt, wie Gott nie zu unserer Verfügung steht, wie kein Bild und kein Name ihn einschließen und für uns gefangennehmen kann, wie also kein Mensch vermag, ihn "in die Tasche zu stecken", daß es aber bei alledem zwar nicht seine Erkenntnis, wohl aber seine Gerechtigkeit als letzte Gerechtigkeit ansieht, nicht als geschenkte und darum nur im Lobpreis Gottes und im Dank gegen Gott zu realisierende. Daß dies so wenig wie beim Urteil über die Heiden moralisierend gemeint ist und damit auch ganz andere Hinweise in heidnischer und jüdischer Frömmigkeit nicht geleugnet werden müssen, ist klar.

Hier ist also betont, daß Erkenntnis Gottes nur als gelebter Lobpreis und Dank möglich ist. Werner Kohler hat das immer auch auf die christliche Kirche übertragen. Was bei den Völkern die Weisheit, in Israel die Gerechtigkeit, das ist in der Kirche die rechte Lehre und Frömmigkeit. Die Anekdote vom Religionslehrer, der vergeblich fragt, was alle Menschen seien, bis er formuliert, was "wir denn allzumal seien" und prompt die rechtgläubige Antwort erhält: "Sünder", zeigt nur, wie automatisch korrekt eine Orthodoxie erscheinen kann, die ideenmäßig überhaupt nichts bedeutet. In diesem Sinn ist die Kirche genauso eine "Religion", die sich mit ihrer Weisheit, ihrer Gerechtigkeit oder ihrer Gläubigkeit selbst an die Stelle Gottes setzen und ihn damit absetzen kann. Das zu betonen ist Werner Kohler nie müde geworden.

Blickt man zurück auf die drei Antworten, dann unterstreicht die erste die Gemeinschaft aller Religionen im Wissen um unsere Abhängigkeit von der Schöpfung, in der uns Gott begegnet, die dritte umgekehrt die Gemeinschaft der Sünde, während die zweite die Einheit Gottes als Schöpfer und Versöhner in Jesus Christus festhält. Alle drei warnen davor, dem andern die Gotteserkenntnis abzusprechen oder gar sich selbst von der allen Menschen gemeinsamen Gottlosigkeit auszunehmen, die eigene Weisheit, Gerechtigkeit oder Gläubigkeit an die Stelle des lebendigen Gottes setzt. Alle drei verkünden in verschiedener Weise zugleich den, in dem - jedenfalls für die Jünger Jesu und die auf sie Hörenden - Gott sich als der erwiesen hat, dessen Liebe stärker ist als aller heidnische, jüdische und christliche Abfall von ihm und der uns damit davon befreit, selbst sein zu müssen wie Gott. Ich meine, daß damit etwas vom Zentralen ausgesagt ist, was Werner Kohlers ganzes Leben verkündet hat.

CHRISTIAN MISSION IN A MUSLIM CONTEXT

Wanis A. Semaan

1. Introduction

When one speaks of mission and qualifies it with the adjective Christian, he immediately imposes on mission the character it ought to take as it is carried out in the world. There is no need to repeat all the argumentations of the previous years on the issue of whose mission it is. There is need, however, to underline the point that the question of mission is directly related to the question of call and obedience.

Why are Christians called to be Christian? Are they called because God found in them qualities which he could not find in others? Are they called because they form a higher level of humanity worth preserving? The answer to these questions is a definite no. The biblical imageries which we encounter in Genesis, in Hosea, and in I Peter, to name only a few examples, indicate that the worthless is made worthy by God's gracious calling in order that they may "declare the wonderful deeds of him" who called them "out of darkness and into his marvellous light." (I Peter 2,9). And if Christians get arrogant about their identity and presume that there is an inherent worth in them, then they must be reminded of Christ's dialogue with the Pharisees as they boasted about their Abrahamic identity that God can raise children for Abraham from dead stones.

Those who were no people are now God's people; those who knew no mercy have now experienced God's mercy. Why? God loves his creation and will not permit it to remain in darkness forever. He, therefore, calls all people out of their darkness, recreates them, reconciles them with himself, and entrusts them with a mission. The Christian who is not merely a socio-religious person, but rather one who realizes that the chief moving element in his life is the love of Christ will assume responsibility for this mission. His meaning-system would be the Pauline teaching: "For the love of Christ controls us, because we are convinced that one has died for all; therefore all have died. And he died for all, that those who live might no longer live for themselves but for him who for their sake died and was raised." (II Kor 5,14.15).

This Christian meaning-system unravels the reason which underlies the gracious call of God. The Christian does not live for himself. In Christ he becomes a new creation; he has been removed from darkness into light. From death into life. The light which lights his path is Christ and the life he now lives in is Christ. His present new life acquires new values and a solid foundation on which to stand.

The values which the person who is called in Christ now has are Christ's values and the foundation is Christ himself, "For no other foundation can anyone lay than that which is laid, which is Jesus Christ." (I Kor 3,11). On these bases mission is not a task which the Christian chooses; it is rather one for which he is chosen. In other words, mission is not an option which the Christian may take up or leave alone. The Christian recognizes from a fuller and clearer understanding of his faith that mission is a matter inseparable from his obedience to God in Christ. Mission, then is the fulfillment of discipleship in obedience; the declaration that the gracious call of God is addressed to all; and the carrying out of the ambassadorial task with which the Christian is entrusted.

But whose task is mission? Is it the task of a specialist? Is it the task of the rich and the powerful? When one speaks of mission in our times, one thinks immediately of Western men and women who have been sent all over the world by their Churches. Mission from West to East or from North to South has had its built-in difficulties and weaknesses. In this manner we have seen missionaries sent from rich, powerful, developed countries to poor, weak, and underdeveloped countries. They took with them cultural, economic, and political value-systems. Often the missionary was unable to distinguish between these value-systems which have contributed to the formation of his own identity and which were time-bound and place-bound and those elements of his faith which transcend both time and place. He permitted many times the transitory to take on lasting characteristics and consequently presented a picture of the Christian faith which undermined the very message he wanted to proclaim.

Through the biblical understanding of the call which is addressed to all and of mission as the obedient and faithful response to the call, we see that the task of mission is not restricted to the specialist, nor to those who come from countries which can afford the expense of mission work, but rather the task of all who hear the call and obediently and faithfully respond.

Christian Churches are found in countries where the socio-religious and socio-political context can be described as Muslim. In these countries also, these Christians Churches are called on to exercise their responsibiltity and duty. The manner in which they will fulfill their responsibility and duty is the concern of this essay.

An important fact must remain before us as we seek to understand this matter. Islam is a religion which embraces all facets of life. No area of life is excepted. Islam, furthermore, understands itself as the end (telos) of all religion and the fulfillment of all human striving that possesses the answers to the most perplexing questions of humanity. Whether the questions deal with the relationship between God and man or between man and man or whether the questions deal with political, economic, legal or social concerns, Islam maintains that it has the answers for all of them.

Egypt, Sudan, Lebanon, Syria, and Iraq have local Churches who are not guests, expatriates, or recent comers; their presence predates Islam. They belong there. The largest Church in these countries is the Coptic Orthodox Church of Egypt; a very large proportion of the population of Sudan is Christian - here only we cannot speak of Christian presence as predating that of Islam; nearly one half of Lebanon is Christian; in Syria the number of Christians is respectable, but if we were to speak of ratios, then the Church in Syria is a minority; and without doubt, the Church in Iraq is a tiny minority.

One encounters in these countries all possible traditions within the Christian Church. The past here is very much alive. Readily one meets Copts, Maronites, Greek Orthodox, Uniate churches, Oriental-non-Chalcedonian Churches as well as the whole spectrum of Protestantism.

Obviously it is virtually impossible to offer a general Christian understanding of mission. Each of these Churches has its ecclesiology, its view of the Christian office, its position with reference to the laity, and its vision of its responsibilities and duties in society. It would be presumptuous on my part to speak for all these Churches. I can present my views on mission as a reformed theologian; and if the other Christians in these lands were to take up my position, it would please me very deeply.

In each of these countries the serious researcher encounters different questions. For example, in Egypt the Copts have already had painful difficulties with their Muslim neighbours; in Sudan the war between North and South was a war between Muslims and Christians, and now they begin to fight each other once more after the declaration of Islamic schari'a as the law of the land; the last nine years in Lebanon are sufficient evidence of the difficulties Christians and Muslims can have with each other; in Syria where the minority 'Alawite sect rules and defends itself against other religious groups with brute force when necessary, we have a nervous Christian presence. In such contexts the question of mission is a touchy matter; and one must add that in Iraq the Christians can hardly stand on their own two feet and defend themselves from possible persecutions.

Despite all this Christian Churches must respond obediently and faithfully to their call wherever they may be found. And the Christian Churches in Arab countries have no special dispensation from

God releasing them from this responsibility. With Isaiah they must respond to their call: Here we are; send us!

2. The Context

An Islamic context is deeply religious. This is a particularity of Islam insofar as it is a religion which does not exclude any of the important areas of human relationships from its concerns. As a unified system of belief and practice it offers its adherents a comforting explanation of reality which satisfies their questions about the supernatural; about their relation to he supernatural and to each other as well as to others outside the faith; it offers them the revealed word of God and the sunna (tradition) of the prophet; and it finally offers them the schari'a (law) which stands primarily on the Qur'an and the sunna and secondarily, on the consensus of the faithful scholars and on historic precedent.

The sovereignty of God over all areas of life does not allow a dichotomous view of reality, namely, the sacred and the profane. All areas of life are subject to God's sovereign will. This is why a Muslim does not feel that he is doing something unacceptable if he were to stop his work and engage in the prescribed prayers at their appointed time. He sees no conflict between the one sphere and the other: he is always in God's sphere.

Therefore, when a Muslim government offers the Islamic schari'a as the law of the land, the offer is a religious act. And while such an act is a religious practice for the Muslim believer with a magnanimous attitude toward the people of the Book, the same people of the Book, namely, Jews and Christians would find it a restricting mechanism which denies them the freedom to be who they are.

Christians also affirm their belief in the sovereignty of God. But they perceive reality dichotomously. They discern two domains, that of the sacred and that of the profane. And while they believe that God's sovereignty extends to include the profane, they believe that the regulation of the political, economic, legal and social relations remains for them to determine its course.

We are of course very much aware of the Genevan experiment by John Calvin. It was directly related to the heavy emphasis which he laid on the sovereignty of God. We are equally aware that the experiment failed and could not work out. The teaching of Jesus that man ought to give to Caesar what is Caesar's and to God what is God's forms the basis of the political ethic for most Christians.

An Islamic context beside religious, is also one which affirms the prophetic tradition. Abraham, Moses, Jesus together with the other prophets make up the prophetic chain culminating in Mohammed as the Seal of the Prophets. Though Jesus is revered and blessed by Islam along with other prophets, he is superseded by Mohammed.

The Islamic view of Jesus as merely a prophet among prophets with its refusal and rejection of the Christian belief that Jesus is the Son of God and its denial of the event of the cross is precisely why Christian mission among Muslims must be carried out. Islam, in other words, both affirms and rejects Jesus. It affirms him as a prophet, but rejects him as Son of God. Such a concept as the Fatherhood of God or the Sonship of Christ is totally unacceptable to Islam. This duality of perception vis-à-vis the Christ is exactly the point over which traditional understandings or modes of Christian mission have run aground.

Despite the affirmation of the prophetic tradition, it is Mohammed's prophethood which mediated the perfect religion. All the other prophets made their positive contributions, but all were tributary to this final stream is the claim of Islam. To say the least, Christians find this Islamic stand a bitter pill to swallow, particularly when they believe of Christ that:

"He is the image of the invisible God, the first born of all creation; for in him all things were created, in heaven and on earth, visible and invisible, whether thrones or dominions or principalities or authorites - all things were created through him and for him.

He is before all things, and in him all things hold together. He is the head of the body, the Church; he is the beginning, the first-born from the dead, that in everything he might be pre-eminent. For in him all the fullness of God was pleased to dwell and through him to reconcile to himself all things, whether on earth or in heaven, making peace by the blood of his cross." (Kol 1,15-20)

Two finalities confront each other. The Islamic finality claims that it supersedes and fulfills all that came before it.

Insofar as the Islamic self-understanding underscores the perfection and finality of Islamic revelation, it calls Jews and Christians to abandon their imperfect comprehensions and benefit from the fullness of revelation which Mohammed transmitted as the obedient servant of God. This Islamic claim to wholeness and perfection leads to their missionary impulse. The militancy of Islam is a corollary of their axiomatic belief.

In our times we are witnessing two streams of Islamic revivals. Dr. Khalid Duran of the German Oriental Institute in Hamburg labels the two streams as: reislamization and Islamism. Reislamization is a process of rediscovering the values of Islam together with the glories of the past and the freedoms which the Muslim enjoyed within the bounds of the Islamic empire. To this process outsiders are invited through Islamic da'wa (call). They are invited to join the process, discover, and reap the benefits of belonging to the fullest of religious revelation. Islamism is of a different character: it is what we encounter these days in Khomeiny's rigid ideology which cannot tolerate other religious forms despite the Qur'an's clear teaching that there is no compulsion in religion.

Mission in a Muslim context must be carried out with all these factors in mind - both the theological and the political. In doing mission in such a context, the Christian will either come in collision with Islam because of his and its claims to finality; or he will seek to find ways through which he will fulfill his call to be a Christian. A course of collision is unproductive and even destructive. It just be avoided for it does not reflect the true character of the Christian faith and ethic, namely, that of being there for the sake of the other. The role of servant was what Christ played as he fulfilled his call and obedience, and the Church, his body, if it plays the role of servant in mission and thereby fulfill its call and obedience would justify its existence.

3. The Content of Mission

The content of Christian mission is affirmative and challenging. It affirms and declares on the one hand, and challenges and urges on the other. On the affirmative side, it proclaims the kingdom of God and that in Christ, the mediator, creation finds its reconciliation and redemption. While on the challenging side, it calls people to repentance and belief in the gospel. That is, the content of mission cannot be for the Church what it was not for Christ himself. After John the baptizer was arrested, "Jesus came into Galilee, preaching the gospel of God, and saying, 'The time is fulfilled, and the kingdom of God is at hand; repent and believe in the gospel.'" (Mk 1,14,15)

When Christ declared that the kingdom of God is at hand, he was saying that the controlling element for human relationships, God, is in the midst of human society. From now on all relationships shall be governed by the presence of God in the world. As of this point, the prophetic promises that "God is in the midst of her, she shall not be moved; God will help her right early. The nations rage, the kingdoms totter; he utters his voice, the earth melts", (Ps 46,5f) has been fulfilled.

The kingdom is at hand; God rules and his rule means that wholesome, positive, and peaceful grounds shall constitute the bases and the foundations of all human relating and doing. Wholesomeness connotes that the grounds of government under God's rule know no phoniness, or pretense, no arbitrariness or capriciousness, but genuineness and authenticity in all areas of relationships. The kingdom is at hand means also that all kingdoms and governments are instruments acting in behalf of the real king whose kingdom has already taken root and is now founded in human society. Yet, the fullness of the kingdom of God is not yet known; what we now know is only a foretaste of what is yet to come. The kingdom is not fully realized yet: "For now we see in a mirror dimly, but then face to face. Now I know in part; then I shall understand fully, even as I have been fully understood." (I Kor 13,12)

Although the kingdom is at hand, we pray as Christ taught us for the coming of the kingdom. We pray for the coming of the kingdom because we have had a taste of it, and we do want to enjoy its fullness. When the kingdom shall have fully come, the rival kingdoms of man whose continuance had often meant wars, destruction, dehumanization, and alienation shall cease to exist, "for the kingdom of God does not mean food and drink, but righteousness and peace in the Holy Spirit" (Röm 14,17). When the kingdom shall have fully come, then shall the angel blow his trumpet and loud voices in heaven shall be heard saying: "The kingdom of the world has become the kingdom of our Lord and his Christ and he shall reign for ever and ever" (Rev 11,15).

The content of mission also embraces the proclamation of Jesus the Christ as mediator, reconciler, and redeemer. This proclamation shall establish clearly that humanity which rebelled against God and asserted its will over against his, stands condemned before him. It stands in need of the mediating work of one who is capable to reconcile it with God and rescue it from the alienation and enmity which its rebellion against God had occasioned, if it should have any future at all. In proclaiming Christ as mediator, reconciler, and redeemer, mission is thereby saying that "there is salvation in no one else, for there is no other name under heaven given among men which we must be saved." (Act 4,12)

Consequently, then, mission calls humanity to a new life. The call to this new life means a repentance of the past, a turning around, a re-formation, a forgetting of the past, a commitment to the new and a longing for the realization of the kingdom of God in the life of the individual as well as that of society. In the words of Jesus according to the Gospel of Luke, "No one who puts his hand to the plow and looks back is fit for the kingdom of God." (Lk 9,62)

The Apostle Paul, even after his unique experience and conversion, despite his commitment to Christ as Lord of his life could not claim that he has attained. He said,

"... I press on to make it my own, because Jesus Christ made me his own. Brethren, I do not consider that I have made it my own; but one thing I do, forgetting what lies behind and straining forward to what is ahead, I press on toward the goal for the prize of the upward call of God in Jesus Christ." (Phil 3,12-14)

The new life-style to which mission calls is a life-style characterized by movement. It is in exodus and God in Christ is at the head leading toward the goal. It is not a life-style which can be satisfied with the maintenance of the status quo, or allow itself to be overwhelmed by it.

4. The Method

The modern period, particularly beginning with the rise of the Protestant missionary movement in America in the nineteenth century, ahs witnessed several methodologies of mission. Some of these methodologies have been maintained while others of them have been abandoned. Here, I shall discuss some of the most prominent of these. Remnants of them may still be seen in some missionary activity, though for the most part they have been laid to rest. I shall concentrate on the following: evangelization as civilization; dis-interested benevolence and manifest destiny; and the social, medical, and educational approach as means for prosyletism.

To be Christian and particulary an evangelical meant to be civilized. Therefore any form of faith which did not fit this categorization was declared heathen and uncivilized. Such form of faith constituted a proper field of mission though they may have been Christian of a different persuasion. Developed forms of civilization were attributed to the civilizing influence of the gospel, and given adequate time and chance, the gospel could transform any society.

This methodology lacked incisive vision and properly has been put to reset in the more serious missionary circles. It was unable to distinguish between commitment to God in Christ and belonging to a culture with its history and values.

In America it was the theology of Jonathan Edwards as systematized by his pupil Samuel Hopkins which gave the Protestant missionary movement its greatest impetus and dynamism. Hopkins put forth the concept of dis-interested benevolence as the chief ground for doing mission. To him dis-interested benevolence meant love, unlimited love for the other, and for the world; and a willingness even to be damned for the sake of the other. To withhold nothing, and to give everything; to give up one's own life; to cherish nothing, but the salvation of the other.

Humanly speaking this appears to be super-human, and beyond the reach of ordinary man. It is told that during the examination for ordination of one missionary, he was asked by the moderator of his presbytery: "Are you willing to be damned for the sake of the world?" He answered, "I am not only willing to be damned for the sake of the world, but that the whole presbytery be damned with me."

The social infrastructure of the time may be outlined as follows: Europe's age of reason was beginning to enter the American scene through the work of Thomas Payne by means of his book, The Age of Reason. That book was in essence the popularization of the prevalent thought of Europe at that time. And in the minds of the still puritanical Americans, this was linked to post-French revolutionary thought which ultimately led to infidelity. Therefore, in their attempt to combat the so-called French infidelity, revivals become the life-style of the newly independent America. America had experienced revivals previously in the middle of the 18th century, but it was the Second Great Awakening which took place around the end of the 18th century which was formative theologically for the combatants against infidelity and rationalism. Another factor contributed to the rise of such a theological precept: Manifest Destiny. Manifest Destiny meant that the white man of America, having been greatly blessed by God, who had given him such a land of plenty, a magnificient land, a land of wealth and resources yet untapped, felt that it was incumbent upon him to do something for the world. This attitude may be best understood when viewed in the light of the business and commercial enterprises of the times. As the American travelled outside his continent and within it he brought with him the fruits of the gospel and its blessings. Civilizing and evangelizing were construed as synonymous. All peoples were considered heathen, if they were not Evangelical. An example of this attitude can be seen in the manner in which they viewed the American Indian and how they reacted to him. By teaching him English, they would make a gentleman out of him; and by evangelizing him, they would then civilize him.

The latter part of the 19th century witnessed the establishment of several institutions of higher learning at the hands of American Protestant missionaries around the world. Here we begin to see a shift in the social infrastructure which influenced theological thinking. Here were the roots of the movement which came to full bloom at the beginning of the 20th century in America. Sociologically it may be depicted as the age wherein the unity of man became a pressing issue particularly at the close of World War I, and the founding of the League of Nations whose chief promoter was Woodrow Wilson. And, theologically it may be depcited as the age of the "social gospel".

On the ground of this new infrastructure, the missionary went about "doing good". Founding hospitals and schools; evangelism through good works and through education became the facts which had apprehended the missionary movement from America.

248

One may see similarity between the "social gospel" mentality in missionary developments and the type of work which Albert Schweitzer was doing in Africa at the same time. Evangelizing or better yet proselytizing took place in the school and in the hospital. The important thing was to make the missionized in the image of the one doing mission theologically and culturally. The recipient of mission was "civilized" and rendered into a gentleman! The recipient of mission was also detached from his own culture and society and given a new identity which cannot withstand the tests of life. He kept returning to his old ways whenever it was possible. He was, thus, made a marginal personality which belongs neither to this nor to that society or culture.

The influence of neo-orthodoxy was not restricted to Europe alone. It affected the American theological scene as well. The resistance of Karl Barth against the Third Reich together with other Confessing Christians attracted many American theologians. Karl Barth's theology became the locus of American Protstant theological thinking.

One of the leading theological principles emanating from Barth's teaching was the concept of "Mitmensch". It became the over-riding anthropo-theological principle. However, it remained rather difficult to implement in the actual arena of doing mission. Like all ideals, "Mitmensch" faltered as a model for mission since it lacked the wherewithall for effective implementation. Man lives in a real world; and for his authentic contacts with others, he needs models which are functional. Besides, "Mitmensch" as a model for mission overlooks man's un-nature as Hans Küng calls it. "Mitmensch" offered the understanding that the new man in Christ saw himself under the same condemnation which all humanity must suffer and at the same time as having been made anew with the whole of humanity. This oneness with the other, prompted some to missionary work only in terms of informing the other of what has already happened to him.

However, understanding his new relationship with God and man as that of the renewed and redeemed, man proceeded to live out his life in the new style which the new relationship dictates. But even with this understanding, one at times can see that man even when renewed still clings fast to the old. And when he goes into the world as a missionary he carries with him "old clothes", and the whole excess baggage with which his society has saddled him. The question, therefore, offers itself: How really new is the new man? The new man insofar as he is confirmed in his relationship to God in Christ is new. He is still old insofar as he is confirmed in his own social and cultural setting out of which there is no easy accessible exit. And the conflict between the two can at times attain such severity that man would behave as though he were schizophrenic. Hence, the failure of mission to attain its lofty purposes and goals.

The new man, in his struggle with the old, experienced a genuine confrontation with himself and with his neighbour before and during World War II. Here the work of the Confessing Christians must be seen, in my opinion, as the work of those how in reality desired to be rid of the old man in oneself by struggling against the totally different man who had not been renewed by God in Christ, or at least the one who did not appropriate the benefits of the redemption wrought by Christ's sacrifice.

Seeing what the old man was doing to other men in his own society, renewed man proposed means of functioning in the world. These means were to be seen in his own self-understanding, his own identity, and his own faith-based relationship to God and man. He began to see himself as the "man-for-the-other". This position, like all other theological positions, is rooted in the situation in which the new man lived. But its chief thrust came out of the biblical principle that man in Christ does not live for himself; he rather lives for the sake of the other person in his society and in the world.

The question remains: how honest is this position from a purely human perspective keeping in mind man's un-nature? Let us go beyond the words if possible.

To live wholly for the other, means the efacement of oneself completely. To eface oneself completely does not seem to be truly feasible, or perhaps honest particularly if we claim some knowledge of true human existence.

It is not feasible because of the ever present old man alongside of and within the new. It is not honest, because and contrary to all claims, the new man remains a this-wordly man. And his other-wordliness when translated into a this-worldliness does not ring forth with authenticity. As a result, one may come to the conclusion and say: now that I cannot live for the other, how can I actually live with the other and on what basis? One answer has been co-existence. By co-existence one understands that this man lives in his own sphere and the other in his own sphere and never shall the two come into contact with each other especially in the matters which count. As the Arabic saying puts it: "You have your religion and I have mine". And so the two live alongside each other without any particularly significant level of relation.

Another position was developed as starting point for doing mission. This was called presence. It was thought that by being present, the new man in Christ will be able to influence the others in his society. It was as if he were able to radiate the light of Christ and enlighten those who lived in darkness around him. No particular activity on his part was called for; all he had to do was to be there.

Again this does not seem to be a real possibility for the old man who persists in the new serves as a refractor of the beams and deflects the rays of light and prevents them form radiating. Hence, no light is given to enlighten the society in which one lives and to which he is present.

It appears from this that I have painted a picture of a dead end. It is a dead end only insofar as we do not realize that there may be another approach. This approach I am calling "being". This is to be distinguished from co-existence and/or presence in the sense that being is active while co-existence means life alongside the other and presence does not require activity of any kind.

By "being" I mean being present and active. Active in the sense of functioning in the world as a renewed man who knows who he is and lives out the Christian life not as if he were making a show of himself to the others, but living in such a way which permits his identity to become known. He desires to live in such a way and his identity makes incumbent on him so to live. He can do no other. This is reminiscient of Martin Luther's stand before the Diet of Worms. Luther could do no other. He could only "be" who he was - the new man in Christ, "for the love of Christ controls us". And by his so being he contributed greatly to the transformation of Christianity and Western civilization.

The implication of "being" as a missiological methodology is far reaching and perhaps more effective than some of the other methodologies which I have outlined. The following is an attempt at verbalizing what I mean by "being".

"Being" implies life and activity. But by "being" I do not mean mere existence, although it is a primary necessity for acting. "Being" in its participal form indicates continuity, and here it means continuity of action; that is, at no moment is a person activity-less; at no moment is he merely existing in a purely physical sense. "Being" means exercising what one believes in; doing that which is of utmost importance; relating to the other; being open to the other and thus functioning in an authentic manner; not facing himself as to obliterate his own identity; but so asserting himself in his relationships with the other so much so that there is no doubt in the mind of the other about his identity.

If and when the Christian lives in this way, all those with whom he comes in contact will realize who he is. The other will come to know him actively. The Christian will be known actively because of this activity. He will be known truly because he has been true to himself. This knowledge must of necessity then become effective and affective. It effects change in the one with whom relationship exists and affects the quality of life of both the one "being" and the one to whom "being" is manifested.

Openness to the other becomes here the way through which "being" gets realized. Unfortunately, there are those who seem to believe that openness to the other is that naive life-style of those who greet anyone with a half moronic smile. One cannot but grimmace at such an understanding of openness.

In its truer sense, openness is a quality which permeates the whole being of the open person. It is not that which permits the easy greeting behind which there always remains the impregnable wall fo separation. Openness, true opennes, will, when practiced, shake the foundations of the walls of separation impregnable as they may be. The exposition of the self has the power of exposing other selves. And when selves are exposed to each other, the one begins to affect the other.

Some may oppose such a missiological methodology because it places the Christian position on the same level with the other religious positions. I grant at this point that there is a risk, and this risk must be seen, understood, and accepted as a legitimate possibility. "Being" as a methodology for mission puts an end to an era of Christian imperialism. The Christian can no longer view himself as the possessor of the only valid religion, if he is to be truly open to the other. Rather, he comes to view himself not as the possessor of the revelation of god, but as one who has been possessed by God. Being possessed by God becomes the motivating factor and power which would give "being" to the other the dynamism, the vitality, the openness, and the authenticity needed for a genuinely human existence.

In his own community, the Christian does not live in isolation from the others. He is a member of the Church, the body of Christ, and the mission which he carries on is the responsiblity of the Church in which he shares as a member.

Ecclesiologically speaking the local Church is at one and the same time the whole catholic and universal Church, the fullness of the body of Christ as well as the local manifestation of that body. As the whole body of Christ, it will be carrying on the whole work of that body in a particular area. It would not be carrying on the work of mission as a representative of a sending Church; on the contrary, it is the living body of Christ on the move, in action, and in exodus outside of itself reaching out for the other for whose sake it was called to this new being and elected to this new privilege. And because it does the work of mission as the whole body of Christ in a particular area, the rest of the Church in the world has no reason to feel left out since wholeness means also oneness. The whole Church does the work of mission for the whole body of Christ who cannot be several bodies.

The local Church must always remember that although it is the whole Church in a particular place, it is indeed only also a part of the whole Church and its life is dependent on two dimensions of relations: on the one hand, it must always be related to the rest of the body in all other parts of the world; and on the other, it must always be related to the head of the body, its Lord Jesus Christ. If through nationalism and cultural arrogance which leads to the break-up of the oneness of which we have spoken, the local Church seperates itself from the fellowship of the whole Christian universal and catholic Church, it pronounces its own death as a Church and decrees its own demunition into a club of like-minded religious persons who have nothing to do with Christ the head of the Church who gave his life so that all may be made one in him.

How, then, is mission to be carried out in a Muslim context? The foreign missionary with a completely different cultural experience, and with a completely different tradition appears to be ill fitted for this task. Despite the many appealing elements which the concept of cultural interpenetration which Ulrich Schoen discusses in his study of Jean Faure, the foreigner remains a foreigner and therefore, also suspect by those among whom he lives as a missionary. An outsider who attempts to go native is not the alternative we are seeking, for he cannot become native no matter how he tries. And the process of interpenetration cannot be applied to non-foreigners since they already share in the culture which they are supposed to penetrate. Another poorly construed notion is that of the inter-religious man of Hassan Askary. Again, the concept has many facets which must be granted as appealing.

To be religious implies by definition definite commitment. One cannot be commited to several religious beliefs which lay demand on him; religious commitment makes claims upon the individual which may more than likely be opposing or contrary if such commitment emanates from different religions. The Christian faith demands of the committed Christian single-minded obedience together with singleness of purpose. It cannot tolerate double loyalty or vascillation. From these perspectives, to be inter-religious is to confess no serious loyalty to any particular religion.

The Christian is called on to be a Christian in the society in which he lives. He is called on to live out his faith actively thereby unfolding his identity without being shy about it. He, thus, confronts the other with whom he lives openly, positively, caringly, and lovingly; through this confrontation mission becomes a lived event.

5. Concluding Remarks

Bishop Kenneth Cragg suggests that the God and father of our Lord Jesus Christ is no other than the God of the Qur'an, but the Qur'an does not speak of him in this language. This type of statement with all the appeal it may have at first glance, loses its luster when one takes seriously all that Bishop Cragg says. Of course, Bishop Cragg takes this position on the basis of belief in one God. If God is one, then there cannot be other gods. The Qur'an insists on the oneness of god in a vehement way; then, the God whom the Qur'an calls Allah is no other than the God and father of our Lord Jesus Christ since Christians, too, are vehement about the oneness of God. This kind of logic does not take into account the fullness of Bishop Cragg's own statement, namely, that the Qur'an does not speak of God in this language.

The key to understanding the full impact of Bishop Cragg's statement cannot be had by a facile logical syllogistical argumentation to which we have already made reference. The key to understanding and appreciating the full impact of Bishop Cragg's statement will become available when we study seriously the implications of the symbolic use of language; that is, the language Christians use and the language of the Qur'an.

Ernst Cassierer and Paul Tillich have pointed out in clear-cut manner that language is symbolic in its nature; that meaning can be deduced only when we have been able to unravel the symbols which we encounter in language. These symbols go beyond the signs which they use; they reach into the reality and are united with that reality. These symbols share in the reality of that which they symbolize.

When the new Testament speaks of God in terms of father our Lord Jesus Christ, two declarations are made simultaneously. First, that fatherhood belongs to the very nature of God, and that he in fact, begat Jesus the Christ; and, second, that Jesus the Christ is the son of God the father.

The Qur'an which insists vehemently on the oneness and unity of God rejects categorically such an understanding as that of which we have just spoken. It abhors any speech about God as father and would describe the concepts emanating from the statement, the God and father of our Lord Jesus Christ, as schirk (participation in the divine reality) which works in fact against the unity and oneness of God.

Ontologically speaking, Bishop Cragg is right when in effect ontological realities transcend the symbolic. But we live in a world where ontological realities are encountered only symbolically. To borrow from the Psalmist: "Such knowledge is too wonderful for me; it is high, I cannot attain it." (Ps 139,6)

Non-ontologically and on a more attainable level, the New Testament and the Qur'an are speaking of different gods. The God we encounter in the New Testament is a god who is also father with all that the symbol father connotes; he is the father of our Lord Jesus Christ whose son he is. Furthermore, this father of Jesus Christ is also our father, and Christ is our brother; Christ can, therefore intercede for us as son of God and our brother. While the God we encounter in the Qur'an is a transcendent one who cannot countenance the possiblity of fatherhood since fatherhood is portrayed only in biological terms. As such, then, Christ cannot be the son of God, nor our brother. He cannot intercede for us in his capacity as son of God and our brother.

From this we can say that mission in the sense we have described in terms of active, open, caring, loving being through the local Church is and remains a necessity. Openness implies mutuality and reciprocality; this does not mean that the Christian gives up his understanding about God and Christ in the interest of maintaining the mutuality and reciprocity. Active, open, caring, and loving being implies a true representation of the Christian self to the other with the hope that when the Christian so portrays himself, the response of the other would be similar to that of the two disciples on the way to Emmaus as they spoke with the risen Christ: "Did not our hearts burn within us while he talked to us on the road, while he opened to us the scriptures?" (Lk 24,32)

MINJUNG-KUNST UND DIE MINJUNG-THEOLOGIE KOREAS

Theo Sundermeier

Die Minjung-Theologie ist eine der jüngsten theologischen Neuerscheinungen in der Dritten Welt. Sie geht auf die Erfahrungen jener Pfarrer und Professoren zurück, die sich in den 70er Jahren plötzlich im Widerstand gegen das diktatorische Regime Südkoreas befanden, gefangen genommen und gefoltert wurden. Im Jahre 1979 stellten sie auf einer Konsultation asiatischer Theologen zum Thema "Das Volk Gottes und die Mission der Kirche", zu der die theologische Kommission des Koreanischen Nationalen Christenrates eingeladen hatte, ihre neuen Einsichten zum erstenmal einer größeren Öffentlichkeit vor. Die bald erfolgte Veröffentlichung der Konferenzvorträge sorgte für eine weite Verbreitung der neuen Gedanken in Asien, machte sie aber auch bei uns bekannt.Worum es in der Minjung-Theologie geht und was ihre Besonderheit ausmacht, läßt sich vielleicht am besten an den Erfahrungen von Prof. Byung-Mu Ahn verdeutlichen, der einer ihrer Initiatoren und weiterhin führenden Köpfe ist. Er hat in Heidelberg studiert und bei G. Bornkamm promoviert. Er war angetan von dem akademischen Betrieb bei uns, er übernahm die historisch-kritische und die formgeschichtliche Auslegungsmethode. Neun Jahre lang, sagte er kürzlich in einem Bericht, vertiefte er sich in unsere Theologie. Sie hat mich "wissenschaftlich-intellektuell befriedigt. Sie hat mich gefangen genommen."(1) Aber im nachhinein muß er sich eingestehen, daß er in all diesen Jahren kein Verhältnis zur kirchlichen Wirklichkeit Deutschlands bekommen hat, geschweige zur sozialen. Der Logos beherrschte alles. Ihn bedrückt die Losgelöstheit der theologisch-akademischen Forschung von der gemeindlichen Basis, das Verhaftetsein an das philosophische Umfeld der Theologie, ihre babylonische Gefangenschaft in der reinen Worttheologie, die den tiefen Zusammenhang mit der Geschichte verliert, weil sie sich in der dünnen Luft einer rein kerygmatisch orientierten Theologie bewegt.

Die Erfahrungen in den Gefängnissen, das Zusammensein der Pfarrer mit Menschen, die einer anderen Schicht angehörten als sie selbst, und deren eintönige, brutale, ja primitive Sprache sie nicht verstanden, der Schock, den der Tod des 22jährigen Arbeiters Tae-Il Chun auslöste, der am 13. November 1970 sich selbst verbrannte und mit dem Schrei starb "Wir sind keine Maschinen, wir sind

---

(1) B.M. Ahn, Das leidende Minjung. Koreanische Herausforderungen an die Europäische Theologie, EK 1987, 12-16.

Menschen!"(2) All das ließ sie erkennen, wie weit entfernt sie vom Volk lebten. Sie erkannten, wie wenig sie von der Tiefe des Leidens dieses Volkes wußten. Sie begriffen, daß es eine Aufgabe von höchster theologischer Relevanz ist, dieses Leiden zu verstehen und seinen Sinn zu interpretieren. Das bedeutete zuerst, daß die Theologen sich Schritt für Schritt in die Sprache des Volkes hineinhören mußten, um das ihr zugrunde liegende Fühlen und Denken zu entdecken. Barrieren der Sprachentfremdung mußten überwunden werden. In dieser Situation hat keiner so viel zur hermeneutischen Aufhellung jenes Denkens beigetragen, wie der im Laufe des Widerstandes zum katholischen Glauben konvertierte Dichter Chi-Ha Kim. Von ihm lernten die Theologen, daß es andere Mitteilungsweisen gibt als die des philosophischen und theologischen Diskurses, andere Sprachformen als die der gehobenen westlichen bzw. chinesischen Rede, nämlich das Lied, der Weisheitsspruch, die Legende, der krasse Witz, das volkstümliche Schauspiel und vor allem die einfache Erzählung, in der sich das Wissen des Volkes mitteilt - oder verbirgt. Vielfach, so entdeckten sie, ist gerade die Verhüllung, die Verschleierung der Sinn solcher Redeformen. Auch das Verstummen mußten sie lernen zu verstehen, den namenlosen, unendlichen Schmerz, der keine Ausdrucksform mehr findet, sondern tränenlos in schwarzes Schweigen sich kleidet. Schicht um Schicht mußten sie bloßlegen, Ablagerungen der jahrhundertelangen Unterdrückung, des Leidens, des Hungers, der Diskriminierung und Verfolgung, um zur Quelle der wahren Gefühle des Volkes vorzustoßen. Sie entdeckten die eigentliche Tragik des Volkes, daß es sich nicht mehr in seinen Gefühlen artikulieren kann, sie erahnten die tiefen Folgen der Unterdrückung, die Entfremdung von sich selbst, die Entfremdung in die Sprachlosigkeit hinein. "Ein Klagelied kann in gewisser Hinsicht lösen, befreien von der Not, 'Han' hingegen bezeichnet eine Qual, von der sich zu lösen es keine Möglichkeit gibt. Obwohl der Mund da ist, hilft er gar nichts, obwohl Hände zum Schreiben vorhanden sind, vermögen sie nichts. Auch die Gedanken sind nicht in der Lage, klar ins Bewußtsein zu bringen, woher die Qual kommt und welcher Art sie ist."(3) Sie begriffen jedoch auch, daß es das Han ist, das dem Volk Überlebenschancen bereithielt, weil in ihm eine Kraft vorhanden ist, die dafür sorgt, daß der Widerstandswille nicht erlischt. Im Han war das Volk es selbst, es stärkte seinen Selbstbehauptungswillen. Im Han ist das Minjung trotz der Unterdrückung weiterhin Subjekt seiner selbst.

---

(2) Vgl. in: J. Moltmann (Hg.), Minjung. Theologie des Volkes Gottes in Korea, 1984, 60, dazu Ahn, aaO. 9.

(3) Ahn, Was ist die Minjung-Theologie? JK 6, 1982, 291.

Die Minjung-Theologen gingen auf die Suche nach der ihnen unbekannten Kultur. Sie spürten die alten Erzählungen auf, entdeckten die pralle Schönheit des Volkstheaters und suchten den Sinn der Maskentänze zu ergründen. Einige hatten ihre eigene Biographie aufzuarbeiten. Byung-Mu Ahn erinnert sich: "Meine Mutter gehörte zur Klasse des 'Eun Mun', während mein Vater zur Klasse der 'Han Mun', also der chinesischen Schrift gehörte. Obwohl ich von meinem Vater unaufhörlich hörte: Konfuzius sagte oder Mengtse sagte, ist doch kaum etwas davon in meinem Gedächtnis haften geblieben. Ganz anders dagegen mit dem, was meine Mutter mir in ganz schlichter Weise erzählt hat. Vieles davon spielt bis heute in meinem Leben eine ganz wichtige Rolle. Mutter, die Zugehörige zur 'Eun Mun Klasse', hat, anstatt Konfuzius oder Mengtse zu zitieren, nur einfach erzählt und nicht nur Geschichten erzählt, sondern häufig, während sie mich auf dem Rücken wiegte, um mich zu beruhigen, ganz einfach Lieder still vor sich hingesungen. Und der Inhalt dieser schlichten Lieder, auf eine ganz einfache Melodie gesungen, ist mir unvergeßlich geblieben und hat lange in mir nachgewirkt".(4)

Wie die japanischen Theologen sich aufmachten, das leidende Herz des Volkes (Kitamori) und des einzelnen (Takizawa) zu verstehen und dazu die Geschichte aufarbeiteten (Endo), um das Ganze der japanischen Kultur zu begreifen, so bemühen sich in gleicher Weise die koreanischen Theologen, die Wurzeln ihrer Kultur im Volk zu entdecken und für die Theologie fruchtbar zu machen.(5)

Der Unterschied zur japanischen Theologie Kitamoris ist jedoch offensichtlich: Zwar sind beidemal Angehörige des akademischen Mittelstandes am Werk, doch hier stehen die Erfahrungen aus dem Gefängnis im Vordergrund und das Bemühen, den durch den Konfuzianismus zementierten Standesunterschied im ethischen und theologischen Ansatz zu überwinden, während Kitamori in seinem Versuch, das japanische Kabuki-Theater für die Theologie fruchtbar zu machen, gerade diese Differenz der sozialen Schichten neu zementiert und in das Gottesverhältnis hineinverlagert.

Mit seinen Erfahrungen hat Ahn das Neue Testament neu zu lesen gelernt. Er entdeckt, daß der Evangelist Markus Jesus in seinem besonderen Verhältnis zum Volk in Galiläa schildert; es ist eine Beziehung, die bis dahin übersehen wurde, für die markinische

---

(4) Ahn, Christen und die Sprache des Minjung, in: Ders., Draußen vor dem Tor. Kirche und Minjung in Korea. Theologische Beiträge und Reflexionen (ThÖ 20), 1986, 85-98.
(5) Vgl. dazu Takizawas Interpretation von Sosekeis Roman Kokoro. In: K. Takizawa, Das Heil im Heute. Texte einer japanischen Theologie, ThÖ 21, 1987, 128-180.

Theologie aber von elementarer Bedeutung ist, meint Ahn. Markus gebraucht statt des aus der LXX stammenden Begriffes "laos" in den von ihm stammenden Summarien immer den griechischen, nicht theologisch gefüllten Begriff "óchlos". Damit sind die unfreien Bewohner Galiläas gemeint, die Entrechteten, die politisch Unterdrückten. Sie sind nicht einfach Staffage des Auftretens Jesu, nicht summarisches Objekt seiner Verkündigung, nicht leerer Applaudeur seiner Wundertaten, wie sie in der Formgeschichte interpretiert werden, sondern wesentliches Subjekt der Geschichte Jesu. Ahn stellt fest, daß das Volk an keiner Stelle von Jesus ermahnt oder gescholten wird, im Gegensatz zu den Schelt- und Drohworten, die Jesus der Jerusalemer Oberschicht entgegenschleudert. Jesus nimmt sich des Volkes bedingungslos an, er nimmt sie ohne Vorbehalte in seine Gemeinschaft auf. Es wird durch Jesu Mitsein ausgezeichnet. Ihm gilt die große Einladung zum Fest (Lk 14, 15 ff), ihnen, den Randsiedlern, den Krüppeln, den Kranken, den Bettlern an den Straßen und Zäunen. Die Minjung-Theologen weigern sich, dieses Gleichnis als religiös-spirituell zu deuten, sie sehen darin eine realistische Charakterisierung der Unterschicht, mit der es Jesus in Galiläa zu tun hat.

Jesus lebt mit diesem Volk; seine Identifizierung mit diesen Menschen hält er durch bis zu seinem Ende. Er stirbt vor den Toren Jerusalems, der Metropole, der Stadt der Reichen, der Lebenswelt der Oberschicht und des oppressorischen Regimes der Römer. Galiläa-Jerusalem, Erfahrungen der Aufstände des koreanischen Minjung meint man wiederzuerkennen. Die Stadt - das Land, sie werden zu Symbolen der großen antagonistischen Kräfte oppressorischer Systeme schlechthin. In Jerusalem kann darum nicht das Heil geschehen. Aus Jerusalem muß man ausziehen. Jesus stirbt draußen vor dem Tor.(6) Der Text aus Hebr. 13, 13 wird zu seinem hermeneutischen Schlüsselsatz: "Lasset uns hinausgehen vor das Lager und seine Schmach tragen. Innerhalb des Lagers leben die sogenannten Gerechten, außerhalb des Lagers ist der óchlos. Bei uns gibt es eine große Zahl dieses óchlos, die nach außerhalb des Lagers verjagt worden sind. Sie sind dem Sündenbock gleich, der die Sünden der Menschen auf seinem Rücken trägt und in eine wilde Gegend verjagt wurde, wo ihn schließlich nur der Tod erwartet. Genauso geht es den vielen jungen Leuten, die keinen Ort zum Lernen und zur Berufsausübung haben und deshalb auf den Straßen weilen. Für diese Menschen ist das Jesusbekenntnis des Hebräerbriefes ein unendlicher Trost, weil sie hier die Identifikation mit Jesus finden."(7)

---

(6) Vgl. die gleichnamige Aufsatzsammlung von Ahn, 1986.
(7) Aao. 33.

Die enge Verflochtenheit von Auslegung und Interpretation der eigenen Situation ist kennzeichnend für die Bibelauslegung der Minjung-Theologen. Doch ehe wir weiterfragen, was das für die Auslegung der Wirklichkeit für Folgen hat, müssen wir das neue Jesusbild zu verstehen suchen. Die Minjung-Theologie ist den Befreiungstheologien der Dritten Welt zuzuordnen. Vieles verbindet sie mit der Theologie Lateinamerikas. Jedoch darf ein wichtiger Unterschied nicht übersehen werden. Der óchlos wird nicht als Klasse im marxistischen Sinn begriffen. Zu ihm gehören Menschen aller Klassen, sofern sie Menschen "ohne Zugehörigkeit" sind, also "Knechte, Heimatlose, Wanderer, Bettler, Fremdsöldner".(8) Zu ihm gehören aber auch die Ausbeuter, sofern sie zu den "Menschen ohne Zugehörigkeit gerechnet werden, die Zöllner zum Beispiel, die einen ungerechten Beruf im Auftrag der Ausbeuter ausüben, aber religiös rechtlos sind. Jesus ist mit ihnen und ruft sie zugleich aus ihrem auf sich bezogenen Leben heraus auf den Weg der Befreiung. Das ist eine Einladung, mit seinem Ruf stellt Jesus keine Bedingung. Befreiungsgeschichte nimmt mit einem Exodus seinen Beginn. Der Aufbruch nun ist der Weg des Kreuzes, er führt in den Tod. Wie das Volk jahrhundertelang starb, hoffnungslos, ohne Licht, ohne Zukunft, so starb auch Jesus am Kreuz, mit dem unartikulierten Schrei der Gottesverlassenheit auf den Lippen (Mk 15,34.37). Jesu Leiden und Tod sind nach Markus und für die Minjung-Theologen nicht stellvertretendes Geschehen, für jemand, sondern Jesus teilt ganz einfach das Schicksal des Volkes, unprätentiös und unreligiös. Sein Tod symbolisiert nichts, auch nicht die Versöhnung. Er stirbt nicht für andere, er stirbt mit den anderen und wie sie. Ein Stellvertretungsgedanke würde Jesus von Minjung trennen.(9) Die Grenzen zwischen Jesu Tod und dem des Minjung verschwimmen. Jesu Tod ist nicht der eines Individuums, sondern der des leidenden Volkes. Sein Tod wird wie der des leidenden Gottesknechtes im AT kollektiv verstanden. In seinem Leiden darf man das des Volkes erkennen, im Leiden des Volkes ist das des Gottessohnes präsent. "Diese Verlassenheit, diese Hilflosigkeit, dieses einsame Sterben, das keineswegs ein heldenhaftes Sterben war! Weder Held, noch Messias, sondern einfach hilflos ausgeliefert. Obwohl er einen Mund hatte, konnte er keine machtvollen Worte sprechen , obwohl er Füße hatte, konnte er trotzdem nicht fliehen. Eines ist klar: wir sind im leidenden Minjung dem leidenden Christus begegnet."

---

(8) Ahn, zitiert nach T. Sundermeier, Das Kreuz als Befreiung, 1985, 17ff u. 27.

(9) "Ich will ganz bewußt den Gedanken, daß Jesus für Minjung da ist, beseitigen. Er ist mit Minjung. Man darf Minjung und Jesus nicht in das Objekt-Subjekt-Schema einrahmen". Ahn, Was ist Minjung-Theologie?, 292.

Auch wenn Jesu Tod mitten im religiösen Kontext durch und durch unreligiös war, auch wenn es bei seinem Tod wie in der Geschichte des Minjung ohne Wunder zuging und allein die Gottesabwesenheit von allen erfahren wurde, dennoch ist sein Tod nicht sinnlos. Nur darf man den Sinn, darf man Gott nicht außerhalb von diesem Tod suchen. Gott wurde gekreuzigt. Jesu Tod gewährt Gotteserkenntnis. "Dieser Gott ist der ohnmächtige und leidende Gott, der am Kreuz hing", heißt es in dem Bekenntnis der presbyterianischen Kirche in der Republik Korea.(10) Jesu Tod zeigt, wie Gott handelt. Gott handelt als Verlierender, aber im Verlieren überwindet er die Gewalt. Er schneidet sie gleichsam ab. Wieder haben die Erfahrungen der im Gefängnis einsitzenden Widerständler eine erkenntnisträchtige Funktion. Die Pfarrer waren voller Haß gegen das Regime, ihr Herz wurde von Rachegefühlen zerfressen, bis sie erkannten, daß Jesus sich dem Haß nicht hingegeben und dadurch den Teufelskreis von Haß und Gegenhaß, von Gewalt und Gegengewalt "durchgeschnitten" (koreanisch "Dan") hat.(11) Sein Tod hat die Gewalt, das Unrecht gleichsam "verschluckt", sagt Ahn in Anlehnung an Paulus und Luther.(12) Aber das Grab, der Tod, "Jerusalem" durfte ihn nicht behalten, sondern mußte ihn wieder "ausspeien". In der Auferstehungsbotschaft werden die Jünger nach Galiläa, d.h. zu den Unterdrückten, dem Minjung verwiesen.

Halten wir fest: In der Minjung-Theologie wird die engste Verbindung zwischen Jesus und dem Volk zum Ausgangspunkt ihres "doing theology". Damit ist an erster Stelle ein historischer Rückbezug gemeint. Aber das Ereignis um Jesus ist nicht einfach historisch einmaliges Ereignis, vielmehr ist es der hermeneutische Schlüssel zum Verständnis gegenwärtigen Geschehens. War das Volk in Galiläa durch Jesu Präsenz zum Subjekt geworden, das in seinem Leiden Geschichte gestaltet, dessen Bedeutung in Jesu Leiden und Tod erkannt wird, so darf und muß man auch die heutige Geschichte des Minjung mit Jesu Leiden und Tod erschließen. Die Zeitdifferenz zum damaligen Ereignis wird aufgehoben, eine "pneumatologisch-synchrone Interpretation" wird geübt: Das Leben Jesu ereignet sich jetzt. In der Interpretation "ist Jesus von Nazareth der Heiland 'für mich' und 'an meiner Statt', bei der letzteren (der synchronen) lebe 'ich' das Leben Jesu, ereignet sich das Leben Jesu in 'meinem' Leben".(13) Wichtiger als diese individuelle Identifikation - sie ist auch im Rahmen einer mystischen Theologie möglich - ist die Identifikation des Heilsereignis Jesu mit dem Ge-

(10)Zit. nach Moltmann, Minjung, 108.
(11)Auf Chi-Ha Kim geht dieser Korrelationsbegriff zu Han zurück.
    Vgl. Moltmann, Minjung, 125 u. 208.
(12)Ahn, aaO. 169.
(13)N.-D. Suh, in: Moltmann, Minjung, 207.

schehen im Minjung selbst, als einer Kollektivpersönlichkeit, bzw.
dem Ereignis im Leben einzelner als Repräsentanten des Minjung.
Die Ereignisse in der Geschichte des Minjung geschehen nicht in
einem geschlossenen Horizont, sondern weisen über sich hinaus.
Diese sind säkular und zugleich nicht-säkular. Sie geschehen, als ob
es Gott nicht gäbe, doch zugleich bergen sie in sich Heil. Die
Ereignisse transzendieren sich selbst. In der Geschichte wurde das
übersehen, ja, diese Einsicht wurde von der Oberschicht bewußt
unterdrückt, weil von ihr Befreiungsimpulse ausgehen. Die Oberschicht möchte das Volk zum Objekt der Geschichte degradieren.
Deshalb ist es Aufgabe der Theologie zu lernen, wie das Volk
schon immer seine Geschichte selbst gestaltet hat, zu erkennen,
daß es Subjekt der Geschichte ist, und das heißt, daß Gott in ihr
wirksam ist. Diese Transzendenzerfahrung macht man nicht allein
im besonderen Ereignis, nicht nur in dem, was schon im äußeren
Erscheinungsbild einen religiösen Charakter besitzt. Sie wird mitten
in der Alltagserfahrung gemacht. Dazu muß man hinabsteigen in
die Keller der Menschheit, zum Minjung selbst, sein "Han", sein
namenloses, sprachloses Leiden kennen, aber auch seine Expressivi-
tät, wie sie im Maskentanz, in den Volksstücken, in den traditio-
nalen Liedern, und schließlich auch in der Kunst greifbar wird. Die
Minjung-Theologen wenden sich diesem allen mit größter Intensität
und Offenheit zu, nicht um Anknüpfungspunkte für die Verkündigung, um hermeneutische Hilfe zur Auslegung des Evangeliums zu
bekommen. Sie folgen vielmehr der Bewegung des Evangeliums
selbst: Am Anfang steht die Inkarnation, ein Ereignis, wie Byung-
Mu Ahn in deutlicher Gegenthese zur johanneisch-abendländischen
Interpretation des Logos-Begriffes sagt. So suchen sie den "Unterbau der Offenbarung"(14) und versuchen ihn zu verstehen. Die
biblischen Schlüsselereignisse, mit denen man die heutige Bewegung
des Minjung als "Bündnispartner Gottes" und als "Agent der Wiederherstellung von Gottes Gerechtigkeit in der Geschichte" interpretiert, sind der Exodus und die Kreuzigung(15), oder, anthropo-
logisch gesprochen, die Erfahrung von Leid und Hoffnung. Was
heute im Minjung geschieht, ist verstanden als "Reaktualisierung
oder Reinkarnation der (beiden) Paradigmen oder Archetypen".(16)
Sie muß man aufspüren. Doch dieses Aufspüren ist kein rein
akademisches Schreibtischunternehmen, man muß an der Welt des
Minjung partizipieren und - wie Young-Hak Hyun es ausdrückt -,
die "Dichotomie von metaphysischen und physikalischen Kategorien"

---

(14)N.-D. Suh, zit. nach Ahn, Herausforderungen, 13.
(15)N.-D. Suh, in: Moltmann, Minjung, 175f.
(16)Ebd.

überwinden, so daß man die "Theologie mit dem eigenen Körper fühlt". "Man tanzt mit ihr, bevor man sie denken kann."(17)

Vor diesem Hintergrund wollen wir uns den Holzschnitten der Minjung-Kunst zuwenden.(18) Grob gesprochen können wir sie in vier Kategorien einteilen, die jeweils für die Entwicklung und das Selbstverständnis der Minjung-Theologie von Relevanz sind. Da sind erstens die Darstellungen von Erzählungen, nämlich die Serie über die Sage vom Falken am Changsam-Kap(19) und die Legende von der Unju-Miruk.(20) Im ruhigen Stil des von China beeinflußten Holzschnittes werden zwei Geschichten erzählt, Geschichten, die die Gefährdungen und Hoffnungen des Volkes erzählen: Ein Falke beschützt sein Dorf gegen Adler und eine Schlange, und wird damit zum Hoffnungsträger, aber auch zum Vorbild für die Menschen: Äußere und innere Feinde wird es immer geben, es ist Menschenlos, auf der Hut zu sein, klug und ohne Falsch! Die aus der buddhistischen Tradition stammende Erzählung von einer Gemeinde, die die Hauptstadt für den kommenden Maitreya bauen wollte und durch einen Feind im Inneren verraten und dadurch an der Vollendung des Werkes gehindert wurde, so daß die Zukunft auf den St. Nimmerleinstag vertagt zu sein scheint, schildert die zweite Bildgeschichte. Wieder rührt sie durch ihre Einfachheit und Strenge. Hier herrscht keine Dramatik, Zeitlosigkeit wird als Grunderfahrung geschildert, in der Hoffnung fast erloschen ist. Aber das gilt nur für den ersten Augenblick. Im buddhistischen Kontext und dem des Minjung zeigen die Bilder vielmehr Geduld an, das Wartenkönnen in der Gewißheit, daß die Veränderung kommen wird, so gewiß man des Kommens des zukünftigen Buddhas gewiß ist, resp. des Messias, der das Reich der Gerechtigkeit aufrichten wird. Die scheinbar blinden Buddhafiguren werden zu Bildern der ermordeten und verstümmelten Widerstandskämpfer: Das Vergangene wird nicht vergessen, niemand kann das Kommende aufhalten.

Das Gedicht "Am Ende der Welt" gibt dieses Verständnis wieder. Die Minjung-Theologen haben die Geschichten des Minjung neu entdeckt, und ihre eigene Theologie kleiden sie heute gern in solche mythischen, legendären Erzählungen, weil in solch erzählter Theologie weiter, umfassender zum Ausdruck kommen kann als in

---

(17)Suh, in: Moltmann, Minjung, 59.
(18)Im folgenden beziehe ich mich auf den von Ch.-H. Lim und A. Jung herausgegebenen Katalog Malttugi, Texte und Bilder aus der Minjung Kulturbewegung in Südkorea 1986. Zu beziehen bei der Koreagruppe der ESG-Heidelberg, Ingrimstraße 26, 6900 Heidelberg. Mit freundlicher Genehmigung der Herausgeber sind einige exemplarische Beispiele im Anhang abgedruckt.
(19)Im Katalog Nr. 1-4.
(20)Nr. 29-33, 34, 45. Nr. 33 vgl. Abb. 1.

der intellektuellen Sprache und Form abendländischer Predigt-
weise.(21)

Am Ende der Welt
Auf den fest geschlossenen Lippen des Steinbuddha,
die einst in bissiger Lust den Speichel des Widerstands spuckten,
nun eine bemooste Quelle,
ah, unterm Moos in Schlaf versunkene Quelle!
Die schöne, hell lodernde, die blaue Schwefelflamme auch,
sie ist erloschen.
In der langen Nacht, die ich verwache:
über meinem Kopf die leisen Schreie, rastlos,
streichen dahin, fallen dann ins Meer,
um vom Gewicht der Steine, die an ihnen hängen,
unter dem Müll aus aufgebrochenen Muschelschalen,
zwischen dem Drahtverhau zu verenden.
Auch der rote Oktobermond geht unter.
Im lästigen Gespött des Steinbuddha das nächtliche Meer.
Statt des Versprechens, daß das Dampfboot wiederkäme
ein einziges Mal,
nun die bemooste Quelle,
ah, unterm Moos in Schlaf versunkene Quelle!(22)

Die zweite Gruppe Bilder zeigt das Gesicht von Arbeiterinnen
und Arbeitern, zeigt das Antlitz des Menschen.(23) Hier wird nicht
wie in der Kunst der östlichen sozialistischen Länder realistisch die
Klasse der arbeitenden Bevölkerung dargestellt, hier wird aber auch
nicht der Schrei des entfremdeten, verlorenen, einsamen Menschen
in Holz geschnitzt, wie im deutschen Expressionismus, hier ertönt
nicht leer und hohl der Schrei des im Kosmos Ertrinkenden wie bei
E. Munch, hier werden Gesichter erzählt so wie man Geschichten
erzählt; Schicksale erstehen vor unseren Augen, einfach, fast wie
beiläufig. Obwohl jede Gestalt unverwechselbare Züge trägt, wird
nicht Individualität proklamiert, sondern jeder ist Teil des Minjung,
in jedem Einzelnen ist das ganze Minjung präsent mit seinen unar-
tikulierbaren Erfahrungen, in dem Leiden und Freuden sich abwech-
seln wie die Falken auf den Gesichtern. - Nach konfuzianischer
Lehre wird alles auf der Erde durch die Kraft des Himmels bestimmt. Himmel und Erde stehen in einem harmonischen Verhältnis
zueinander, doch alle Initiative und Kraft geht vom Himmel aus,
ihm muß sich der Mensch anpassen. Chi-Ha Kim und nach ihm die

---

(21) Vgl. dazu Sundermeier, ebd., 75ff, 27ff. Ahn, Draußen vor dem
    Tor, 1986.
(22) Nach Katalog, S. 83.
(23) Katalog 5, 6, 7, 9-12, 16-21. Nr. 9, vgl. Abb. 2.

Minjung-Theologen kehren dieses Verhältnis unter dem Einfluß des Evangeliums um: Die Aktivität des Himmels setzt nicht bei den Reichen, beim Adel, bei der Oberschicht an, sondern ganz unten. Nur von der Erde her wird sich die Kraft des Himmels realisieren: Reis ist der Himmel, Brot ist der Himmel.(24) Nicht beim ethisch Hochstehenden, sondern beim Verkommenen, Kranken, Sterbenden ist der Himmel, und die Kräfte der Veränderung werden hier zuerst wirksam. Gott nahm die Gestalt eines Knechtes, eines Sklaven an. Als er geschlagen war, konnte von diesem blutenden Gesicht gesagt werden: "Ecce homo", "Sehet, das ist der Mensch"! Eben das gilt auch für jedes Gesicht des Minjung! In jedem geschundenen Gesicht sehen die Christen das Antlitz dessen, der gesagt hat: Das habt ihr mir getan!

Die dritte Bildgruppe kreist um das Thema Leiden und Widerstand.(25) Kwangju, der gewaltfreie Aufstand der Studenten und seine grausame Niederschlagung im Mai 1980 wird zur Passionsgeschichte des Minjung. Diese Bilder sind nicht im engeren Sinne "religiöser" als die anderen. Sie tragen nur die transzendentalen Verweisungen deutlicher als die anderen. Oder umgekehrt, um die Bedeutung dessen zu zeigen, was in Kwangju vor sich gegangen ist, werden Menschheitssymbole gebraucht: Die Geißelung, die Kreuzigung und schließlich die Beweinung, die Pietà, die mit wenigen Strichen alles aussagt, was die trauernde Mutter bewegt. Was damals in Jerusalem geschah, ist leidvolle Gegenwart. "Dieses Christus-Ereignis geschieht nicht einmalig vor 2000 Jahren, und es ist nicht abgeschlossen ... Wir erfahren dieses Ereignis heute im Leben des Minjung; es produziert den für die Fleischwerdung benötigten Raum. In diesem Sinne ist Minjung der Unterbau und der Träger der Geschichte. Wir Minjung-Theologen haben das Christus-Ereignis erfahren, indem wir an diesen Minjung-Ereignissen teilgenommen haben. Dies führt uns zu der Überzeugung, daß das Christus-Ereignis in den sich selbst transzendierenden Lebensereignissen immer wieder geschieht."(26)

Die vierte und letzte Gruppe trägt einen fast idyllischen Charakter. Die Bilder schildern in ruhigen Zügen das tägliche Leben des Volkes, sein Theater, seine Musik(27), sein Tanzen und Spielen, seine Feste, die Feier der Natur. Noch ist es ein "Fest der Narren", das gefeiert wird, aber der Narr (Malttugi) hat immer in allen Kulturen unter der Maske der Narrheit die Wahrheit angesagt. Die Wahrheit dieser Bilder, die scheinbar nichts als fröhliche

---

(24)Vgl. Ahn, Das leidende Minjung, 14: "Gott wurde unser Brot".
(25)Katalog 23-28, 38-44, 52. Nr. 28 vgl. Abb. 3.
(26)Ahn., Das leidende Minjung, 14.
(27)Katalog 37, 47, 53, 56 und vor allem die Farbbilder 4-8. Nr. 47 und Nr. 37 vgl. Abb. 4 und 5.

Alltagswirklichkeit zeigen, ist die gewisse Hoffnung, daß es Auferstehung geben wird, daß das Reich der Gerechtigkeit kommen wird. Die Minjung-Theologen leben die Kreuzestheologie, aber sie wissen, daß das Kreuz kraftlos würde, gäbe es nicht die Gewißheit der Auferstehung. Auch wenn Zukunft und Leben in Gerechtigkeit heute nur sub cruce tectum zugänglich sind, eines Tages wird die Hülle fallen. Der Maskentanz wird zum eigentlichen Symbol für die Zukunft. Im Tanz des Malttugi ist darum beides erkennbar, das Kreuz des Leidens (die Armhaltung, der Ausdruck der Maske!) und die Freude der Auferstehung. Die "ersten Freigelassenen der Schöpfung" hatte Herder die Christen in dem durch J. Moltmann neu bekannt gewordenen Text genannt. Es will scheinen, daß das in dieser Kunst sichtbare Gestalt gewonnen hat. Die Minjung-Theologie jedenfalls "zielt darauf ab, an diesen Minjung-Ereignissen teilzunehmen und teilnehmen zu lassen, um so das Christus-Ereignis sichtbar bezeugen zu können."(28) Dasselbe meint Chi-Ha Kim, wenn es in einem Gedicht bei ihm heißt:(29)

"Nennen wir Januar 1974 'Tod'.
Den Blick deiner Augen an dem Nachmittag auf der Straße,
nachdem du die Sendung gehört hast
und stillschweigend verschwunden bist.
Nennen wir den Tag, als ich von dir weggehen mußte, 'Tod'.
Auf der Straße ist es so windig -
Doch wenn auch diese Straßen windig sind -
die Spitzen der Blumen werden die eifersüchtige Kälte irgendwann
im kommenden Frühling durchbrechen,
sie werden als plötzlicher Schrei zu Tage kommen -
ja, wenn man solches nicht glauben kann,
das nennen wir 'Tod'."

Wie hier Leiden und Aufstehungshoffnung im Bildgehalt des Wortes ineinander verflochten sind, entspricht dem Denken der Minjung-Theologie, eben das aber findet sich wieder in den Bildern zum Fest vom Minjung, auf dem schon jetzt Auferstehung gespürt und Hoffnung getanzt wird.

---

(28)Ahn, Draußen vor dem Tor, 34.
(29)Ch.-H. Kim, zitiert nach Ahn, ebd.

Hong, Song-Dam o.T.

Hong, Song-Dam "Mutter"

Hong, Song-Dam "Kwangju"

Kim, Chun-Ho "Der Traum"

Hong, Song-Dam "Malttugi"

BIBLIOGRAPHIE WERNER KOHLER

zusammengestellt von Ferdinand Hahn und Jörg Salaquarda

1. Westliches Christentum in der Begegnung mit den Völkern, in: Peter Vogelsanger (Hrsg.), Der Auftrag der Kirche in der modernen Welt, FS Emil Brunner, Stuttgart-Zürich 1959, 309-324.
2. Die Lotus-Lehre und die modernen Religionen in Japan, Zürich 1962, 300 S.
3. Der Dienst der Kirche in der Welt des Umbruchs, in: Schweizerischer Reformierter Pfarrverein (Hrsg.), Dienst der Kirche heute, Glarus 1962, 16-32.
4. Religion ohne Projektion, in: SThU 32, 1962, 1-5.
5. Die Säkularisation in der Begegnung mit außereuropäischen Völkern, in: SThU 32, 1962, 10-21.
6. Die Bedeutung des Buddhismus für Theologie und Kirche, in: Quat 27, 1962/63, 149-156.
7. Die japanischen Volksreligionen, in: Walter Ruf/Erich Viering (Hrsg.), Die Mission in der evangelischen Unterweisung. Ein Arbeitsbuch, Stuttgart 1964, 269-282.
8. Die Bedeutung der modernen Religionen in Japan für uns Abendländer, in: Eleonore von Dungern (Hrsg.), Das große Gespräch der Religionen (Terra Nova 2), München-Basel 1964, 28-46.
9. Der Wahrheitsanspruch des Christentums in einer pluralistischen Welt, in: Das Gespräch der Religionen - Wahrheit und Toleranz. Die Begegnung des Christentums mit dem indischen Geist, Stuttgart o.J. (1964), 1-11.
10. Herrschaftsanspruch Christi? Meditation zum Auffahrtstag, in: Leben und Glauben 19, Laupen 1964, 4f.
11. Christen und Heiden. Zu einem Buch von Gerhard Rosenkranz (Religionswissenschaft und Theologie), in: Neue Zürcher Zeitung Nr. 20.12.1964.
12. Die modernen Religionen in Japan und ihr Verständnis der Mission, in: LM 1965, 41-60.
13. Entdeckung und Verdeckung des Evangeliums in der Konfrontation mit außerchristlichen Kulturen, in: SThU 35, 1965, 75-81.
14. Toward a Theology of Religions, in: JapRel 1966, 12-34.
15. Discipleship as Realized Hope: Toward an Understanding of Mission, in: Studies in the Christian Religion 34, 1966, 235-245.
16. Theologie und Religion, in: Gerhard Müller/Winfried Zeller (Hrsg.), Glaube, Geist, Geschichte, FS Ernst Benz, Leiden 1967, 459-468.
17. Kirche im Horizont der Mission, in: Ostasien, Jahresbericht der Schweizerischen Ostasien-Mission 1966/67, Adliswil 1967, 1-8; japanisch: Haken no chihei ni okeru kyokai, in: Studies in the Christian Religion 35, 1967, 158-167.

18. Toward an Understanding of Religions, in: JapRel 6, 1969, 75-80.

19. Kirche und Mission im Umdenken, in: EvTh 30, 1970, 379-381.

20. Religion und Religionslosigkeit in Japan als Provokation der Kirche, in: Paulus-Akademie (Hrsg.), Christentum - Weltreligionen, Zürich-Witikon, 1970, 25-35 (als Manuskript vervielfältigt).

21. Der Fragechararakter der Theologie in der Begegnung mit den Religionen, in: Deutsche Ostasien-Mission (Hrsg.), Christus in Fernost, 1/1971, FS Gerhard Rosenkranz, Heidelberg 1971, 7-14.

22. Neuere japanische Religionen, in: Friedrich A. Lutz (Hrsg.), Ostasien - Tradition und Umbruch, (Sozialwiss. Studien für das Schweizerische Institut für Auslandsforschung 15), Erlenbach-Zürich 1971, 203-219.

23. Das Verhältnis des Christentums zu Religion und Religionslosigkeit. Die heutige japanische Situation als Herausforderung an Kirche und Theologie, in: Ferdinand Hahn (Hrsg.), Probleme japanischer und deutscher Missionstheologie, Heidelberg 1972, 11-29.

24. Entstand das Christentum aus moralischen Gründen?, in: Rolf Italiaander (Hrsg.), Moral wozu?, München 1972, 88-103.

25. Westliches Christentum und moderne östliche Religionen. Missions- und religionswissenschaftliche Reflexionen zur Sokagakkai und ihren Traditionen, in: Rolf Italiaander (Hrsg.), Sokagakkai. Japans neue Buddhisten, Erlangen 1973, 317-373.

26. Unterwegs zur Missionstheologie. Mission als Ruf in die Wende, in: ThViat 11, 1973, 109-123.

27. Buddhisten und Christen - Begegnung zwischen westlichem und östlichem Denken, in: Herbert Schultze/Werner Trutwin (Hrsg.), Weltreligionen - Weltprobleme. Ein Arbeitsbuch für Studium und Unterricht, Düsseldorf-Göttingen 1973, 115-124.

28. Theologie als Um-Denken des heidnischen Denkens. Zur Theologie des Schmerzes bei Kazoh Kitamori, in: EMZ 3, 1973, 113-120.

29. Alle suchen Glück. Ein Vorwort, in: Rolf Italiaander (Hrsg.), Eine Religion für den Frieden: Die Rissho Kosei-kai. Japanische Buddhisten für die Ökumene der Religionen, Erlangen 1973, 9-19.

30. Christen und Buddhisten. Zu einer Dokumentation von U. Luz und S. Yagi, in: EMZ 4, 1974, 190-194.

31. Neue Herrschaftsverhältnisse als Grund der Mission. Sein oder Nichtsein der Mission, in: EvTh 34, 1974, 462-478.

32. Die Bekehrung der Christen und die Bekehrung der Heiden, in: ThViat 12, 1975, 35-52.

33. Japanische christologische Versuche, in: Heribert Bettscheider SVD (Hrsg.), Das asiatische Gesicht Christi, St. Augustin 1976, 49-67.

34. Buddhistische Wege zum Frieden. Aspekte des Buddhismus in Japan und seiner Geschichte, in: Gerhard Liedke (Hrsg.), Eschatologie und Frieden III: Zukunfterwartung und Frieden in gegenwärti-

gen Weltanschauungen und Religionen (Texte und Materialien der FEST Reihe A/8), Heidelberg 1978, 229-247.

35. Fremd in der Heimat - Widerspruch und Anpassung, in: Andreas Baudis (Hrsg.), Richte unsere Füße auf den Weg des Friedens, FS Helmut Gollwitzer, München 1979, 66-75.

36. Religion, Entfremdung, Religionskritik, in: Gerhard Grohs/Johannes Schwerdtfeger/Theodor Strohm (Hrsg.), Kulturelle Identität im Wandel. Beiträge zum Verhältnis von Bildung, Entwicklung und Religion, FS Dietrich Goldschmidt, Stuttgart 1980, 19-30.

37. Mission als Ruf zu Identität. Vergleichende Hinweise zum Missionsverständnis im Zusammenhang mit Religionskritik und Buddhismus, in: Theo Sundermeier (Hrsg.), Fides pro mundi vita, FS Hans-Werner Gensichen, Gütersloh 1980, 79-87.

38. Leben und Sterben im fernöstlichen Verständnis, in: Gunther Stephenson (Hrsg.), Leben und Tod in den Religionen. Symbol und Wirklichkeit, Darmstadt 1980, 317-332.

39. Zen-Buddhismus und Christentum, in: Hans Waldenfels (Hrsg.), Begegnung mit dem Zen-Buddhismus, Düsseldorf 1980, 37-53.

40. Menschenrechte und Menschenbild. Historische Überlegungen und Beispiele aus Asien, in: Arbeitskreis Dritte Welt und Studium Generale der Johannes-Gutenberg-Universität Mainz (Hrsg.), Frankfurt a.M. 1982, 81-93.

41. Der Vater und die Väter. Das Unser-Vater im Horizont einer vaterlosen Gesellschaft, in: Ulrich Luz/Hans Weder (Hrsg.), Die Mitte des Neuen Testaments. Einheit und Vielfalt neutestamentlicher Theologie, FS Eduard Schweizer, Göttingen 1983, 119-130.

42. Was ist überhaupt Mission?, in: Ferdinand Hahn (Hrsg.), Spuren ... Hundert Jahre Ostasien-Mission, Stuttgart 1984, 38-54; gekürzter Vorabdruck, in: ZfM 9, 1983, 199-213.

43. Ruf zur Wende. Missionstheologie, hg. v. J. Salaquarda, Frankfurt a.M. 1987.

Der vorliegende Band entstand unter Mitarbeit von:

Marie-Claire Barth, Pfr., Oberwilerstr. 32, CH-4054 Basel
Rudolf Bohren, Prof. Dr., Im Hosend 6, D-6901 Dossenheim
Akira Endo, Prof. Dr., Sokokuji Monzen 612, Kyoto, 602, Japan
Hajime Gomi, Pfarrer in Hokkaido
Albrecht Grözinger, Dr., Dotzheimer Str. 54, D-6200 Wiesbaden
Gerhard Grohs, Prof. Dr., Joh.-Gutenberg-Universität, Institut für
Ethnologie und Afrika-Studien, D-6500 Mainz
Ferdinand Hahn, Prof. Dr., Ev.-Theol. Fakultät, Universität München, Schellingstr. 3, D-8000 München 40
Heyo E. Hamer, Dr., Gesamthochschule Essen, FB 1, 4300 Essen 1
Jochanan Hesse, Pfr., Gareia, CH-7233 Jenaz/GR
Takashi Hirata, Prof. Dr., Honzan, Tenryu-ji, Arashiyama, Kyoto,
Japan
Mineharu Ii
Kiyoshi Imai
Hiroshi Inagaki
Aimei Kanai, Pfarrer in den Slums von Osaka
Nelly Kohler, Spechtweg 11, CH-8032 Zürich
Ulrich Luz, Prof. Dr., Marktgasse 21, CH-3177 Laupen
Diethelm Michel, Prof. Dr., Jakob-Steffan-Str. 12, D-6500 Mainz
Hiroshi Nakamura, Pfarrer in Seikoku
Tokiyuki Nobuhara, Dr., School of Theology at Claremont, 1325 N.
College Ave., Claremont, CA 91711, USA
Klaus Otte, Prof. Dr., Pfarrhaus, D-5231 Mehren/Ww.
W.A. Roeroe, President Dr., Kantor Sinode GMIM, Tomohon, Sulut,
Indonesia
Jörg Salaquarda, Dr., c/o Feireiss, Binger Str. 57, 1000 Berlin 33
Ulrich Schoen, Prof. Dr., Pfr., 1 bis Rue Tourventouse, F-34500
Béziers
Eduard Schweizer, Prof. Dr., Weingartenstr. 19, CH-8708 Männedorf
Wanis Semaan, Prof. Dr., NEST., POB 13-5780, Couran, Beirut, Lebanon
Theo Sundermeier, Prof. Dr., Wiss.-Theol. Seminar, Universität
Heidelberg, Kisselgasse 1, 6900 Heidelberg
Akira Takamori, Prof. Dr., 662 Nishinomiya-shi, Mondo-Higashi-Machi 1-28-6, Hyogo-ken, Japan
Masao Takenaka, Prof. Dr., Doshisha University, Kyoto 606, Japan
Takizawa Katsumi (gest. 1984). Prof. Dr., 813 Fukuoka-shi, Najima,
Kayamachi
Tamida Teizo, Professor in Hiroshima
Isao Uchida

Ragai Wanis, 7/18 Avonmore Tce., Mosman Park, W. Australia
Seiichi Yagi, Prof. Dr., 182 Chofu-shi, Jindai-ji, Higashi-Machi 7-
21-12, Tokyo, Japan

STUDIEN ZUR INTERKULTURELLEN GESCHICHTE DES CHRISTENTUMS
ETUDES D'HISTOIRE INTERCULTURELLE DU CHRISTIANISME
STUDIES IN THE INTERCULTURAL HISTORY OF CHRISTIANITY

Begründet von/fondé par/founded by
Hans Jochen Margull †, Hamburg

Herausgegeben von/edité par/edited by

Richard Friedli   Walter J. Hollenweger   Theo Sundemeier
Université de Fribourg   University of Birmingham   Universität Heidelberg

Band 1   Wolfram Weiße: Südafrika und das Antirassismusprogramm. Kirchen im Spannungsfeld einer Rassengesellschaft.

Band 2   Ingo Lembke: Christentum unter den Bedingungen Lateinamerikas. Die katholische Kirche vor den Problemen der Abhängigkeit und Unterentwicklung.

Band 3   Gerd Uwe Kliewer: Das neue Volk der Pfingstler. Religion, Unterentwicklung und sozialer Wandel in Lateinamerika.

Band 4   Joachim Wietzke: Theologie im modernen Indien - Paul David Devanandan.

Band 5   Werner Ustorf: Afrikanische Initiative. Das aktive Leiden des Propheten Simon Kimbangu.

Band 6   Erhard Kamphausen: Anfänge der kirchlichen Unabhängigkeitsbewegung in Südafrika. Geschichte und Theologie der äthiopischen Bewegung. 1880-1910.

Band 7   Lothar Engel: Kolonialismus und Nationalismus im deutschen Protestantismus in Namibia 1907-1945. Beiträge zur Geschichte der deutschen evangelischen Mission und Kirche im ehemaligen Kolonial- und Mandatsgebiet Südwestafrika.

Band 8   Pamela M. Binyon: The Concepts of "Spirit" and "Demon". A Study in the use of different languages describing the same phenomena.

Band 9   Neville Richardson: The World Council of Churches and Race Relations. 1960 to 1969.

Band 10 Jörg Müller: Uppsala II. Erneuerung in der Mission. Eine redaktionsgeschichtliche Studie und Dokumentation zu Sektion II der 4. Vollversammlung des Ökumenischen Rates der Kirchen, Uppsala 1968.

Band 11 Hans Schöpfer: Theologie und Gesellschaft. Interdisziplinäre Grundlagenbibliographie zur Einführung in die befreiungs- und polittheologische Problematik: 1960-1975.

Band 12 Werner Hoerschelmann: Christliche Gurus. Darstellung von Selbstverständnis und Funktion indigenen Christseins durch unabhängige charismatisch geführte Gruppen in Südindien.

Band 13 Claude Schaller. L'Eglise en quéte de dialogue. Vergriffen.

Band 14 Theo Tschuy: Hundert Jahre kubanischer Protestantismus (1868-1961). Versuch einer kirchengeschichtlichen Darstellung.

Band 15 Werner Korte: Wir sind die Kirchen der unteren Klassen. Entstehung, Organisation und gesellschaftliche Funktionen unabhängiger Kirchen in Afrika.

Band 16 Arnold Bittlinger: Pabst und Pfingstler. Der römisch katholisch-pfingstliche Dialog und seine ökumenische Relevanz.

Band 17 Ingemar Lindén: The Last Trump. An historico-genetical study of some important chapters in the making and development of the Seventh-day Adventist Church.

Band 18 Zwinglio Dias: Krisen und Aufgaben im brasilianischen Protestantismus. Eine Studie zu den sozialgeschichtlichen Bedingungen und volkspädagogischen Möglichkeiten der Evangelisation.